Rache

Fabian Bernhardt

RACHE

Über einen blinden Fleck der Moderne

Matthes & Seitz Berlin

Für Sarah

Inhaltsverzeichnis

Exposition

Über einen blinden Fleck der Moderne

1. Über einen blinden Fleck der Moderne

Denn diess ist eure Wahrheit: ihr seid zu reinlich für den Schmutz der Worte: Rache, Strafe, Lohn, Vergeltung.
Friedrich Nietzsche, *Also sprach Zarathustra*[1]

Als Nietzsche seinem Zarathustra diese Worte in den Mund legte, hatte er »die Tugendhaften« im Sinn, denen er vorhält, für ihre Tugendhaftigkeit auch noch in irgendeiner Form belohnt sein zu wollen. Es wäre allerdings nicht völlig abwegig, sich für diese Rede auch noch einen anderen Adressatenkreis zu denken. Man kann sich jedenfalls leicht vorstellen, wie Nietzsche – der bekanntlich nicht die besten Erfahrungen mit dem akademischen Betrieb gemacht hat – diese »Wahrheit« den Vertreterinnen und Vertretern[2] ebenjener Disziplin entgegenschleudert, die, ihrer Geschichte und ihrem Selbstverständnis nach, mit der Wahrheit seit jeher in einem besonderen Bunde steht: Die Rede ist von der Philosophie. Inwiefern diese über einen speziellen Reinheitssinn verfügt, einen philosophischen Purismus, der es ihr verbietet, bestimmte Wörter in den Mund zu nehmen, mag fürs Erste dahingestellt bleiben. Der Verdacht, dass es sich bei der Rache um so etwas wie ein philosophisches Pfuiwort handeln könne, ist gleichwohl nicht leichthin von der Hand zu weisen. Fest steht jedenfalls, dass die Philosophie, zumindest ihr allergrößter Teil, die Arbeit am Begriff der Rache seit jeher gescheut hat.

Zwar lassen sich in der Geschichte der Philosophie durchaus Autoren und Autorinnen namhaft machen, die sich zu diesem Gegenstand geäußert haben.[3] In der Regel bleibt es jedoch bei vereinzelten Stellen und marginalen Bemerkungen. Philosophische

Untersuchungen, die ausschließlich der Rache gelten, sucht man so gut wie vergeblich.[4] Hinzu kommt, dass die meisten Philosophen – sofern sie sich überhaupt dazu entschließen konnten, sich mit der Rache zu befassen – diese in theoretische Zusammenhänge gestellt haben, deren normative Voraussetzungen von vornherein nur einen bestimmten Modus der Problematisierung zuzulassen scheinen, wie die Moralphilosophie, die Rechtsphilosophie oder die Philosophie des Staates.[5] Diskurse also, in denen es weniger um die Rache *an sich* geht, sondern in erster Linie um die Frage ihrer Legitimität. Zu welchem Ergebnis sie dabei gekommen sind, kann man sich leicht denken. Die wenigen direkten Äußerungen zur Rache, die sich in der philosophischen Literatur finden lassen, sind überwiegend negativer Art; ebenso diejenigen Aussagen, die sich als indirekte Stellungnahmen zur Rache lesen lassen, wie etwa das Diktum des platonischen Sokrates, es sei besser, Unrecht zu erleiden, als Unrecht zu tun.[6] Trägt man diese Spuren zusammen, scheint es kaum übertrieben zu behaupten, dass die Geschichte der moralischen Verurteilung der Rache fast ebenso alt ist wie die Geschichte der Philosophie.

Seit der Frühen Neuzeit und vollends dann im Zeitalter der Aufklärung gewinnt diese Verurteilung jedoch eine spezifische Signatur. Während sich im Denken der Antike und des Mittelalters durchaus noch differenzierte Stellungnahmen zur Rache finden lassen, etwa bei Aristoteles[7] oder Thomas von Aquin[8], ist das philosophische Votum gegen die Rache in der Moderne absolut eindeutig und unmissverständlich. Unter dem Zeichen des modernen Rechtsstaates wird die Rache mit einem negativen Index versehen, der keine Ausnahme und keine weiteren Differenzierungen mehr zulässt. Die Rache ist dasjenige, *was nicht sein soll*, da sie das staatliche Monopol der Gewaltausübung und Bestrafung infrage stellt und zu unterwandern droht. Der Legitimationsdiskurs der Moderne schließt die Delegitimierung der Rache ein.

Mit der einhelligen Verurteilung der Rache geht Stück für Stück auch eine theoretische Verdunkelung einher. Zu ihren Folgen gehört, dass sich in der Moderne der Blick auf eine bestimmte Form der Rache verengt: die wilde und willkürliche Rache; die Rache als zügelloser Ausbruch einer maßlosen, potenziell infiniten Gewalt. Andere Formen der Rache, die subtiler und weniger aufsehenerregend sind, Formen, die sich nicht notwendig im Medium der Gewalt oder der Zone der Illegalität bewegen, werden überhaupt nicht mehr als Racheakte wahrgenommen und so bezeichnet. Sie sinken zu dem herab, was ich als *das moderne Inkognito der Rache* bezeichnen werde. Dem Verkennen der Rolle, die die Rache im alltäglichen Leben der modernen Gesellschaften – einschließlich unserer eigenen – inkognito nach wie vor spielt, entspricht eine andere, nicht minder grundlegende Verkennung. Sie betrifft die Bedeutung und Funktion, die der Rache in nicht-staatlichen Gesellschaften zukommt, denjenigen Gesellschaften also, die den klassischen Gegenstand der Ethnologie bilden und die man den modernen häufig als sogenannte traditionelle Gesellschaften gegenüberstellt.[9] Man hat lange geglaubt, dass das Fehlen einer übergeordneten Zentralgewalt in diesen Gesellschaften dazu führt, dass sich die Rache in einem endlosen Zirkel der Gewalt wiederholt. Dies jedoch ist selten der Fall; es bildet mithin eher die Ausnahme als die Regel. Anders, als es ein hartnäckiges und weit verbreitetes Vorurteil will, und anders, als wir uns das häufig vorstellen, ist die Rache in diesen Gesellschaften nämlich keineswegs immer dysfunktional oder von exzessiver Grausamkeit:

> Das mag sie in den politischen Gesellschaften sein, wo sie gerade nicht mehr kodifiziert ist (weil auf jeden Fall für ungesetzlich erachtet); in dieser brutalen Form ist sie ein spätes Phänomen. Ganz anders dagegen in den nicht-staatlichen Gesellschaften, wo sie im Gegenteil eine äußerst elaborierte und kontrollierte Form der Gewaltregulierung bildet. Denn ebendas ist der Punkt: *Die zeremonielle Rache der traditionellen Gesellschaften ist bei weitem keine Entfesselung schierer Gewalt, sondern eine Art und Weise, sie streng zu begrenzen; sie ist eine höchst ausgeklügelte Form, Justiz zu üben.*[10]

Wir haben es also mit einer doppelten Verkennung zu tun, die einmal den sozialen Innenraum der Moderne betrifft (wo die affektive Realität der Rache ignoriert und heruntergespielt, aus der Zone der öffentlichen Sichtbarkeit ausgeschlossen und in den Modus der

Heimlichkeit abgedrängt wird) und einmal ihr virtuelles Außen (auf das man ein übertrieben gewalttätiges Bild der Rache projiziert hat, ohne sich zu fragen, ob dieses Bild den empirischen Gegebenheiten entspricht). Dass die von dem Kulturanthropologen Marcel Hénaff formulierte Einsicht in den rechtsförmigen Charakter der Rache sich in der Philosophie bislang so wenig herumgesprochen hat und scheinbar kaum imstande ist, etwas gegen die der Rache geltenden Vorurteile auszurichten, mag unter anderem daran liegen, dass sie zu einem Zeitpunkt vorgebracht wurde, an dem die Philosophie ihr Urteil über die Rache längst gefällt hatte. Die Einigkeit darüber, dass die Rache unter keinen Umständen sein darf, hat dazu geführt, dass sie aus dem Gesichtskreis des modernen Denkens fast völlig verschwunden ist; dass man sich kaum mehr die Mühe gemacht hat, den Blick auf die Rache selbst zu richten und sich zu fragen, was sie denn eigentlich sei. Kurzum, im Denken der Moderne markiert die Rache einen *blinden Fleck*.

Dieser Fleck ist *blind*, aber *nicht leer*. So gering die philosophische (und allgemein theoretische) Energie ist, die auf den Begriff der Rache verwendet wird, so groß ist der Raum, den sie im kulturellen Imaginären einnimmt. An die Stelle der begrifflichen Reflexion treten die imaginären Variationen der Rache, eine Fülle an Bildern und Erzählungen, die in der Kultur der Gegenwart eine enorme Popularität genießen – angefangen von den homerischen Epen über den *Grafen von Monte Christo* bis hin zu *Batman* und *Kill Bill*. Die Figur des rächenden Helden, der in eigener Sache oder als Vollstrecker einer ›höheren‹ ausgleichenden Gerechtigkeit auftritt, gehört zum festen Repertoire der Gestalten, die das Reich des Imaginären bevölkern. »Wer von modernen Zeiten spricht, ohne zur Kenntnis zu nehmen, in welchem Maße diese von einem vorbildlosen Kult um die exzessive Rache geprägt sind, ist einer Mystifikation erlegen«, schreibt Peter Sloterdijk in *Zorn und Zeit*.[11] Gewiss hat es auch schon in früheren Epochen große Racheerzählungen gegeben. Zu keinem anderen Zeitpunkt indes scheint die Diskrepanz zwischen den imaginären Repräsentationen der Rache und ihrer Präsenz im realen Leben derart groß gewesen zu sein. Zwischen den moralischen Vorstellungen, die unser Alltagsleben bestimmen, und den affektiven Regungen, die unsere Existenz durchkreuzen, deutet sich ein Bruch an, der parallel zu der Grenze zwischen Wirklichkeit und Fiktion zu verlaufen scheint:

> Während der globale Zug der Zivilisation auf die Neutralisierung des Heroismus, die Marginalisierung der militärischen Tugenden und die pädagogische Förderung der friedlich-geselligen Affekte zielt, öffnet sich in der Massenkultur des Aufklärungszeitalters eine dramatische Nische, in der die Verehrung der rächerischen Tugenden [...] auf bizarre Höhen getrieben wird.[12]

Eine ähnliche Diskrepanz findet sich auch auf der Ebene der Haltungen, mit denen wir der Rache begegnen. Einerseits gilt die Rache als ›niederer Beweggrund‹ und moralisch verwerflich. Auf der anderen Seite gibt es jedoch zahlreiche Rachehandlungen, denen wir teils mit heimlicher Zustimmung, teils sogar mit offener Begeisterung begegnen; man denke etwa an die spontanen Freudenfeiern nach der Tötung des Terroristenführers Osama bin Laden[13] oder an die moralisch-ästhetische Genugtuung, die ein Film wie Quentin Tarantinos *Inglorious Basterds*[14] bei den Zuschauerinnen hinterlässt. Dem offiziellen Delegitimierungsdiskurs zum Trotz scheint sich die Rache in keine eindeutige Ordnung zu fügen: Gefühl und Vernunft, Reales und Imaginäres, Recht und Unrecht gehen in ihr auf merkwürdige und oftmals beunruhigende Weise Hand in Hand.[15] Nach der Rache fragen heißt also, nach dem Gehalt und den Konturen eines Begriffes fragen, der die bemerkenswerte Eigenschaft besitzt, zugleich *systematisch unterbestimmt* und *semantisch überdeterminiert* zu sein.

Brutal, blind, blutig, primitiv ... das ist das Bild, das wir uns im Allgemeinen von der Rache machen. Es wird nötig sein, Korrekturen an diesem Bild vorzunehmen. Es wird nötig sein, es mit den Befunden abzugleichen, die uns das empirische Material der Sozialwissenschaften und der historischen Disziplinen zur Verfügung stellt. Es wird nötig sein, sich zu fragen, wie sich dieses Bild mit der Realität unseres Gefühllebens zur Deckung bringen lässt und welche Rolle das Imaginäre dabei spielt. Es wird danach zu fragen sein, auf welche grundsätzlichen Erfahrungen sich die Rache zurückführen lässt, welcher Logik sie folgt und welche Auffassung von Gerechtigkeit ihr zugrunde liegt. Zugleich wird es nötig sein zu verstehen, wie dieses Bild überhaupt entstehen konnte, aus welchen Elementen es sich zusammensetzt und welche Kräfte diese Elemente zusammenhalten. Zeit also für einen Wechsel der Beleuchtung. Zeit, diesen blinden Fleck aufzuhellen.

Damit ist das Ziel der Arbeit umrissen. Von den Formen, in denen die Rache üblicherweise philosophisch thematisiert worden ist, unterscheidet sie sich dabei in dreifacher Hinsicht. *Erstens* geht es ihr primär nicht um eine moralphilosophische Beurteilung der Rache, also darum herauszufinden, ob und unter welchen Bedingungen Rache als moralisch gerechtfertigt angesehen werden kann oder nicht. Nicht, weil dieser Frage keine Relevanz zukäme, sondern weil sie, wie jede normative Frage, eine genaue Untersuchung und Kenntnis desjenigen Gegenstandes voraussetzt, über den es begründet ein Urteil zu fällen gilt. Methodisch geht damit die Forderung einher, die normativen Wertungen und Urteile, mit denen man der Rache habituell begegnet, für die Dauer der Untersuchung gleichsam einzuklammern und in der Schwebe zu halten.

Zweitens lässt sie sich von der Ethnologie und den ethnologisch informierten Sozialwissenschaften unterrichten. Die Ignoranz, die weite Teile der Philosophie (insbesondere der deutschsprachigen) gegenüber dem ethnologischen Diskurs an den Tag legen, dürfte nicht unwesentlich zu den Vereinseitigungen und ideologischen Verzerrungen beigetragen haben, die den modernen Blick auf die Rache bestimmen. Zu den Besonderheiten philosophischen Denkens gehört, dass es darauf abzielt, Aussagen zu generieren, denen eine möglichst allgemeine Gültigkeit zukommt. Dieser Universalismus erweist sich im Hinblick auf die Rache indes als problematisch. Bezieht man das Problem der Rache ausschließlich auf die Normen des modernen Rechts, so wie es sich in Europa herausgebildet hat, fällt es in der Tat schwer, in ihr etwas anderes zu erkennen als einen Ausdruck blinder Gewalt. Der ethnologische Blick auf andere Gesellschaftsformationen kann hier eine Funktion übernehmen, die Maria-Sibylla Lotter als »Matrix der Kritik«[16] bezeichnet hat. Durch den Vergleich mit anderen Gesellschaftsformationen wird es möglich, bestimmte Ideen und Auffassungen, die in unserer Kultur als selbstverständlich gelten, kritisch zu hinterfragen. Hintergründig verbindet sich die vorliegende Arbeit also auch mit einem diskreten Plädoyer für eine Ethnologisierung der Philosophie.[17]

Drittens sollen die Spannungen und Ambivalenzen, die sich in dem durch den Begriff der Rache bezeichneten Feld auftun, wie etwa die oben genannten zwischen Recht und Unrecht, Realem und Imaginärem, Gefühl und Vernunft, nicht zwanghaft in eine wie auch immer geartete Eindeutigkeit aufgelöst werden. Vielmehr lautet eine Ausgangsthese, dass es gerade diese Widersprüche sind, denen im Hinblick auf den Stellenwert der Rache in der Moderne eine besondere epistemische Valenz zukommt. Wie wenige andere Gegenstände scheint die Rache in der Lage, bestimmte Unterscheidungen und Dualismen, die fest in unserem Denken verankert sind und auf eine lange philosophische Geschichte zurückblicken, ins Wanken zu bringen. Dies gilt zum Beispiel für die klassische Unterscheidung zwischen Gefühl und Vernunft: Von ›heißen‹ Leidenschaften angetrieben zu sein und mit ›kühler‹ Berechnung vorzugehen, schließt sich im Falle der Rache keineswegs aus. Die Rache gehört beiden Ordnungen an; sie ausschließlich auf ihre affektive Dimension reduzieren zu wollen, wäre ebenso falsch wie die umgekehrte Neigung, ihre rationalen Aspekte überzubetonen.[18]

Folglich kann es in dieser Arbeit also auch nicht darum gehen, die epistemische Überlegenheit der Philosophie gegenüber dem nicht-philosophischen Denken zur Geltung zu bringen. Die philosophische Reflexion wird vielmehr als ein Mittel verstanden, das uns dabei helfen kann, uns unser eigenes Denken, Fühlen und Handeln durchsichtiger werden zu lassen. Was Rache heißt, ist in unserer Gesellschaft weitestgehend dem intuitiven Verständnis anheimgegeben. Dieses alltägliche Vorverständnis bietet sich der philosophischen Reflexion als methodischer Ausgangspunkt dar; nicht um ihm das letzte Wort zu überlassen, sondern um es kritisch zu durchleuchten und von dort aus zu einem Verständnis der Rache zu gelangen, das diese nicht auf eine bestimmte Erscheinungsform oder einen bestimmten Aspekt reduziert. Die Studie folgt damit einer Herangehensweise, die der französische Philosoph Paul Ricœur als »nachträgliche Erhellung eines Sinngewölks« bezeichnet hat. »Die Philosophie«, so Ricœur, »beginnt nirgends absolut; von der Nichtphilosophie getragen, lebt sie von der Substanz dessen, was bereits unreflektiert verstanden wurde.«[19] Die Auswahl der hier behandelten Autoren und Texte folgt dementsprechend auch nicht einer bestimmten philosophischen Schule oder Theorieströmung, sondern den Richtungen, die ihr der Gegenstand sowie die Art ihrer Fragestellung vorgeben.[20] Entsprechend vielgestaltig sind die verwendeten Quellen. Zu ihnen gehören ebenso philosophische Texte wie Hervorbringungen der populären Massenkultur, lexikographische Einträge und ethnographische Berichte, Romane, Comics, Alltagsbeobachtungen und begriffsgeschichtliche Studien. So wenig es möglich ist, die Rache einer einzelnen wissenschaftlichen Disziplin zuzuschlagen, so wenig scheint es ratsam, das Untersuchungsfeld dadurch zu beschränken, dass man von vornherein nur einen bestimmten Typ von Äußerungen in Betracht zieht. Wenn es zutrifft, dass das Bild, das wir uns von der Rache machen, nicht zu trennen ist von den Bildern, die das kulturelle Imaginäre hervorbringt, wenn das Imaginäre also den semantischen Nährboden bildet, aus dem sich unser Verständnis der Rache maßgeblich speist, dann haben wir insbesondere dieses in allen seinen Formen zu berücksichtigen; ungeachtet der mittlerweile ohnehin längst fragwürdig gewordenen Unterscheidung zwischen Hochkultur und populärer Massenkultur.

Die vorliegende Untersuchung ist zwar innerhalb der Philosophie entstanden, aber sie richtet sich nicht an eine philosophische Leserschaft. Mir ging es nicht darum, ein Kompendium der Positionen zu erstellen, die Philosophinnen und Philosophen im Hinblick auf die Rache eingenommen haben. Vielmehr stellt sie das Ergebnis des Versuches dar, die blinde, aber keineswegs leere Stelle zu erhellen, die die Rache im kulturellen Gewebe der Gegenwart und damit auch in unserer eigenen Existenz einnimmt.

2. Zum Stellenwert der Rache in der Moderne

Die Geschichte einer Abspaltung

Das *Historische Wörterbuch der Philosophie* ist eines der wenigen philosophischen Fachlexika, das überhaupt einen Eintrag zur Rache enthält. Der Artikel beginnt wie folgt:

> Der Akt der R. für erlittenes Unrecht gehört seit Menschengedenken zur Rechts- und Unrechtsgeschichte. Dabei entwickelt sich die Tendenz, die R. als willkürlichen Vergeltungsakt von der Strafe als juristisch geregelten Vergeltungsakt zu unterscheiden und die R. zu verwerfen.[21]

Diese lapidare Feststellung scheint charakteristisch für eine bestimmte Haltung gegenüber der Rache, die sowohl das philosophische als auch das nicht-philosophische Denken unserer Zeit prägt. Der erste Satz sagt aus, dass die Rache, wie es heißt, »seit Menschengedenken« zu unserer Geschichte dazugehört, und zwar – diese Ergänzung gilt es zu beachten – nicht nur zu der Geschichte des Unrechts, sondern auch zu der Geschichte des Rechts. Die strikte terminologische Unterscheidung zwischen (illegaler) ›Rache‹ und (legaler) ›Strafe‹, wie sie in unserer Gesellschaft üblich ist, ist in vielen älteren Sprachen unbekannt. Im biblischen Sprachgebrauch ist Rache meist ein rechtlich konnotierter Begriff[22]; das Altgriechische kennt eine ganze Reihe von Ausdrücken, die jeweils beides meinen können: Rache *und* Strafe[23]; und auch die Etymologie des deutschen Worts ›rächen‹ führt auf eine Reihe von Ausdrücken zurück, in denen diese Trennung noch nicht vollzogen ist.[24] Diese Verbindung wird im zweiten Satz jedoch sogleich infrage gestellt. Er fasst eine historische Entwicklung zusammen, in deren Verlauf die als »willkürlich« gekennzeichnete Rache immer weiter von der gesetzlich regulierten Bestrafung unterschieden und schließlich verworfen wird. Die Geschichte der Rache wird summarisch als *die Geschichte einer Abspaltung* erzählt. Ausgesondert aus dem Bereich des Rechts und der gesetzlich verhängten Strafe als einzig legitimer Form der Vergeltung gegenübergestellt, fällt die Rache einem Verdikt anheim.

Fortan erscheint die Rache nicht mehr als ein wie auch immer gearteter Teil des Rechts, sondern als dessen Gegenteil. Zwar hört die Rache nicht auf fortzubestehen, als dunkler Schatten und Verdacht, den abzuschütteln sich das legale Strafsystem nach Kräften bemüht, aber ihr Stellenwert hat sich grundlegend verändert. Als verworfener Rest steht sie den Manifestationen des Rechts nunmehr äußerlich gegenüber. Die Geschichte der Rache ähnelt hierin der Geschichte des Wahnsinns, die Michel Foucault erzählt hat.[25] Nicht in Bezug auf den Gegenstand, wohl aber in Bezug auf die Geste, die diesen konstituiert: So wie das moderne abendländische Denken durch eine Geste der Trennung den Wahnsinn als das Andere der Vernunft hervorbringt, so bringt die Etablierung der gesetzlichen Strafjustiz die ›wilde‹ und ›willkürliche‹ Rache hervor, die fortan als das Andere des Rechts erscheint.

Mit dieser Aussonderung geht eine Annahme einher, die den modernen Diskurs über die Rache seitdem unhinterfragt grundiert, diejenige nämlich, dass sich Rache und Recht *wechselseitig ausschließen*. Einen exemplarischen Ausdruck gefunden hat diese Annahme bei Francis Bacon. Die Schwelle zur Neuzeit ist gerade erst überschritten, als 1625 die dritte, umfassend erweiterte Auflage von Bacons *Essays* erscheint. Zu den Erweiterungen gehört auch eine Abhandlung unter dem Titel »Of Revenge«, die mit den folgenden Worten beginnt: »Revenge is a kind of wild justice; which the more Man's nature runs to, the more ought law to weed it out«.[26] Wie Unkraut, so legt die Diktion es nahe, sprießt die Rache wild und unkontrolliert aus der menschlichen Natur empor. Jener entgegen stellt Bacon das Gesetz, dessen Aufgabe er darin erkennt, diesen Wildwuchs auszumerzen, und zwar umso entschiedener, je stärker die menschliche Natur diesem Streben zuneigt. »[F]or as for the first wrong«, so begründet Bacon diese Forderung, »it does but offend the law; but the revenge of that wrong putteth the law out of office.«[27] Anders als das erste Unrecht, das das Gesetz zwar verletzt, es in seiner Geltung ansonsten aber unangetastet lässt, stelle der Akt der Rache etwas dar, das das Gesetz *als solches* außer Kraft setzt.

Um dieser drohenden Suspendierung der Amtsgewalt zuvorzukommen, empfiehlt Bacon die radikale Extinktion: Das Gesetz solle das Übel, das in Gestalt der Rache droht, an seiner Wurzel fassen und austilgen. Die Relation zwischen Rache und Recht wird von Bacon also nicht nur als das Verhältnis zweier sich wechselseitig ausschließender Begriffe gedacht, sondern zu einem aggressiven Antagonismus gesteigert. Rache und Recht erscheinen als entgegengesetzte Kräfte, die scheinbar gar nicht anders können, als sich gegenseitig zu bekämpfen: Die Rache droht dem Recht mit seiner Entsetzung (*I'll put you out of office!*), und das Recht droht der Rache mit ihrer Extinktion (*I'll weed you out!*).

Geschrieben zu einer Zeit, in der die Menschen in Europa noch von Königinnen und Fürsten regiert wurden, enthält die von Bacon formulierte Forderung in nuce ein Programm, das ein zentrales Anliegen des bürgerlichen Staates vorwegnimmt: *Wo Rache ist, da soll Recht werden.* Historisch gesehen ist diese Forderung zwar nicht neu, da sich, wie die Sozialwissenschaftler Günther Schlee und Bertram Turner schreiben, »in den Quellen seit den frühesten Zeugnissen der altorientalischen und biblischen Zeit eine durchgehende Tendenz zu einer strikten Regulierung der Vergeltungspraxis«[28] feststellen lässt. Neu jedoch ist der Umstand, dass diese Forderung nun ausdrücklich im Namen eines Rechts gestellt wird, das von einer strikten Trennung zwischen sich und der Rache ausgeht, einer Trennung, die es ihm unmöglich macht, in der Rache etwas anderes als sein Außerhalb zu erkennen. Vermittelt über den Begriff der Vergeltung, der in den neuzeitlichen Straftheorien nach wie vor seinen Platz hat, besteht zwar noch eine entfernte Beziehung zu diesem Außerhalb; die Distanz, die das moderne Rechtsdenken zwischen dem Begriff der Rache und dem Begriff der Strafe schafft, rückt jene jedoch in eine so weite Ferne, dass diese Verbindung zunehmend dunkler wird und schließlich fast ganz außer Sichtweite gerät.

Neu ist zudem die Weise, in der sich diese Forderung in Europa seit der Mitte des 17. Jahrhunderts mit der Frage der politischen Herrschaft verknüpft. Der theoretische Ort, an dem diese Verknüpfung hergestellt wird, ist die Staatstheorie. Der Staat selbst – also jenes politische Gebilde, das zu diesem Zeitpunkt gerade erst im

Begriff war zu entstehen[29] – bildet dabei den Knotenpunkt. Ihm fällt die Aufgabe zu, für die Umsetzung dieses Programms zu sorgen. Die Einhegung der Rache wird zur Sache des Staates erklärt und die Etablierung eines Gewaltmonopols – das das Recht zu bestrafen einschließt – zur Grundlage seiner souveränen Herrschaft, die sich ihrerseits als eine Herrschaft des Rechts legitimiert. Der Staat erscheint als Garant des Rechts. Im bürgerlichen Zeitalter bilden beide – zunächst in der Theorie, später dann auch in der politischen Praxis – eine für notwendig gehaltene Einheit. »Es gibt kein Recht außerhalb des politischen Gemeinwesens.«[30] Um seine Souveränität zu wahren, ist der Staat darauf angewiesen, gegen jede Form von Gewalt vorzugehen, die nicht in seinem eigenen Namen verübt wird. Da sich im bürgerlichen Rechtsstaat, seiner Idee und seinem Anspruch nach, die politische Gleichheit der Bürger realisiert, bedeutet ein Verstoß gegen die staatliche Rechtsordnung zugleich einen Verstoß gegen die Allgemeinheit. Die Rache gerät dadurch notwendig zur ›Selbstjustiz‹ – ein Begriff, der in der deutschen Sprache erst in der Mitte des 19. Jahrhunderts auftaucht,[31] also genau zu der Zeit, in der sich die nationalstaatliche Ordnung in Europa endgültig etabliert. In die begriffliche Opposition von Rache und Recht schreibt sich dadurch ein weiterer Gegensatz ein: derjenige von privat und öffentlich. Die Leidenschaften der Individuen stehen fortan gegen das Recht der Gemeinschaft.[32]

Die moderne Standarderzählung der Rache

Wo Rache ist, da soll Recht werden. Man muss diesen Satz nur ein wenig verändern, um aus einer Forderung, die sich in die Zukunft richtet, eine Aussage zu machen, die sich im Tempus des Erzählens auf die Vergangenheit bezieht: *Wo Rache war, da wurde Recht.* Dieser Satz bildet einen integralen Bestandteil jener großen Fortschrittserzählung der Aufklärung, die für das kulturelle Selbstverständnis der Moderne von so zentraler Bedeutung ist. Wie Jean-François Lyotard gezeigt hat, besteht die Funktion dieser Erzählung im Wesentlichen in einer narrativen Selbstvergewisserung.[33] Dass da, wo Rache war, Recht wurde, bildet den Kern dessen, was ich als die *moderne Standarderzählung der Rache* bezeichne.

Diese Standarderzählung geht ungefähr so: Früher lebten die Menschen in einem Zustand der Rechtlosigkeit, bar jeder Sicherheit und Ordnung. Die einzige Schranke, die der Willkür des Einzelnen gesetzt war, lag in dem Maß seiner Stärke im Verhältnis zu der Stärke der anderen. Der Gewalt waren keine äußeren Grenzen gesetzt. Eine Rachespirale schraubte sich blind in die nächste, dysfunktional und grausam, ein absurdes Theater der Anomie. Thomas Hobbes hat im *Leviathan*[34] die berühmte Formel geliefert, an der sich die meisten Versionen dieser Erzählung orientieren. Er bezeichnet diesen Zustand als *bellum omnia contra omnes* (»Krieg eines jeden gegen jeden«[35]). Wie wir uns diesen Zustand konkret vorzustellen haben und in welcher Weise er sich auf das menschliche Zusammenleben auswirkt, beschreibt Hobbes wie folgt:

> In solchem Zustand gibt es keinen Platz für Fleiß, denn seine Früchte sind ungewiß, und folglich keine Kultivierung des Bodens, keine Schiffahrt oder Nutzung der Waren, die auf dem Seeweg importiert werden mögen, kein zweckdienliches Bauen, keine Werkzeuge zur Bewegung von Dingen, deren Transport viel Kraft erfordert, keine Kenntnis über das Antlitz der Erde, keine Zeitrechnung, keine Künste, keine Bildung, keine Gesellschaft, und, was das allerschlimmste ist, es herrscht ständige Furcht und die Gefahr eines gewaltsamen Todes; und das Leben des Menschen ist einsam, armselig, widerwärtig, vertiert und kurz.[36]

Aus diesem Zustand permanenter Bedrohung, aus dieser »vertierten« und buchstäblich peinlichen Existenz, konnten sich die Menschen erst befreien, als sie sich qua vertraglicher Übereinkunft einem allgemeinen Gesetz unterwarfen. Dieser Akt der Unterwerfung ist identisch mit der »Entstehung jenes großen *Leviathan* oder besser [...] jenes *sterblichen Gottes*«[37], als den Hobbes das staatliche Gemeinwesen charakterisiert. Mit dem Staat kamen die Ordnung, die Sicherheit, das Recht, kurzum, die Bedingungen für ein menschliches Zusammenleben, das diesen Namen überhaupt erst verdient.

Die moderne Standarderzählung der Rache kursiert in unterschiedlichen Varianten. Ihr Grundmuster ist jedoch immer gleich. Stets geht es um die Transition zwischen zwei Zuständen: einem Früher (das historisch meist unbestimmt bleibt) und einem Später (das mit der eigenen Epoche identisch ist oder innerhalb der Erzähllogik notwendig auf diese hinausläuft). Der frühere Zustand wird durch einen Mangel charakterisiert, der im späteren Zustand aufgehoben ist. Die inhaltliche Bestimmung dieses Mangels erfolgt dabei meist nach Maßgabe dessen, was man jeweils für die positiven Errungenschaften der eigenen Epoche hält (so erwähnt Hobbes das Fehlen von Agrarwirtschaft, überseeischem Importhandel, fortgeschrittener Technologie und Infrastruktur, also zahlreiche Elemente, die die Wirtschaftsweise seiner eigenen Gesellschaft charakterisieren). Der Begriffshistoriker Reinhart Koselleck und der Philosoph Joachim Ritter haben beide, aus unterschiedlichen Richtungen kommend, in dem Bruch zwischen Zukunft und Vergangenheit das zentrale Kennzeichen der Moderne erkannt.[38] Es ist die Vorstellung eines solchen Bruches, die der modernen Standarderzählung der Rache ihre Struktur und Plausibilität verleiht. Im Kielwasser dieser Erzählung treiben all die Stempel und Attribute, mit denen die Rache heute notorisch versehen wird: archaisch, primitiv, barbarisch, mittelalterlich, rückständig etc. Sofern der Rache in den modernen Gesellschaften überhaupt noch irgendeine reale Präsenz und Geltung zugestanden wird, kann es gemäß dieser Erzählung nur die eines Atavismus sein. Vor dem Hintergrund dieser Erzählung ist es ein Leichtes, die Rache auch in einem historischen Sinn zu einer Figur des Anderen zu erklären. Sie erscheint dann nicht nur als das Andere des Rechts, sondern auch als das schlechthin Andere der Moderne überhaupt – und damit zugleich als die Negation all der Werte, für die das Projekt der Moderne einsteht. Das vergangene Zeitalter der Gewalt bildet den ebenso dunklen wie diffusen Hintergrund, vor dem sich die leuchtenden Ideen der Aufklärung – Vernunft, Ordnung, Fortschritt, Humanität – umso strahlender abzeichnen. Die Rache ist dasjenige, was im Schatten dieser neuen Ordnung verschwindet. Ihr Dasein gleicht demjenigen eines an den Rand gedrängten, in einer dunklen Ecke kauernden Wesens, dessen Gestalt wir nur undeutlich erkennen und von dem wir nicht so recht wissen, was es für uns bedeutet, so dass wir es vorziehen, möglichst rasch und blicklos daran vorbeizugehen.

Die Fiktion des Naturzustands

Für das Früher, von dem die moderne Standarderzählung der Rache berichtet, gibt es in der Sprache der Philosophie einen festen Begriff: den des *Naturzustands*. In den staats-, rechts- und sozialtheoretischen Debatten des 17. und 18. Jahrhunderts wurde dieser Begriff zu einem zentralen Topos und Bezugspunkt. Die meisten Denker der Aufklärung konzipierten den Naturzustand in einer ähnlichen Stoßrichtung wie Hobbes (wenn auch nicht immer mit derselben Drastik), das heißt als einen Zustand der Rohheit, Grausamkeit und Barbarei. Die Entstehung des Staates wird dementsprechend als Fortschrittsgeschichte erzählt. Es gibt jedoch noch eine andere Auffassung des Naturzustands, in der dieser nicht als Zustand der Defizienz erscheint, sondern, im Gegenteil, als Zustand einer verlorenen Ordnung und natürlichen Fülle. Der prominenteste Vertreter dieser positiven Version des Naturzustands ist Jean-Jacques Rousseau.[39] Anders als Hobbes ging Rousseau davon aus, dass der Mensch an sich friedfertig und gut sei. Bei Rousseau nimmt der Naturzustand die Züge eines Paradieses an, in dem alle Menschen gleich und frei sind. Erst durch die zivilisatorischen Errungenschaften und die staatliche Ordnung wurde dieser Zustand dem Verderben anheimgegeben. Der Eintritt in das bürgerliche Zeitalter wird von Rousseau dementsprechend nicht als Fortschrittsgeschichte, sondern als Geschichte eines Verfalls erzählt: Erst durch den Übergang in die bürgerliche Gesellschaft und alle damit einhergehenden institutionellen Arrangements wurde die ursprüngliche Idylle unwiederbringlich zerstört.[40] Vom Naturzustand existieren also zwei Bilder, die gegensätzlicher kaum sein könnten: Der barbarisierenden Darstellung, die wir bei Hobbes finden, steht das Bild einer paradiesischen Idylle bei Rousseau gegenüber.

Wie ist es nun um den epistemischen Status des Naturzustands bestellt? Und welche Bewandtnis hat es dementsprechend mit den Erzählungen, die, ausdrücklich oder implizit, auf die Idee eines solchen Zustands Bezug nehmen? Sagen wir es ganz deutlich: *Der Begriff des Naturzustands hat keine empirische Grundlage.* Weder in der Geschichtswissenschaft noch in irgendeiner anderen Disziplin lassen sich Belege für die tatsächliche Existenz eines solchen Zustands finden. Was für den Naturzustand gilt, gilt aber auch für die Idee, dass dem Rechtszustand ein Zeitalter unregulierter Rache vorausging. Ich zitiere noch einmal Schlee und Turner:

> Es gibt in den Quellen seit den frühesten Zeugnissen der altorientalischen und biblischen Zeit eine durchgehende Tendenz zu einer strikten Regulierung der Vergeltungspraxis. *Diese Regelungen lassen allerdings nicht erkennen, dass sie sich auf einen vorher herrschenden Zustand ungeregelter Vergeltung beziehen würden.* [...] Vergeltung als Blutrache war fester Bestandteil aller intellektuellen Konstruktionen einer historisch linearen und fortschrittsorientierten Entwicklung, und ihre Eindämmung galt als Indikator wachsender staatlicher Souveränität. Diesem Entwicklungsmodell steht der empirische Befund jedoch entgegen [...].[41]

Der Begriff des Naturzustands verweist also nicht auf eine historisch nachweisbare Realität. Es handelt sich bei ihm um eine philosophische Denkfigur, einen theoretischen Zustand, dessen semantischer Gehalt abhängig ist von der strategischen Position, die ihm in einem spezifischen Diskurs und Legitimationszusammenhang jeweils zugewiesen wird (affirmative Theorie staatlicher Herrschaft bei Hobbes, kritische Sozialtheorie der bürgerlichen Gesellschaft bei Rousseau). Der Naturzustand ist eine Hervorbringung des philosophischen Imaginären. Mit einem Wort: eine Fiktion. Was genau darunter zu verstehen ist, erläutert Christoph Menke:

> Der Naturzustand ist »fiktiv« in dem Sinn, dass er gemacht, erfunden oder hervorgebracht ist. Und zwar ist er gemacht durch eben den Rechtszustand, der sich als Antwort auf ihn präsentiert. Der Naturzustand geht dem Rechtszustand nicht vorher (wie es die Philosophien der Legitimation vorstellen), sondern ist dessen eigenes Produkt.[42]

Die Einsicht in den imaginären Charakter des Naturzustands ist keineswegs neu; tatsächlich hätten die meisten Aufklärungsdenker dieser Charakterisierung auch kaum widersprochen. Sowohl Hobbes als auch vielen seiner Nachfolger war klar, dass der Naturzustand in erster Linie ein hypothetisches Konstrukt ist.

Für sich genommen ist der fiktive Charakter des Naturzustands auch nicht problematisch – solange er nur deutlich genug als solcher markiert wird. Genau darin liegt jedoch das Problem: Der Naturzustand ist eine Fiktion, die dazu neigt, sich selbst zu vergessen. Die Idee des Naturzustands tendiert dahin, sich zu verselbständigen, ihren Status als Fiktion zu verschleiern und unmerklich aus dem Register des Imaginären in das des Realen hinüberzuwechseln. Einerseits handelt es sich bei dieser Tendenz gewiss um einen Effekt der Rezeption, die dem Konzept des Naturzustands seit dem 17. Jahrhundert beschieden war. Es spricht für den Erfolg dieses Konzepts, dass die mit ihm verbundenen Bilder und Assoziationen sich im Zuge seiner Wirkungsgeschichte so weit verbreitet und von ihrem ursprünglichen theoretischen Einsatzort abgelöst haben, dass sie heute sogar dort wirksam sind, wo das Wort selbst gar nicht mehr auftaucht. So bildet die Annahme, dass die Menschen »früher einmal« – wann auch immer das gewesen sein soll – in einem Zustand der Rechtslosigkeit gelebt haben, mittlerweile einen vulgärhistorischen Gemeinplatz.[43] Es wäre jedoch etwas zu einfach und verkürzt, wenn man diese Tendenz ausschließlich auf das epistemische Gefälle zurückführen würde, das die Ebene der Theoriebildung von der Ebene einer Rezeption trennt, deren Erfolg unvermeidlich mit bestimmten Simplifizierungen und Verflachungen einhergeht. Denn tatsächlich lässt sich die Neigung, sich über den fiktiven Status des Naturzustands hinwegzutäuschen, von Anfang an auch *innerhalb* der Philosophie beobachten. Deutlich wird dies bereits im *Leviathan*. Obgleich Hobbes der hypothetische Charakter des Naturzustands deutlich vor Augen stand, hat ihn das doch nicht daran gehindert, diese Idee auf tatsächlich existierende Gesellschaften zu übertragen:

> Man mag vielleicht denken, daß es nie solch eine Zeit oder solchen Kriegszustand gab; und ich glaube, es war nie allgemein auf der ganzen Welt so, aber [*sic!*] es gibt viele Gegenden, wo die Menschen heute noch so leben. Denn die wilden Völker in vielen Teilen *Amerikas* haben außer der Herrschaft kleiner Familien, deren Eintracht von der natürlichen Lust abhängt, überhaupt keine Regierung und leben bis auf den heutigen Tag in jener vertierten Weise, wie ich zuvor sagte.[44]

Das »aber« markiert genau den Punkt, an dem sich innerhalb ein und desselben Satzes der Umschlag vollzieht: Gleichsam im Vorübergehen streift die Idee des Naturzustands ihren imaginären Charakter ab und wechselt in ein anderes ontologisches Register. Was als Eingeständnis (des nur hypothetischen Charakters des Naturzustands) und Relativierung (seines historischen Geltungsanspruchs) beginnt, endet als ethnologische Aussage.

In Hobbes' Feststellung über die indigenen Gesellschaften Amerikas zeigt sich ein für den Eurozentrismus der modernen Rechtsphilosophie typischer Umkehrschluss: Die Abwesenheit rechtlicher Institutionen, so wie wir sie kennen, wird mit der Abwesenheit von Recht überhaupt verwechselt. Fehlen derartige Institutionen (Parlamente, Polizeibehörden, Gerichtshöfe, Gefängnisse, ein Korpus schriftlich fixierter Gesetze etc.) und lässt sich insbesondere keine Instanz ausmachen, die als zentrale Strafgewalt auftritt, zieht man daraus den Schluss, dass die betreffenden Gesellschaften überhaupt kein Recht kennen und sämtliche Konflikte im Medium der Gewalt austragen. Diese Annahme ist jedoch grundfalsch. »Alle Gesellschaften, selbst die primitivsten«, so Émile Benveniste in seinen *Indoeuropäischen Institutionen*, »werden von Rechtsgrundsätzen sowohl in Bezug auf Personen als auch auf Sachen bestimmt.«[45] Diese Feststellung verschlägt jedoch wenig gegen die persuasive Kraft, die der Idee des Naturzustands eignet. Wie stark diese darauf drängt, sich als reales Faktum zu gerieren, wird deutlich in einer Definition, die man ziemlich genau 250 Jahre nach der Erstveröffentlichung des *Leviathans* in Rudolf Eislers *Wörterbuch der philosophischen Begriffe* nachlesen kann:

> Naturzustand heißt: 1) der primitive, unentwickelte, wenig cultivierte Zustand der Lebensverhältnisse bei Naturvölkern; 2) der sociale Zustand vor dem (Gesetzes-) Recht, der Zustand der Gewalt (zwischen Stamm und Stamm), der bloß durch Brauch und Sitte geregelte Zustand (im Stamme).[46]

Nichts mehr in dieser Definition erinnert daran, dass der Naturzustand ursprünglich keine reale Gegebenheit bezeichnete, sondern eine philosophische Fiktion.

Damit ist zugleich das zweite große Problem angerissen, das mit dem Naturzustand zusammenhängt: *die Projektion auf fremde Gesellschaften*. Man vergisst leicht, dass die Epoche der Aufklärung historisch konvergiert mit dem Zeitalter der europäischen Expansion, das durch die großen überseeischen Entdeckungsreisen eingeleitet wurde und nahtlos in den Kolonialismus überging. Die Vermessung der außereuropäischen Welt, ihre Inbesitznahme und Ausbeutung gingen dabei Hand in Hand.[47] Die fremden Lebensweisen, mit denen sich die europäischen Siedlerinnen, Kolonialbeamten, Missionare und Forschungsreisenden in den entfernten Weltregionen konfrontiert sahen, lieferten der Debatte um den Naturzustand neue Nahrung. Mit einem Mal schien der Begriff ein handfestes Denotat zu besitzen. Beseelt von einem Fortschrittsglauben, dem zufolge sich die zivilisatorische Entwicklung der Menschheit in Stufen vollzogen habe, meinte die europäische Gelehrtenschaft, durch die fremden Gesellschaften hindurch einen Blick in die eigene Vergangenheit werfen zu können. Einen Höhepunkt fand dieses Denken im Kulturevolutionismus des 19. Jahrhunderts, dessen Vertreter, wie Claude Lévi-Strauss schreibt,

> von der Evolution begeistert, mit allen Mitteln versuchten, die in der Welt beobachteten Institutionen und Bräuche in unilinearer Reihe anzuordnen. Ausgehend von dem Postulat, daß unsere Zivilisation die komplexeste und entwickelteste war, sahen sie in den Institutionen der sogenannten primitiven Völker ein Bild derjenigen, die am Anfang der Menschheit existiert haben konnten.[48]

Was dieser Blick in den ›Anderen‹ sah, wurde präfiguriert von den Vorstellungen, die in Europa bereits im Umlauf waren. Die bestehenden Bilder des Naturzustands – als paradiesische Idylle oder als Hölle auf Erden – strukturierten den semantischen Raum, der die Wahrnehmung der sogenannten Naturvölker bestimmte. Diese oszillierte ihrerseits zwischen zwei einander entgegengesetzten Polen, der Figur des »Edlen Wilden« auf der einen Seite und der Figur des menschenfressenden Kannibalen auf der anderen.[49]

Einen deutlichen Widerhall findet diese Polarität in der modernen Faszination für die Rache. Auch diese ist gleichermaßen Gegenstand der Anziehung und Abstoßung, wird einerseits idealisiert und andererseits verteufelt. Zwischen dem kolonialen Blick auf den Anderen und dem modernen Blick auf die Rache besteht eine untergründige Verwandtschaft. Bricht sich die Rache in unserer Gesellschaft einmal wirklich Bahn, so wird sie reflexhaft als Ausdruck »primitiver« Gewalt verurteilt. Die moderne Populärkultur hingegen inszeniert die Rächerinnen und Rächer als Helden; ihr Handeln wird hier zum Ausdruck eines »natürlichen« Gerechtigkeitssinns überhöht, der sich bevorzugt dort ins Werk setzt, wo die staatlichen Strukturen versagen und sich Polizei und Justiz als zu wenig fähig, zu wenig entschlossen oder zu korrupt erweisen, den Forderungen der Gerechtigkeit Genüge zu tun.

Je enger die Rache an die Vorstellung des Naturzustands geknüpft wird, desto leichter wird es, sie an einen Ort zu projizieren, der vom Standpunkt der eigenen Kultur aus als außerhalb erscheint. Diese projektive Übertragung fügt sich als weiteres Moment in jene Geste der Alterisierung und Aussonderung ein, die den modernen Umgang mit der Rache charakterisiert – nun allerdings mit dem Unterschied, dass das Andere der Moderne nicht *historisch* bestimmt wird, also über die Entfernung in der Zeit, sondern *kulturell*, also über die Entfernung im Raum. Den primären Projektionsraum bilden dabei die Kulturen, die aus der Perspektive der eigenen Gesellschaft als Inbegriff des Fremden erscheinen. Für Thomas Hobbes und seine Zeitgenossen waren dies offenbar die »wilden Völker« Amerikas. Der Inbegriff der kulturellen Andersheit lag jedoch nicht zwangsläufig in Übersee oder außerhalb Europas:

> So wurden etwa nordische Völker und Germanen [...] in der rechtshistorischen und germanistischen Literatur im 19. Jahrhundert und bis 1945 zu den Prototypen einer auf Blutrache basierenden Heldenideologie stilisiert. [...] In der ethnologischen Literatur der zweiten Hälfte des 20. Jahrhunderts dagegen erlangten die Vertreter einer mediterranen Ehrekultur den Ruf als Vergeltungsspezialisten.[50]

Und heute?

> Heute gelten vielfach islamisch geprägte Gesellschaften als Bastionen einer auf Vergeltung ausgerichteten Konfliktregulierung, ob dies nun für die Rechtspraxis empirisch nachweisbar ist oder nicht und oft auch unabhängig davon, ob sich die herrschende Praxis aus einem religiösen Hintergrund oder aus anderen kulturellen Begründungen von Vergeltung erklärt.[51]

Ähnliche Trends lassen sich auch innerhalb des literarischen Diskurses beobachten. »[T]he projection of vengeful impulses onto more primitive peoples and cultures has always been a literary commonplace«, schreibt die amerikanische Intellektuelle Susan Jacoby in *Wild Justice*[52] und nennt eine Reihe von Beispielen. So verlagerten die Autoren der elisabethanischen Rachetragödien, die im England des 16. und 17. Jahrhunderts überaus beliebt waren, den Schauplatz ihrer Stücke bevorzugt nach Italien oder Spanien, während italienische und spanische Dramatiker derselben Zeit ihre Stücke häufig in einem orientalisch-osmanischen Setting spielen ließen, das ihnen ähnlich exotisch vorgekommen sein musste wie ihre eigene Heimat den Bewohnern des verregneten Inselreichs.[53] Shakespeare lässt die Tragödie von Hamlet[54] in der am östlichsten Ende Dänemarks gelegenen Burg Helsingør spielen – vermutlich einer der finstersten und mittelalterlichsten Orte, die man sich 1602, als das Stück seine Uraufführung feierte, in einem Londoner Theater vorstellen konnte. Sowohl in den Wissenschaften als auch in der Literatur scheint es sich also so zu verhalten, dass die Darstellungen der Rache häufig weitaus mehr über das Selbstverständnis und den Standpunkt der Autorinnen aussagen als über dasjenige, was sie in ihren Werken als Wirklichkeit präsentieren.[55]

Schlussfolgerungen

Welche Schlussfolgerungen sind aus dem Gesagten zu ziehen? Welche Konsequenzen ergeben sich hieraus im Hinblick auf die Frage, wie die moderne Standarderzählung der Rache zu bewerten ist? Und welche Linien im Hinblick auf den weiteren Gang der Untersuchung? Ich fasse die wichtigsten Punkte zusammen:

1. Es ist nicht zu bestreiten, dass der Übergang einer Gesellschaft in eine staatlich verfasste Ordnung auch eine grundlegende Transformation der Rache bedeutet. Dieser Übergang muss jedoch ganz anders konstruiert werden, als es in der modernen Standarderzählung der Rache der Fall ist. Es geht nicht um eine Transition von einem Zustand der Rechtslosigkeit zu einem Zustand des Rechts (dies hieße, die Annahme, dass sich Rache und Recht wechselseitig ausschließen, zu wiederholen und erneut zu bekräftigen), sondern es geht um einen Übergang zwischen verschiedenen Vollzugsformen der Gerechtigkeit. Wir haben es also mit einer Transformation zu tun, die innerhalb des Rechts selbst verläuft und die nicht nur das Recht betrifft, sondern die gesamte Gesellschaft.

2. Zudem müssen wir begreifen, dass sich dieser Übergang in der Geschichte nicht nur einmal vollzogen hat. Er stellt also kein exklusives Merkmal der europäischen Moderne dar, sondern kann grundsätzlich überall und zu unterschiedlichen Zeiten auftreten. Wobei es für uns in erster Linie darauf ankommt zu verstehen, unter welchen sozialen und politischen Bedingungen sich dieser Übergang vollzieht: »Es wäre nämlich falsch, zu glauben, die dem System der Rache geltenden Vorurteile seien jüngeren Datums. Sie tauchen überall auf, wo eine staatliche Macht sich das Monopol der Strafjustiz und insbesondere der Bestrafung der Bluttat vorbehält.«[56] Dies geschah einmal im Zuge der Entwicklungen, aus

denen der moderne Staat hervorging.[57] Eine ähnliche Transformation – zumal eine, über die wir recht gut informiert sind – fand bereits in der Welt der Antike statt, genauer: in der athenischen Polis des 5. vorchristlichen Jahrhunderts. Sie bildet das Zentrum der Ereignisse, von denen der Abschluss der *Orestie*[58] berichtet. Die Erinnyen, die als Rachegöttinnen die alte Vollzugsweise der Gerechtigkeit verkörpern, werden von Athene, die eine neue, an den gerichtlichen Prozess und das richterliche Urteil gebundene Vollzugsweise der Gerechtigkeit etabliert, in die *Eumeniden* umbenannt. »Die Tendenz der Namensumwandlung«, so resümiert Peter Sloterdijk, »ist unmißverständlich: Wo Rachezwang war, soll ausgleichend besonnene Gerechtigkeit werden.«[59] Was in dem Übergang auf dem Spiel steht, den Aischylos in dem gleichnamigen Stück als »einen Kampf zwischen jüngeren und alten Göttern«[60] inszeniert, ist tatsächlich nicht weniger als eine grundlegende Neuordnung der Polis, die in der Lesart des Althistorikers Christian Meier die eigentliche Geburtsstunde des Politischen markiert.[61] Damit geht zugleich ein neues Dispositiv der Anerkennung einher: die rechtliche Anerkennung qua Gesetz setzt sich an die Stelle, die ehedem der Anerkennung qua symbolischem Gabentausch vorbehalten war.[62] Zu den zentralen Erkenntnissen der jüngeren sozialwissenschaftlichen Forschung gehört nun aber die Einsicht, dass zwischen der Logik der Gabe und der Logik der Rache in den genealogischen Gesellschaften strukturell eine enge Verbindung besteht. Eine der wichtigsten Aufgaben, denen wir uns in der vorliegenden Arbeit stellen müssen, wird darin bestehen, genauer zu verstehen, inwiefern der Übergang von der »rächenden Gerechtigkeit« zur »schiedsrichterlichen Gerechtigkeit« (so die Terminologie Marcel Hénaffs[63]) zugleich mit einer Krise der traditionellen Gabenbeziehung einhergeht, deren soziale Bedeutung durch das Auftauchen einer souveränen Autorität, wie sie der moderne Staat oder die antike Polis darstellen, empfindlich abgeschwächt wird.

3. Abspaltung, Aussonderung, Alterisierung, Übertragung auf ein in irgendeiner Weise als anders markiertes Außen – alle diese Ausdrücke künden letztlich von demselben Bemühen: dem Versuch

der modernen westlichen Vernunft, sich ihrer eigenen Fortschrittlichkeit zu vergewissern, indem sie alles dasjenige aus ihrem Sichtkreis ausschließt, was diesem Selbstverständnis widerspricht. Die Dunkelheit, die den Begriff der Rache heute umgibt, ist der Preis, der für diesen Ausschluss zu entrichten war. Der Rache wächst damit eine exemplarische Bedeutung zu. Wie die Philosophin Chantal Mouffe bemerkt hat,

> gibt [es] keine Identität, die nicht als Differenz konstruiert wäre. Um eine Identität zu haben, muss man sie von einem Außen unterscheiden. Und dieses Außen ist nicht nur etwas, das nebensächlich oder ›nebenan‹ wäre, sondern es ist etwas Konstitutives. Das heißt, es kann keine Identität geben, die vollends in sich enthalten wäre. Jede Art von Identität trägt unweigerlich ein Element der Negativität in sich.[64]

Ein solches Element der Negativität stellt die Rache für die Moderne dar. Zu ihrem Selbstverständnis gehört der Anspruch, die Rache glücklich hinter sich gelassen zu haben. Die Kritik der modernen Standarderzählung der Rache hat nun aber den Verdacht erhärtet, dass dieses Selbstverständnis auf einem Fundament von Annahmen aufliegt, dessen Tragfähigkeit aus guten Gründen in Zweifel gezogen werden kann. Wer glaubt, dass die Rache in der modernen Welt tatsächlich keine Rolle mehr spielt, scheint gegenüber diesen Gründen mit einer vorsätzlichen Blindheit geschlagen. Es wird also nötig sein, den Blick noch einmal auf unsere eigene Gesellschaft zu richten und sich zu fragen, was es mit dem vermeintlichen Verschwinden der Rache in Wirklichkeit auf sich hat.

3. Das Inkognito der Rache

Wenn du entschlossen bist, die Wut zu besiegen und unter Kontrolle zu bringen, dann kann sie es mit dir nicht mehr tun. Du beginnst zu siegen, wenn sie nicht gezeigt wird, wenn sie nicht nach außen dringen darf. Wir sollten ihre Anzeichen tief in uns vergraben und sie, soweit das nur möglich ist, geheim und im Verborgenen halten.
Seneca, *De Ira*[65]

»Hallo Dachs«, grüßte der Hirsch.
»Na, wie hast du denn geschlafen?«
»Was geht's dich an, alter Geweihträger«, fauchte der Dachs aber nur böse und marschierte weiter.
Was ist denn mit dem Dachs los?, dachte der Hirsch missmutig. Na, aber das kriegt er wieder!
Aus einem Kinderbuch[66]

Wer eine Zeit lang darauf achtet, in welchen medialen Zusammenhängen das Wort Rache explizit auftaucht, wird feststellen können, dass es sich dabei so gut wie immer um Kontexte handelt, die die Rache in irgendeiner Weise mit dem Marker des ›Anderen‹ versehen: »Jordanien schwört Rache. IS verbrennt jordanischen Piloten bei lebendigem Leib« (*Focus*, 3. Februar 2015)[67]; »Neue Eskalation im Rocker-Krieg. Türkische Hells Angels kündigen Rachefeldzug an« (*Express*, 5. April 2015)[68]; »Mordversuch aus Rache? Clan-Mitglied nach Schüssen auf Auto vor Gericht« (*Bild*, 7. August 2019)[69] – es sind Schlagzeilen wie diese, die zu dem Eindruck beitragen, dass die Rache zu denjenigen Dingen gehört, mit denen sich unsere Gesellschaft nur dann zu befassen hat, wenn irgendetwas von außerhalb in ihr Gesichtsfeld tritt. Sie nähren die Suggestion, dass die Rache allenfalls an den gesellschaftlichen ›Randzonen‹ noch eine gewisse Rolle spielt, im Zusammenhang mit Krieg, Terrorismus, organisierter Kriminalität oder sogenannten Parallelgesellschaften, an Orten also, die wir eher aus den Nachrichten kennen als aus unserem eigenen

Leben. Kommt unsere Gesellschaft mit der Rache in Berührung, dann scheint es sich dabei um eine Bewegung zu handeln, die stets von außen nach innen führt und nicht umgekehrt. Heißt das, dass die Rache tatsächlich aus dem verschwunden ist, was in Politik und Medien so gerne als die Mitte unserer Gesellschaft bezeichnet wird?

Ebendiese Schlussfolgerung gilt es in Zweifel zu ziehen. *Inkognito* heißt so viel wie unter fremdem Namen, unerkannt, heimlich; von ›inkognito‹ sprechen wir, wenn jemand seine wahre Identität verheimlicht, sich als jemand anderes ausgibt, als er oder sie tatsächlich ist.[70] Genau dies scheint in modernen Gesellschaften mit der Rache der Fall zu sein. Sie existiert durchaus nicht nur in den Bereichen, die als gesellschaftliche Randzonen figurieren, sondern ist uns oftmals wesentlich näher, als wir meinen. Wenn sie sich gleichwohl den Blicken entzieht, so liegt das daran, dass sie aus der Zone der öffentlichen Sichtbarkeit ausgeschlossen wird, dass man ihre Existenz leugnet oder dass sie sich nicht unverstellt sehen lassen darf. Ihre Unsichtbarkeit ist gemacht.

Hermine Braunsteiner und Simon Wiesenthal

Geht es um das Innen und nicht das Außen, das Eigene und nicht das Fremde, scheint die Rache in den sich als zivilisiert verstehenden Gesellschaften mit einem eigentümlichen Tabu belegt. Susan Jacoby, die sich im Eingangskapitel ihres Buches *Wild Justice* der Rache unter ebendieser Überschrift – »Taboo« – annähert, nennt dafür den ebenso augenscheinlichen wie simplen Grund: »Justice is a legitimate concept in the modern code of civilized behavior. Vengeance is not.«[71] Als reale Handlungsoption kommt Rache nicht infrage. Unter juristischen Gesichtspunkten gilt dieses Verbot nur für die Ebene des Handelns (es gibt kein Gesetz, das es verbietet, insgeheim auf Rache zu sinnen); unter moralischen Gesichtspunkten erstreckt es sich jedoch auch auf die Ebene des Wollens. Zwar kann man niemanden daran hindern, Rachegedanken zu hegen; wer keinen moralischen Tadel auf sich ziehen will, tut jedoch gut daran, derartige Regungen für sich zu behalten und sie nicht öffentlich als solche zu artikulieren.

Wie tief dieses Tabu in die moralische Matrix der modernen Gegenwartskultur eingeschrieben ist, lässt sich anhand eines Beispiels zeigen, auf das Jacoby auf den ersten Seiten ihres Buches verweist.[72] 1972 erhob die amerikanische Einwanderungsbehörde Anklage gegen die damals 53-jährige Hermine Ryan mit der Absicht, sie auszubürgern. 1919 als Tochter eines Metzgers in Wien geboren, heiratete Hermine Ryan nach dem Ende des Zweiten Weltkriegs einen amerikanischen Soldaten. Mit ihm gemeinsam wanderte sie in die USA aus, wo sie nach einigen Jahren die amerikanische Staatsbürgerschaft annahm. In dem Verfahren ging es darum herauszufinden, ob Ryan bei ihrer Einbürgerung falsche Angaben über ihre Vergangenheit gemacht hatte. Die Kleidung, in der Ryan vor Gericht erschien, war ebenso wohlgeordnet wie das Leben, das sie zu diesem Zeitpunkt führte: eine unauffällige Hausfrau, wohnhaft in Queens, einem der ärmeren Stadtteile von New York. Wie sich im Rahmen des Verfahrens herausstellte, war ihre Existenz vor 1945 weitaus weniger unscheinbar gewesen. Der Großteil der Zeuginnen, die in dem Ausbürgerungsverfahren gegen Ryan aussagten, waren Überlebende des NS-Konzentrationslagers Majdanek. In der Angeklagten erkannten sie die ehemalige Aufseherin Hermine Braunsteiner wieder. Sie erinnerten sich an eine Frau mit eisenbeschlagenen Stiefeln, die stets eine Peitsche bei sich führte und ihren Dienst im Frauenlager mit einer selbst für dortige Verhältnisse exzeptionellen Brutalität versah. Allen Zeuginnen wurde von Ryans Verteidiger dieselbe Frage gestellt: Sind Sie auf Rache aus? Und alle – mit Ausnahme einer einzigen – gaben mit kontrollierter und leidenschaftsloser Stimme zur Antwort, dass es ihnen allein um die Gerechtigkeit zu tun sei. »They were all obviously aware«, so Jacoby, »of the cultural convention that makes it unacceptable to acknowledge any form of vengeance as a motivation.«[73] Die Selbstverständlichkeit, mit der diese Konvention übernommen und akzeptiert wird, zeigt sich an dem folgenden Wortwechsel, der sich nach der Anhörung zwischen einem Reporter und derjenigen Zeugin entspann, die es als einzige gewagt hatte, ihren Zorn vor Gericht offen zur Schau zu stellen:

> »Why are you here?« the reporter asked in the soothing, patronizing tone characteristic of social workers, psychotherapists, and teachers of small children. »Why am I here?« the witness responded in an incredulous tone, suggesting that the questioner was the one in need of psychiatric help. »I am here for our dead.« Later in the day, the same journalist told a colleague, »You can see the woman's become unbalanced by the quest for revenge.«[74]

Für den Journalisten galt es offenbar als ausgemacht, dass das Streben nach Rache unvereinbar sei mit den Anforderungen, die an die Integrität einer Zeugin in einem Gerichtsverfahren gestellt werden. Der Umstand, dass die Zeugin aus ihrem Zorn keinen Hehl gemacht hatte, ihre Weigerung, sich der Konvention entsprechend den Anschein affektiver Unbeteiligtheit zu geben, waren für ihn Zeichen genug, ihr eine bedenkliche Form von Rachsucht zu attestieren und ihre psychische Stabilität infrage zu stellen. Vermutlich ungewollt vertrat er damit eine ähnliche Ansicht wie der amerikanische Ehemann von Hermine Ryan einige Jahre zuvor. Nachdem in der Presse erste Berichte über die frühere Tätigkeit seiner Frau aufgetaucht waren, gab er zu Protokoll: »These people are just swinging their axes at random [...]. Didn't they ever hear the expression ›Let the dead rest‹?«[75]

Das Beispiel ist in mehrfacher Hinsicht instruktiv. Zum einen zeigt es die Wirkmacht der moralischen Konvention. Bereits der leiseste Verdacht, dass eine Handlung durch den Wunsch nach Rache angetrieben sein könnte, genügt oftmals, um ihr jede Legitimität abzusprechen. Wohlgemerkt handelt es sich bei der hier infrage stehenden Handlung nicht um einen blutigen Racheakt oder eine unkontrollierte Form von Selbstjustiz, sondern um die Erfüllung einer staatsbürgerlichen Pflicht, die darin besteht, als Zeugin in einem Gerichtsverfahren wahrheitsgemäß auszusagen. Diese Pflicht kollidiert jedoch mit der ungeschriebenen Norm, der zufolge es unzulässig ist, ein Gefühl wie Zorn vor Gericht offen zur Schau zu stellen.[76] Der Prozess gegen Hermine Braunsteiner stellt in diesem Zusammenhang keinen Einzelfall dar.[77] Gerade weil die Nähe zu retributiven Affekten an kaum einem anderen Ort so groß ist wie vor Gericht, fällt die öffentliche Abwehrreaktion umso heftiger aus.

Zum anderen zeigt sich in dem ganzen Geschehen rund um den Fall, welche merkwürdigen und moralisch mitunter fragwürdigen Folgen es zeitigt, wenn man unreflektiert an der Annahme festhält, dass Rache und Recht nichts miteinander zu tun haben und sich gegenseitig kategorisch ausschließen. Niemand, der ein nationalsozialistisches Konzentrationslager überlebt hat, sollte sich rechtfertigen müssen für die Gefühle, die er gegenüber den Schuldigen hegt; weder für seinen Zorn noch für die Unnachgiebigkeit, mit der er darauf drängt, dass die Verantwortlichen zur Rechenschaft gezogen und bestraft werden – vor allem nicht vor Gericht.

Dass es überhaupt zu dem Ausbürgerungsverfahren gegen Braunsteiner kam, war vor allem das Verdienst von Simon Wiesenthal.[78] Nachdem Wiesenthal in Israel zufällig drei KZ-Überlebende getroffen hatte, die ihm ihre leidvollen Erfahrungen mit Braunsteiner geschildert hatten, fasste er den Entschluss, dem Fall nachzugehen. Seinen Anstrengungen ist es zu verdanken, dass zunächst die Medien und später auch die Behörden in den USA auf Hermine Braunsteiner aufmerksam wurden und das Ausbürgerungsverfahren gegen sie einleiteten. 1973 wurde Braunsteiner an die Bundesrepublik Deutschland ausgeliefert. Auf der Homepage des in Wien ansässigen *Simon Wiesenthal Archivs* kann man nachlesen, wie es danach mit ihr weiterging:

> 1975 wurde Braunsteiner-Ryan […] im Düsseldorfer Majdanek-Prozess unter Anklage gestellt. Diese warf ihr »*gemeinschaftlichen Mord in 1.181 Fällen und Beihilfe zum Mord in 705 Fällen*« vor. Der Prozess zog sich fast sechs Jahre hin, bis Braunsteiner 1981 zu zweimal lebenslänglicher Haft verurteilt wurde. Mangels an Beweisen kam es nur in drei der neun Anklagepunkte zu einem Urteilsspruch, welcher wie folgend lautete: »*Selektion mit Mord an 80 Menschen, Beihilfe zum Mord an 102 Menschen (»Kinderaktion«) und Selektion mit gemeinschaftlichem Mord an 1.000 Menschen.*«[79]

1996 wurde Hermine Braunsteiner von dem damaligen deutschen Bundespräsidenten Johannes Rau aufgrund ihres schlechten Gesundheitszustands begnadigt und vorzeitig aus der Haft entlassen.

1988 veröffentliche Simon Wiesenthal seine Memoiren.[80] In der Darstellung der internationalen Medien hatten Wiesenthal und sein Lebenswerk zu diesem Zeitpunkt längst imaginäre Züge angenommen. Im Klappentext wird das Buch beworben als die Geschichte eines Mannes, der sich »nach einem Leidensweg durch zwölf Konzentrationslager« als »einziger Überlebender einer galizisch-jüdischen Familie« dazu »aufgerufen [fühlte], die Mörder seines Volkes nicht ungestraft davonkommen zu lassen«. Wiesenthal muss geahnt haben, welche Assoziationen Formulierungen wie diese wecken. Das Image als Nazijäger, jüdischer James Bond oder Rächer der Juden, das die internationale Presse ihm verliehen hatte, wies er zwar stets von sich; in seinem Erinnerungsbuch, das sich streckenweise wie ein Agentenkrimi liest, scheint er aber zumindest zwischen den Zeilen durchaus mit dieser Rolle zu kokettieren. Mit ambivalenten Folgen: Für die Verkaufszahlen des Buches war der Wiesenthal umgebende Ruch des Rächers zweifellos von Vorteil; zugleich spielte er jedoch auch denjenigen in die Hände, die darauf aus waren, Wiesenthals Tätigkeit als bloßen Rachefeldzug zu kompromittieren. Gerade in Österreich, von wo aus Wiesenthal nach dem Krieg wirkte, gab es viele, die in ihm lediglich den »unbarmherzigen Rächer« sahen.[81] Wie um sicherzugehen, dass diese nicht das letzte Wort behalten, liest sich der Titel, unter den Wiesenthal seine Erinnerungen gestellt hat: *Recht, nicht Rache*. Der Titel verleiht dem ganzen Werk den Charakter einer Apologie – als habe Wiesenthal um jeden Preis vermeiden wollen, dass die Erinnerungen an sein Lebenswerk unter demselben Verdacht begraben werden, der die Zeugin in dem Prozess gegen Hermine Braunsteiner ereilte, als sie sich dazu hinreißen ließ, ihren Zorn unverstellt zum Ausdruck zu bringen.

In den Wissenschaften

Nach der Öffentlichkeit richten wir nun den Fokus auf die Sphäre der Wissenschaften, um zu prüfen, wie es hier um die Wahrnehmung der Rache bestellt ist. Man könnte erwarten, dass die Maximen wissenschaftlichen Denkens diesem eine gewisse Immunität verleihen gegenüber den Tabuisierungen, die untergründig das moralische Alltagsleben bestimmen. Diese Erwartung wird allerdings enttäuscht. Denn selbst in wissenschaftlichen Texten, die dem Gegenstand nach von nichts anderem als der Rache handeln, besteht die Tendenz, den Begriff selbst zu vermeiden. Die Problemlagen und Fragestellungen, die die Rache aufwirft, sind durchaus nicht obsolet geworden – sie werden in vielen Arbeiten bloß unter anderen Namen adressiert. Das Inkognito der Rache ist hier vor allem sprachlicher Art. In den in englischer Sprache geführten Debatten rund ums Strafrecht wird anstelle von ›revenge‹ oder ›vengeance‹ meist von ›retribution‹ gesprochen. Ein Ausdruck, der, wie Jacoby bemerkt, vor allem von Befürworterinnen einer rigideren Strafpraxis verwendet wird, um das harscher anmutende ›revenge‹ zu vermeiden.[82] Geht es im Deutschen darum, Aspekte des Strafens zu thematisieren, die unausweichlich an das Konzept der Rache geknüpft sind, dann ist meist von ›Vergeltung‹ die Rede. Die Assoziationen, die dieser Begriff weckt, sind zwar nicht unbedingt positiv – weniger illegitim und verfänglich als Rache klingt er jedoch allemal. Bertram Turner und Günther Schlee, die unter ebendiesem Titel – *Vergeltung. Eine interdisziplinäre Betrachtung der Rechtfertigung und Regulation von Gewalt* – einen Sammelband herausgegeben haben, machen im Hinblick auf den Sprachgebrauch in den Sozialwissenschaften eine Feststellung, die in eine ähnliche Richtung weist:

> Manche Autoren versuchen sich an einer strikten Trennung zwischen Vergeltung und Rache, indem sie das Vergeltungspostulat ausschließlich aus einem Gefühl für eine ausgleichende Gerechtigkeit heraus motiviert sehen, wohingegen Rache von Rachsucht gespeist und daher zu verurteilen sei. Diese kategorische Trennung mag aus analytischen Gründen sinnvoll sein und zielt auf eine moralische Bewertung von Handlungsmotivationen, sie lässt sich aber eben aus der Empirie heraus nicht so einfach nachvollziehen. Gänzlich problematisch wird es, wenn diese Unterscheidung mit unterschiedlichen Stadien zivilisatorischen Fortschritts assoziiert wird.[83]

In anderen Worten: Ob eine bestimmte Handlung als Rache oder als Vergeltung bezeichnet wird, hängt oftmals allein davon ab, wie die Autorin die entsprechende Handlung moralisch bewertet und welchen Grad an Legitimität sie ihr beimisst. Dieser kritischen Bemerkung zum Trotz sprechen Schlee und Turner selbst kaum von Rache und verwenden stattdessen nahezu durchgängig den in affektiver und moralischer Hinsicht weniger bedenklich anmutenden Begriff der Vergeltung. Findet das Wort Rache in einem wissenschaftlichen Text überhaupt Erwähnung, dann oftmals bloß auf verstohlene Weise, so als ob der Autor befürchten müsste, allein die Nennung dieses Wortes würde sein gesamtes Unternehmen in Misskredit bringen. Ein augenfälliges Beispiel dafür findet sich in dem besagten Sammelband. Hier kann man in einem Beitrag des Strafrechtsprofessors Hans-Jörg Albrecht die folgende Aussage lesen: »Mutmaßlich ist das Sanktionsproblem (beziehungsweise die vergeltende Rache) heute in Vergessenheit geraten.«[84] Nur in verschämten Klammern wird es der Rache hier verstattet, aus ihrem sprachlichen Inkognito hervorzutreten und sich auf der Oberfläche des Textes unter ihrem eigenen Namen zu zeigen.

Die alltäglichen Micropraktiken der Rache

Ein zentraler Grund dafür, weshalb die Rache in unserer Gesellschaft so häufig unerkannt bleibt, besteht darin, dass unzählige Handlungen, die dem Wunsch nach Rache entspringen, überhaupt nicht als Racheakte wahrgenommen und identifiziert werden, weil sie nicht dem Bild entsprechen, das wir gemeinhin mit der Rache assoziieren. Das vorherrschende Bild der Rache setzt sich maßgeblich aus drei Annahmen zusammen: Erstens Rache ist *gewalttätig*, blutig und brutal; zweitens Rache ist *widerrechtlich*, steht dem Recht also grundsätzlich feindlich gegenüber; und drittens Rache ist *maßlos*, exzessiv und führt unweigerlich zu endlosen Gewaltspiralen. Diese drei Annahmen sind nicht unbedingt falsch; falsch ist es jedoch zu glauben, dass die Rache *zwangsläufig* eine dieser Eigenschaften aufweist. Tatsächlich ist unser Alltag voll von unscheinbaren kleinen Racheakten, die jedoch kaum je als solche thematisiert werden. Hier ein paar Beispiele: Man lädt eine bestimmte Person nicht zu einer Feier ein, weil man zuvor von ihr nicht eingeladen wurde; man lästert über eine Kollegin am Arbeitsplatz, weil sie vor einer Weile schlecht über einen selbst gesprochen hat; man rächt sich für einen Akt der Untreue, indem man ebenfalls untreu wird. Wer wollte bestreiten, dass wir es in diesen Fällen mit Verhaltensweisen zu tun haben, die durch Rache motiviert sind?

In allen diesen Beispielen geht es darum, dass Person A etwas getan hat, das Person B als nicht gerechtfertigt empfindet, etwas, durch das sie sich nicht gebührend geachtet und herabgesetzt fühlt; zugleich geht es darum, eine Beziehung, die in eine Schieflage geraten ist, wieder geradezurücken und sich von dem Stachel einer in der Vergangenheit erlittenen Kränkung zu befreien. Auch wenn eine systematische Klärung dessen, was Rache eigentlich ist, noch aussteht, erscheint es unstrittig, dass wir es hier mit Handlungsweisen zu tun haben, die sich legitimerweise als Racheakte bezeichnen lassen. Dass diese Handlungsweisen nicht dieselbe Aufmerksamkeit finden wie ein Rachemord im Rockermilieu oder im Kontext krimineller Großfamilien, liegt gerade an ihrer Alltäglichkeit. Wir sind medial darauf konditioniert, nach Chaos, Gewalt und Delinquenz Ausschau zu halten, wenn wir das Wort Rache hören. Fehlen diese Merkmale, kommen wir oft gar nicht auf die Idee, eine Handlung mit Rache in Verbindung zu bringen. Die alltäglichen Micropraktiken der Rache, als deren Subjekte wir selbst infrage kommen, bleiben darüber unerkannt.

Aufschlussreich sind die oben genannten Beispiele auch noch in einer anderen Hinsicht, nämlich in Bezug auf die normativen Einstellungen, mit denen wir der Rache begegnen. Angenommen, ein Freund erzählt uns, er habe sich in einer der oben genannten Formen an jemandem gerächt. Was würden wir ihm sagen, wie auf dieses Geständnis reagieren? Es ist möglich, dass wir daran überhaupt keinen Anstoß nehmen und den Freund gar darin bekräftigen, das Richtige getan zu haben (»Ich hätte mich an deiner Stelle genauso verhalten!«). Ebenso möglich (und vermutlich wahrscheinlicher) ist aber auch, dass unsere Reaktion nicht zustimmend, sondern tadelnd ist. Sei es, dass man das Verhalten für »kleinlich« oder »nachtragend« erklärt, dem Freund zu bedenken gibt, dass er dadurch »ja auch nicht besser« sei als der oder die andere, sei es, dass man ihm auseinanderzulegen sucht, dass man

»über solchen Dingen einfach drüberstehen« müsse und der ›Aggressor‹ immer noch dadurch am besten gestraft sei, dass man ihn »einfach ignoriert«, und so weiter. So breit das Spektrum des Tadels auch ist – ein Vorwurf wird sehr wahrscheinlich nicht dabei sein: derjenige nämlich, dass die Reaktion des Freundes *ungerecht* sei. Diese Beobachtung lässt sich verallgemeinern. Wenn wir die Rache verurteilen, dann verurteilen wir sie in der Regel als *unmoralisch*, nicht jedoch als *ungerecht*. Das legt nahe, dass es möglicherweise gar nicht so sehr die Rache an sich ist, an der wir Anstoß nehmen, sondern vor allem die Gewalt, mit der sie in bestimmten Fällen einhergeht.

4. Methode und Gang der Untersuchung

Die Idee sitzt gleichsam als Brille auf unserer Nase,
und was wir ansehen, sehen wir durch sie.
Wir kommen gar nicht auf den Gedanken, sie abzunehmen.
Ludwig Wittgenstein[85]

Wir sind von der Feststellung ausgegangen, dass die Rache im Denken der Moderne einen blinden Fleck markiert. Die daran anschließenden Überlegungen zielten darauf ab zu explizieren, welchen präzisen Sinn man dieser Feststellung verleihen kann. Dabei ist deutlich geworden, dass die moralische Delegitimierung der Rache und ihre theoretische Verdunkelung Teil ein und derselben Geschichte sind. Eine merkwürdige Geschichte ist das. Beginnt man diese moderne Standarderzählung der Rache gegen den Strich zu lesen, treten die Umrisse einer anderen Geschichte der Rache hervor. Diese handelt nicht von den Triumphen der modernen westlichen Vernunft, sondern entlarvt ihren Glauben, die Rache endgültig überwunden und durch die Herrschaft des Rechts ersetzt zu haben, als eine der Legitimation der politisch-kulturellen Ordnung dienende Delusion.

Mit dem Gegenstand der Arbeit sind wir nun hinreichend gut vertraut, um den Gang vorzuzeichnen, den die Untersuchung im Folgenden nehmen wird. Zuvor jedoch erscheint es sinnvoll, im Lichte der bisherigen Darlegungen noch einmal genauer zu erläutern, nach welcher Herangehensweise diese Arbeit verlangt.

Zu den methodischen Leitlinien

Wenn die bisherigen Überlegungen *eines* gezeigt haben, dann dass es nötig ist, die Rache von dem negativen Vorzeichen zu befreien, das die philosophische Tradition ihr verliehen hat. Nicht um dieses durch ein positives zu ersetzen, sondern um die epistemischen Bedingungen herzustellen, unter denen es allererst möglich wird, die Rache in einer Weise in den Blick zu nehmen, die nicht verzerrt wird durch das große Nein, das die Geschichte des moral-, rechts- und staatsphilosophischen Denkens in die Oberfläche dieses Gegenstands eingraviert hat. Die Frage, wie unter moralischen Gesichtspunkten mit der Rache umzugehen sei, steht nicht im Zentrum der nachfolgenden Untersuchung. Erst im Rahmen des Epilogs werden wir uns auf der Basis der bis dahin gewonnenen Ergebnisse dieser Frage zuwenden. Die normative Zurückhaltung ist methodisch motiviert und nicht inhaltlich. Von einer moralischen Rehabilitierung der Rache ist die vorliegende Arbeit ebenso weit entfernt wie von ihrem Gegenteil. Von einer Rehabilitierung der Rache könnte allenfalls in *theoretischer* Hinsicht die Rede sein; und zwar insofern, als es darauf ankommt, die Rache, entgegen der in der philosophischen Tradition vorherrschenden Neigung, nicht von vornherein zum Gegenstand einer moralischen Sorge zu machen.

Aus demselben Grund empfiehlt es sich auch, auf einen hochgerüsteten Theorieapparat zu verzichten. Anstatt von einem fixen theoretischen Rahmen oder einem Set vorab formulierter Definitionen auszugehen, lässt sich die Untersuchung vielmehr von dem leiten, was ihr der Gegenstand vorgibt, der Fülle an Phänomenen, in denen die Rache zur Erscheinung kommt. Dem zugrunde liegt eine Auffassung von Theorie, die sich an den etymologischen Ursprung dieses Worts erinnert, das altgriechische Verb *theorein*, das ›beobachten, betrachten, anschauen‹ heißt. Theorie wäre dementsprechend nicht mehr – aber auch nicht weniger – als eine bestimmte Weise, sich die Dinge anzuschauen. Was das philosophische Verständnis dieser noch vorphilosophischen Bedeutung hinzufügt, ist die Idee, dass diese Tätigkeit nach bestimmten Regeln und in einer geordneten Weise ausgeführt wird. Genau darum soll es im Folgenden gehen: die Herstellung einer geordneten Reihe von Perspektiven, die sich als Vorschläge verstehen, wie man die Rache *auch* sehen kann. Die Philosophie tritt hier also gleichsam als Optik auf, als eine Kunst des Sehens und der Erhellung, der weniger daran gelegen ist, für oder gegen bestimmte Positionen Partei zu ergreifen, sondern vielmehr daran, etwas vermeintlich Bekanntes so in den Blick zu nehmen, dass es in einem anderen Licht erscheint.

Trotz ihrer Kritik an dem modernen Umgang mit der Rache stellt die Arbeit keine grundsätzliche Abkehr von dem Projekt der Aufklärung dar. Man vergisst leicht, dass die *Odyssee*, an der Horkheimer und Adorno die Kernthese der *Dialektik der Aufklärung*[86] zu explizieren suchten, nicht nur die Geschichte einer Heimkehr ist, sondern auch die Geschichte einer Rache.[87] Die moderne Verdunkelung der Rache markiert einen jener Kristallisationspunkte, an denen besonders deutlich wird, was Horkheimer und Adorno als geschichtliche Bewegung des »Rückfalls von Aufklärung in Mythologie«[88] beschrieben haben. Will man dieser Bewegung etwas entgegensetzen, muss man die Aufklärung gleichsam gegen sich selbst kehren und ihre erkenntniskritischen Mittel auf diejenigen dunklen Stellen richten, die sie in ihrem eigenen Fortschreiten hervorbringt.

Dies macht es notwendig, den Blick auch auf *andere* Gesellschaften zu richten, also solche, die weder europäisch noch staatlich verfasst sind. Wie zuvor gezeigt, ist das in unserer Gesellschaft vorherrschende Bild der Rache von einer ganzen Reihe von Vorurteilen und Fehlvorstellungen durchsetzt. Um zu verhindern, dass man diese bloß stets von Neuem reproduziert, erscheint es unumgänglich, sich dem Wissen der Ethnologie zuzuwenden und das moderne Bild der Rache mit den Auffassungen anderer Kulturen und Epochen zu vergleichen. Diese komparative Ausrichtung erfüllt zum einen die Funktion eines Korrektivs. Indem sie uns vor Augen führt, dass die Rache andernorts auch ganz anders verstanden wird, bewahrt sie uns davor, unsere eigene Auffassung in hegemonialer Weise zu verabsolutieren. Zum anderen zeichnen sich durch eine kulturvergleichende Betrachtung neben den Unterschieden jedoch auch die Gemeinsamkeiten ab, diejenigen Strukturen also, die dem Begriff der Rache seine semantische Kohärenz verleihen.

Zum Gang der Untersuchung

Die drei Hauptteile der Untersuchung tragen den eben genannten Überlegungen Rechnung.

Erster Teil. Um sinnvoll über Rache sprechen zu können, ist es notwendig, sich zunächst darüber zu verständigen, wie dieser Begriff genau zu fassen ist. Dieser Aufgabe ist der erste Teil gewidmet. Er tritt dementsprechend unter dem Titel einer *Analytik der Rache* auf. Unter Analytik verstehe ich ein Verfahren, das darin besteht, etwas Komplexes, Zusammengesetztes auf eine Reihe diskreter Einzelelemente zurückzuführen und zu fragen, in welchem Strukturzusammenhang diese zueinander stehen. Eine chemische Analyse etwa fragt, aus welchen Elementen sich eine bestimmte Substanz zusammensetzt und wie sich diese zueinander verhalten. Unsere Frage wird sein, aus welchem Stoff die Rache ist. Hierzu muss eine begriffliche Basisbestimmung der Rache erarbeitet werden, die möglichst ohne normative Vorannahmen auskommt. Das begriffliche Fundament der Rache wird daher in einer grundlegenden *Erfahrung* zu suchen sein, die so eng an die affektive Grundkonstitution der menschlichen Existenz gebunden ist, dass sie zu erklären erlaubt, weshalb die Rache nicht nur in diesem oder jenem Kulturkreis vorkommt, sondern prinzipiell überall auftreten kann, wo Menschen zusammenleben. Zwei Einsichten werden bei dieser Suche leitend sein. Erstens diejenige, dass die Gegebenheitsweise der Rache stets die einer *Erzählung* ist. Diese Einsicht erlaubt es, die gängigen lexikographischen Definitionen der Rache zurückzuweisen und durch eine Konzeption zu ersetzen, die sie als ein relationales Gefüge begreift, das heißt als eine spezifische Konfiguration von Handlungen, Handlungsträgern, Ereignissen, Umständen, Absichten, gewollten und ungewollten Konsequenzen, deren Einheit im Medium der Erzählung hergestellt wird. Die zweite Einsicht besteht darin, dass sich das der Rache zugrunde liegende relationale Gefüge nur dann adäquat erfassen lässt, wenn man der Dimension des *Erleidens* dieselbe Aufmerksamkeit zukommen lässt wie der Dimension des Handelns. Am Schnittpunkt dieser beiden Begriffe, dort, wo sich Handeln und Erleiden überkreuzen, taucht der Begriff der Verletzung auf, der uns schließlich auf das gesuchte Fundament verweist: *die menschliche Erfahrung der Verletzlichkeit*.

Zweiter Teil. Die Überlegungen des ersten Teils zielen auf das ab, was man in klassischer philosophischer Diktion als die notwendigen Bedingungen der Möglichkeit von Rache bezeichnen würde. Sie liefern jedoch noch keinen hinreichenden Grund dafür, weshalb die Rache in einigen Gesellschaften eine institutionalisierte und sozial etablierte Vollzugsform der Gerechtigkeit darstellt, das heißt ein echtes System der Gewaltregulierung, während sie in anderen Gesellschaften – einschließlich unserer eigenen – als das genaue Gegenteil aufgefasst wird. Wie lässt sich dieser Unterschied verstehen? Was geschieht am Übergang von dem System der rächenden Gerechtigkeit, so wie wir es in den meisten nicht-staatlich verfassten Gesellschaften vorfinden, zu einem System zentral verhängter Strafen, für das der moderne Staat das uns nächstliegende Modell abgibt? Worin unterscheidet sich die Logik der Rache von der Logik der Operationen, die in staatlich verfassten Gesellschaften dem Recht seine Form verleihen? Die Untersuchung dieser Fragen steht im Mittelpunkt des zweiten Teils der Arbeit. Sein Rahmen bildet eine *Kulturtheorie der Rache*, die sich an der Ethnologie orientiert. Den Ausgangspunkt des zweiten Teils bildet die Beobachtung, dass sich die Rache in einer Sprache artikuliert, die unmittelbar auf die Sphäre der Ökonomie verweist. Rache, so scheint es, hat etwas mit Einnahmen und Ausgaben zu tun, mit Schuld und Schulden, offenen Rechnungen und gestörten Gleichungen. Sie folgt einer Logik des Ausgleichs. Das Rachegeschehen lässt sich dementsprechend als eine Transaktion begreifen, in der zwei verschiedenartige Größen zueinander in Beziehung gesetzt und miteinander verrechnet werden. Die große Frage, die sich im Anschluss an diese Betrachtungsweise stellt, lautet: Wie lässt sich diese Transaktion begreifen? Handelt es sich dabei um eine Beziehung, die derjenigen zwischen Gläubiger und Schuldner gleicht, so dass die Sphäre der profitorientierten Ökonomie ihren Hintergrund abgibt? Oder müssen wir diese Transaktion vielleicht vor einem ganz anderen Hintergrund auffassen, nicht als ökonomische Transaktion, sondern als *symbolischen Austausch*, bei dem zwar auch materielle Güter ihren Besitzer wechseln können, es letzten Endes jedoch um etwas ganz anderes als materielle Werte geht?

An dieser Stelle kommt die ethnologische Theorie des Gabentauschs ins Spiel. Sie bildet den Schlüssel zum Verständnis der Rolle, die der Rache in nicht-staatlichen Gesellschaften zukommt. Zwischen der Logik der Rache und der Logik der Gabe besteht in diesen Gesellschaften eine grundlegende Verwandtschaft: »So wie der gegebenen Sache notwendig eine Gegengabe entsprechen muß, so muß der zugefügten Beleidigung zwingend die Gegenbeleidigung entsprechen.«[89] Auch hier geht es also um die Idee eines Ausgleichs, hinter der jedoch eine noch weitreichendere Idee aufscheint: diejenige nämlich, dass die Forderung, eine empfangene Gabe oder erlittene Verletzung durch eine entsprechende Replik zu erwidern, auf der Notwendigkeit beruht, ein verlorenes Gleichgewicht wiederherzustellen.[90] Die Untersuchung der Verbindung, die zwischen der Ordnung der Rache und der Ordnung der Gabe besteht, kann unser Verständnis der Rache entscheidend bereichern. Dies ist die Wette, die ich im zweiten Teil dieser Arbeit eingehen werde. Um mit Gewinn aus ihr hervorzugehen, ist jedoch der Einsatz erforderlich, sich auf den ethnologischen Gabendiskurs einzulassen und um ein angemessenes Verständnis der entsprechenden Phänomene zu bemühen.

Dritter Teil. Der Übergang vom zweiten zum dritten Teil vollzieht einen weiteren Perspektivwechsel. Er tritt unter dem Titel einer *Affektpoetik der Rache* auf. Hier kommt ein Zusammenhang in den Blick, dem in wissenschaftlichen Arbeiten bislang kaum systematisch Rechnung getragen wurde: *der Zusammenhang zwischen der Rache und dem kulturellen Imaginären.* Es ist bemerkenswert, wie wenig Aufmerksamkeit dieser Konnex findet – entspricht ihm doch ein Phänomen, das vielen Menschen bekannt sein dürfte: Neigen wir nicht dazu, nachdem wir von jemandem verletzt oder gekränkt wurden, uns in Gedanken auszumalen, wie wir es dieser Person heimzahlen, im Modus Irrealis, wobei diese Phantasien kaum je ins offene Licht des Tages treten und mit anderen geteilt werden? Legt dieses Phänomen nicht den Gedanken nahe, dass zwischen der Rache und dem Wirken der Einbildungskraft so etwas wie eine heimliche Liaison besteht, eine untergründige, der Kontrolle durch das Bewusstsein zumindest partiell entzogene Abdrift, die die der Rache zugrunde liegenden Affekte immer wieder in die Arme des Imaginären treibt? Und kommt diesem Phänomen, auch wenn es zunächst nur auf der Ebene der individuellen Einbildungskraft wirksam wird, nicht auch eine gesellschaftliche und affektpolitische Bedeutung zu, die über die Individualpsychologie hinausreicht? In welchem Verhältnis schließlich stehen diese privaten Rachephantasien, die vorderhand ein rein innerpsychisches Geschehen zu betreffen scheinen, zu den medial vermittelten Bildern der Rache? Diese Fragen werden zu prüfen sein. Dabei werden wir uns von der Hypothese leiten lassen, dass die Gelenkstelle zwischen der Rache und dem Imaginären in der menschlichen Affektivität zu finden ist. Mit dem Eintritt in das Reich des Imaginären rühren wir zugleich an den unermesslichen Fundus an Erzählungen, die das kulturelle Imaginäre über die Rache bereithält. Diese Erzählungen lassen sich ihrerseits als spezifische Problematisierungen der Rache lesen. Das Imaginäre gerät dabei als eine Art Affektreservat in den Blick, in das diejenigen Energien und Regungen umgesiedelt werden, für die es im realen Leben der sich als zivilisiert verstehenden Gesellschaften keinen legitimen Platz mehr zu geben scheint. Was jedoch, wenn diese Energien und Affekte aus dem Imaginären wieder ins Reale zurückschlagen? Diese Überlegungen und Fragen werden uns am Ende der Arbeit wieder zu unserem Ausgangspunkt zurückführen – der Frage danach, welchen Ort die Rache im kulturellen Horizont der Gegenwart einnimmt.

5. Das Begriffsfeld Rache, Vergeltung, Strafe

Die Unterscheidung und Trennung von Rache und Strafe ist die entscheidende Begriffsarbeit der Aufklärung.
Lehmann, *Im Abgrund der Wut*[91]

Es ist heute unmöglich, bestimmt zu sagen, warum eigentlich gestraft wird: alle Begriffe, in denen sich ein ganzer Prozess semiotisch zusammenfasst, entziehen sich der Definition; definirbar ist nur Das, was keine Geschichte hat.
Friedrich Nietzsche, *Zur Genealogie der Moral*[92]

Wenn wir über Rache sprechen, können wir über Vergeltung und Strafe nicht schweigen. In welchem Verhältnis stehen diese drei Begriffe zueinander? Und wie hat sich ihre Beziehung im Laufe der Geschichte verändert? Diese Fragen werden im Folgenden zu prüfen sein. Dabei werde ich mich zum einen, im Sinne des späten Wittgenstein, an den Gebrauch halten, den wir in der Alltagssprache von diesen Wörtern machen.[93] Ergänzt wird die Untersuchung zum anderen durch eine Reihe von schlaglichtartigen sprachgeschichtlichen Vertiefungen, um der Analyse die nötige historische Tiefenschärfe zu verleihen. Das Verfahren lässt sich also als eine zweigleisige Befragung der Sprache charakterisieren: Es kombiniert eine synchrone und eine diachrone Betrachtungsweise, die Prinzipien der pragmatischen Gebrauchstheorie der Sprache mit den Mitteln der Begriffsgeschichte. Die nachfolgenden Überlegungen werden uns zudem eine erste Gelegenheit bieten, einen vorausschauenden Blick auf die Zusammenhänge zu werfen, in denen sich zwischen der Logik der Vergeltung und der Logik des symbolischen Gabentauschs eine Verbindung abzeichnet.

Eine Scheidungsgeschichte: Rache und Strafe

Rache, Strafe und Vergeltung bilden ein gemeinsames Begriffsfeld. Wir können davon ausgehen, dass die Phänomene, die diesem

Begriffsfeld entsprechen, weit in die Geschichte zurückreichen; schließlich erzählen »[s]chon die frühesten Texte der Menschheit [...] Rachegeschichten – von den ägyptischen, babylonischen und griechischen Mythen über das Gilgamesch-Epos bis hin zur Bibel.«[94] Was sich mit der Zeit jedoch ändert und von Kultur zu Kultur unterscheidet, sind die Wörter und Konzepte, anhand derer dieses Feld strukturiert wird. Begriffliche Ordnungen gelten nicht absolut, wie die Sprache selbst unterliegen sie historischen Veränderungen. Die Geschichte des Begriffsfeldes Rache, Strafe, Vergeltung stellt sich dementsprechend als eine Geschichte der Gliederungen und Zäsuren dar, durch die es immer wieder neu geordnet und anders konzeptualisiert wurde.

Der Kultur- und Literaturwissenschaftler Johannes Lehmann hat die »Unterscheidung und Trennung von Rache und Strafe« als »die entscheidende Begriffsarbeit der Aufklärung« bezeichnet.[95] Der Schnitt, der dergestalt durch das Begriffsfeld gezogen wurde, prägt bis heute, wie wir über Rache und Strafe nachdenken und diese beiden Begriffe gebrauchen. Seit der Aufklärung fällt die Unterscheidung zwischen Rache und Strafe mit der Unterscheidung zwischen Innen und Außen, dem Eigenen und dem vermeintlich Fremden zusammen. Wie ein künstlich errichteter, im Laufe der Zeit jedoch zu einem natürlich anmutenden Teil der Landschaft gewordener Grenzwall durchzieht sie die Topographie des modernen Denkens und definiert, was als zivilisiert gilt und was als barbarisch. Rache versus Strafe, das bedeutet zugleich so viel wie primitiv versus fortschrittlich, privat versus öffentlich, emotional versus rational, maßlos versus geregelt. Vom Standpunkt des modernen Rechts aus erscheint die Rache gleichbedeutend mit Privatrache beziehungsweise Selbstjustiz; Strafe hingegen gleichbedeutend mit gesetzlich geregelter Strafe. Diese begriffliche Engführung lässt die Rache als das genaue Gegenteil der legalen Strafpraxis erscheinen.

Historisch konvergiert die begriffliche Trennung von Rache und Strafe mit jener grundlegenden Neuordnung des Strafsystems, die Michel Foucault in *Überwachen und Strafen* als die »große Transformation der Jahre 1760–1840«[96] bezeichnet hat. Zu den wichtigsten Veränderungen in diesem Zeitraum gehört das Verschwinden der Marter, der sogenannten peinlichen Strafen, die sich unmittelbar auf den Körper des Verurteilten richten und diesen in einem öffentlich inszenierten Ritual zuschanden machen. Wie Foucault ausführt, diente die Marter primär der Wiederherstellung der souveränen Macht des Herrschers; in ihr offenbarte sich die »Rache des Königs«[97] in ihrer gesamten Gewalt. In der zweiten Hälfte des 18. Jahrhunderts wurde der Protest gegen diese Form des Strafens immer lauter. Er kulminierte in einer Reihe von Forderungen, die Foucault folgendermaßen paraphrasiert:

> Die Bestrafung muß anders werden: die physische Konfrontation zwischen dem Souverän und dem Verurteilten muß ebenso ein Ende finden wie der Nahkampf, den sich vermittels des Gemarterten und des Scharfrichters die Rache des Fürsten und die verhaltene Wut des Volkes liefern.[98]

Kurzum, anstatt zu rächen, sollte die Justiz endlich anfangen zu strafen.[99] Innerhalb weniger Jahrzehnte setzte sich diese Forderung auf breiter Front durch. Das Verschwinden der Marter, an deren Stelle die Gefängnisstrafe trat, markierte die praktische Seite einer Entwicklung, der auf theoretischer Seite ebenjenes Bemühen entsprach, den Begriff der Strafe von dem der Rache komplett abzulösen und beide in getrennte Register zu verweisen. Die straftheoretischen Diskussionen dieser Zeit waren alles andere als einhellig. Gleichwohl gab es einen Punkt, in dem alle Gelehrten übereinkamen:

> Bei aller Verschiedenheit der Straftheorien der Aufklärung und bei aller terminologischen Verwirrung im Feld von Rache, Vergeltung, Talion, Strafe und bei aller Uneinigkeit im Hinblick auf den Strafzweck gibt es doch eine grundlegende Gemeinsamkeit: Unabhängig davon, ob nun Rache und Vergeltung miteinander identifiziert und daher abgelehnt werden [...] oder ob Rache von der Vergeltung getrennt und eine Vergeltung jenseits der Rache propagiert wird [...], jeweils geht es um die Ablehnung von Zorn und Rache.[100]

Es war der »Traum von einer Strafe, die sich als affektlose [...] *Konsequenz* aus der Tat selbst ergibt«[101], der die Reformer antrieb.

Worum es ihnen letztlich ging, war eine Strafe, die von jedem Affekt gereinigt ist. Die Strafe sollte auf eine theoretische Grundlage gestellt werden, die ohne den Bezug auf die Ordnung der Leidenschaften und Affekte – der Strafzorn des irdischen Souveräns als Entsprechung zum Strafzorn Gottes – auskommt; sie sollte eine Form annehmen, aus der jede Erinnerung an die ›peinliche‹ Rache des Königs – peinlich für die Verurteilten, peinlich aber auch für eine Gesellschaft, die sich in zunehmendem Maße als aufgeklärt verstand – getilgt ist. Im Gegenzug fiel es dem Begriff der Rache zu, fortan die gesamte Last dessen tragen zu müssen, was die Strafe nicht mehr sein konnte. Je leidenschaftlicher und exzessiver die Rache gedacht wurde, desto einfacher wurde es, eine neue Form der Strafgewalt zu legitimieren, die »als Antwort und möglichst evidentes Abbild der Verbrechensgewalt gleichsam in deren Schatten bleib[t]«[102] und in ihrer eigenen Gewaltsamkeit nicht mehr ins Licht tritt.[103]

Die aus den straftheoretischen Debatten des 18. und 19. Jahrhunderts hervorgegangene begriffliche Trennung von Rache und Strafe hat sich im modernen Denken so tief verankert, dass sie heute als Naturgegebenheit erscheint. Sie hat jedoch nicht immer schon dieselbe Evidenz besessen. In vielen älteren Sprachen waren es andere Unterscheidungen, die dem Feld seine Gestalt verliehen. Dies lässt sich exemplarisch zeigen anhand eines Vergleichs mit dem entsprechenden Wortfeld im Altgriechischen.

Exkurs I: Das Wortfeld im Altgriechischen

Das Griechische kannte eine ganze Reihe von Ausdrücken, die dem deutschen Begriffskomplex Rache, Strafe, Vergeltung entsprechen.[104] Die drei wichtigsten waren *timoria*, *poine* und *kolasis*.[105] Diese Wörter waren unterschiedlich akzentuiert; in keinem der angeführten Wortstämme indes wurde systematisch zwischen Rache und Strafe unterschieden.[106] Noch bis zum Ende des 5. vorchristlichen Jahrhunderts, so unterrichtet uns Walter Burkert,

> ist das die rächende S. [= Strafe] verkörpernde, durch Verschmelzung von τιμή und ὁράω entstandene τιμωρία der dominierende Strafbegriff. Τιμωρεῖσθαι, das später ›vergelten‹ und dann einfach ›bestrafen‹ heißt, bezeichnet ursprünglich die Sorge um die Wahrung der Ehre. Die als Angriff auf die τιμή, das Maß an Reichtum, Einfluß und Ansehen, erfahrene Aggression führt [...] gleichsam naturwüchsig zur strafenden Gegenaggression, die in der Vergeltung primär die Wiederherstellung der τιμή sucht.[107]

Die altgriechische *time* (τιμή) hat im Deutschen keine exakte Entsprechung. Das Wort meint einerseits Ehre und Ansehen, Konzepte also, die sich auf den Wert einer Person beziehen; andererseits kann *time* jedoch auch einfach Wert oder Preis in einem handfesten materiellen Sinne heißen. Wie *time* besitzt auch *timoria* (τιμωρία) eine zweite Hauptbedeutung. Neben ›Rache, Strafe‹ kann es auch ›Hilfe‹ heißen. Vermutlich ist diese Bedeutung von der ersten abgeleitet. Im Konfliktfall war man es seinen *philoi* und Bundesgenossen schuldig, für sie einzutreten und ihnen zu ihrem Recht zu verhelfen.

Die zweite wichtige Wortgruppe ist *poine* (mit der Steigerungsform *apoina* sowie dem zugehörigen Verbum *tinein*, *teisasthai*). Von ihr leiten sich die Wörter für Strafe im Lateinischen (*poena*, *punire*), Französischen (*la peine*) und Englischen (*punishment*, *to punish*) ab. Dabei ist es jedoch bereits zu einer Bedeutungsverschiebung gekommen, denn beim griechischen Wortstamm geht es ursprünglich nicht um das Strafen im heutigen Sinne, sondern um *Schadenersatz*.[108] Wurde jemand verletzt oder geschädigt, dann bezeichnete die *poine* dasjenige, was diesen Verlust ausgleichen sollte. Burkert übersetzt den Ausdruck daher auch mit »Loskaufgeld«[109]; durch die angebotene Kompensation sollten die verletzte Person oder ihre Verwandten zum Verzicht auf einen gewaltsamen Racheakt bewegt werden. Hier tritt deutlich der transaktionsförmige Charakter zutage, den die Logik der Vergeltung mit der Logik des Gabentauschs gemein hat. Die *poine* impliziert einen Tauschakt zwischen der Gruppe des Schädigers und der Gruppe des Geschädigten, bei dem ein positiver Wert – die dargebotene Kompensation – als Ausgleich für einen negativen Wert – die erlittene Schädigung – von der einen

Gruppe zur anderen wandert. Welche *poine* jeweils als angemessen galt, wurde nicht von einer übergeordneten, gerichtsartigen Instanz festgelegt, sondern war Sache von Verhandlungen, die direkt zwischen den beiden in den Konflikt involvierten Parteien geführt wurden. Burkert nennt dafür eine Reihe von Beispielen:

> Zeus raubt den Knaben Ganymedes, bietet aber dessen Vater als *poine* wunderbare Pferde. Alkinoos, König der Phäaken, gibt Odysseus herrliche Geschenke, will sich diese aber von seinen Volksgenossen ›vergelten‹ lassen.[110]

Derartige Verhandlungen stehen auch am Anfang und Ende der *Ilias*:

> So bietet der Priester Chryses am Anfang der *Ilias* dem Agamemnon für die geraubte Tochter ›unendliche *apoina*‹, so am Ende der *Ilias* König Priamos dem Achilleus für die Herausgabe des mißhandelten Leichnams seines Sohnes Hektor.[111]

Selbst die Tötung eines Menschen konnte auf diese Weise abgegolten werden; wie das germanische *Wergeld* bezeichnete die griechische *poine* eine sozial etablierte Form, den Verlust eines Menschenlebens auszugleichen, ohne dass weiteres Blut vergossen wird.

Kolasis, der dritte Ausdruck aus der Reihe, ist semantisch anders gelagert. In dem Maße, in dem sich die Polis als privilegierte Staatsform in Griechenland zu etablieren begann,[112] kam es zu einem ersten Auseinandertreten von Rache und Strafe. Gefordert wurde »eine neue Rationalität der Strafpolitik, die nicht nur das spezifische Verhältnis von Opfer und Täter im Blick hat, sondern zugleich Bestand und Wohlfahrt der Polis.«[113] In dem Begriff der *kolasis* und dem zugeordneten Verb *kolazein* fand dieses neue Strafverständnis seinen sprachlichen Niederschlag.[114] Wörtlich bedeutet *kolazein* so viel wie ›kurzhalten, beschneiden‹, in übertragener Bedeutung dann ›züchtigen, zurechtweisen‹ und ›strafen‹. Die Strafe erscheint hier gleichsam als »Praxis der Heckenschere«[115], wie Burkert augenzwinkernd bemerkt. Zur Erläuterung verweist er auf die folgende Anekdote:

> Herodot erzählt, wie der Tyrann Periandros von Korinth sich durch seinen Kollegen Thrasybulos von Milet belehren ließ: Thrasybulos führte den Boten des Periandros aus der Stadt, und »er betrat ein bestelltes Feld, ging durch das Getreide, und wie er eine Ähre sah, die die anderen überragte, hieb er sie ab und warf sie beiseite«. [...] Allerdings, für Herodot ist dies eine verkehrte Form der Herrschaft, eine Tyrannis, die im Endeffekt »den schönsten Teil des Feldes ruiniert«. Aber das Bild bleibt eindrücklich.[116]

Neben *timoria*, *poine* und *kolasis* kannte das Altgriechische eine Vielzahl weiterer Ausdrücke, die in das semantische Feld von Rache, Strafe und Vergeltung gehören, etwa das Konzept der *nemesis*,[117] die Ausdrücke *dike* und *tisis* aus dem berühmten Fragment des Anaximander[118] oder die Zorn-Begriffe *orge* und *menis*. Der kurze Exkurs sollte indes hinreichend deutlich gemacht haben, dass das Wortfeld im Altgriechischen nach ganz anderen Kriterien strukturiert war als das entsprechende Wortfeld im heutigen Deutschen.

Vermischungen und Überlagerungen

Sosehr sich das moderne Rechtsdenken darum bemüht, Rache und Strafe begrifflich voneinander zu trennen, so wenig kann es verhindern, dass die von ihm gesetzte Grenze immer wieder Risse bekommt und durchlässig wird, so dass die Bedeutungen der beiden Begriffe ineinanderfließen und sich vermischen. Besonders deutlich wird dies in der bis heute geübten Praxis der Todesstrafe, die häufig als legalisierte Form der Rache bezeichnet wird.[119] Noch schwieriger verhält es sich mit der Abgrenzung der Rache von dem Begriff der Vergeltung. Im alltäglichen Sprachgebrauch werden die beiden Wörter häufig nahezu synonym verwendet. Nun könnte man einwenden, dass es der Alltagssprache im Allgemeinen selten um begriffliche Genauigkeit geht. Gegen diesen Einwand spricht jedoch, dass auch in vielen lexikographischen Bestimmungen die unterschiedlichen Begriffe aufeinander verweisen und häufig sogar einer durch den anderen definiert wird.

Duden online, vermutlich die wichtigste Instanz für den zeitgenössischen Alltagsgebrauch des Deutschen, definiert die Rache als »persönliche, oft von Emotionen geleitete Vergeltung [*sic!*] einer als böse, besonders als persönlich erlittenes Unrecht empfundenen Tat«, während es in der Definition von Vergeltung umgekehrt schlicht heißt: »1. das Vergelten, 2. Rache [*sic!*], Revanche«[120]. Dass Rache zudem als Synonym zu Vergeltung angegeben wird und umgekehrt, ist wenig überraschend. Bemerkenswert jedoch ist, dass sowohl von der Rache als auch von der Vergeltung in der Liste der Synonyme jeweils auch eine Verbindung zum Begriff der Strafe führt. Schlägt man daraufhin den Eintrag Strafe nach, so findet man dort eine Definition, die ihrerseits auf den Begriff der Vergeltung zurückverweist: »etwas, womit jemand bestraft wird, was jemandem zur Vergeltung [*sic!*], zur Sühne für ein begangenes Unrecht [...] auferlegt wird«.[121] Von allen möglichen Verbindungslinien, die zwischen den drei Begriffen gezogen werden können, fehlt als einzige diejenige, die von dem Lemma Strafe zurück zur Rache führt.[122] Wenn Strafe und Vergeltung synonym zu Rache sind und Strafe und Rache synonym zu Vergeltung, wie kann es dann sein, dass zwar die Vergeltung ein Synonym zu Strafe darstellt, nicht aber die Rache? Welche Gründe haben den Lexikographen dazu veranlasst, diesen Weg nicht zu gehen? Schaut man in älteren Nachschlagewerken nach, so war diese Verbindung noch gang und gäbe. So heißt es in Zedlers *Grossem Universal-Lexicon* von 1741 direkt zu Anfang des Eintrags Rache: »Rache [...] ist ein zweydeutiges Wort, weil Rache und Straffe öfters von den Scribenten vor eins genommen worden [...].«[123] Und das Lemma Rächer im *Deutschen Wörterbuch* der Brüder Grimm bestimmt diesen lapidar als jemanden, »der da strafe oder vergeltung übt«.[124] Im aktuellen *Duden* hingegen ist die Rache in jene Randzone verwiesen, die im modernen Kosmos zivilisierten Verhaltens als *terra prohibita* figuriert: ein dunkler Fleck am Rande der bewohnbaren Welt, von dem der Sage nach kein Reisender unbeschadet zurückkehrt und dessen Zugang daher ein Schild bewacht mit der Aufschrift *HIC SUNT DRACONES*.

Eine weitere Beobachtung erscheint in diesem Zusammenhang bemerkenswert: Vergleicht man den Raum, den die drei Begriffe

Rache, Strafe und Vergeltung (mitsamt den entsprechenden Ableitungen und Komposita) in Wörterbüchern aus den vergangenen drei Jahrhunderten jeweils einnehmen, so fällt auf, dass die Einträge zur Rache im Laufe der Zeit immer kürzer werden und semantisch gleichsam ausdünnen, während die Einträge zur Strafe im selben Zeitraum immer mehr an Umfang gewinnen. Der Artikel zur Rache in *Zedlers Grossem Universal-Lexicon*, geschrieben noch vor der Französischen Revolution und dem eigentlichen Beginn der bürgerlichen Moderne, erstreckt sich über vier ganze Spalten. Sowohl inhaltlich als auch im Hinblick auf die moralische Bewertung der Rache ist er so reichhaltig und differenziert, dass es ohne weiteres möglich wäre, allein der Analyse dieses Artikels ein gesamtes Kapitel der vorliegenden Arbeit zu widmen. Im *Deutschen Wörterbuch* der Brüder Grimm ist die Rache zwar schon eindeutig mit einem negativen Index versehen.[125] Das hindert die Lexikographen jedoch nicht daran, dem Haupteintrag zur Rache dennoch mehrere Spalten einzuräumen und eine beeindruckende Zahl an Komposita und Ableitungen zu versammeln, die zum selben Wortstamm gehören. In Band 14 des *Deutschen Wörterbuchs* finden sich tatsächlich nicht weniger als 80 Lemmata, von »Rach« (einer bei oberdeutschen Schriftstellern, wie man erfährt, häufig belegten maskulinen Nebenform zum Femininum Rache), »Rachaltar« und »Rachauge« über »Rachedurst«, »Rachekitzel« und »Rachekrieg« bis hin zum »Rachewölkchen«, dem »Rachfeuer«, dem »Rachspasz« und dem (heute nicht mehr gebräuchlichen) Verbalsubstantiv »Rächung«.[126] Wie dürftig und semantisch verarmt nimmt sich, verglichen mit dieser lexikalischen Fülle, die Definition der Rache aus, die man in einem aktuelleren Nachschlagewerk, der 21. Auflage des *Brockhaus* von 2006, findet:

> **Rache**, archaische, dem modernen Rechtsempfinden und eth. Bewusstsein zuwiderlaufende Extremform der Vergeltung (→ Blutrache); dabei wird – häufig unter Berufung auf eine metaphysisch verstandene Gerechtigkeit oder ein (angeblich) allg. gültiges Rechtsempfinden – ein gewaltsamer Ausgleich zw. Individuen oder Gruppen, deren Recht (nach subjektivem Empfinden) verletzt oder deren Ehrgefühl gedemütigt wurde, herbeigeführt. (→ Strafrecht)[127]

Der Begriff der Vergeltung ist weniger emotional konnotiert als der Begriff der Rache. In ihm kling unterschwellig eine gewisse Tendenz zur Verrechtlichung an, die ihn stärker an die Idee der ausgleichenden Gerechtigkeit zu binden scheint.[128] Auch etymologisch weisen die beiden Wörter in unterschiedliche Richtungen. Die Etymologie der Rache führt auf die gotische Wurzel *wrikan* zurück, einem Wort, das ›verfolgen‹ heißt.[129] Auch wenn dieser Bedeutungsherd im heutigen Sprachgebrauch keine aktive Rolle mehr spielt, leuchtet die Verbindung von rächen und verfolgen nach wie vor ein. Muss, wer ein gravierendes Unrecht begangen hat, nicht befürchten, dass ihn die Folgen dieser Tat früher oder später einholen und bis an sein Lebensende hin verfolgen? In der Vorstellungswelt der griechischen Antike wurde diese Idee durch die Erinnyen repräsentiert, die die ungesühnte Übeltat zu ihrer Urheberin oder auf deren Nachkommenschaft zurücklenken. In den alten orientalischen und biblischen Kulturen gab es die Vorstellung, dass es die Tat selber sei, die zu ihrem Urheber zurückkehrt, wobei es als die Aufgabe Gottes angesehen wurde, über diesen Schicksalszusammenhang zu wachen.[130] Ein fernes Echo dieser Vorstellung kann man im modernen Begriff der Strafverfolgung ausmachen: Das ungesühnte Verbrechen ruft heute keine Rachegeister mehr herbei, sondern die staatlichen Strafverfolgungsbehörden, wobei die juristische Kategorie der Unverjährbarkeit gleichsam ein modernes Äquivalent zu dem unauslöschlichen Gedächtnis der Erinnyen darstellt.

Die Etymologie der Vergeltung weist in eine andere Richtung. Wie die *poine* der Griechen legt auch das deutsche Wort Vergeltung den Gedanken eines Austauschs oder einer Transaktion nahe. Vergelten »deutet […] auf einen ›geltenden‹ Wert [hin], der im Hin und Her bestehen bleibt, auf einen Standard der Reziprozität«.[131] Gelten bedeutet so viel wie »wert sein, einen bestimmten Wert haben, gültig sein, Gültigkeit haben, angesehen, gehalten werden (für)«; Émile Benveniste zufolge geht es auf eine alte germanische Wurzel zurück (althochdeutsch *gelt*, gotisch *gild*), aus der später auch das ›Geld‹ hervorgegangen ist.[132] Wir finden hier einen Bedeutungsherd, der uns später noch ausführlich beschäftigen wird, denjenigen nämlich, der den Komplex Rache, Vergeltung, Strafe mit der *Idee eines Ausgleichs* verknüpft. Ausgleich wovon? Im Prinzip von allem, was einen positiven oder negativen Wert haben, das heißt im Guten oder Schlechten ›gelten‹ und ›vergolten‹ werden kann: Tun und Ergehen, Schaden und Wiedergutmachung, Hilfe und Dank, Dienst und Verdienst, Verbrechen und Strafe. Gutes soll mit Gutem vergolten werden und Schlechtes mit Schlechtem. So will es das Gebot der Gegenseitigkeit.

Ebendieses Gebot bildet Benveniste zufolge den semantischen Kern des Wortfelds: »Der eigentliche Sinn von *gild* läßt sich als ›Tribut der Gegenseitigkeit‹ definieren.«[133] Es ist kein Zufall, dass diese Aussage in ein Kapitel der *Indoeuropäischen Institutionen* eingelassen ist, das unter der Überschrift »Geben und Nehmen« steht.[134] Im Kielwasser des unscheinbaren *gild* öffnet sich ein ganzer Kosmos an Bedeutungen, von ›Opfer‹, ›Entschädigung‹ und ›Ersatz‹ über ›Steuer‹ und ›Bezahlung‹ bis hin zu ›Lohn‹ und ›Strafe‹, wobei diese Bedeutungen mitunter in ein und demselben Wort zusammenfallen. So verzeichnet Benveniste unter anderem das altisländische *gjald* ›Belohnung, Strafe, Bezahlung‹, das altenglische *gield* ›Ersatz, Entschädigung, Opfer‹, das althochdeutsche *gelt* ›Bezahlung, Opfer‹ sowie das friesische *jelde, jold*, aus dem später die ›Gilde von Kaufleuten‹ hervortreten wird. Dem heutigen Verb gelten entspricht im Althochdeutschen *geltan* mit den Bedeutungen ›(zurück)zahlen, entschädigen, opfern, wert sein‹ und im Altenglischen *gieldan* mit den Bedeutungen ›(be)zahlen, verehren, opfern, strafen‹.[135] Welche Bedeutung diese Wörter im Einzelnen annehmen (ob *gjald* etwa eine ›Belohnung‹ oder umgekehrt eine ›Strafe‹ meint), lässt sich erst anhand des Kontextes erschließen. Der Kontext bestimmt zugleich, ob der infrage stehende Wert eher in das Register des Ökonomischen fällt oder in das des Symbolischen, und ob es sich um einen Ausgleich im Positiven handelt (vergelten im Sinne von ›belohnen‹) oder um einen Ausgleich im Negativen (vergelten im Sinne von ›rächen, bestrafen‹).

Opfer, Entschädigung, Ersatz, Steuer, Bezahlung, Strafe – wie lässt sich erklären, dass so unterschiedliche Bedeutungen in ein und demselben Wortstamm zusammenfallen? Wurden hier Begriffe, die ursprünglich eine ökonomische Bedeutung hatten, auf die Sphäre des Moralisch-Symbolischen übertragen, oder verlief die Bewegung umgekehrt? Für Benveniste steht außer Frage, dass der Ausdruck *gild* ursprünglich *nicht* aus der Sphäre der Ökonomie stammt:

> Zunächst [...] war dieser Terminus mit einem Begriff aus der persönlichen Sphäre verhaftet: Der Beweis dafür ist das *wergeld* ›der Preis des Mannes‹ (Kompositum mit *wer* ›Mann‹); der Preis, den man bezahlt, um sich von einem Verbrechen loszukaufen, das Lösegeld.[136]

Die Funktion des *Wergeldes* war zugleich eine rechtliche und eine soziale. Anders als heutige Geldstrafen diente es auch als »Mittel zur Versöhnung: Ist das Verbrechen vorüber und bezahlt, entsteht wieder ein Bündnis«.[137] Was Benveniste hier beschreibt – Rückkehr zu einem Bündnis und Wiederherstellung einer durch ein Verbrechen vorübergehend gestörten Beziehung durch eine entsprechende Ausgleichsleistung –, entspricht exakt dem, was in der ethnologischen Literatur als das System der rächenden Gerechtigkeit beschrieben wird.[138] Die Kanäle der rächenden Gerechtigkeit sind genau dieselben, in denen auch die zeremoniellen Gaben zirkulieren.

Schlussfolgerungen

Wie wir gesehen haben, ist es nicht möglich, den drei Begriffen Rache, Strafe und Vergeltung vollkommen distinkte Phänomenbereiche zuzuordnen und sie komplett getrennten Registern zuzuweisen. Sie müssen vielmehr als Teile eines gemeinsamen Feldes aufgefasst werden, das im Laufe der Geschichte jedoch immer wieder anders gegliedert wurde. Die Einsicht in die Historizität des Begriffsfeldes Rache, Strafe, Vergeltung ist nicht das Einzige, was wir aus diesem Abschnitt behalten sollten. Er erlaubt es, einige weitere Schlussfolgerungen zu ziehen.

1. Die wortgeschichtlichen Exkurse zum Altgriechischen und zum etymologischen Hintergrund der Vergeltung haben uns ein erstes Mal diejenigen Zusammenhänge streifen lassen, in denen sich zwischen der Logik der Vergeltung und der Logik der Gabe eine grundlegende Verbindung abzeichnet. Die Relation der Vergeltung stellt sich als eine *Austauschbeziehung* dar, sie hat die Form einer Transaktion. Wie müssen wir diese Transaktion auffassen? Und was genau hat es mit der Ordnung der Gabe auf sich? Diese Fragen werden im Mittelpunkt des II. Teils der Arbeit stehen. Dabei werden wir uns ihnen aus der Perspektive der Ethnologie und Kulturanthropologie annähern. Wie im Rahmen dieses Abschnitts deutlich geworden ist, ist die Ethnologie jedoch nicht der einzige Weg, der in diese Richtung weist. Entsprechende Spuren lassen sich auch in der Sprachwissenschaft (Benveniste) und in den historischen Disziplinen (Burkert, Descharmes, Gehrke) finden.

2. Wie wir gesehen haben, folgen Rache, Strafe und Vergeltung einer Logik des *Ausgleichs*. Die Idee des Ausgleichs bildet das übergeordnete Prinzip, unter dem der gesamte Komplex steht. Das Ergebnis der begriffsgeschichtlichen Sondierung konvergiert hier mit dem, was Schlee und Turner als den »Ausgangspunkt der modernen sozialwissenschaftlichen Forschung über Vergeltungsregeln« bezeichnen, nämlich »die Erkenntnis der grundlegenden Bedeutung des Prinzips der Reziprozität, des Prinzips der Gegenseitigkeit, des Ausgleichs von Leistung und Gegenleistung oder Aktion und Reaktion«.[139]

3. Zudem ist deutlich geworden, dass der Begriff der Vergeltung einen *weiteren Umfang* hat als der Begriff der Rache. Er umfasst nicht nur einen Ausgleich im Negativen, sondern auch einen Ausgleich im Positiven. Im heutigen Sprachgebrauch ist die positive Bedeutungsrichtung von ›vergelten‹ weitestgehend verschüttet. Es ist jedoch noch gar nicht so lange her, dass das Wort auch in einem positiven Sinn verwendet wurde. Das *Deutsche Wörterbuch* der Grimms etwa gibt die Grundbedeutung von ›vergelten‹ mit »zurückerstatten, zurückzahlen« an; je nachdem, ob es sich bei dem Empfangenen um etwas Gutes oder um etwas Schlechtes handelt, nimmt ›vergelten‹ die Bedeutung von ›strafen, rächen‹ oder die von ›belohnen‹ an.[140] Hieraus folgt, dass jeder Racheakt auch einen Akt

der Vergeltung darstellt, umgekehrt aber nicht jeder Vergeltungsakt auch einen Akt der Rache. Die Architektur des Begriffsfelds lässt sich entsprechend wie folgt darstellen:

Die Vergeltung tritt hier als Oberbegriff in Erscheinung, der sowohl die Rache als auch die Strafe als spezifische Formen untergeordnet sind. Über allen drei Begriffen aber steht die Idee des Ausgleichs. Sie stellt »das eigentlich grundlegende Axiom«[141] dar. Tatsächlich trifft sich dieses Schema auch mit der begrifflichen Hierarchie, die der weiter oben zitierte Eintrag zur Rache im *Historischen Wörterbuch der Philosophie* nahelegt:

> Der Akt der R. [Rache] für erlittenes Unrecht gehört seit Menschengedenken zur Rechts- und Unrechtsgeschichte. Dabei entwickelt sich die Tendenz, die R. als willkürlichen Vergeltungsakt von der Strafe als juristisch geregelten Vergeltungsakt zu unterscheiden und die R. zu verwerfen.[142]

Dieses Schema kann uns im Folgenden als heuristische Orientierungshilfe dienen. Allerdings nur unter der Bedingung, dass wir uns stets gegenwärtig halten, dass seine Geltung historisch und kulturell begrenzt ist. Sie beschränkt sich auf Gesellschaften, die staatlich oder staatsähnlich verfasst sind, mithin also über eine zentrale Strafgewalt und entsprechende Institutionen verfügen. Auf Gesellschaften, die nicht staatlich organisiert sind, lässt es sich nicht übertragen. Hier ist die Rache gerade keine Privatsache, sondern grundsätzlich öffentlich und kollektiv. Zudem sollten wir uns bewusst halten, dass auch in staatlich verfassten Gesellschaften wie unsrer eigenen keineswegs immer vollkommen klar ist, wann welcher Begriff am rechten Platz ist: Was dem einen als überzogene ›Rache‹ erscheint, mag für den anderen eine legitime Form der ›Strafe‹ sein. Eine gewisse Ambivalenz bleibt. Sie ist dem Feld selbst eingeschrieben. Der Fehler des modernen Denkens, wenn man so sagen darf, besteht darin, die Grenze zwischen Recht und Unrecht vollständig mit der Grenze zwischen Rache und Strafe parallelisiert zu haben, anstatt anzuerkennen, dass es sich dabei um eine Grenze handelt, die nicht zwischen den Begriffen, sondern durch jeden einzelnen von ihnen hindurchläuft. Auch staatlich verhängte Strafen können ungerecht sein (wie die NS-Justiz zur Genüge gezeigt hat); dass jemand in seiner Rache gegen geltendes Recht verstößt, heißt umgekehrt nicht zwangsläufig, dass er auch ungerecht handelt. Mit den drei Begriffen verbinden sich unterschiedliche Grade an Legitimität, die sich auf das von ihnen Bezeichnete übertragen. Ob eine bestimmte Handlung als Rache, als Strafe oder als Vergeltung bezeichnet wird, sagt unter Umständen also weniger über die Handlung selbst aus, sondern verrät vielmehr etwas darüber, welchen normativen Standpunkt die Sprecherin dieser Handlung gegenüber einnimmt.

Erster Teil

Analytik der Rache: Handeln und Erleiden

1. Achilles und Marianne

Beginnen wir mit zwei Geschichten. Die erste ist weithin bekannt. Sie handelt von Achilles, dem vielleicht größten Zornigen der abendländischen Heldengeschichte. Erzählt oder vielmehr besungen wird sie in der homerischen *Ilias*, die als das erste Epos der europäischen Überlieferung gilt.[1] Und am Anfang der *Ilias* steht ganz buchstäblich der Zorn, das altgriechische Wort *menis*: *Menin aiede, thea, Peleiadeo Achileos* … (»Den Zorn singe, Göttin, des Peleus-Sohns Achilleus …«[2]). Was hat den Zorn des Achilles erregt? Genau genommen sind es zwei Kränkungen. Die erste erleidet Achilles durch Agamemnon, den Anführer des griechischen Heeres. Er nimmt Achilles die Sklavin Briseïs weg, die ihm zuvor rechtmäßig als Ehrengeschenk zugeteilt worden war: ein symbolischer Akt der Herabsetzung, der einzig darauf abzielt, öffentlich zu demonstrieren, wer im Rang höher steht. Was Achilles schließlich auf das Schlachtfeld treibt, ist jedoch nicht die Kränkung, die Agamemnon ihm zugefügt hat, sondern, wie der Althistoriker Hans-Joachim Gehrke schreibt, »ein anderer Zorn, ein größerer, gepaart mit Rachedurst, ein unversöhnlicher«[3]; er entzündet sich in jenem Augenblick, in dem Achilles vom Tod seines Freundes Patroklos erfährt. Untröstlich über Patroklos' Verlust, der von dem Trojanerprinzen Hektor im Kampf getötet wurde, gerät Achilles in einen Furor, der ebenso unerbittlich wie maßlos ist. Zahllose trojanische Krieger fallen seinem Zorn zum Opfer, schließlich Hektor selbst, dessen Leichnam Achilles auf grausame Weise schändet – seine Unversöhnlichkeit reicht noch über den Tod hinaus.

Die zweite Geschichte handelt von einer Frau: Marianne Bachmeier. Sie steht im Mittelpunkt eines der aufsehenerregendsten Kriminalfälle der Bundesrepublik.[4] Marianne Bachmeiers Tochter

Anna ist sieben Jahre alt, als sie tot aufgefunden wird, erdrosselt und nachlässig in einer Erdmulde verscharrt. Als mutmaßlicher Täter wird der Fleischer Klaus Grabowski verhaftet. Er ist wegen Sexualdelikten an Kindern mehrfach vorbestraft. Am 6. März 1981 erscheint Bachmeier im Lübecker Schwurgericht und schießt auf Grabowski, insgesamt acht Mal. Der Angeklagte – er hatte im Laufe der Vernehmungen gestanden, das Kind mit einer Strumpfhose erdrosselt zu haben – stirbt noch im Gerichtssaal. Eine unkontrollierte Affekthandlung oder vorsätzlicher Mord? Diese Frage steht im Zentrum des darauffolgenden Prozesses gegen Bachmeier, der von einem gewaltigen Medienrummel begleitet wird. Das Gericht folgt weitgehend der Argumentation der Verteidigung und verurteilt Marianne Bachmeier am 2. März 1983 wegen Totschlags und unerlaubten Waffenbesitzes zu sechs Jahren Haft. Ein juristisches Fehlurteil, wie wir heute wissen: Eine Freundin erzählt Jahre später, dass Marianne vor der Tat in einem Keller Schießübungen gemacht habe. Und Bachmeier selbst erklärt 1995 in einer Talkshow vor laufender Kamera, dass es ihr darum gegangen sei, Grabowski daran zu hindern, vor Gericht weiter Unwahrheiten über Anna zu verbreiten und ihr Ansehen öffentlich in den Schmutz zu ziehen.

Achilles und Marianne – hier das antike Griechenland und der mythenumwobene Krieg um Troja, dort die zivile Bundesrepublik der frühen 1980er Jahre. Auf der einen Seite das agonale, um den Begriff der Ehre zentrierte Ethos der alten Griechen, denen Tapferkeit als wichtige Tugend galt und der Verzicht auf Rache mithin als Signum der Schande; auf der anderen Seite die auf maximale Gewaltreduzierung abgestellte Moral der bürgerlichen Spätmoderne, die sich unter anderem in einer ausgeklügelten Affektkontrolle und dem Prinzip der Rechtsstaatlichkeit manifestiert. Die historische und kulturelle Kluft zwischen beiden Kontexten könnte kaum größer sein. Hinzu kommt, dass wir es bei der *Ilias* mit einem Werk der Dichtkunst zu tun haben, im Fall Bachmeier hingegen mit Ereignissen, die tatsächlich passiert sind. Welchen Grund kann es also geben, diese beiden Erzählungen so unvermittelt nebeneinander zu stellen? Den folgenden: Trotz der extremen Distanz, die die homerische Welt von der heutigen Wirklichkeit trennt, zögert man keinen

Augenblick, im einen wie im anderen Fall vorbehaltlos von Rache zu sprechen. Ohne jede Schwierigkeit nehmen wir zwischen der Geschichte des Achilles und der Geschichte von Marianne Bachmeier eine grundlegende Verwandtschaft wahr, eine *semantische Nähe*, die es uns ermöglicht, beide Erzählungen unmittelbar als Rachegeschichten zu identifizieren.

Diese Nähe ist umso erstaunlicher, wenn man sich vergegenwärtigt, wie sehr sich der Status der Rache im gesellschaftlichen Kosmos der griechischen Antike von ihrem heutigen Stellenwert unterscheidet. Das griechische Denken und Empfinden war von einem spezifischen »Ethos der Rache«[5] geprägt. Das heißt freilich nicht, dass den Griechen, zumal denen des klassischen Zeitalters, der Rechtsgedanke fremd war. Im Gegenteil, »das Ringen um Gerechtigkeit, um eine Regelung der sozialen Beziehungen auf der Basis von Recht und Gesetz, ist geradezu ein Signum griechischer Geistigkeit«, wie Gehrke festhält.[6] Anders als in der bürgerlichen Moderne wurde das Verhältnis zwischen Recht und Rache in der griechischen Vorstellungswelt jedoch nicht zwingend als Opposition gedacht. Im Denken der Moderne hingegen schließen sich diese beiden Begriffe kategorisch aus.

Die Verschiedenartigkeit der gesellschaftlichen Kontexte ermahnt dazu, nicht vorschnell Äquivalenzen zu sehen. Zudem zeigt sie, wie wichtig es ist, die systematische Bestimmung der Rache von der Frage ihrer normativen Bewertung zu trennen. Ob Rache als recht oder unrecht angesehen wird, als tugendhaft oder moralisch verwerflich, ist historisch und kulturell variabel. Diese Unterschiede verflüchtigen sich jedoch, wenn es um die Frage geht, was die Rache in ihrem Kern ausmacht. Ebendies zeigt die Leichtigkeit, mit der wir in der Lage sind, zwischen den Taten und Leiden von Achilles und den Taten und Leiden von Marianne Bachmeier eine generische Verwandtschaft zu erkennen, ihre Geschichten als Geschichten desselben Typs zu identifizieren. Aufgrund welcher Merkmale? Anhand welcher Strukturen? Was verleiht dem Begriff der Rache – einem Begriff, der offenkundig in der Lage ist, Phänomene aus ganz unterschiedlichen Kulturkreisen in sich zu versammeln – seine semantische Kohärenz? *Was also ist Rache?*

Wie bereits bemerkt wurde, handelt es sich bei der Rache um einen Begriff, der zugleich systematisch unterbestimmt und semantisch überdeterminiert ist. Der Armut an philosophisch-systematischen Klärungsversuchen steht die Fülle an Assoziationen gegenüber, die sich mit diesem Begriff verbinden. Rache gehört zu jenen affektiv hochgradig aufgeladenen Begriffen, bei denen oftmals der bloße Klang genügt, um eine Vielzahl von Vorstellungen, Bildern und Empfindungen wachzurufen. Fast jedem, der das Wort Rache hört, fällt dazu etwas ein. Und fast immer hat dieser Einfall die Form einer Geschichte. Dieser Umstand ist, wie wir bald sehen werden, keineswegs zufällig.

2. Die Polarität von Handeln und Erleiden

Thema aller Erzählungen ist letztlich
das Handeln und das Leiden.
Paul Ricœur, *Zeit und Erzählung*[7]

Die Polarität von Handeln und Erleiden

Wie also lässt sich Rache begrifflich bestimmen? Schlägt man in wissenschaftlichen Wörterbüchern und Lexika nach, so finden sich dort in der Regel Bestimmungen, die darauf hinauslaufen, die Rache entweder als *Akt* oder als *Motiv* zu definieren. Derartige Bestimmungen greifen jedoch zu kurz. Zum einen ist auffällig, dass im deutschen Wort Rache, ebenso wie in vielen anderen Sprachen, die Unterscheidung zwischen Akt und Motiv in der Schwebe gehalten ist. Das Wort kann prinzipiell beides meinen: die Absicht, Rache zu üben, aber ebenso den Akt, der diese Absicht realisiert. Welche Bedeutung dominiert, erschließt sich erst abhängig vom Kontext. Zum anderen scheint eine wesentliche Eigenschaft des Ausdrucks Rache gerade darin zu liegen, dass er bereits in seinem faktischen Gebrauch wie die Überschrift zu einer Erzählung fungiert.[8] Die primäre Gegebenheitsweise der Rache ist die von Erzählungen. Unzählige Namen stehen dafür ein: Achilles und Marianne Bachmeier, Kriemhild und Michael Kohlhaas, der Graf von Monte Christo, Orest und Elektra, Medea, Kapitän Ahab und so fort. Diese Beobachtung betrifft nicht bloß ein nebensächliches Detail von allenfalls literaturwissenschaftlichem Interesse, sondern verweist auf einen Zusammenhang, der in die Konstitution des Rachebegriffs selbst hineinspielt.[9] Weit davon entfernt, lediglich eine isolierte Handlung zu bezeichnen oder ein bestimmtes Handlungsmotiv, impliziert die Verwendung des Ausdrucks Rache vielmehr ein bestimmtes *Verknüpfungsprinzip*, das es ermöglicht, eine Vielzahl von Ereignissen, Handlungen, Umständen, Absichten, gewollten und ungewollten Konsequenzen in eine sinnhafte Ordnung zu rücken und ihnen eine semantische Einheit zu verleihen. Erinnern wir uns an die Schüsse, die Marianne Bachmeier abgefeuert hat: Ihren vollen Sinn und ihre Bedeutung als Racheakt erhalten diese Schüsse erst, wenn man sie in Beziehung setzt zu den Handlungen und Ereignissen, die ihnen zeitlich vorausliegen, namentlich die Ermordung von Marianne Bachmeiers Tochter und die besonderen Umstände dieser Tat. Ebenso verhält es sich mit Achilles: Das Ungestüme seiner Taten, die Unerbittlichkeit, mit der er sich noch an Hektors Leichnam vergeht, erhalten ihre Bedeutung erst vor dem Hintergrund der Ereignisse, die seinen eigenen Handlungen zeitlich vorausgegangen sind.

Was Rache heißt, würden wir also gar nicht verstehen, wenn wir mit diesem Ausdruck nicht zugleich eine bestimmte »Konfiguration« (im Sinne Paul Ricœurs[10]), ein bestimmtes Geflecht von Ereignissen, Handlungen, Motiven etc. assoziieren würden. Ebendiese Verknüpfung vollzieht sich im Modus der Narration. Einer der Gründe dafür, dass im kulturellen Imaginären so viele Rachegeschichten kursieren, besteht darin, dass die Verwendung des Begriffs Rache in sich bereits eine bestimmte Erzählung impliziert. Das Wort selbst fungiert als eine Art Narrativ. Diese Funktion ist unabhängig davon, ob die Erzählung von Ereignissen handelt, die tatsächlich geschehen sind (wie im Fall von Marianne Bachmeier) oder nicht (wie im Fall von Achilles). Dies zeigt sich im Übrigen auch daran, dass es in diesem Zusammenhang problemlos möglich ist, die Wörter *Fall* und *Geschichte* synonym zu gebrauchen. Um den Fall Marianne Bachmeier zu verstehen, kommt man nicht umhin, eine Geschichte zu erzählen. Umgekehrt lässt sich jede fiktionale Rachegeschichte auch als spezifischer Fall von Rache begreifen.[11]

Begrifflichen Festlegungen, die der Rache ausschließlich den Status einer Handlung oder eines Motivs zuschreiben, sollte man also mit einer gewissen Zurückhaltung begegnen, da sie Gefahr laufen, den Blick auf die Rache vorschnell zu verengen. Stattdessen möchte ich eine Konzeption vorschlagen, die die Rache von Anfang an als ein relationales Gefüge zu begreifen sucht, als eine spezifische Weise, eine Reihe von Ereignissen zu einer narrativen Gesamtstruktur zu verknüpfen. Mithilfe welcher Begriffe lässt sich diese Struktur nun beschreiben und formal bestimmen? Meine Überlegungen dazu nehmen ihren Ausgang von der These, dass die Rache als eine *Relation* aufzufassen sei, die auf der *Polarität von Handeln und Erleiden* gründet. Die Semantik der Rache ist eine Semantik des Handelns und Erleidens. Diese These gilt es im Folgenden zu begründen und zu explizieren.

Halten wir dafür zunächst zwei Merkmale fest, die der Rache notwendig zukommen, das heißt unabhängig davon, in welchen Vorstellungen und Praktiken sie sich in einer bestimmten Kultur oder Epoche konkretisiert.

Das erste Merkmal betrifft die zeitliche Struktur der Rache. Rache ist notwendig auf *Vergangenes* bezogen. In der Ordnung der Ereignisse, die sich zu einer Rachegeschichte zusammenschließen, steht der Racheakt selbst nie am Anfang. Er ist immer eine zweite Tat, eine Replik oder Antwort, die mit einem gewissen zeitlichen Abstand auf eine erste Tat folgt. Von diesem ersten Akt her bestimmt sich die Rache, und auf ihn hin bleibt sie notwendig bezogen. Dieser Bezug bildet eine zeitliche Klammer, in der sich das Vergangene mit dem Zukünftigen zu einem Bogen zusammenspannt, an dessen Scheitelpunkt die Gegenwart des Rachewunsches steht. Sich rächen wollen heißt, »der Vergangenheit die Motive entnehmen, um für Kommendes zu sorgen«.[12] Die Absicht, Rache zu üben, besitzt eine doppelte Ausrichtung: Einerseits ist sie rückwärts gerichtet, da sie einer vergangenen Kränkung oder Verletzung entspringt; andererseits ist sie futurisch orientiert, da sie darauf drängt, diese Kränkung in einer noch zu realisierenden Handlung auszugleichen.[13] Die *zeitliche Distanz* zwischen der ersten Tat und der zweiten stellt ein wesentliches Kriterium dar, um letztere als Rachehandlung zu qualifizieren. Vor Gericht etwa entscheidet sich unter anderem daran, ob eine bestimmte Handlung als legitimer Akt der ›Notwehr‹ oder als illegitimer Akt der ›Selbstjustiz‹ angesehen wird.

Wenn Rache notwendig auf Vergangenes bezogen ist, dann hängt sie aber auch notwendig davon ab, dass dieses Vergangene beständig in Erinnerung gehalten wird. Dieser Umstand verweist auf die mnemonische Dimension der Rache: Sie setzt nicht nur die Fähigkeit zu handeln voraus, sondern auch die Fähigkeit, sich zu erinnern. Wer einen unerledigten Rachevorsatz in sich hegt, muss über dasjenige verfügen, was Nietzsche in der *Genealogie der Moral* als »Gedächtniss des Willens« bezeichnet, ein

> aktives Nicht-wieder-los-werden-wollen, ein Fort- und Fortwollen des ein Mal Gewollten [...]: so dass zwischen das ursprüngliche »ich will« »ich werde thun« und die eigentliche Entladung des Willens, seinen Akt, unbedenklich eine Welt von neuen fremden Dingen, Umständen, selbst Willensakten dazwischengelegt werden darf, ohne dass diese lange Kette des Willens springt.[14]

Einige Seiten nach der zitierten Passage weist Nietzsche darauf hin, wovon diese Merkfähigkeit ihrerseits abhängt. Gedächtnis und Affekt sind verschränkt; das »mächtigste Hülfsmittel der Mnemonik« sei daher seit jeher der »Schmerz«: »›Man brennt etwas ein, damit es im Gedächtniss bleibt: nur was nicht aufhört, weh zu thun, bleibt im Gedächtnis‹«.[15] So gesehen, stellt das Vergessen die größte Bedrohung für jedes Rachevorhaben dar. Die Politik hat sich diesen Umstand schon früh zunutze gemacht. Davon zeugt die lange Geschichte der Amnestie: ein von höherer Stelle verordnetes Vergessen, das – angefangen von der athenischen Polis über das Mittelalter bis in die Neuzeit und sogar das frühe 20. Jahrhundert hinein – als probates Mittel angesehen wurde, um nach Zeiten des Aufruhrs und der Gewalt den inneren Frieden zu sichern.[16] Das Gebot zu vergessen sollte einen Schlussstrich unter die Vergangenheit setzen – auf dass, wie es in einem Vertrag aus dem Jahr 851 heißt, »aller vergangenen Übel [...] eine Tilgung geschehe, zwischen uns und bei uns, und [...] all dies aus unsern Herzen gründlich herausgerissen werde mitsamt aller Bosheit und allem Groll«.[17] Wer verhindern will, dass alte Rachebedürfnisse wiederaufkeimen, so die der Amnestie zugrunde liegende Maxime, muss dafür Sorge tragen, dass die Erinnerung an die vergangenen Gräueltaten aus dem kollektiven Gedächtnis gelöscht wird.[18]

Kommen wir nun zum zweiten Merkmal, das der Rache notwendig zukommt. Rache ist durch *Unversöhnlichkeit* gekennzeichnet. Von anderen Formen der Vergeltung unterscheidet sie sich darin, dass sie keinen positiven Ausgleich duldet (etwa in Form von Schadenersatz), sondern explizit darauf abzielt, jemandem – das kann eine bestimmte Person sein oder auch eine bestimmte Gruppe – als Antwort auf eine erlittene Verletzung selbst eine Verletzung zuzufügen. Das Streben nach Rache impliziert den Willen, weh zu tun. In diesem Sinn kann die Rache tatsächlich als ›negativ‹ bezeichnet werden. Sie ist negativ, insofern sie ein vergangenes Unrecht – eine ›gestörte Bilanz‹ oder ›offene Rechnung‹ – dadurch auszugleichen sucht, dass sie dem Minus auf der einen Seite ein Minus auf der anderen entgegensetzt.[19]

Die Absicht, weh zu tun, schließt nicht aus, dass zu dem Rachestreben noch andere Motive hinzutreten. Gerade in gewaltförmigen politischen Konflikten geschieht es häufig, dass sich Rache mit anderen Motiven mischt oder, im Extremfall, sogar lediglich als Vorwand dient, um anders gelagerte Absichten – Hans-Joachim Gehrke spricht von der »Verbrämung realer Machtabsichten«[20] – rhetorisch zu verschleiern. Ebenso wie der Verweis auf Rache dazu dienen kann, gewaltförmige Handlungen zu legitimieren, wird er umgekehrt auch dazu verwendet, bestimmten Handlungen ihre Legitimität abzusprechen. Die politische Rhetorik macht sich hier eine Ambivalenz zunutze, die daraus resultiert, dass der moralische Status der Rache und ihr Verhältnis zu Recht und Unrecht nicht nur zwischen verschiedenen Gesellschaften, sondern auch innerhalb ein und derselben Gesellschaft unterschiedlich aufgefasst werden kann.[21] Ob eine bestimmte Gewalttat als Racheakt bezeichnet wird oder nicht, hängt häufig mit Strategien der Legitimierung und Delegitimierung zusammen. Dieser Umstand wirft nun aber die Frage auf, anhand welcher Kriterien zwischen denjenigen Fällen unterschieden werden kann, in denen Rache tatsächlich das bestimmende Motiv für eine Handlung darstellt, und denjenigen Fällen, in denen dies aus strategischen Gründen lediglich behauptet wird. Einfacher gesagt: Nicht überall dort, wo von Rache gesprochen wird, liegt tatsächlich auch Rache vor. Wie also unterscheiden?

Die Umkehr des Richtungsvektors von Handeln und Erleiden

Die Untersuchung trägt diesem Problem Rechnung, indem sie sich konsequent von der Einsicht leiten lässt, dass es bei Rache nicht allein darum geht, was Menschen *tun*, sondern vor allem darum, was Menschen *einander antun*. Daher die zentrale These, dass Rache als eine Relation aufzufassen ist, die auf der Polarität von Handeln und Erleiden gründet. Die beiden Merkmale der Rache – dass sie zum einen, in den Worten Christoph Menkes, »nicht eine erste, grundlose, sondern die zweite Tat [ist]«[22], und dass sie zum anderen ausdrücklich darauf abzielt, jemandem ein Leid zuzufügen – erlauben es, dieser These einen präziseren Sinn zu verleihen: *Das Verlangen nach Rache entspringt dort, wo sich Handeln und Erleiden überkreuzen*, das heißt dort, wo eine Handlung von jemand anderem erlitten wird. Dieser Schnittpunkt wird durch den Begriff der *Verletzung* markiert. Die Fähigkeit zu handeln, das heißt etwas zu tun, impliziert unweigerlich die Möglichkeit zu verletzen, das heißt jemandem etwas anzutun. Dem Handlungsvermögen auf der Seite des Handelnden entspricht auf der Seite des Erleidenden die Verletzlichkeit; beide Begriffe sind als strikte Korrelate zu behandeln. Mit diesen Bestimmungen ist zugleich ein Kriterium gegeben, das es ermöglicht, zwischen tatsächlichen und vermeintlichen Fällen von Rache eine klare Scheidelinie zu etablieren: Tatsächlich durch Rache motiviert ist eine Handlung nur dann, wenn sie auf eine frühere Handlung antwortet, die das rächende Subjekt direkt oder indirekt erlitten hat.[23] Das rächende Subjekt muss davon überzeugt sein, dass ihm selbst oder einer ihm nahestehenden Person ein Unrecht angetan wurde. Ob diese Überzeugung gerechtfertigt ist oder nicht, spielt zunächst einmal keine Rolle:

> Rache entsteht immer aus einer Unrechtssituation heraus. Ansonsten wäre die Handlung nichts als bloße Aggression. Damit ein Akt als »Vergeltung« bezeichnet werden kann, muss dem Agierenden zuerst ein Schaden zugefügt worden sein. Der Rächer ist also zunächst eigentlich nur Reagierender. Ob die Tat, auf die er reagiert, objektiv gesehen tatsächlich als Unrecht bezeichnet werden kann, ist dabei erst einmal irrelevant. Solange ich subjektiv der Meinung bin, dass mir jemand etwas getan hat, ohne dass ich es verdient hätte, handle ich aus Rachegelüsten heraus. Wenn ich zum Rächer werde, hat mich zuerst jemand zum Opfer gemacht.[24]

Diese Bezugnahme auf eine vergangene Verletzung ist notwendig im Begriff der Rache impliziert. Die Aussage »ich räche mich« wäre in der Tat sinnlos, wenn die Sprecherin nicht in der Lage wäre anzugeben, *an wem* und *wofür* sie sich rächen will – wobei die Antwort auf die Frage »An wem?« die Urheberin der erlittenen Handlung bezeichnet und die Antwort auf die Frage »Wofür?« die erlittene Handlung selbst.[25] Der Nexus dieser beiden Fragen ermöglicht es, ein weiteres Vermögen zu identifizieren, das zu den drei bereits genannten – 1. Handeln-Können (*agency*), 2. Erleiden-Können (Verletzlichkeit), 3. Sich-erinnern-Können (Gedächtnis) – hinzutreten muss, damit es so etwas wie Rache überhaupt geben kann. Dieses Vermögen knüpft sich an die Begriffe der *Zurechenbarkeit* und der *Schuld*. Es kann nämlich nur dort Rache geben, wo man jemanden für schuldig halten oder erklären kann. Und beschuldigen kann man nur für Akte, die sich einem Handelnden eindeutig zurechnen lassen. Paul Ricœur definiert die Zurechenbarkeit als »jene Fähigkeit, aufgrund deren Handlungen jemandem in Rechnung gestellt werden können«.[26] Die hier anklingende Metapher ist uns bereits begegnet: in Gestalt der ›offenen Rechnung‹, die die Rache mit der Vorstellung einer nicht beglichenen Schuld verknüpft. »Die Schuld« aber, so Ricœur weiter, »ist im Bereich der Zurechenbarkeit zu suchen. Dies ist der Bereich der Verbindung der Handlung mit dem Handelnden, des ›Was‹ der Handlungen mit dem ›Wer‹ des Handlungsvermögens – der *agency*.«[27] Ebendiese Verbindung ist in der Grundstruktur der Rache notwendig impliziert. Rache zielt nicht einfach auf irgendwen ab, sondern auf diejenige Person oder Gruppe, die man für den wahren Urheber derjenigen Handlungen hält, die man selbst oder eine nahestehende Person erlitten hat.

Worin genau die erlittene Tat besteht, die zu einem Racheakt veranlasst, kann naturgemäß sehr unterschiedlich sein. Hier öffnet sich ein breites Spektrum, das alle Abschattungen von der Beleidigung über den Verrat und die Vergewaltigung bis hin zum Mord umfasst. Alle diese Anlässe haben jedoch gemeinsam, dass sie sich als Verletzungen verstehen und unter diesem Oberbegriff subsumieren lassen. Bernhard Waldenfels zufolge lässt sich die Grundstruktur der Verletzung in der Formel ausdrücken: *Jemand tut jemandem etwas an.*[28] Diese Formel findet eine genaue Entsprechung in der Grundstruktur der Rache: *Jemand rächt sich an jemandem für etwas.* So unterschiedlich jeder einzelne Fall von Rache auch sein mag – immer liegt ihm eine Verkettung von Ereignissen zugrunde, die sich auf die Sequenz dieser beiden Formeln reduzieren lässt:

1. Jemand (Person oder Gruppe A) tut jemandem (Person oder Gruppe B) etwas (die Handlung X) an.
2. Jemand (Person oder Gruppe B) rächt sich an jemandem (Person oder Gruppe A) für etwas (die Handlung X).

Beide Formeln lassen jeweils einen Handelnden und einen Erleidenden in Erscheinung treten. Was sich jedoch ändert, ist die Position der beteiligten Subjekte. Der Urheber der Verletzung wird zu demjenigen, an dem die Rache vollzogen wird; umgekehrt wird derjenige, der verletzt worden ist, zum Urheber der Rache. Rache impliziert also eine *Umkehr des Richtungsvektors von Handeln und Erleiden.*

Darin liegt die offenkundige Ähnlichkeit zwischen den beiden eingangs exemplifizierten Fällen: Indem Klaus Grabowski ihrer Tochter das Leben genommen hat, hat er Marianne Bachmeier etwas Schlimmes angetan; Marianne Bachmeier rächt sich dafür, indem sie Grabowski erschießt. Entsprechendes gilt für Hektor und Achilles. Drei weitere Beispiele: Moby Dick reißt Kapitän Ahab ein Bein ab; Ahab sucht den weißen Wal dafür zur Strecke zu bringen.[29] Iason hintergeht Medea; Medea bereitet ihm dafür den Untergang.[30] Der brave Edmond Dantès wird von drei Widersachern schmählich verraten; Jahrzehnte später kehrt er als geheimnisvoller Graf von Monte Christo wieder, um sie für ihren Verrat büßen zu lassen.[31] Egal wann und egal wo: Jeder Erzählung von Rache liegt die Polarität von Handeln und Erleiden zugrunde. Daher ziehe ich es vor, Rache nicht primär als Akt oder Motiv zu bestimmen, sondern als eine narrativ vermittelte relationale Struktur. Ihr innerer Zusammenhang tritt allerdings erst dann zutage, wenn man der Dimension der Rache, die mit dem Erleiden zusammenhängt, im selben Maße Rechnung trägt wie der Dimension, in der sie sich von ihrer handlungsmäßigen Seite zeigt.

Das Actio-Passio-Schema

Dass die Dimension des Erleidens leicht im Schatten einer einseitig auf das Handeln fokussierten Optik zu verschwinden droht, lässt sich an einer sprachgeschichtlichen Beobachtung festmachen. Jean Starobinski hat eine in dieser Hinsicht sehr aufschlussreiche Studie verfasst.[32] Ihr Gegenstand ist nicht das Begriffspaar Handeln und Erleiden, sondern ein anderes, im zeitgenössischen Sprachgebrauch weitaus geläufigeres, nämlich das von *Aktion* und *Reaktion*. Das Aktions-Reaktions-Schema wird heute in zahlreichen Bereichen (wie der Medizin, der Psychologie und der Physik) herangezogen, wenn es darum geht, den Zusammenhang bestimmter Abläufe oder Prozesse zu erklären. Die Selbstverständlichkeit, mit der die Wörter Aktion und Reaktion paarweise verwendet und als spiegelsymmetrisch aufgefasst werden, täuscht jedoch leicht darüber hinweg, dass sie unterschiedlichen Alters und verschiedenartigen Ursprungs sind. Das Wort Aktion geht etymologisch auf das lateinische Verb *agere*, *ago* zurück, dessen Grundbedeutung ›treiben, tun‹ lautet. Das entsprechende Substantiv *actio* war im alten Latein ein gängiger Ausdruck. Wie steht es nun um die Geschichte der Reaktion? Starobinski erteilt diesbezüglich eine klare Auskunft:

> Die Geschichte erlaubt es uns nicht, in ihr [der *reactio*] das genaue Pendant zu *actio* zu sehen. Es ist eine sehr viel spätere Zusammensetzung gelehrten Ursprungs, die geprägt wurde, um eher in der begrifflichen Abstraktion als im Leben ein Paar zu bilden. In der Tat gehören *reactio*, *reagere* nicht zum alten Wortschatz der lateinischen Sprache. Sie sind in keinem Text der Antike belegt. [...] Der Gegenbegriff zu *agere* ist im klassischen Latein *pati* (dulden, leiden), der Gegenbegriff zu *actio* ist *passio*. Aktion und Passion bilden ein sehr viel solider begründetes Paar begrifflicher Gegensätze. Dieses Paar war in der griechischen philosophischen Sprache gegenwärtig (*poiein/paschein*).[33]

Mit dem wesentlich jüngeren Ausdruck *reactio* zu einem Paar zusammengefügt wurde die *actio* erst in der mittelalterlichen Scholastik.[34] Die *reactio* trat damit an die Stelle des lateinischen Ausdrucks *passio*, der seinerseits auf das altgriechische *pathos* verweist. *Pathos* bezeichnet allgemein dasjenige, was ohne eigenes Zutun an einem geschieht, was man als Folge einer äußeren Einwirkung erleidet: Das kann das Missgeschick sein, das einem unerwartet passiert, aber ebenso auch das Leiden, das andere über einen bringen. Von diesem alten Sinn klingt in dem jüngeren und deutlich aktiver anmutenden Begriff der *reactio* (und den entsprechenden Lehnwörtern wie Reaktion und reagieren) kaum etwas nach.

Aus diesem Grund habe ich es in den bisherigen Ausführungen vermieden, Rache als ›Reaktion‹ zu bezeichnen. Nicht, dass diese Bezeichnung falsch wäre – aber sie ist eben auch nicht sonderlich spezifisch, da sie dahin tendiert, den Unterschied zwischen Handeln und Erleiden semantisch einzuebnen. Wie die Analyse gezeigt hat, ist es jedoch gerade die Polarität von Handeln und Erleiden, *actio* und *passio*, die es ermöglicht, den zentralen begrifflichen Gehalt der Rache zu erfassen. Rache drückt sich nicht in beliebigen Handlungen aus, sondern in solchen, deren Spezifikum darin liegt, dass sie jemandem angetan werden. Und Rache antwortet auch nicht auf beliebige Aktionen, sondern auf solche, deren Besonderheit darin besteht, dass sie von jemandem erlitten wurden.

Mit dem Begriffspaar Aktion und Reaktion ließe sich die Rache formal bloß wie folgt darstellen:

actio	→	**reactio**
Subjekt A		Subjekt B

Das Subjekt A handelt, und das Subjekt B reagiert. Darüber hinaus lässt sich dem Schema nicht viel entnehmen. Tatsächlich genügt es, die begriffsgeschichtliche Ersetzung von *passio* durch *reactio* rückgängig zu machen und das Aktions-Reaktions-Schema systematisch auf die Dimension des Erleidens hin auszubuchstabieren, um ein Schema zu gewinnen, das die Grundstruktur der Rache wesentlich präziser formalisiert. Auf der Grundlage der Polarität von Handeln und Erleiden stellt sich die Relation der Rache formal wie folgt dar:

actio	/	**passio**	→	**actio**	/	**passio**
Subjekt A		Subjekt B		Subjekt B		Subjekt A

Dieses Schema stellt die Basisstruktur dar, die jedem möglichen Fall von Rache zugrunde liegt. Rache entfaltet sich in der Zeit, das Schema ist also als eine dynamische Sequenz von links nach rechts zu lesen: Urheber der ersten Verletzung ist Subjekt A. Es vollzieht eine Handlung (actio), die von Subjekt B erlitten wird (passio). Dieser ersten Tat entspricht eine Situation, die distinkt und zeitlich abgeschlossen sein muss, ehe es zu einer Umkehr des Richtungsvektors von Handeln und Erleiden kommt. Nun tut Subjekt B Subjekt A etwas an. Diese zweite Tat markiert den eigentlichen Racheakt. Was Subjekt A am Anfang getan hat, kehrt am Ende der Sequenz gleichsam zu ihm zurück. Die Subjekte haben ihre Positionen getauscht: Während Subjekt A zum Erleidenden geworden ist, findet sich Subjekt B in der Rolle des Handelnden wieder.

Die vier Vermögen[35] (Handeln-Können, Erleiden-Können, Sich-erinnern-Können, Sich-und-anderen-Handlungen-zurechnen-Können), die als Grundvoraussetzungen der Rache identifiziert wurden, finden sich alle in dem Schema wieder: Das Handlungsvermögen in Gestalt der *actio*, die Verletzlichkeit in Gestalt der *passio*, die

Zurechenbarkeit in der Konstellation der Subjekte und das Erinnerungsvermögen, am wenigsten offensichtlich, in Gestalt des Pfeils, der die notwendige zeitliche Erstreckung zwischen der ersten Tat und der zweiten Tat markiert. Das Actio-Passio-Schema liefert nicht nur eine formalisierte Darstellung der Grundstruktur der Rache, sondern eignet sich auch als Analyse- und Vergleichsinstrument. Indem es das Gemeinsame und Allgemeine an der Rache fasst, lässt es auch deutlicher sehen, worin das Spezifische und die Unterschiede zwischen bestimmten Fällen von Rache liegen.

3. Verletzung und Verletzlichkeit

One cannot be without being affected.
Catherine Malabou[36]

To feel anger is to be pained by an offense.
Bennett Helm[37]

Verletzen und Verletztwerden

Das Streben nach Rache hat dort seinen Ursprung, wo sich Handeln und Erleiden überkreuzen, das heißt dort, wo jemand verletzt wird. Nun liegt auf der Hand, dass nicht der gesamte Bereich dessen, was wir alltagssprachlich als ›Verletzung‹ bezeichnen, als möglicher Anlass für einen Racheakt infrage kommt. Um Rache angemessen verstehen zu können, ist es also notwendig, die Analyse der Polarität von Handeln und Erleiden durch eine Reflexion auf den Begriff der Verletzung zu ergänzen. Worin liegt das Spezifische derjenigen Verletzungen, aus denen das Verlangen nach Rache hervorgeht? Lässt sich auch hier ein formales Merkmal identifizieren, das eine kulturübergreifende Gültigkeit besitzt?

Halten wir zunächst fest, an welcher Stelle der Begriff der Verletzung ins Spiel kommt. Wie im vorigen Abschnitt gezeigt bezeichnet die Verletzung den Schnittpunkt von Handeln und Erleiden. Der

Begriff markiert die Mitte zwischen *actio* und *passio*, zwischen der Aktivform Verletzen und der Passivform Verletztwerden.

Es ist wichtig, sich zu vergegenwärtigen, dass dem Unterschied zwischen Verletzen und Verletztwerden, der auf linguistischer Ebene durch einen einfachen Wechsel der Diathese bewerkstelligt wird, auf phänomenaler Ebene (das heißt der Ebene der gelebten Erfahrung) eine Differenz entspricht, die unter Umständen buchstäblich über Leben und Tod entscheidet. In einfachen Worten: Im Leben besteht ein fundamentaler Unterschied zwischen Verletzen und Verletztwerden. Es gibt Situationen, in denen sich zwischen der Erfahrung der Person, die verletzt, und der Erfahrung der Person, die verletzt wird, eine unüberbrückbare Kluft auftut. Dies trifft insbesondere auf solche Verletzungen zu, in denen sich der Erleidende in besonderem Maße als hilflos erfährt oder seines Handlungsvermögens sogar vollends beraubt wird. Man denke etwa an Vergewaltigung und Folter. In *Jenseits von Schuld und Sühne* spricht Jean Améry – dessen Ausführungen sich auf seine eigenen Erfahrungen als Überlebender des nationalsozialistischen Terrors stützen – davon, dass der Folterer zu einem »Gegenmenschen« wird, den man »wehrlos an sich erleidet«.[38] Die Polarität von Handeln und Erleiden nimmt hier die Gestalt einer *vertikalen Asymmetrie* an. Paul Ricœur zufolge resultiert diese Asymmetrie daraus, dass

> handeln für einen Handelnden bedeutet, *Macht über* einen anderen Handelnden auszuüben. [...] Zu dieser grundlegenden Asymmetrie der Handlung kommen all die Perversionen des Handelns hinzu, die darin kulminieren, daß jemand zum Opfer wird [...].[39]

Jemanden zum Opfer machen heißt, sich symbolisch über ihn zu stellen. Das englische *humiliation* (dt. ›Demütigung‹) geht auf das lateinische *humus* (dt. ›Boden, Erde‹) zurück. Und auch in zahlreichen deutschen Ausdrücken – wie Erniedrigung, Herablassung, Über- und Unterlegenheit und so weiter – klingt die vertikale Asymmetrie an, die in die Beziehung zwischen Handeln und Erleiden eingeschrieben ist. Eine emblematische Szene dieser Asymmetrie ist das Bild des Opfers, das verletzt am Boden liegt, während der Täter über ihm steht und triumphiert.[40] Dieses Bild kehrt regelmäßig in Racheerzählungen wieder, wobei es bezeichnenderweise meist zweimal auftaucht: einmal am Anfang und – nach erfolgter Umkehrung des Richtungsvektors von Handeln und Erleiden – einmal am Ende. Achilles beugt sich triumphierend über den niedergestreckten Hektor, so wie dieser sich zuvor über den toten Patroklos gebeugt hat.[41] Mit dieser grundlegenden Asymmetrie kommt zugleich die Vorstellung eines unerträglichen Ungleichgewichts ins Spiel, einer Störung der Ordnung und Balance, auf deren Ausgleich die Rache abzielt.[42]

Mit der erfahrungsmäßigen Ungleichartigkeit von Handeln und Erleiden, Verletzen und Verletztwerden, hängt auch der perspektivische Charakter zusammen, den gewaltförmige Racheakte tendenziell aufweisen. Aus der Sicht desjenigen, der nach Rache strebt, ist weniger entscheidend, was der oder die anderen *getan* haben, sondern was er selbst oder eine ihm nahestehende Person *erlitten* hat. Man könnte an dieser Stelle einwenden, dass dies doch das Gleiche sei. Es ist auch das Gleiche – allerdings nur aus der Perspektive eines unbeteiligten Dritten. Für die Rächerin jedoch ist Rache keine Frage widerstreitender Ansprüche oder Interessen, über die man verhandeln und ein neutrales Urteil fällen könnte, sondern die eigene Perspektive gilt ihr absolut. Das rächende Subjekt steht sozusagen ganz im Bannkreis seiner eigenen Erfahrung, die sich umso mehr auf das eigene Verletztwordensein konzentriert, je größer die Asymmetrie zwischen Handeln und Erleiden war. Die für das Verständnis der Rache relevante Frage lautet dementsprechend weniger, was es heißt zu verletzen, sondern vielmehr, was es bedeutet, *verletzt zu werden*.

Schmerz und Unrecht

Wie muss eine Verletzung also genau beschaffen sein, um zu einem möglichen Racheakt zu motivieren? Offenkundig geht der Wunsch nach Rache nicht aus allen Verletzungen hervor. Wenn sich jemand beim Wandern den Fuß verstaucht oder beim Heimwerken mit dem Hammer auf den Finger haut, dann liegt zwar eine Verletzung vor, aber die Person wird anschließend kaum darauf sinnen, Rache zu üben. Der Grund dafür ist einfach: Der verstauchte Fuß oder der gebrochene Finger tut zwar weh, aber es ist niemand da (außer einem selbst natürlich), dem sich diese Verletzung *zurechnen* ließe, den man für den Schmerz im Fuß oder im Finger verantwortlich machen kann. Wie bereits gezeigt wurde, stellt die Möglichkeit, jemandem eine Handlung in Rechnung zu stellen, eine Grundvoraussetzung der Rache dar. Die bloße Präsenz anderer und die Möglichkeit der Zurechnung allein reichen jedoch nicht aus, um zu erklären, weshalb bestimmte Verletzungen zu Rache motivieren. Die Zurechenbarkeit definiert lediglich eine notwendige, aber keine hinreichende Bedingung.

Stellen wir uns etwa einen Boxkampf vor.[43] Wenn der Kampf vorüber ist, sind die Körper der beiden Boxerinnen von Blessuren übersät. Die Schläge, die eine Boxerin im Laufe eines Kampfes einstecken muss, tun zweifellos weh und lassen sich ebenso zweifellos jemandem zurechnen. Solange der Kampf jedoch fair und regelkonform abläuft, ist kaum davon auszugehen, dass sich eine der beiden Kontrahentinnen für die erlittenen Verletzungen an der anderen rächen wird. Wiederum ist der Grund relativ einfach: Wer boxt, weiß, dass er dabei eine gesprungene Lippe oder ein blaues Auge riskiert. Schläge einzustecken gehört zum Boxsport dazu. Was außerhalb des Boxrings verboten ist, zum Beispiel jemandem mit der Faust ins Gesicht schlagen, ist im Ring nicht nur erlaubt, sondern sogar geboten. Eine Boxerin, die nur ausweicht, ohne die Schläge der Gegnerin zu erwidern, riskiert mithin, wegen Passivität disqualifiziert zu werden. Der Boxring ist keineswegs ein Ort ungeregelter Gewalt. Es gibt ein Regelwerk, das vorschreibt, welche Aktionen erlaubt und welche verboten sind. Dieses Regelwerk ist für beide Kämpferinnen gleich; beide kennen es und beide vertrauen darauf, dass sich ihr Gegenüber im Großen und Ganzen daran hält. Solange keine Regel willentlich missachtet wird, würde es von einem grundlegenden Missverständnis zeugen, wenn eine Boxerin es der anderen persönlich übelnehmen würde, dass diese auf sie einschlägt. Die faktisch gegebene Zurechenbarkeit begründet unter diesen Umständen noch keine moralische Schuld. Die Frage der Schuld stellt sich erst dann, wenn eine Regel absichtlich missachtet wird, zum Beispiel, wenn sich eine der Kämpferinnen durch einen unerlaubten und vom Ringrichter nicht bemerkten Schlag einen taktischen Vorteil verschafft.

Dieses Beispiel lässt sich verallgemeinern, da es in jeder Gesellschaft (unabhängig davon, wie ›primitiv‹ oder ›fortschrittlich‹ sie von außen erscheinen mag) bestimmte Regeln und Normen gibt, die den sozialen Umgang regulieren und eine Unterscheidung zwischen zulässigen und unzulässigen Handlungen treffen. Ob diese Normen in kodifizierter schriftlicher Form vorliegen oder auf andere Weise festgehalten und tradiert werden, spielt dabei eine untergeordnete Rolle. Entscheidend ist, dass sie von den Mitgliedern einer Gemeinschaft als verbindlich anerkannt werden. Rache setzt das Vorhandensein und die faktische Geltung solcher Normen voraus. Damit eine Person tatsächlich den Weg von der erlittenen Verletzung bis zur Rache durchläuft, ist es notwendig, dass sie diese Verletzung nicht nur als etwas *Schmerzhaftes*, sondern zugleich auch als etwas *Unrechtmäßiges* empfindet.

Dieser Bezug auf Recht und Unrecht ist für die Rache konstitutiv. Wie die Rache aus dem Schmerz ihre Energie bezieht, so bezieht sie aus dem erlittenen Unrecht ihre intrinsische Legitimation: Wer auf Rache sinnt, fühlt sich im Recht, weil vorher ein Unrecht an ihm verübt wurde. Welche Handlungen als unrechtmäßig und besonders verletzend angesehen werden, ist abhängig davon, welche Normen und Werte in einer bestimmten Gemeinschaft oder historischen Epoche anerkannt und sozial geteilt werden; Ehrverletzungen beispielsweise spielen in der heutigen deutschen Zivilgesellschaft eine andere Rolle als noch im Preußen des 19. Jahrhunderts.[44] Was sich jedoch verallgemeinern lässt, ist der Umstand, dass Rache aus Verletzungen hervorgeht, in denen notwendigerweise zwei Aspekte zusammentreffen: Zu dem empfundenen *Schmerz* muss ein Bewusstsein hinzutreten, das diesen Schmerz als *Unrecht* qualifiziert und der erlittenen Verletzung damit den Stempel des Unzulässigen aufdrückt. Die Kombination aus Schmerz und Unrecht stellt gleichsam die Keimzelle jeder Rachehandlung dar; trifft sie auf einen entsprechenden gesellschaftlichen Boden – der sich etwa durch die Nichtakzeptanz oder das Fehlen funktionierender Appellations- und Sanktionsinstanzen auszeichnet –, steigt die Wahrscheinlichkeit, dass dieser Keim früher oder später gewaltförmige Handlungen austreibt.

Verletzungen, die zu Rache motivieren, weisen also eine *affektiv-normative Doppelstruktur* auf. Wenn ich von der *affektiven* Dimension der Verletzung spreche, so nehme ich damit vor allem darauf Bezug, wie uns Verletzungen primär gegeben sind: Wenn wir verletzt werden, dann *fühlen* wir das. Weit davon entfernt, eine bloße Wahrnehmung oder ein neutrales Urteil zu sein, ist uns die Verletzung unmittelbar als Gefühl gegeben. Ein Schlag ins Gesicht oder eine beleidigende Äußerung werden nicht bloß wahrgenommen und sachlich registriert, sondern direkt und unvermittelt als Verletzung empfunden. Dies gilt für symbolische und sogenannte seelische Verletzungen nicht weniger als für Verletzungen körperlicher Art;[45] stets handelt es sich dabei um einen genuin affektiven Vorgang. Konstitutiv für die Erfahrung des Verletztwerdens ist der *Schmerz*. Es gibt keine Verletzung, die nicht weh tut, die nicht, wissenschaftlicher gesprochen, eine negative Valenz aufweist. Sehr deutlich herausgehoben hat diesen Umstand Elaine Scarry:

> Der erste und wichtigste Aspekt von Schmerz ist dessen schiere Widerwärtigkeit. Während andere Empfindungen einen Inhalt haben, der positiv, neutral oder negativ sein mag, ist der Inhalt von Schmerz die Negation schlechthin. Wenn ein Mensch die eigenen Schmerzen nicht als unangenehm empfindet, wenn seine Schmerzen keine Abscheu in ihm erwecken, dann können sie weder nach philosophischem Verständnis noch nach psychologischer Definition als Schmerzen bezeichnet werden. Schmerz ist die reine physische Erfahrung der Negation, [...] die Wahrnehmung von etwas, das gegen uns ist, und von etwas, gegen das man sein muß.[46]

Der Schmerz verleiht dem Verletztwerden seine negative Grundqualität. Zugleich stellt er den affektiven Rohstoff dar, aus dem die Emotionen sind, mit denen wir auf Verletzungen reagieren: Scham, Trauer, Empörung, Wut, Zorn, Hass und so weiter. Zu welcher dieser Emotionen sich der Schmerz verdichtet und konturiert, welches Gefühl am Ende überwiegt, hängt davon ab, wie die Verletzung gedeutet und normativ bewertet wird. Besonders eng mit der Rache verbunden ist der Zorn, den man in der Philosophie zu den »klassischen Unrechtsaffekte[n]«[47] zählt. Im Zorn finden die affektive und die normative Dimension der Verletzung ihren emotionalen Konvergenzpunkt. Exemplarischen Ausdruck gefunden hat der Konnex von Zorn und Rache in der Affektenlehre des Aristoteles. »Man ist erzürnt«, schreibt Aristoteles, »wenn man Leid erfährt. Denn der Leidende verlangt nach etwas.«[48] Wonach der Leidende verlangt, steht außer Frage: Das »Trachten nach offenkundiger Vergeltung« bildet das Zentrum der aristotelischen Zorndefinition.[49] Dieses Streben speist sich aus dem Schmerz[50] und gewinnt am Unrecht seine motivationale Richtung.

Die affektive Dimension der Verletzung ist leiblich fundiert. Dies ist der Grund, weshalb Gegenstände (wie Fahrräder oder Kühlschränke) zwar beschädigt, aber nicht verletzt werden können. Die Verletzung hingegen setzt, in den Worten von Bernhard Waldenfels, »eine bestimmte Form von *Selbstbezüglichkeit* und eine mögliche *Integrität* voraus«.[51] In anderen Worten: Die Verletzung trifft immer ein leiblich verfasstes Selbst. Der nüchterne Ausdruck Integrität steht dabei für eine Reihe von Konzepten ein, die von der leiblichen Unversehrtheit über die im deutschen Grundgesetz verankerte Unantastbarkeit der menschlichen Würde bis zu dem teils in Vergessenheit, teils in Verruf geratenen Begriff der Ehre reichen. Mit welchen spezifischen Bedeutungen diese Begriffe angereichert sind, ist historisch variabel (die *time* der alten Griechen, ein Ausdruck, der gewöhnlich mit ›Ehre‹ übersetzt wird, ist sicher nicht vollkommen identisch mit dem, was Schnitzlers Leutnant Gustl[52] unter seiner Ehre versteht). Gleichwohl ist diesen Konzepten gemeinsam, dass sie etwas bezeichnen, das aufgrund seiner Verletzlichkeit für schützenswert gehalten wird.

Die Erfahrung der Verletzlichkeit jedoch ist konstitutiv an den Leib gebunden, und zwar insofern, als der Leib, das heißt der Körper, der ich jeweils bin, die Schnittstelle zwischen Selbst und Welt darstellt. »Der Leib des Menschen ist nackt und anfällig; in seiner Weichheit jedem Zugriff ausgesetzt.«[53] In seiner Leiblichkeit ist der Mensch exponiert; er kann von anderen gesehen, berührt und angesprochen werden. Ebendarin liegt allerdings auch die Möglichkeit seiner Gefährdung: Wer sichtbar ist, den kann man verfolgen; wer berührbar ist, den kann man angreifen; wen man ansprechen kann, den kann man auch mit Worten verletzen. Der Leib, der uns auf die Welt hin öffnet, bietet sich ihr potenziell immer auch als Angriffsfläche dar. Selbstbezug und Weltverhältnis hängen gleichermaßen von der leiblichen Konstitution ab. Wird der Leib gravierend verletzt, so hat dies im Extremfall nicht nur für die Integrität der betroffenen Person, sondern auch für ihren Weltbezug irreparable Folgen. Jean Améry hat diesen Zusammenhang in eindringlichen Worten formuliert. »Es ist nur wenig ausgesagt«, heißt es in Amérys Bericht über die Folter,

> wenn irgendein Ungeprügelter die ethisch-pathetische Feststellung trifft, daß mit dem ersten Schlag der Inhaftierte seine Menschenwürde verliere. Ich muß gestehen, daß ich nicht genau weiß, was das ist: die Menschenwürde. [...] Doch bin ich sicher, daß er [der von Polizeileuten Geprügelte] schon mit dem ersten Schlag, der auf ihn niedergeht, etwas einbüßt, was wir vielleicht vorläufig das *Weltvertrauen* nennen wollen. Weltvertrauen. Dazu gehört vielerlei: der irrationale und logisch nicht zu rechtfertigende Glaube an unverbrüchliche Kausalität etwa oder die gleichfalls blinde Überzeugung von der Gültigkeit des Induktionsschlusses. Wichtiger aber – und in unserem Zusammenhang allein relevant – ist als Element des Weltvertrauens die Gewißheit, daß der andere auf Grund von geschriebenen oder ungeschriebenen Sozialkontrakten mich schont, genauer gesagt, daß er meinen physischen und damit auch metaphysischen Bestand respektiert. Die Grenzen meines Körpers sind die Grenzen meines Ichs. Die Hautoberfläche schließt mich ab gegen die fremde Welt: auf ihr darf ich, wenn ich Vertrauen haben soll, nur zu spüren bekommen, was ich spüren *will*. Mit dem ersten Schlag aber bricht dieses Weltvertrauen zusammen.[54]

Die Verletzung der leiblichen Integrität und die Störung des Weltbezugs fallen in der von Améry beschriebenen Erfahrung vollständig zusammen.

Dass die Möglichkeit, verletzt zu werden, leiblich fundiert ist, heißt jedoch nicht, dass sie sich ausschließlich auf sogenannte Körperverletzungen beschränkt oder notwendig an diese gebunden wäre. Um Marianne Bachmeier tiefgreifend zu verletzen, musste Klaus Grabowski ihren Körper nicht anrühren. Auch die beiden Verletzungen des Achilles – die Demütigung durch Agamemnon und der Tod seines Freundes Patroklos – waren nicht körperlicher Art. *Die Sphäre der Verletzlichkeit reicht über den Leib im engeren Sinne hinaus.* Sie umfasst alles, was das Selbst in konstitutiver Weise als ihm zugehörig empfindet, alles, was seine persönliche Integrität ausmacht. Hierzu können Selbstzuschreibungen sozialer, kultureller und religiöser Art gehören; vor allem aber die Beziehungen zu denjenigen Menschen, mit denen man sich in besonderer Weise verbunden fühlt. Kurzum, die Verletzlichkeit umgreift das Selbst in seinem gesamten Dasein, das sich, insofern es ein soziales ist, weit über die Grenzen des physischen Körpers hinaus in die Welt fortsetzt.

Daraus erhellt zugleich, weshalb es bei der Rache so häufig um Angelegenheiten von eminent persönlicher Art und existenziellem Gewicht geht. Man rächt sich nicht für Dinge, die einem nicht wichtig sind, oder für Menschen, mit denen man nichts zu schaffen hat. Von Aurel Kolnai stammt der Ausspruch, dass dasjenige, »[w]as der Haß verlangt und verheißt, […] eine Art Entscheidung über das Schicksal der Welt«[55] sei. Es gibt Fälle, in denen dies auch für die Rache gilt. Die Bereitschaft, in der Rache alles aufs Spiel zu setzen, seinen Ruf, seine Freiheit, ja selbst das eigene Leben, verliert für Außenstehende an Befremdlichkeit, wenn man sich vergegenwärtigt, dass es Verletzungen gibt, die mit dem Gefühl einhergehen, um einen zentralen Aspekt oder gar die Grundlage seiner affektiven Verankerung in der Welt gebracht worden zu sein.

Schlussfolgerungen

Es dürfte hinreichend deutlich geworden sein, was unter der affektiven und der normativen Dimension der Verletzung jeweils zu verstehen ist, was beide voraussetzen und jeweils implizieren. In phänomenaler Hinsicht (das heißt im Erleben der Betroffenen) sind diese beiden Dimensionen selten deutlich voneinander geschieden. Der

Wert dieser Unterscheidung liegt vor allem auf analytischer Ebene, da sie es ermöglicht, das Gefühl des Verletztseins und die Frage nach der jeweils verletzten Norm voneinander zu entkoppeln. Nicht jeder, der sich ungerecht behandelt fühlt, ist auch tatsächlich ungerecht behandelt worden. Gerechtfertigt ist diese Überzeugung nur dann, wenn dem subjektiven Gefühl auch ein objektiv gegebener Normverstoß entspricht. In normativer Hinsicht ist eine Verletzung grundsätzlich ebenso begrenzt wie die Regel, die sie verletzt. Die verletzte Norm oder Regel kann benannt werden; ihre Geltung beruht auf der intersubjektiven Verständigung der Mitglieder einer Gruppe oder Gemeinschaft. Insofern Normen sozial geteilt werden, ist es also niemals das Gefühl des Verletzten allein, das über die Zulässigkeit oder Unzulässigkeit der erlittenen Handlung entscheidet. Anders verhält es sich mit der affektiven Dimension: In affektiver Hinsicht können die Auswirkungen einer Verletzung – in Form des dem Verletzten zugefügten Leids – potenziell unendlich sein.[56] Wie die Untersuchung gezeigt hat, setzt Rache beides voraus: den Bezug auf Recht und Unrecht sowie die konkrete Affektion durch eine bestimmte Handlung. Sowenig allein das Gefühl über die verletzte Norm Auskunft zu geben vermag, so wenig sagt allein die Norm etwas darüber aus, wie es sich für den Verletzten anfühlt, ein bestimmtes Unrecht zu erleiden. In dem Verlangen nach Rache treten beide Seiten zusammen.

Tatsächlich scheint der Ausdruck ›zusammentreten‹ noch zu schwach; man muss sich das Verhältnis zwischen der affektiven und der normativen Seite der Verletzung nicht bloß als komplementär, sondern vielmehr als eine inwendige Verschränkung vorstellen. Die Semantik der Verletzung jedenfalls weist in diese Richtung: So sprechen wir ebenso davon, dass eine Person verletzt wird, ihre Würde oder Achtung, wie wir davon sprechen, dass eine Regel, ein Gesetz oder eine Norm verletzt wird. Je nachdem, ob der affektive oder der normative Aspekt überwiegt, lassen sich die Objekte, auf die das Verb ›verletzen‹ bezogen wird, zu zwei Reihen anordnen. In der ersten Reihe finden wir im Übrigen nicht nur Menschen, sondern sämtliche Entitäten, denen eine rudimentäre Form von Selbstbezüglichkeit (und sei es auch nur metaphorisch) zugeschrieben wird: Auch ein Hund, eine Ente oder die Rinde eines Baums können verletzt werden. Bei dieser Doppelung handelt es sich um eine Besonderheit der deutschen Sprache, die nicht ohne Weiteres verallgemeinert werden kann (im Englischen etwa würde man zwischen *to injure* und *to violate* unterscheiden). Dennoch scheint zwischen den beiden Verwendungsweisen eine untergründige Verbindung zu bestehen: Neigen wir nicht dazu, jede Verletzung, gleich welchen Ursprungs, als etwas zu betrachten, das besser *nicht sein sollte*, das also eine, wenn auch schwache, normative Valenz besitzt? Und verweist umgekehrt die Verletzung einer bestimmten Norm, ob moralisch oder rechtlich, an einem bestimmten Punkt nicht immer auch auf jemandem, der diese erleidet? Liegt das Gemeinsame zwischen Achilles und Marianne Bachmeier nicht darin, dass sie in ihrem Handeln von etwas angetrieben wurden, das für sie ebenso schmerzhaft wie unrecht war?

Was eine bestimmte Gesellschaft oder Epoche im Einzelnen als Recht und Unrecht ansieht, welche Institutionen sie mit der Pflege und Durchsetzung des Rechts betraut und welche Sanktionsformen sie kultiviert, ist äußerst vielfältig und kann auf unterschiedliche Weise erklärt werden. Plausibler jedoch als die für das moderne Selbstverständnis so wichtig gewordene Mär vom Leviathan, der den Krieg aller gegen alle beendet, indem er den Staat als Garanten des Rechts einsetzt, erscheint mir eine Auffassung, die die Genese des Rechtsgefühls und das Entstehen der Rache aus ein und demselben Ursprung heraus erklärt: dem Bewusstsein der menschlichen Verletzlichkeit.[57] »The primitive sense of the just«, schreibt die Philosophin Martha Nussbaum,

> remarkably constant from several ancient cultures to modern institutions [...] – starts from the notion that *a human life* [...] *is a vulnerable thing*, a thing that can be invaded, wounded, violated by another's act in many ways. For this penetration, the only remedy that seems appropriate is a counterinvasion, equally deliberate, equally grave.[58]

Die Rache haben wir nun systematisch bestimmt; die wesentlichen Elemente der ihr zugrunde liegenden Relation sind alle zusammengetragen. In den beiden kommenden Abschnitten wird es nun darum gehen, sich gesondert zweier Problemkomplexe anzunehmen, die sich im Zusammenhang mit der vorgeschlagenen Konzeption der Rache stellen. Im folgenden Abschnitt, der unter der Überschrift »Die unendliche Kränkbarkeit des menschlichen Herzens« steht, werde ich eine Reihe von Problemen diskutieren, die mit der epistemischen Dimension der Verletzlichkeit zusammenhängen, namentlich dem Umstand, dass zwischen den eigenen Schmerzen und den Schmerzen der anderen ein signifikantes Evidenzgefälle besteht. Im Zentrum des fünften Abschnitts »Kleine Thermodynamik des Zorns« steht eine affekttheoretische Frage: Wie lassen sich die destruktiven Regungen, die auf einen Racheakt drängen, über einen längeren Zeitraum hinweg stabilisieren?

4. Die unendliche Kränkbarkeit des menschlichen Herzens

Ein Individuum kann an demselben Grade eines Schmerzes mehr oder weniger leiden als ein anderes Individuum.
Max Scheler, *Der Formalismus in der Ethik*[59]

So kann schon ein frecher Blick als Beginn physischer Gewalt gelten oder ein Tag ohne Bier und Tabak als Notstand. Viel hängt von geschulter Empfindlichkeit ab.
Niklas Luhmann, *Die Gesellschaft der Gesellschaft*[60]

Der Mensch liebt es überhaupt sehr, beleidigt zu sein; haben Sie das nicht auch schon beobachtet?
Dostojewski, *Schuld und Sühne*[61]

Die epistemische Fragilität des Schmerzes

Mit dem Begriff der Verletzlichkeit geht eine Reihe von Fragen und Schwierigkeiten einher. Denn dass jemand sich verletzt fühlt oder von sich behauptet, verletzt worden zu sein, heißt nicht notwendig, dass diese Person auch tatsächlich verletzt wurde. Eine Verletzung kann eingebildet oder lediglich erfunden sein. Im ersten Fall ist sie der Effekt einer fehlerhaften Gedankenassoziation, das heißt eine zwar für wahr gehaltene, aber nicht gerechtfertigte Überzeugung; im zweiten Fall ist sie der Effekt einer willentlichen Täuschung, eine bewusste Lüge, von der sich derjenige, der sie ausspricht, einen Vorteil erhofft. Aber selbst dort, wo diese beiden Fälle ausgeschlossen sind, eine Person also wirklich verletzt wurde, besteht die Schwierigkeit, wie andere diese Verletzung zweifelsfrei erkennen können.

Das Problem, das hiermit infrage steht, ist genuin epistemischer Art. Am 8. November 1903 schrieb Franz Kafka einen Brief an seinen Freund Oskar Pollak. »Wenn du vor mir stehst und mich ansiehst«, heißt es darin,

> was weißt du von den Schmerzen, die in mir sind, und was weiß ich von den Deinen. Und wenn ich mich vor dir niederwerfen würde und weinen und erzählen, was wüßtest Du von mir mehr als von der Hölle, wenn Dir jemand erzählt, sie ist heiß und fürchterlich.[62]

Man kann nicht sehen, wie es in dem Herzen eines anderen Menschen tatsächlich aussieht. Zwischen den eigenen Schmerzen und den Schmerzen des Gegenübers verläuft ein tiefer Graben, den auch die Sprache nur notdürftig zu schließen vermag. Tatsächlich hängt ein Großteil der Fragen und Probleme, die sich im Zusammenhang mit der Verletzlichkeit stellen, damit zusammen, dass der Schmerz eine Entität darstellt, die in epistemischer Hinsicht merkwürdig fragil ist. Es gibt kein Verfahren, das es erlauben würde, die Realität eines Schmerzes objektiv festzustellen. Schmerzen lassen sich nicht messen; sie entziehen sich nicht nur der quantitativen Bestimmbarkeit, sondern jeder Form von objektivierendem Zugriff. Um die Wucht einer Verletzung zu bestimmen, um sagen zu können, wie sehr etwas weh tut, bräuchte es so etwas wie einen affektiven Impact-Faktor; so etwas gibt es jedoch nicht und wird es vermutlich auch niemals geben. Im Zentrum steht also die Frage nach der Intelligibilität dessen, was wir als Schmerz und Verletzung bezeichnen. Wenn es zutrifft, dass jede Verletzung in gewisser Weise singulär und unvergleichlich ist, und wenn es auch zutrifft, dass der Schmerz zu denjenigen Erfahrungen gehört, die sich der direkten Mitteilbarkeit durch Sprache entziehen, wie kann man dann wissen, ob eine Person, die behauptet, eine bestimmte Handlung aus Rache heraus vollzogen zu haben, auch tatsächlich aus Rache heraus gehandelt hat, die infrage stehende Handlung also wirklich eine zweite Tat darstellt und nicht eine erste?

Ludwig Wittgenstein hat das Problem, das in Kafkas Zeilen anklingt, deutlich nüchterner formuliert. So heißt es in den *Philosophischen Untersuchungen* lakonisch: »Das ist richtig: es hat Sinn, von Andern zu sagen, sie seien im Zweifel darüber, ob ich Schmerzen habe; aber nicht, es von mir selbst zu sagen.«[63] Sowohl bei Kafka als auch bei Wittgenstein kündigt sich die Frage nach der epistemischen Dimension der Verletzlichkeit als das Problem eines den Schmerz betreffenden *Evidenzgefälles* an. Die Feststellung, dass die Schmerzen einer anderen Person ungleich schwieriger zu erkennen sind als die eigenen, bildet auch den Ausgangspunkt der 1985 erschienenen Monographie *The Body in Pain* der amerikanischen Essayistin und Literaturprofessorin Elaine Scarry (dt. 1992 unter dem Titel *Der Körper im Schmerz*). In einer längeren Passage buchstabiert Scarry darin aus, was es mit diesem Evidenzgefälle für eine genaue Bewandtnis hat:

> Jemand, der von Schmerzen heimgesucht wird, nimmt den Schmerz ›mühelos‹ wahr, ja, er kann es gar nicht vermeiden, ihn wahrzunehmen; für die anderen dagegen ist ›mühelos‹ gerade, ihn nicht wahrzunehmen (es ist leicht, den Schmerz des anderen zu übersehen; selbst wenn man sich nach Kräften bemüht, mögen Zweifel bleiben, ob er wirklich da ist, und es bleibt auch die verblüffende Freiheit, seine Existenz zu leugnen; wenn man ihn jedoch unter Aufbietung aller Aufmerksamkeit wahrnimmt, dann ist, was man da wahrnimmt, in seiner Unannehmlichkeit nur ein Schatten dessen, was der wirkliche Schmerz ist). Für einen Menschen, der Schmerzen hat, ist der Schmerz fraglos und unbestreitbar gegenwärtig, so daß man sagen kann, ›Schmerzen zu haben‹ sei das plausibelste Indiz dafür, was es heißt, ›Gewißheit zu haben‹. Für den anderen indes ist dieselbe Erfahrung so schwer faßbar, daß ›von Schmerzen hören‹ als Paradebeispiel für

> Zweifeln gelten kann. So präsentiert der Schmerz sich uns als etwas Nichtkommunizierbares, das einerseits nicht zu leugnen, andererseits nicht zu beweisen ist.[64]

Scarry zufolge rührt die Widerwärtigkeit des Schmerzes nicht zuletzt daher, dass »er zwischen der eigenen Realitätswahrnehmung und der Realität der anderen eine unüberwindbare Mauer errichtet«.[65] Was Scarry hier über die Nichtkommunizierbarkeit von Schmerzen sagt, hängt mit der Polarität von Handeln und Erleiden zusammen. So unleugbar die Präsenz des Schmerzes für denjenigen ist, der diesen Schmerz empfindet, so anfechtbar bleibt sie von außen. Für die Person, die verletzt am Boden liegt, ist der Schmerz eine unverrückbare Gewissheit; wer hingegen steht, wer von einer überlegenen Position aus Macht über andere ausübt, hat immer die Möglichkeit, sich über das Ausmaß des von ihm verursachten Leids hinwegzutäuschen. Dies gilt auch für jene, die als Unbeteiligte danebenstehen.

Auf ihr Extrem getrieben, verweist die Polarität von Handeln und Erleiden auf die Vorstellung eines Exzesses und unerträglichen Zuviel. Die Berichte von Folteropfern, die Schilderungen von Lagerinsassen, die Details bestimmter Verbrechen, von denen in den Zeitungen zu lesen ist, weisen in diese Richtung. Gleichwohl vermitteln diese Schilderungen auch nicht viel mehr als einen »Schatten« des wirklichen Schmerzes, um die Formulierung von Scarry aufzugreifen. Wir stoßen hier auf das Problem der Grausamkeit, auf jene Erscheinungsformen des dem Menschen durch den Menschen zugefügten Bösen, die der französische Philosoph Jean Nabert als das »Nicht-zu-Rechtfertigende« bezeichnet hat.[66] Der zuverlässigste Indikator dafür, dass man es mit einem solchen Verbrechen zu tun hat, besteht darin, dass man schlichtweg nicht sieht, wie eine angemessene Bestrafung in einem derartigen Fall noch aussehen könnte – ganz so, als ob an der schlechten Unendlichkeit der Handlung das Prinzip der Angemessenheit, das der Strafzumessung zugrunde liegt, selbst in Stücke geht. Das Leiden, das mit solchen Akten einhergeht, lässt sich weder fassen noch aufwiegen. Insofern kann man tatsächlich sagen, dass ihnen aufseiten der Erleidenden ein potenziell unendlicher Schmerz entspricht.

Scarry geht es in ihrer Arbeit primär um das Phänomen körperlicher Schmerzen. Das grundsätzliche epistemische Problem stellt sich aber ebenso für Schmerzen, die aus seelischen oder symbolischen Verletzungen resultieren. Physische Gewalt hinterlässt in der Regel Spuren auf dem Körper, über den sie hinweggeht. Diese Spuren sind sichtbar. Es gibt Expertinnen, die darin geschult sind, sie zu lesen. Die moderne Forensik hat eine außerordentliche Kunstfertigkeit darin entwickelt, aus der Beschaffenheit der Zerstörungen, die ein Körper aufweist, Rückschlüsse auf ihre Ursache zu ziehen. Bei Akten seelischer oder symbolischer Gewalt ist dies nicht in derselben Weise möglich. Der Anblick eines zerschmetterten Kiefers vermittelt zwar auch keinen direkten Zugang zu der Realität des Schmerzes, aber er besitzt doch eine Form der Evidenz, die psychischen Verletzungen abgeht. Umso mehr sind diese darauf angewiesen, dass die Sprache ihnen zu Hilfe kommt.

Dies ist einer der Gründe, weshalb ich diesen Abschnitt unter den Titel »Die unendliche Kränkbarkeit des menschlichen Herzens« gestellt habe. Wir sind die Erben einer kulturellen Tradition, die im Herzen mehr als bloß ein Organ unter anderen sieht, die ihm vielmehr den Status eines Symbols für jene affektiven Realitäten verliehen hat, die sich der unmittelbaren Sichtbarkeit entziehen. Das Herz gilt als Sitz der menschlichen Gefühle. Ungeachtet dessen, was die moderne Medizin, die Physiologie oder die Neurowissenschaften uns lehren, lebt diese Vorstellung bis heute fort. Dies verleiht dem Herzen eine eigentümliche Doppelnatur: Einerseits ist es Gegenstand empirischen Wissens und elaborierter medizinischer Untersuchungen, kompliziert zwar, aber grundsätzlich erkennbar und ohne Geheimnis; andererseits steht es symbolisch für all die verborgenen und teils unaussprechlichen Regungen, die das menschliche Gefühlsleben bestimmen. Das Herz rückt dadurch an die Schnittstelle von Körper und Seele, Materie und Affekt, innen und außen. Diese Doppelstellung verleiht ihm seine eigentümliche Mischung aus Opazität und Transparenz. Man kann nicht sehen, wie es in dem Herzen eines anderen Menschen tatsächlich aussieht; gleichwohl hindert uns diese Schwierigkeit nicht daran, die Existenz der Gefühle und Verletzungen anderer grundsätzlich anzuerkennen. Der fragile epistemische Status, der dem Schmerz zukommt, hat eine Reihe von Implikationen, die sich teils direkt, teils indirekt auf die Frage der Rache auswirken. Einige dieser Implikationen möchte ich im Folgenden diskutieren.

Implikationen

1. Je evidenter und schwerwiegender das Leid ist, das einer Person angetan wurde, desto verständlicher erscheint es, wenn sie anschließend auf den Gedanken verfällt, Rache zu üben. Das Verlangen nach Rache erscheint uns in diesem Fall nachvollziehbar, und wenn nicht moralisch, so doch zumindest affektlogisch gerechtfertigt. Anders verhält es sich, wenn uns der Anlass des Rachewunsches vernachlässigenswert erscheint, so dass wir selbst mithin kaum auf die Idee kommen würden, uns gekränkt zu fühlen und auf Rache zu sinnen. Dass alle Menschen verletzlich sind, heißt nicht, dass ein und dieselbe Handlung von allen in derselben Weise oder im selben Maße als verletzend empfunden wird.[67] Das allgemeine Faktum der Verletzlichkeit inkarniert sich individuell verschieden; in jedem Individuum sind die Empfindlichkeiten anders gelagert. Gewiss werden hochgradig narzisstische, besonders nachtragende oder leicht aufbrausende Personen eher zur Rache neigen als solche, die nicht über diese Charaktereigenschaften verfügen. Aber auch ruhigere Naturen sind nicht grundsätzlich dagegen gefeit, von Affekten durchzogen zu werden, die darauf drängen, sich in einem Racheakt zu entladen. In jeder menschlichen Existenz gibt es gewisse Stellen, an denen sich die Verletzlichkeit gleichsam zusammenzieht und zu den sprichwörtlichen wunden Punkten verdichtet, Stellen, an denen sich ein Subjekt in besonderem und für andere nicht immer vollständig nachvollziehbarem Maße als kränkbar erweist. Ein bestimmtes Schimpfwort, das den einen kaltlässt, mag den anderen in Rage versetzen, eben weil es an einen solchen wunden Punkt rührt. Umgekehrt wird dieser eine bestimmte Verhaltensweise als ungemein kränkend empfinden, von der jener vollkommen unberührt bleibt.

Dies ist der Grund, weshalb jede Verletzung in affektiver Hinsicht – das heißt im Hinblick auf den mit ihr verbundenen Schmerz –

unvergleichlich ist. Der Schmerz existiert gleichsam nur im Singular, und paradoxerweise ist es gerade diese Singularität, die ihm seine potenzielle Maßlosigkeit verleiht. Darin liegt der Kern des Problems der unendlichen Kränkbarkeit des menschlichen Herzens. Die Wendung ist also nicht dahingehend zu verstehen, dass jeder Mensch gleichsam von Geburt aus zum Narzissmus neigt und auf die allerkleinste Kränkung mit der allergrößten Heftigkeit reagiert, und sie bedeutet auch nicht, dass jede Verletzung, wie geringfügig auch immer, unendlich weh tut. Der zentrale Sinn der Rede von der unendlichen Kränkbarkeit des menschlichen Herzens besteht vielmehr darin, anzuerkennen, dass es nicht möglich ist, über die Schmerzen anderer Aussagen zu treffen, die darauf Anspruch erheben können, objektiv gültig und absolut gewiss zu sein.

2. Ein weiterer Aspekt, der in diesem Zusammenhang eine wichtige Rolle spielt, hängt damit zusammen, dass nicht alle Verletzungen im selben Maße gesellschaftlich anerkannt werden. Verletzungen begründen Ansprüche. Dies gilt in den Sphären des Rechts und der Politik ebenso wie im alltäglichen Umgang. Wer beleidigt wurde, darf erwarten, dass man sich bei ihm entschuldigt; wer Teil einer Gruppe ist, die systematisch diskriminiert wird, hat ein Anrecht darauf, dass diese Diskriminierung ein Ende findet; wer körperlich verletzt wurde, hat einen Anspruch auf Schmerzensgeld und so weiter. In der Praxis sind diese Forderungen häufig stark umstritten. Der epistemischen Dimension der Verletzlichkeit kommt dabei stets eine entscheidende Rolle zu. Denn geltend machen lassen sich diese Ansprüche nur, wenn es den Betroffenen gelingt, die erlittene Verletzung auch intelligibel zu machen.[68]

Ein anschauliches Beispiel dafür findet sich in Michael Sandels Buch *Gerechtigkeit*.[69] In den USA wurde vor einigen Jahren eine Debatte darüber geführt, wer das *Purple Heart* verdient, einen militärischen Orden, der an Soldaten verliehen wird, die im Kampfeinsatz verwundet oder getötet wurden. »Im Gegensatz zu anderen militärischen Auszeichnungen«, so unterrichtet uns Sandel, »wird mit dem *Purple Heart* nicht Tapferkeit honoriert, sondern das Opfer, das jemand gebracht hat. Dazu ist kein heroischer Akt erforderlich, nur eine durch den Feind zugefügte Verwundung.«[70] Bei vielen amerikanischen Soldaten, die aus den Kriegen in Afghanistan und dem Irak zurückkehrten, wurde eine Posttraumatische Belastungsstörung diagnostiziert, zu deren Symptomen Alpträume, Depressionen und eine hohes Suizidrisiko gehören. Fürsprecher dieser Veteranen machten den Vorschlag, auch diese Soldaten mit dem *Purple Heart* zu ehren, »da psychische Verletzungen mindestens ebenso quälend sein können wie körperliche Wunden«.[71] Diese Forderung wurde 2009 vom Pentagon abgelehnt. Zwar wurde beschlossen, den Veteranen, die an psychischen Traumata litten, dieselbe medizinische Unterstützung zuteilwerden zu lassen wie denjenigen Soldaten, die physisch verwundet worden waren. Die militärische Ehrung blieb ihnen jedoch vorenthalten. Als Begründung führte das Pentagon an, dass Posttraumatische Belastungsstörungen »objektiv nur schwer zu diagnostizieren«[72] seien.

Auch wenn der Initiative der Soldaten kein Erfolg beschieden war, so konnten sie sich in ihrem Kampf um Anerkennung doch zumindest auf ein bestimmtes medizinisch-psychologisches Wissen berufen, das ihrem Leiden einen Namen verliehen hat: Posttraumatische Belastungsstörung. Ungleich schwieriger fällt der Kampf um die Anerkennung des eigenen Leids dort aus, wo es einen solchen Namen noch gar nicht gibt, wo weder eine sprachliche Bezeichnung noch eine juristische Kategorie existiert, die es einem erlauben würde, das erlittene Unrecht in einer Weise zu artikulieren, die Aussicht darauf hat, von anderen verstanden zu werden.[73] Das epistemische Problem der Erkennbarkeit und das gleichermaßen moralische, politische, soziale und juristische Problem der Anerkennung bestimmter Formen von Leid und Unrecht hängen also eng zusammen.

3. Wenig ist so unerträglich wie die Vorstellung, dass einem geliebten Menschen etwas Furchtbares angetan werden könnte, dass er oder sie Opfer eines Verbrechens wird. Die Sphäre der Verletzlichkeit endet nicht an den Grenzen des eigenen Körpers. Die wenigsten Verbrechen werden ausschließlich von *einer* Person erlitten; sie affizieren auch Menschen, die dem Opfer nahestehen, den Kreis an Personen, den man im Englischen mit dem schönen Ausdruck *the loved ones* bezeichnet. Je enger die Verbindung zwischen zwei

Menschen ist, desto höher ist auch ihre affektive Leitfähigkeit. Kriminologische Untersuchungen haben gezeigt, dass es nach schwerwiegenden Straftaten meist gar nicht die Opfer selbst sind, die auf eine harte Bestrafung der Täterinnen drängen, sondern ihre Angehörigen.[74] Dieser Umstand fordert dazu heraus, bestimmte etablierte Annahmen darüber, woraus sich das Streben nach Rache maßgeblich speist, kritisch infrage zu stellen.

Die anthropologische Forschung des späten 19. und frühen 20. Jahrhunderts hat das Verlangen nach Rache mit der Annahme eines natürlichen menschlichen Hangs zur Grausamkeit in einen Zusammenhang gebracht. Besonders prägend für diese Ansicht war ein Werk von Sebald Rudolf Steinmetz, dessen vollständiger Titel *Ethnologische Studien zur ersten Entwicklung der Strafe. Nebst einer psychologischen Abhandlung über Grausamkeit und Rachsucht* lautet.[75] 1892 erschienen, hat dieses Werk den westlichen Blick auf die Rache der sogenannten primitiven Völker lange Zeit maßgeblich beeinflusst. Steinmetz versucht sich darin an einer psychologisch-charakterologischen Erklärung der Rache, die ihn zu dem folgenden Ergebnis führt:

> Die Bedingungen der Rachsucht [...] sind im Wilden alle erfüllt: er ist grausam, eitel, furchtsam; sein Gewissen verbietet ihm keine Gewaltthaten, jedenfalls keine den Feinden gegenüber. [...] Dass der Wilde also rachsüchtig sein muss, dürfen wir als gewiss betrachtet [*sic*].[76]

Die falsche, aber bis heute (auch in vielen philosophischen Texten) anzutreffende Vorstellung, dass die ›Blutrache‹ in nicht-staatlichen Gesellschaften gar nicht anders könne, als in unendliche Gewaltspiralen einzumünden, geht nicht zuletzt auf Steinmetz' Werk zurück.

Die psychologische Forschung hat an die Stelle des ethnologischen Theorems der Grausamkeit das des Narzissmus gesetzt. Heinz Kohut, einer der bedeutendsten Vertreter der psychoanalytischen Narzissmus-Theorie, sieht den Auslöser von Rachehandlungen in der übersteigerten Vorstellung, die sich ein Individuum von seinem Selbst macht.[77] Wird dieses Selbstbild angegriffen oder infrage gestellt, so könne dies eine narzisstische Wut hervorrufen, die potenziell keine Grenzen und kein Maß mehr kennt. So problematisch die

Annahme eines universellen menschlichen Triebs zur Grausamkeit ist, so wenig plausibel ist die Vorstellung, dass hinter *jedem* Racheakt ein Individuum mit einer narzisstischen Persönlichkeitsstörung steht. Gänzlich zweifelhaft wird es (wie das obige Zitat von Steinmetz eindrücklich zeigt), wenn man derartige motivationale Kategorien pauschal auf die Mitglieder anderer Kulturen und Gesellschaften überträgt.

Marianne Bachmeier und Achilles haben sich nicht gerächt, weil ihnen selbst etwas angetan wurde, sondern weil jemand getötet wurde, der ihnen besonders am Herzen lag. Mehr als mit Grausamkeit oder Narzissmus, so scheint es, hat die Rache in vielen Fällen mit Liebe zu tun. »Wofür lohnt es sich zu sterben?«, wurde die Schauspielerin Nicolette Krebitz in einem Interview gefragt. Ihre Antwort: »Ich würde nur für meinen Sohn sterben. Sonst für nichts und niemanden.«[78] So oder so ähnlich würden vermutlich viele antworten: für meinen Sohn, meine Tochter, meine Mutter, meinen Freund … Diese Bereitschaft ist Ausdruck des unermesslichen Wertes, den diese Menschen für uns besitzen, Ausdruck der Unbedingtheit jener Bindung, die man in unserer Gesellschaft für gewöhnlich Liebe nennt. Die gute Unendlichkeit dieser Bindung kann sich, wird dem geliebten Wesen etwas Schlimmes angetan oder es einem gar gewaltsam genommen, in die schlechte Unendlichkeit eines maßlosen Verlangens nach Rache verkehren. Zahlreiche zeitgenössische Rachefilme – Gaspar Noés *Irréversible*, Iñárritus *The Revenant*, *Dead Man's Shoes* von Shane Meadows und Chan-Wook Parks *Sympathy for Mr. Vengeance* – handeln von dieser Inversion.[79] Die Grausamkeit des Racheakts wäre in diesen Fällen nicht Ursache, sondern sekundärer Effekt – negatives Komplement eines ursprünglich positiven Wertes. Je mehr wir einen Menschen lieben, desto größer wird der Schmerz sein, wenn diesem Menschen etwas Schlimmes angetan wird, und je größer der Schmerz, desto größer auch der Zorn. Am Ursprung des Racheverlangens steht also nicht notwendig ein natürlicher Hang zur Grausamkeit oder ein narzisstisch aufgeblähtes Ego; es kann ebenso gut ein positiver Affekt sein, der sich, infolge des irreversiblen Verlusts eines geliebten Menschen oder einer an ihm begangenen Untat, in einen negativen Affekt verkehrt. Am verletzlichsten sind wir dort, wo wir lieben – so schal dieser Satz anmutet, so wenig lässt sich leugnen, dass er eine Wahrheit enthält.

Ein möglicher Einwand drängt sich an dieser Stelle auf, derjenige nämlich, dass diese Erklärung an ein Konzept von Liebe gebunden ist, das keineswegs universell ist, sondern sich erst in der bürgerlichen Gesellschaft des vorvergangenen Jahrhunderts herausgebildet hat, so dass seine Gültigkeit zwangsläufig auf den Kreis moderner Gesellschaften beschränkt bliebe. Lässt sich diese Erklärung also auch auf nicht-staatliche Gesellschaften übertragen? Um diesen Einwand zu entkräften, muss ich ein wenig vorgreifen. Wie wir im folgenden Teil sehen werden, ist die Rache in nicht-staatlich verfassten Gesellschaften grundsätzlich kollektiv. Innerhalb der eigenen Familie[80] ist Rache streng untersagt.[81] Zu einer Reaktion kommt es nur dann, wenn der Familie von *außen*, das heißt von den Mitgliedern einer anderen Gruppe, eine Verletzung oder ein Schaden zugefügt wird. »Der Clan«, so heißt es bei Marcel Mauss, »bildet einen einzigen Körper, ein ›einziges Fleisch‹ [...]. Und ebendieses Ganze muß seine Verluste ausgleichen.«[82] Ein Angriff auf einen Teil dieses Körpers wird als Angriff auf den Gesamtkörper verstanden. Reagiert er, so reagiert er als ungeteilte Einheit; »die Formel für den Aufruf zur Rache lautet nicht: ›Das Blut von diesem oder jenem wurde vergossen‹, sondern ›Unser Blut wurde vergossen‹.«[83] Marcel Mauss hat Steinmetz' *Ethnologischen Studien zur ersten Entwicklung der Strafe* 1896 eine ausführliche Untersuchung gewidmet, in der er selbst eine Reihe von Überlegungen über die Ursprünge des Strafens anstellt. Gegen Steinmetz hält Mauss fest, dass »die Rache weit direkter mit dem Zorn als mit der Grausamkeit verbunden«[84] sei. Damit verwirft er die von Steinmetz hypostasierte natürliche Neigung zur Grausamkeit als unmittelbare Ursache der Rache. An ihre Stelle setzt Mauss, ähnlich wie es in der vorliegenden Konzeption der Fall ist, den Schmerz. »Um zu erklären«, so Mauss, »warum der Wilde den Tod eines Verwandten, eines Mitglieds seines Clans rächt, mußte man wissen, warum er bei einem solchen Ereignis Schmerz empfindet.«[85] Mauss zufolge werden die verschiedenen Ausdrucksformen der Rache »von ein und demselben Gefühl hervorgerufen [...]:

von der *Liebe zur Familie*, die reagiert«.[86] Diese Aussage wird an späterer Stelle bekräftigt: »Doch damit die Familie oder der Clan reagiert, muß zuerst [...] ein Schmerz empfunden werden, müssen alle unter dem von einem einzigen zugefügten Übel leiden. Es bedarf bereits der Familiensolidarität.«[87] Auch wenn dasjenige, was Mauss als »Liebe zur Familie« beziehungsweise »Familiensolidarität« bezeichnet, sicher nicht exakt dieselbe affektive Färbung aufweist wie dasjenige, was wir mit dem Terminus Liebe bezeichnen, finden wir hier einen zumindest in struktureller Hinsicht ähnlichen Zusammenhang. Die rächende Erwiderung resultiert daraus, dass sich eine ursprünglich positive Affektrelation durch einen erlittenen Schmerz in einen negativen Affekt verkehrt. Das Gemeinsame liegt in dem Wert des Bandes, der Unbedingtheit, mit der man bereit ist, nicht nur für sich selbst einzustehen, sondern auch für diejenigen Menschen, die zu einem gehören.

5. Kleine Thermodynamik des Zorns

Vengeance is a long-term investment.
Robert C. Solomon[88]

Vom Erleiden zum Handeln

»Ein Ganzes«, sagt Aristoteles in der *Poetik*, »ist, was Anfang, Mitte und Ende hat.«[89] Über dasjenige, was am Anfang und am Ende der Rache steht, haben wir uns mittlerweile hinreichend Klarheit verschafft: Sie beginnt mit dem Erleiden einer Verletzung, und sie endet damit, dass eine Verletzung in umgekehrter Richtung zugefügt wird. »(Wieder-)Verletzung des Verletzers«, das ist, Christoph Menke zufolge, »die gemeinsame Definition der Gerechtigkeit in Rache und Recht.«[90] Keine Rache ohne Vorgeschichte. Immer gibt es einen Punkt in der Vergangenheit, an dem sich Handeln und Erleiden überkreuzen, einen Knoten, der geschürzt wird und der zum Ausgangspunkt für eine Reihe von Verwicklungen wird, in deren Verlauf sich der Richtungsvektor von Handeln und Erleiden umkehrt. Sehen wir uns nochmal das Schema an, das diesen Zusammenhang zum Ausdruck bringt:

actio	**/**	**passio**	**→**	**actio**	**/**	**passio**
Subjekt A		Subjekt B		Subjekt B		Subjekt A

Die Probleme, die sich im Zusammenhang mit der Verletzung stellen, sind bereits diskutiert worden. Was bislang jedoch noch nicht eigens thematisiert wurde, ist das, was *zwischen* diesen beiden Verletzungen geschieht, das heißt der Übergang vom Erleiden zum Handeln. Dabei kommt diesem Übergang eine zentrale Rolle zu. Unsere Aufmerksamkeit richtet sich damit auf den Pfeil in der Mitte, der das zeitliche Intervall zwischen der ersten Tat und der zweiten Tat symbolisiert; er bildet das eigentliche Zentrum und Organisationsprinzip, um das herum sich das gesamte relationale Gefüge der Rache aufbaut:

passio → actio

Der Pfeil sagt zunächst einmal aus, dass die Rache Zeit braucht (je nachdem, wie groß der zeitliche Abstand zwischen der erlittenen Verletzung und dem Racheakt ist, kann man ihn sich entsprechend länger oder kürzer vorstellen). Im Hinblick auf die implizierten Kräfteverhältnisse und Subjektpositionen verweist er zugleich jedoch auch auf eine Dynamik, die sich mit der Vorstellung eines *vertikalen Höhenunterschiedes* verbindet: Durch die erste Tat ist eine Beziehung ins Ungleichgewicht geraten; A hat B etwas angetan, das sie ihr nicht hätte antun dürfen; sie hat sich symbolisch über sie gestellt; bliebe B untätig, würde das die angemaßte Überlegenheit von A unweigerlich bestätigen. Der Racheakt zielt darauf ab, diese vertikale Asymmetrie wieder auszugleichen. Der Entschluss zur Rache ist gleichbedeutend mit der Weigerung, das Erlittene einfach so hinzunehmen und sich in die Rolle des passiven Opfers zu fügen; er ist gleichbedeutend mit dem Entschluss zu handeln. Für das rächende Subjekt nimmt die Umkehr des Richtungsvektors von Handeln und Erleiden die Form eines Wegs an, der von der Erfahrung der Ohnmacht zur Wiedergewinnung der eigenen *agency* führt.

Dieser in der Grundstruktur der Rache notwendig implizierte Umschlag lässt sie als eine geradezu paradigmatische Form der *Selbstermächtigung* erscheinen. So zumindest wird die Rache im massenmedialen Imaginären der Moderne häufig inszeniert. Das Opfer fügt sich nicht in die Rolle, die ihm aufgezwungen wurde; es ist nicht bereit, das geschehene Unrecht hinzunehmen; es steht auf und nimmt sein Recht in die eigene Hand. Dass ausgerechnet die Moderne die romantische Verklärung der Selbstjustiz erfunden hat,[91] dürfte mit dem in dieser Inversion angelegten emanzipatorischen Potenzial zusammenhängen. In vielen modernen Rachegeschichten wird der Umschlag vom Erleiden zum Handeln als eine tiefgreifende Transformation in Szene gesetzt, eine Verwandlung, die mitunter so weit geht, dass die Identität des Erleidenden und die des Handelnden komplett auseinanderfallen. Das Motiv der Doppelidentität, die ein typisches Kennzeichen moderner Rachefiguren bildet, hat hier seinen Ursprung.[92] In der Gestalt des rächenden Helden fallen *self-empowerment* und *self-transformation* zusammen. Der dunkle Reiz, der von Geschichten dieses Typs ausgeht, beruht nicht zuletzt auf der Suggestion, dass niemand, der zum Opfer gemacht wurde, dazu verurteilt ist, für immer ein Opfer zu bleiben, dass es einen Weg gibt, an dessen Ende die Wiederherstellung der Gerechtigkeit und die Wiedergewinnung der eigenen Souveränität triumphal zusammenfallen.

Die longue durée *der Rache*

In emotionstheoretischer Hinsicht wirft der Übergang vom Erleiden zum Handeln jedoch eine weitreichende Frage auf. In vielen Emotionstheorien, insbesondere solchen psychologischer Provenienz, ist es üblich, Emotionen als »Episoden« zu konzeptualisieren, das heißt, sie sind notwendig von begrenzter Dauer.[93] Ehe es nach einer erlittenen Verletzung zu einem Racheakt kommt, können unter Umständen jedoch Wochen, Monate, Jahre oder gar Jahrzehnte vergehen (so etwa in Dumas' *Grafen von Monte Christo*). Die Frage ist: Wie lassen sich die affektiven Energien, die auf einen Racheakt drängen, über derart große Zeitstrecken hinweg stabilisieren? Was verleiht dem rächenden Zorn seine zeitliche Permanenz? Um die *longue durée* der Rache verstehen zu können, ist es also notwendig, den Zorn in einer Weise zu theoretisieren, die seinen unterschiedlichen zeitlichen Verlaufsformen angemessener Rechnung trägt, als dies in den meisten Emotionstheorien der Fall ist.

An dieser Stelle kommt die *Thermodynamik* ins Spiel. Die Thermodynamik – eine Zusammensetzung aus den griechischen Wörtern *thermos* (warm) und *dynamis* (Kraft) – bezeichnet einen Teilbereich der klassischen Physik, der sich unter anderem mit Wärmephänomenen und dynamischen Umwandlungsprozessen befasst. Den folgenden Ausführungen liegt nun die Idee zugrunde, dass sich die Erscheinungsformen des Zorns in einer der Thermodynamik entlehnten Sprache als *unterschiedliche Aggregatzustände* beschreiben lassen. Auf der Grundlage dieser Analogie, so die Hypothese, lässt sich eine Unterscheidung entwickeln, die es erlaubt, den Zorn in seinen verschiedenen dynamischen Verlaufsformen zu fassen.

Es ist vor allem die Sprache, die dazu ermuntert, den Zorn als ›thermodynamisches‹ Phänomen in den Blick zu nehmen. Legt sie es nicht nahe, dass es neben dem kurzlebigen ›heißen‹ Zorn, der aufwallt und sich erhitzt, um kurz darauf zu explodieren, auch einen ›kalten‹ Zorn gibt, einen mit deutlich längerer Halbwertszeit, der sich nicht im Hier und Jetzt verausgabt, sondern seine Energie konserviert und so lange an sich hält, bis der rechte Moment gekommen ist, um sich umso heftiger an der designierten Stelle zu entladen? Die lange Weile der Rache wäre folglich als Effekt einer Aggregatsveränderung zu verstehen, als Entladungsaufschub, dem ein Prozess der Affektstabilisierung vorausgeht: Was zunächst flüssig war, nimmt eine kristalline, feste Form an. An die Stelle der instantanen Gegenreaktion, die in der Hitze des Affekts erfolgt, tritt der Entschluss zu einer Tat, die sich mit kühler Berechnung in die Zukunft projiziert. Nur der kalte Zorn versteht sich aufs Warten. Neben der Beschreibung als ›heiß‹ und ›kalt‹ gibt es noch weitere Ausdrucksweisen, in denen sich die Sprache der Thermodynamik mit der Semantik des Zorns vermischt. Das Auftreten des Zorns wird durch Verben wie aufbrausen, aufquellen und aufwallen bezeichnet[94]; *boiling rage* ist im Englischen ein stehender Ausdruck; der Begriff der Efferveszenz leitet sich von einem lateinischen Verb ab, das früher ebenfalls in diesem Zusammenhang gebraucht wurde. Die Idee, dass sich die Erscheinungsformen des Zorns in einer der Thermodynamik entlehnten Sprache als unterschiedliche Aggregatzustände beschreiben lassen, gewinnt zudem an Plausibilität, wenn man sich vor Augen hält, dass die Rache als Affektgeschehen notwendig auch ein energetisches Geschehen darstellt.

Explosionsförmiger, projektförmiger und bankförmiger Zorn (Sloterdijk)

Wichtige Anregungen verdankt die hier vorgeschlagene Betrachtungsweise Peter Sloterdijks *Zorn und Zeit*. Dass ein zentraler Schlüssel zum Verständnis von Zornphänomenen in ihrer zeitlichen Struktur zu sehen ist, ist eine der Grundeinsichten, die Sloterdijk in *Zorn und Zeit* entfaltet. »Der Zorn, gleich ob er explosiv-momenthaft auftritt oder chronisch-weitsichtig, schöpft aus einem Überschuß an Energie, die nach konzentrierter Verausgabung strebt«[95], heißt es im I. Kapitel von *Zorn und Zeit*, das die Überschrift »Zorngeschäfte im allgemeinen« trägt. Ausgehend von dieser Prämisse geht Sloterdijk in diesem Kapitel der Frage nach, »auf welche Weise die Transformation des akuten Zorns in praktizierte Rache zu denken sei – und unter welchen Bedingungen der Rohstoff Zorn zu höherwertigen Produkten verarbeitet wird«.[96] Seine Analysen bewegen sich dabei auf zwei Ebenen: Im Vordergrund steht der Versuch, das Zorngeschehen als eine »thymotische« Ökonomie intelligibel zu machen; dahinter und dazwischen finden sich jedoch auch immer wieder Passagen, in denen der Zorn in energetischen Begriffen beschrieben wird. Auf dieser Grundlage entwickelt Sloterdijk eine stufenförmige Unterscheidung zwischen drei Grundformen des Zorns:

1. Die unterste Stufe bezeichnet Sloterdijk als »Explosionsform« des Zorns.[97] Auf dieser Stufe kommt es zu einer unmittelbaren Energieentladung und direkten thymotischen Abreaktion.[98] Der explosionsförmige Zorn entspricht dem, was die alten Autoren *furor* nannten; er ist kurzlebig und präsentisch orientiert. »Das Toben im Hier und Jetzt«, so Sloterdijk, »neutralisiert die retrospektiven und prospektiven Ekstasen der Zeit, so daß beide im aktuellen Energiefluß verschwinden.«[99]

2. Die nächste Stufe bildet die Rache, die Sloterdijk als »Projektform« des Zorns bezeichnet.[100] Rache setzt nicht nur ein gutes Gedächtnis und einen langen Willen voraus, sondern auch, dass das »persönliche Zornvermögen«[101] zum Gegenstand einer längerfristigen Investition und Planung gemacht wird. Mit der Langfristigkeit ändert sich der Zorn auch in qualitativer Hinsicht.

> Das Zornpotential wandelt sich zu einem Vektor, der eine Tendenzspannung zwischen damals, jetzt und später erzeugt. [...] Der aktivierte Thymos entdeckt durch sein Verlangen nach Genugtuung die Welt als Spielraum für Entwürfe nach vorn – Entwürfe, die aus dem Gewesenen Schwung holen für den späteren Schlag.[102]

Wie jedes größere Projekt, dem man sich verschreibt, verleiht das Rachevorhaben der Existenz des zürnenden Subjekts ein klar definiertes Ziel und einen starken Antrieb. Ist der Entschluss zur Rache einmal gefasst, neigt er dazu, sich in der Hierarchie der Daseinszwecke unangefochten an die Spitze zu setzen. Sloterdijk drückt dies folgendermaßen aus:

> Die tiefe Einfachheit der Rache befriedigt das menschliche Bedürfnis nach starker Motivierung. Ein Motiv, ein Agent, eine notwendige Tat: Das ergibt das Formular zum vollkommenen Projekt. Das wichtigste Merkmal des projektförmig durchgeordneten Daseins zeigt sich darin, daß in ihm die Beliebigkeit ausgelöscht wird. [...] So erlangt die rächerische Existenz in nach-metaphysischer Zeit eine restmetaphysische Bedeutung: Dank der Rache verwirklicht sich die ›Utopie des motivierten Lebens‹ in einem Milieu, in dem immer

mehr Menschen vom Gefühl des Leergelassenseins erfaßt werden.[103]

3. Auf der dritten und höchsten Stufe transzendiert der Zorn die Ebene individueller Kränkungen und gewinnt in Gestalt revolutionärer weltpolitischer Bewegungen die Bedeutung einer geschichtsmächtigen Kraft; Sloterdijk bezeichnet diese dritte Ebene als »Bankform« des Zorns.[104] Dahinter verbirgt sich der Gedanke, dass revolutionäre Bewegungen als weiträumig operierende »Zornsammelstellen«[105] aufzufassen sind, »die, wenn sie sich auf ihr Geschäft verstehen, mit den Einlagen ihrer Klienten machtpolitisch und thymotisch relevante Gewinne erwirtschaften«.[106] Dies setzt voraus, dass sich die individuell gehegten Ressentiments und rächerischen Neigungen in eine überindividuelle Perspektive einfügen:

> Gibt man die Wirklichkeit und Wirksamkeit einer Bank- oder Sparkassenfunktion für die Zornvermögen einzelner Besitzer zu, begreift man auch, wie sich der Zorn von seiner diffusen Anfangsgestalt zu höheren Organisationsgraden entwickeln kann. Durch diese Progression wird [...] der Weg von der lokalen und intimen Emotion zu öffentlichen und politischen Programmen zurückgelegt. [...] Die Zornmassen durchlaufen die Metamorphosen von der blinden Verausgabung im Hier und Jetzt bis zum hellsichtig geplanten weltgeschichtlichen Projekt einer Revolution zugunsten der Erniedrigten und Beleidigten.[107]

Flüssiger, fester und gasförmiger Zorn

Sloterdijks Dreiteilung möchte ich einen eigenen Vorschlag zur Seite stellen, der sich an der Unterscheidung zwischen den drei Aggregatzuständen *flüssig*, *gasförmig* und *fest* orientiert. Mithin wäre also zu differenzieren zwischen dem Zorn als *Fluidum*, dem Zorn als *Vapor* und dem Zorn als kristallinem *Feststoff*. Anders als bei Sloterdijk sind meine Überlegungen nicht primär von einem gegenwartsdiagnostischen Interesse geleitet; ihr Fokus richtet sich vielmehr auf das, was beim Übergang vom Erleiden zum Handeln auf *affektiver* Ebene geschieht.

Beginnen wir mit dem *flüssigen Zorn*. Der flüssige Zorn kann als die Normalform des Zorns angesehen werden; seine zeitliche Verlaufsgestalt entspricht dem, was man in herkömmlichen emotionstheoretischen Begriffen als typische »Zornepisode« bezeichnen würde. Um die Vorstellung des Zorns als Fluidum gruppieren sich die meisten sprachlichen Ausdrucksweisen: »Wut [*ira*] tritt hervor und zeigt sich im Gesicht, und je größer sie ist, desto offenbarer kocht sie empor«[108], heißt es etwa bei Seneca. Flüssig ist der Zorn im Stadium des Beginnens. Seine Präsenz kündigt sich an als ein Brodeln, das sich rasch im Körper ausbreitet und mit der Empfindung eines Temperaturanstiegs einhergeht. Das Subjekt, das vom Zorn ergriffen wird, fühlt, wie etwas ›Heißes‹ in ihm aufsteigt, eine Energie, die zunächst von unten kommt, aus der Richtung der Bauchgegend, dann rasch in die Glieder schießt, sich zentrifugal im gesamten Körper ausbreitet und nach wenigen Augenblicken jede Fiber des Körpers erfüllt. Spürbar wird dieses Aufwallen vor allem in den Extremitäten, an deren äußersten Stellen sich das Zornfluidum kinetisch verdichtet und in einer Weise zusammenstaut, die sich dem Körper als Bewegungsimpuls mitteilt (die Hand ballt sich zur Faust, der Fuß stampft auf, das Gesicht verzieht sich). In diesem Stadium ist es kaum möglich, den Affekt im Verborgenen zu halten. Das Sichtbarwerden des beginnenden Zorns beschreibt Seneca wie folgt:

> Die Augen lodern und blitzen, das gesamte Gesicht ist stark gerötet, weil das Blut von unten aus dem Brustraum nach oben brodelt, die Lippen beben, die Zähne werden zusammengepresst, schaudernd stellen sich die Haare auf, der Atem geht stoßweise und zischend. [...] Die Hände werden wieder und wieder zusammengeschlagen und der Boden mit den Füßen gestampft; der ganze Körper ist in Erregung [...].[109]

Auch wenn die kulturellen Formen, in denen der Zorn ausgedrückt wird, heute nicht mehr dieselben sind wie zu Zeiten der Römischen Republik, bleibt die vorgezeichnete Richtung klar: Der Zorn erhöht die *Handlungsbereitschaft*; er drängt darauf, sich eruptiv zu entladen.

Diese Entladung entspricht dem, was Sloterdijk als »Explosionsform« des Zorns bezeichnet. Sind Siedepunkt und Maximaldruck einmal erreicht, wechselt der Zorn abrupt seinen Zustand und wird *gasförmig*. Als Fluidum hat sich der Zorn im Körper ausgebreitet; als Vapor tritt er in die Welt und gibt seine Energie an das nächstbeste Ziel ab. In diesem Zustand zielt der Zorn auf seine restlose Verausgabung. Dies erklärt zugleich seine Flüchtigkeit. Alkohol, der auf der Haut verdunstet, fühlt sich kalt an. Ähnliches geschieht, wenn der Zorn vom flüssigen in den gasförmigen Zustand übergeht:

> Erst im Erfolg, in der Rache kühlt er sich und schlägt in eine eigentümlich heitere, gelöste Zufriedenheit um, die davon zeugt, daß die rächende Kompensation der anfänglichen Störung den disharmonischen Wirrwarr der Gefühle in eine ›gute Gestalt‹ [...] zurückverwandelt hat.[110]

Die Dynamik dieses Wechsels des Aggregatzustandes gleicht dem Verlauf einer Kurve, die exponentiell in die Höhe schießt und dann abrupt wieder abfällt. Der Moment der Entladung, in dem der Zorn vom flüssigen Aggregatzustand in den gasförmigen übergeht, leitet unweigerlich sein Ende ein. Energieumsatz und Dauer verhalten sich proportional zueinander: Kein Mensch kann ewig toben. Hermann Schmitz bezeichnet den Zorn daher als eine »unstabile Übergangserscheinung«, als einen »Affekt, der nur einbricht, um sich aufzuheben«.[111] Zwar gesteht er ein, dass »gehemmter Zorn lange bohren und wühlen [kann], ohne sich endgültig entladen zu können«. Charakteristisch für den Zorn sei jedoch eine »Tendenz [...] zur Flüchtigkeit, womit er Antipode der auf Verhärtung angelegten Gefühle wie Kummer und Haß« sei.[112] In vielen Rechtssystemen nicht-staatlicher Gesellschaften wird dieser Phase in besonderer Weise Rechnung getragen:

> Das Erleiden eines Unrechts oder Schadens ruft bei der geschädigten Partei Gefühle hervor, die sich in einem Rache- oder Vergeltungsakt entladen. [...] In vielen kulturellen Umsetzungen des Vergeltungsprinzips ist eine Phase unmittelbar nach einer vergeltungsrelevanten

> Aktion vorgesehen, während der diesen Gefühlen Ausdruck verliehen wird. Der Handlungsspielraum dafür ist dennoch oft stark formalisiert und es sind *zeitlich enge Grenzen* gesetzt, meistens drei Tage, in denen die Angehörigen des Opfers etwa ihren Gefühlen freien Lauf lassen und zum Beispiel im Falle von Tötungsdelikten versuchen, der Täterseite mit Gewalt zu begegnen. [...] Ist diese Phase einmal abgeschlossen, verliert die emotionale Komponente an Wirkmacht und die Option einer emotionalen Affekthandlung weicht den Erfordernissen der Gewaltregulierung.[113]

In der modernen Rechtsprechung[114] spielt die Kategorie des Affekts eine ähnliche Rolle. Wird eine Straftat ›im Affekt‹ begangen, kann dies unter Umständen zu einer Milderung oder völligen Aussetzung der Strafe führen. In der Regel bilden der flüssige und der gasförmige Zustand also eine dynamische Einheit; einmal in Wallung geraten, strebt der Zorn danach, sich in der Welt zu verausgaben. Er will Handlung werden. Seine natürliche Tendenz geht dahin, sich zu entladen und dadurch selbst aufzuheben. »Im Fall des Zorns«, so Hermann Schmitz, »hebt das Gefühl, wenn es nur frei strömen kann, in der Rache sich auf.«[115]

Was jedoch, wenn das Gefühl nicht frei strömen kann? Was, wenn der Zorn weder abfließen noch Handlung werden kann und der Schmerz über das erlittene Unrecht trotzdem nicht aufhört, weh zu tun? Unter diesen Umständen kann es dazu kommen, dass der Zorn *fest* wird. Wird der Zorn an seiner freien Zirkulation gehindert, kommt es zu Gerinnungseffekten. Ein Zorn, der immer wieder ›heruntergeschluckt‹ wird, verschwindet nicht. Er bildet im Magen einen Klumpen. Untergründig rumort es weiter; aus dem Klumpen wird im Laufe der Zeit ein scharfkantiger Kristall, der sich immer tiefer in die Eingeweide einbohrt. Die Tendenz zur handlungsförmigen Entladung wird dadurch jedoch nicht aufgehoben, sondern bloß vorübergehend stillgestellt. Als Feststoff entdeckt der Zorn den Faktor Zeit. Im kristallinen Zustand kann er Jahre und Jahrzehnte überdauern. Eine wichtige Voraussetzung dafür ist allerdings, dass der Schmerz über das erlittene Unrecht mit der Zeit nicht nachlässt. Die Wunde muss offengehalten werden. Die wichtigsten Zornkonservierungsmittel sind der Willen und das Gedächtnis. Um den Affekt zu stabilisieren, muss der Schmerz dem lindernden Einfluss der Zeit entzogen werden. Das gekränkte Subjekt muss aktiv an ihm festhalten. In früheren Zeiten war dabei der Sprechakt des Schwurs behilflich: Wer Rache schwört, bekräftigt damit öffentlich seine Entschlossenheit, es dem Übeltäter früher oder später heimzuzahlen. Auf kollektiver Ebene erfüllen Narrative, die von der eigenen Viktimisierung handeln, eine ähnliche Funktion.

Dafür, dass sich der angestaute Schmerz erst nach langer Zeit als Racheakt entlädt, kann es im Wesentlichen zwei Gründe geben. Der erste Grund hängt mit der vertikalen Asymmetrie zwischen Handeln und Erleiden zusammen. Es gibt Verletzungen, deren affektive Wucht so groß ist, dass das Opfer schlichtweg nicht in der Lage ist, im selben Moment zu reagieren. Wer schwere Gewalt erleidet, sei es in physischer oder in anderer Form, fühlt sich machtlos, paralysiert, von seiner eigenen Handlungsfähigkeit abgeschnitten. Die Empfindung der ›Ohnmacht‹ ist, das Wort selbst verrät es bereits, eine Empfindung der Deprivation, das Gefühl eines erzwungenen Unvermögens.[116] Es liegt auf der Hand, weshalb es unter diesen Bedingungen nicht zu einer instantanen Gegenreaktion kommt. Um die Handlungsfähigkeit wiederherzustellen, bedarf es einer Phase der Rekuperation. In diese Phase fällt der Entschluss zur Rache. Dieser volitive Akt setzt seinerseits voraus, dass die Klage über den erlittenen Schmerz in eine eindeutig adressierte Anklage umkippt. An dieser Stelle kommt erneut die affektiv-normative Doppelstruktur der Verletzung zum Tragen. Um jemanden anklagen und für den erlittenen Schmerz verantwortlich machen zu können, muss die erlittene Handlung zunächst mit dem Stempel des Unzulässigen versehen worden sein. Sie muss als Übertretung einer Norm identifiziert werden, die sich einer Person zurechnen lässt. Erst dann kann sich der Schmerz zu einem klaren Antrieb verdichten.

Das eben skizzierte Szenario betrifft Extremfälle, in denen sich die Länge des Intervalls zwischen der Verletzung und dem Racheakt daraus erklärt, dass das verletzte Subjekt derart geschwächt wurde, dass es faktisch nicht in der Lage war, früher zu reagieren. Der weitaus häufigere Grund dafür, dass ein Racheakt erst Wochen,

Monate oder Jahre später erfolgt, scheint jedoch derjenige zu sein, dass sich das rächende Subjekt *absichtlich* Zeit lässt. »Revenge is a dish best served cold«, lautet ein englisches Sprichwort. Es bringt zum Ausdruck, dass der Racheakt mit einer größeren Genugtuung einhergeht, wenn er ›kaltblütig‹ geplant und zu einem Zeitpunkt ausgeführt wird, an dem die ›Zielperson‹ schon gar nicht mehr damit rechnet. Dies erfordert nicht nur Planung und Geduld, sondern vor allem die Fähigkeit, von seinen Affekten einen instrumentellen Gebrauch zu machen. Durch den willentlichen Entladungsaufschub wird die Intensität des Zorns noch gesteigert. Zur Rache entschlossen zu sein, heißt in diesem Zusammenhang nichts anderes, als darauf vertrauen zu können, dass der eigene Zorn bei richtiger Konservierung auch nach Jahren und Jahrzehnten nichts von seiner ursprünglichen Frische verliert.

Zweiter Teil

Kulturtheorie der Rache: Rache und Gabe

Lassen wir auch die Schrullen der Primitiven außer acht, mit denen man uns in den Ohren liegt – und bei denen man überdies Mühe hätte, die eigentlich juridischen Regeln von den anderen zu unterscheiden.
Castoriadis, *Gesellschaft als imaginäre Institution*[1]

Zur Orientierung

Die Moderne schöpft ihr politisches und kulturelles Selbstverständnis nicht zuletzt daraus, die vermeintliche Willkür der Rache durch rationale Verfahren der Rechtsfindung ersetzt zu haben. Die sogenannten traditionellen Gesellschaften verfügen über keine politische Ordnungsinstanz, deren Funktion der des modernen Staates vergleichbar wäre. Ein Gewaltmonopol, Gesetze und eine Polizei, so wie wir sie kennen, gibt es nicht. Die Regulierung von Konflikten folgt dort in der Tat dem Grundsatz der rächenden Vergeltung. Das erlaubt aber nicht den Schluss, dass die Rache in diesen Gesellschaften regellos und dysfunktional ist. Ganz im Gegenteil, es handelt sich bei ihr um eine höchst elaborierte und sozial etablierte Form des Rechts. Was genau aber hat es mit dieser Form des Rechts auf sich und wie funktioniert sie? Welche Formen nimmt die Rache in Gesellschaften ohne politische Zentralinstanz an und in welche umfassenderen Strukturen und Denkweisen ist sie eingebettet?

Die Beantwortung dieser Fragen macht es notwendig, die philosophische Reflexion durch das Wissen der Ethnologie und Kulturanthropologie zu ergänzen. Von allen wissenschaftlichen Disziplinen sind sie am ehesten in der Lage, uns darüber zu unterrichten, was es mit der Rache in den genealogischen Gesellschaften tatsächlich auf sich hat. Schließlich kennzeichnet sie das Bemühen, den Gegenstand ihrer Untersuchungen nicht bloß aus der Ferne zu studieren, sondern aus nächster Nähe, im Rahmen von Feldforschungen, die die Ethnologinnen und Ethnologen nicht selten über Jahre hinweg in den fremden Regionen durchführen. Den dort gewonnenen Einsichten kommt ein kritisches Potenzial zu, von dem die Philosophie enorm profitieren kann.

Um verallgemeinerungsfähige Aussagen darüber treffen zu können, wie die Rache in den genealogischen Gesellschaften funktioniert, empfiehlt es sich gleichwohl, nicht einfach ein ethnographisches Fallbeispiel an das nächste zu hängen, sondern stattdessen nach der grundlegenden Logik zu fragen, der die Rache in Gesellschaften dieses Typs folgt. Die Beziehung der Gabe stellt hier, wie Marcel Mauss in seinem *Essai sur le don* gezeigt hat, die grundlegende Matrix des Sozialen dar. Wie wir sehen werden, hängt die Logik der Rache auf einer fundamentalen Ebene mit der Beziehung des Gabentauschs zusammen. Um die Bedeutung der Rache in den Gesellschaften des genealogischen Typs verstehen zu können, muss man sich also zunächst darüber verständigen, was es mit der rituellen Praxis des Gabentauschs, so wie sie von Ethnologinnen und Ethnologen seit dem Ende des 19. Jahrhunderts in verschiedenen Gesellschaften rund um den Globus beobachtet worden ist, genau auf sich hat. Dieses Unterfangen ist indes mit einigen Schwierigkeiten verbunden. Seit dem Erscheinen von Mauss' Gabenessay Anfang der 1920er Jahre haben sich die Gabetheorien in einem Maße vervielfältigt, das es heute schwer macht, sich darüber Klarheit zu verschaffen, worum es bei den traditionellen Gabepraktiken eigentlich geht und was mit diesem Begriff auf dem Spiel steht. Ehe wir uns direkt der rächenden Vergeltung in den genealogischen Gesellschaften zuwenden können, müssen wir uns also zunächst mit der Ordnung der Gabe vertraut machen.

Die Abschnitte zwei bis vier, die unter ebendiesen Titel – »Die Ordnung der Gabe« – gestellt sind, bilden den ethnologischen Kern des II. Teils. Die darauffolgenden Abschnitte fünf bis acht führen uns dann allmählich wieder aus dem Bereich der Ethnologie im engeren Sinne hinaus. In ihnen werde ich eine Reihe von Problemen und

Fragen adressieren, die die gabentheoretische Deutung der Rache in einen umfassenderen Zusammenhang stellen. Dem eigentlichen Einstieg in die Welt der Gabe ist ein Abschnitt vorangestellt, in dem ich einleitend erläutere, inwiefern sich die der Rache zugrunde liegende Relation als Transaktion auffassen lässt und weshalb es irreführend wäre, diese Transaktion in einem ökonomischen Sinn zu deuten.

1. Rache als Transaktion: Eine Spur, die in zwei Richtungen weist …

Bewerten, messen sind, wenn wir es recht bedenken, überaus sonderbare Verfahren.
Marcel Hénaff, *Der Preis der Wahrheit*[2]

Die Frage, wie Gewalt oder die Drohung mit Gewalt menschliche Beziehungen in eine mathematische Gleichung verwandelt […], ist letztlich die Quelle der moralischen Verwirrung, die offenbar alles umgibt, was mit dem Thema Schulden zusammenhängt.
David Graeber, *Schulden*[3]

Retribution is the general concept of »paying back« (its literal sense). Strictly speaking, it applies to the exchange of goods and favors as well as the return of harm for harm.
Robert C. Solomon, »Justice v. Vengeance«[4]

Im I. Teil habe ich die Rache als ein Beziehungsgefüge beschrieben, das aus der Polarität von Handeln und Erleiden hervorgeht. Dieselbe Relation lässt sich aber auch ganz anders auffassen: als Transaktion nämlich, das heißt als eine wechselseitige Austauschbeziehung, in der zwei Größen zueinander in Beziehung gesetzt und miteinander ›verrechnet‹ werden. Nach welchem Modell jedoch müssen wir diese Transaktion rekonstruieren? Um was für eine Art von Austausch handelt es sich dabei genau?

Auf den ersten Blick sieht alles danach aus, als ob der Komplex Rache, Vergeltung, Bestrafung von demselben Denken beherrscht wird, das auch die Sphäre der kommerziellen Ökonomie regiert. Es geht um Einnahmen und Ausgaben, Schuld und Schulden, das Begleichen offener Rechnungen und Bereinigen von Bilanzen. So gesehen, bestünde tatsächlich kein großer Unterschied zwischen der Position der Rächerin und der eines Gläubigers, der seine Schulden eintreibt. In beiden Fällen geht es darum, jemanden für das ›bezahlen‹ zu lassen, was er einem schuldig geblieben ist. In dieser Betrachtungsweise weist die Austauschbeziehung einen latent ökonomischen Charakter auf. Sie verweist uns in die Welt der Ökonomie, in der jede Schuld prinzipiell bezifferbar ist, eine Welt, in der vertraglich und juristisch geregelt wird, was jedem gerechterweise zusteht.

Man muss jedoch genau aufpassen, sich von den Spuren, die in diese Richtung weisen, nicht in die Irre führen zu lassen. Wie wir sehen werden, gibt es Formen der Schuld, die tiefer und älter sind als die finanzielle. Es gibt Größen, die sich nicht ohne Weiteres in eine Gleichung integrieren lassen, und Arten der Verpflichtung, die einer ganz anderen Logik folgen als der ökonomischen. Die Fährte lässt sich also auch in eine ganz andere Richtung verfolgen. Sie führt uns dann in die Sphäre der Gegenseitigkeit und des symbolischen Austauschs, für die nicht der Vertrag, sondern die *Beziehung der Gabe und Gegengabe* das grundlegende Modell abgibt. Die Logik der Gabe ist absolut grundlegend für das System der rächenden Gerechtigkeit; in den genealogischen Gesellschaften bildet die zeremonielle Rache das exakte Gegenstück zur zeremoniellen Gabe. Die Herausforderung besteht also darin, eine Austauschbeziehung zu denken, bei der zwar auch wertvolle Güter ihren Besitzer wechseln können, die aber dennoch nicht mit den gewöhnlichen ökonomischen Transaktionen, so wie wir sie aus unserer eigenen Gesellschaft kennen, verwechselt werden darf. Diese Herausforderung wird uns während des gesamten zweiten Teils der vorliegenden Arbeit begleiten. Sie wird uns tief in eine Welt hineinführen, die ich im Anschluss an Marcel Hénaff als die »Welt der Gabe«[5] bezeichnen werde.

Auch wenn sich die ökonomische Betrachtungsweise der Rache, so wie sie eben skizziert wurde, bei genauerem Hinsehen als trügerisch erweist, kann es dennoch aufschlussreich sein, dieser Fährte ein Stück weit zu folgen. Und zwar aus dem folgenden Grund: Die Spuren, die zum einen in die Welt der Gabe und zum anderen in die Sphäre der Ökonomie führen, sehen sich mitunter zum Verwechseln ähnlich. Die Ordnung des symbolischen Tauschs und die Ordnung des kommerziellen Tauschs sind zwar heterogen, aber keineswegs sauber voneinander getrennt; sie vermischen und überlagern sich, so dass es schnell geschieht, dass man die verschiedenen Formen der Verpflichtung, die ihnen jeweils entsprechen, miteinander verwechselt. In den modernen Gesellschaften ist die ökonomische Logik so dominierend geworden, dass sie dahin tendiert, sämtliche Formen der Schuld zu absorbieren und durch eine rein rechnerische Schuld zu ersetzen. Diese Tendenz erstreckt sich bis in die Sphäre des Rechts hinein. Wie Marcel Hénaff feststellt, ist es in modernen Gesellschaften durchaus nicht unüblich, dass sich eine »Beleidigung, ein Schaden oder sogar ein unfreiwilliger Mord [...] wie eine gewöhnliche Rechnung mit einer Geldsumme begleichen [lassen], deren Höhe zwischen dem Richter und den Anwälten der Parteien ausgehandelt wird«.[6] In den genealogischen Gesellschaften folgt die rächende Erwiderung jedoch einer ganz anderen Logik, für die nicht der kommerzielle Austausch, sondern der symbolische Austausch vermittels der Gabe/Gegengabe das grundlegende Modell bildet. Für diese Unterscheidung werden wir uns im Folgenden sensibilisieren müssen.

Ausgleich und Überbietung

Grundlegend für den gesamten Komplex rund um die Begriffe Rache, Strafe und Vergeltung ist die *Idee des Ausgleichs*. Den Kern dieser Idee bildet der Gedanke, dass die soziale, rechtliche oder kosmische Ordnung nur dadurch wiederhergestellt werden kann, dass man den Richtungsvektor von Handeln und Erleiden umkehrt und dem Übeltäter ein Leiden zufügt, das dem von ihm verübten Unrecht in irgendeiner Weise entspricht. Dieser Ausgleich kann mehr oder weniger angemessen ausfallen. Zwei gegenläufige Tendenzen lassen sich hierbei beobachten: Auf der einen Seite finden wir das Ideal der strikten Äquivalenz, den alten talionischen Grundsatz, Gleiches mit Gleichem zu vergelten. Seinen bekanntesten Ausdruck gefunden hat dieser Grundsatz in der alttestamentarischen Formel »Auge um Auge, Zahn um Zahn« (Ex 21,23–24).[7] Zwischen dem Minus auf der einen Seite und dem Minus auf der anderen Seite lässt sich ein Gleichheitszeichen setzen – die Rechnung geht idealiter auf. Auf der anderen Seite neigen Rachehandlungen manchmal jedoch auch dazu, über das gebotene Maß hinauszuschießen. Auch hierfür findet sich ein Beispiel im Alten Testament. Wer Kain erschlägt, so die göttliche Verfügung, muss mit einer siebenfachen Rache rechnen (vgl. Gen 4,15). Ein paar Generationen später scheint der Faktor sieben schon nicht mehr hoch genug; so prahlt Lamech, einer der Nachkommen Kains: »Fürwahr, einen Mann erschlug ich für meine Wunde und einen Knaben für meine Strieme. Wenn Kain siebenfach gerächt wird, so Lamech siebenundsiebzigfach.« (Gen 4,23–24[8]) Hier stoßen wir auf das Überschäumende der Rache, ihre Neigung zur Verausgabung und zum Exzess.

Es wäre jedoch falsch zu glauben, der Hang zur Verausgabung sei ursprünglicher als die Suche nach einem gerechten Ausgleich. Auch dort, wo sich die Rache als exzessiv erweist, bleibt sie dennoch auf die Idee des Ausgleichs und das Prinzip der Angemessenheit bezogen. Die von Lamech angedrohte siebenundsiebzigfache Rache erscheint ja gerade deshalb so maßlos und übertrieben, weil sie von diesem Prinzip eklatant abweicht. Nur auf der Grundlage eines bereits bestehenden Sinns für Angemessenheit (der sich in seiner konkreten Ausgestaltung von Kultur zu Kultur natürlich unterscheidet) lässt sich etwas als unangemessen oder disproportional kritisieren. In anderen Worten, das Exzessive tritt immer nur als Abweichung zutage, als Verfehlung dessen, was in einer gegebenen Situation von den Mitgliedern einer Gesellschaft oder sozialen Gruppe für normativ angemessen gehalten wird.

Vor diesem Hintergrund wird bereits deutlicher, inwiefern sich die Rache als eine Transaktion auffassen lässt. Formal betrachtet, stellt sie sich als eine Beziehung dar, in der zwei Größen nach einem bestimmten Kalkül zueinander in ein Entsprechungsverhältnis gesetzt werden. Die erste Größe ist identisch mit der Verletzung oder dem Schaden, den das Individuum oder die Gruppe A durch das

Individuum oder die Gruppe B erlitten hat. Die zugefügte Verletzung kann leicht oder schwerwiegend sein, in jedem Fall handelt es sich bei ihr jedoch um ein Übel, das A erleidet. Die erste Größe stellt also immer einen negativen Wert dar. Die zweite Größe hingegen kann sowohl einen negativen als auch einen positiven Wert annehmen: Negativ ist sie, wenn die erlittene Aggression mit einer Gegenaggression beantwortet wird, so dass nun B eine Verletzung erleidet; positiv ist sie, wenn die Replik darin besteht, dass B als Kompensation für das verursachte Übel etwas Wertvolles von sich an A abtritt, das dieser als angemessenen Ausgleich akzeptiert.

Die ökonomische Betrachtungsweise und die Polysemie der Schuld

Dass diese Transaktion einen ökonomischen oder quasi-ökonomischen Charakter aufweist, legt vor allem die Sprache nahe; mehr noch, sie drängt eine derartige Betrachtungsweise geradezu auf. Nicht nur im Deutschen, sondern auch in vielen anderen europäischen Sprachen gibt es im semantischen Feld rund um die Begriffe Rache, Vergeltung und Strafe eine auffällige Häufung von Ausdrucksweisen, die unmittelbar an die Sphäre des Marktplatzes erinnern. Die Rache kleidet sich in die Sprache geschäftlicher Transaktionen. Im Deutschen sprechen wir davon, dass es bei der Rache darum geht, es jemandem ›mit gleicher Münze heimzuzahlen‹ oder eine ›offene Rechnung‹ zu begleichen; wir sprechen auch davon, dass jemand eine bestimmte Strafe ›verdient‹ (oder auch nicht). Wie weiter oben[9] gezeigt wurde, geht das Wort ›Vergeltung‹ auf eine Wurzel zurück, aus der sowohl das ›Geld‹ geworden ist als auch das englische Wort ›*guilt*‹ für Schuld.[10] Im Begriff der ›Zurechenbarkeit‹ klingt die Hintergrundmetapher der Rechnung an. Sie legt die Idee einer »verborgenen moralischen Buchführung« nahe, in der alle guten und schlechten Taten, die ein Mensch im Laufe seines Lebens begeht, »wie in einem großen Rechnungsbuch mit Soll- und Haben-Einträgen«[11] genau verzeichnet werden. Im Englischen wird im Zusammenhang mit der Rache der sprechende Ausdruck ›*to pay back*‹ gebraucht. Die Redewendung ›*payback's a bitch*‹

bildet – wenn man den in umgangssprachlichen Fragen nicht immer ganz auskunftssicheren Lexikographen[12] Glauben schenken darf – das amerikanische Gegenstück zu dem deutschen Sprichwort »Rache ist süß«. Ferner gibt es die idiomatischen Wendungen ›*to get even (with somebody)*‹ und ›*to settle a score (with somebody)*‹, die beide ›(mit jemandem) abrechnen, eine Rechnung (mit jemandem) begleichen‹ heißen. Sogar das gewöhnliche englische Verb für ›bezahlen‹ – ›*to pay*‹ – ist sprachhistorisch mit der Idee der Vergeltung verbunden. David Graeber zufolge führt die Etymologie von ›*to pay*‹ auf das lateinische Verb ›*pacare/pacere*‹ (dt. ›befrieden‹) zurück, »etwa wenn Sie jemandem etwas Wertvolles geben, um ihm zu zeigen, wie leid es Ihnen tut, dass Sie seinen Bruder in einer Wirtshausschlägerei umgebracht haben, und wie sehr Ihnen daran gelegen ist, dass daraus keine lange Blutfehde hervorgeht«.[13] Das auf das lateinische Verb ›*retribuere*‹ (dt. ›zurückgeben, vergelten, büßen lassen‹) zurückgehende ›*retribution*‹ heißt im Englischen Vergeltung; im Französischen hingegen kann ›*rétribution*‹ ebenso auch die Bezahlung, Entlohnung oder Vergütung meinen. Auch das Altgriechische kennt eine Reihe von Ausdrücken, die dem Komplex ›Rache, Strafe, Vergeltung‹ eine latent ökonomische Färbung verleihen. In ›*timoria*‹ (dt. ›Rache, Strafe‹) steckt das Wort ›*time*‹, das nicht nur die ›Ehre‹ einer Person bezeichnet, sondern auch ›Wert‹ oder ›Preis‹ heißen kann. Das Substantiv ›*poine*‹ (dt. ebenfalls ›Rache, Strafe‹) bezeichnet häufig ganz direkt die Güter oder Gaben, die im Konfliktfall als ›Schadenersatz‹ ihren Besitzer wechseln.[14]

Schließen wir an dieser Stelle die Aufzählung ab. Es sollte deutlich geworden sein, dass wir es hier mit einem Zusammenhang zu tun haben, der sich nicht allein den kontingenten Entwicklungen einer einzigen natürlichen Sprache verdankt. Alle genannten Ausdrucksweisen legen es nahe, die Beziehung der Rache nach dem Muster eines ökonomischen Austauschs zu denken. Sie nähren die Vorstellung, dass es sich bei der Rache im Grunde um nichts anderes als eine Art Rückzahlungsgeschäft handelt, um eine Beziehung, die sich zwar dem Inhalt, nicht jedoch der Form nach von anderen geschäftlichen Transaktionen unterscheidet.

Eine zusätzliche Stütze findet diese Betrachtungsweise in der Praxis des Strafens. »Zweifellos«, so David Graeber, »hat [...] die

Verhängung von Strafen immer das Berechnen von Entsprechungen gefordert.«[15] Ihrer grundlegenden Form nach unterscheiden sich Strafkodizes nur unwesentlich von den Preislisten, wie man sie in den Auslagen eines Händlers findet: So wie jede Ware ihren Preis hat, hat jedes Verbrechen seine Strafe. Alle uns bekannten Strafkodizes – vom 3800 Jahre alten babylonischen Kodex Hammurapi bis hin zum heute in Deutschland geltenden Strafgesetzbuch – stellen sich im Grunde als eine Art Katalog dar, in dem festgelegt ist, welchen ›Preis‹ man dafür zahlen muss, wenn man gegen eine bestimmte Norm verstößt. Ohne Schwierigkeiten lassen sie sich in die Form einer Tabelle bringen, die in der einen Spalte die Vergehen auflistet und in der anderen die ihnen jeweils zugeordneten Strafen. Beim Übergang von der einen Spalte zur anderen kommt ein zentrales Element ins Spiel, nämlich das der *Quantifizierung*. Das staatliche Strafsystem stellt sich dementsprechend als eine Art Rechenmaschine oder Konvertierungsapparat dar, dessen zentrale Aufgabe darin besteht, die als strafwürdig angesehenen Handlungen (und Unterlassungen) so zu prozessieren, dass ihnen am Ende ein quantitatives Äquivalent zugeordnet werden kann – keine Straftat ohne Strafmaß. Die Moderne kennt in erster Linie zwei Währungen, in denen die Strafe bemessen wird, die *Zeit* (in Form von Freiheitsstrafen) und das *Geld* (in Form von Vermögensstrafen). Gegenüber früheren Strafformen wie der Marter besitzen diese beiden Währungen den offenkundigen Vorteil, dass sie sich präzise messen und quantifizieren lassen. In *Überwachen und Strafen* spricht Foucault von der »ökonomisch-moralische[n] Evidenz eines Strafsystems, welches die Bestrafungen in Tagen, Monaten, Jahren zählt und *zwischen Vergehen und Dauer quantitative Äquivalenzen* etabliert«.[16] Die Schwere der Schuld wird in quantitativen Begriffen zum Ausdruck gebracht. Und wo mit quantitativen Größen umgegangen wird, liegt es auch nahe, das Verhältnis zwischen dem, was einer tut, und dem, was er als Strafe dafür erleidet, nach Maßgabe einer ökonomischen Transaktion zu verstehen. Das staatliche Strafsystem fügt sich also problemlos in die ökonomische Betrachtungsweise ein, die durch die oben genannten Ausdrucksweisen im semantischen Umfeld der Begriffe ›Rache, Vergeltung, Strafe‹ nahegelegt wird.

Wenn es so etwas wie einen gemeinsamen Nenner oder ein verbindendes Element zwischen diesen Ausdrücken gibt, so ist es *die Vorstellung einer zu begleichenden Schuld*. Sie bildet den Fixpunkt, in dem die ökonomistischen Lesarten der Vergeltungsrelation zusammenlaufen. Anscheinend haben wir es bei der Schuld also mit einem Begriff zu tun, »der es erlaubt, ganz verschiedene Fakten in ganz verschiedenen Kulturen in ein und demselben Ansatz zusammenzufassen«.[17] Genau hier jedoch gilt es, keine voreiligen Schlüsse zu ziehen. Die verschiedenen Formen der Schuld sehen sich zwar ähnlich, aber sie unterliegen keineswegs alle derselben Ordnung. Marcel Hénaff warnt aus diesem Grund davor, »den Begriff der Schuld zu handhaben, ohne große Vorsicht walten zu lassen und ohne jedesmal auf den Kontext seiner Verwendung hinzuweisen«.[18] Die Idee der Schuld kann ganz unterschiedliche Bedeutungen annehmen. Zudem gibt es eine ganze Reihe von Schuldphänomenen, auf die der in den modernen Gesellschaften vorherrschende Schuldbegriff, der Schuld primär an das Kriterium individueller Vorwerfbarkeit bindet, nicht passt.[19] Allein im Deutschen lassen sich, wie Thomas Macho herausstellt, mindestens drei verschiedene Schuldbegriffe unterscheiden:

> Der erste Schuldbegriff bezieht sich auf Kausalität, auf das Verhältnis von Ursache und Wirkung: Ich bin schuld; ich habe etwas ausgelöst und verursacht. Ein zweiter Schuldbegriff bezieht sich auf die Moral: Ich bin schuldig; ich habe falsch oder schlecht gehandelt, meine Taten können nicht gerechtfertigt werden. Ein dritter Schuldbegriff bezieht sich auf das Geld und Finanzen: Ich schulde, ich bin ein Schuldner; ich habe geliehen, was ich zurückgeben muss (und womöglich nicht zurückgeben kann).[20]

Im Laufe der Untersuchung werden wir im Zusammenhang mit der Ordnung der Gabe noch weitere Formen der Schuld kennenlernen. Bei einigen von ihnen ist sogar fraglich, ob ›Schuld‹ überhaupt das richtige Wort ist oder ob man stattdessen nicht besser von einer spezifischen Form von ›Verpflichtung‹ spricht, um die moralischen Konnotationen, die der Begriff der Schuld in den jüdisch-christlich geprägten Gesellschaften besitzt, ein Stück weit abzuschwächen. Zusätzlich verkompliziert wird das Ganze dadurch, dass die verschiedenen Formen der Schuld nicht fest sind, sondern sich ineinander umwandeln können.[21] So braucht es in unserer Sprache nur zwei Buchstaben, um aus dem primär moralisch konnotierten Begriff der ›Schuld‹ den primär ökonomisch konnotierten Begriff der ›Schulden‹ zu machen. Peter Sloterdijk hat auf einen wichtigen Punkt hingewiesen, den diese beiden Begriffe gemeinsam haben:

> Beide sorgen dafür, daß das Leben des Belasteten an einen in der Vergangenheit geknüpften Knoten gebunden bleibt. Gemeinsam stiften sie einen rückwärtsgewandten Beziehungszwang, wodurch das Gewesene seine Vorherrschaft über das Kommende aufrechterhält.[22]

Dieser Bezug auf etwas Vergangenes ist für den gesamten Komplex rund um die Begriffe Rache, Strafe und Vergeltung konstitutiv. Nun darf und muss man sich allerdings darüber wundern, weshalb ausgerechnet das Vokabular der Ökonomie so dominierend ist, wenn es darum geht, die Vorherrschaft dieses Vergangenen zu bezeichnen. Die Verpflichtung, die sich daraus ergibt, jemandem Geld zu schulden, ist zweifellos etwas anderes als die Verpflichtung, die sich daraus ergibt, jemanden verletzt oder beleidigt zu haben. Und doch sprechen wir darüber in ganz ähnlichen Begriffen, ganz so, als ob es bloß eine einzige Weise gäbe, jemandem etwas schuldig zu sein. Sollte es sich bei der rächenden Gerechtigkeit also tatsächlich bloß um einen speziellen Anwendungsfall derselben Logik handeln, die der Sphäre des Handels zugrunde liegt? Um ein Denken also, dessen zentrale Operationen darin bestehen, Dinge zu messen, zu bewerten und gegeneinander aufzurechnen? Ebendiese Schlussfolgerung gilt es in Zweifel zu ziehen. Denn tatsächlich lassen sich die lexikalischen Spuren bei näherem Hinsehen auch in eine ganz andere Richtung verfolgen.

Sehen wir uns dafür den Artikel »vergelten« im *Deutschen Wörterbuch* von Jacob und Wilhelm Grimm an.[23] Die Grundbedeutung von ›vergelten‹ wird dort mit »zurückerstatten, zurückzahlen« angegeben. Zur Erläuterung heißt es: »die nachweisbar sinnlichste bedeutung ist wol empfangenes geld zurückzahlen [...]. daneben steht frühe schon die allgemeinere bedeutung ›bezahlen‹ überhaupt, besonders etwas, wozu man verpflichtet ist.« Diese Verpflichtung kann sich auf eine »strafzahlung vor gericht« beziehen, auf die »bezahlung für gekaufte, genossene gegenstände« oder allgemein auf »etwas entliehenes«.

Neben diesem eindeutig ökonomisch konnotierten Bedeutungsstrang gibt es jedoch noch einen zweiten, nach Auskunft des Wörterbuchs umfassenderen: »bei weitem häufiger und auch schon in früher zeit nachweisbar ist die allgemeinere bedeutung ›ersatz leisten, gegenleistung thun für etwas empfangenes‹. Je nachdem das empfangene gutes oder böses war, bedeutet *vergelten* vergüten oder rächen.« Der Akt des Vergeltens kann also sowohl eine positive als auch eine negative Bedeutung annehmen. Als »ersatz für übelthaten« nimmt ›vergelten‹ die Bedeutung von strafen oder rächen an; als »ersatz für wolthaten« die Bedeutung von belohnen oder vergüten – »die construction ist eine doppelte«.

Besondere Aufmerksamkeit verdient die Ableitung, die es dem Lexikographen erlaubt, kommentarlos von der ersten Grundbedeutung »zurückerstatten, zurückzahlen« zu der zweiten Grundbedeutung »ersatz leisten, gegenleistung thun für etwas empfangenes« überzugehen. So unscheinbar und wenig wesentlich sich die Verschiebung zwischen diesen beiden Bedeutungen ausnimmt, so grundverschieden und heterogen sind die Ordnungen, auf die beide verweisen. Die erste Ordnung haben wir bereits identifiziert: Vergelten im Sinne von ›bezahlen, zurückzahlen‹ verweist auf die *Ordnung der kommerziellen Ökonomie*. Es ist die Ordnung der Waren und Handelsgüter, die gekauft und verkauft werden, in der jedem Ding ein Preis zugewiesen und Kosten und Nutzen gegeneinander aufgewogen werden. Zugleich ist es die Ordnung des Marktes, in der das

Geld als »universeller Stellvertreter« und »allgemeines Äquivalent« fungiert.[24]

Auf welche Ordnung verweist die zweite Grundbedeutung, die das *Deutsche Wörterbuch* vermerkt? Zweifellos handelt es sich auch beim Vergelten im Sinne von ›Ersatz leisten, Gegenleistung tun für etwas Empfangenes‹ um eine Transaktion. Das monetäre Element tritt bei dieser Transaktion jedoch vollständig in den Hintergrund. Das Vergelten wird nicht mehr als Rückerstattung eines Geldbetrags oder einer geliehenen Sache charakterisiert, sondern als Gegenleistung für etwas Empfangenes, das seinerseits mit ethischen Prädikaten qualifiziert wird: als Gutes oder Böses, Wohltat oder Übeltat. Aus dieser Doppelung ergibt sich die Symmetrie einer strikten Forderung: Wohltaten sollen belohnt, Übeltaten gerächt oder bestraft werden. Alles andere wäre unangemessen und würde gegen das Prinzip der Gegenseitigkeit verstoßen. Die Vergeltung in diesem zweiten Sinne verweist auf die *Ordnung des symbolischen Austauschs*, auf die Beziehung von Gabe und Gegengabe.

Ein und dasselbe Wort lässt sich also auf zwei ganz unterschiedliche Ordnungen beziehen, ein und dieselbe Spur in zwei ganz unterschiedliche Richtungen verfolgen. Je nachdem, auf welche Bedeutungsaspekte man seine Aufmerksamkeit lenkt, bekommt man es mit zwei heterogenen Feldern zu tun:

> [D]as eine bezieht sich auf die Verpflichtung im Sinn der Gegenseitigkeit (wir befänden uns daher im Bereich der Gabe/Gegengabe) und das andere auf die Verpflichtung, eine ausgeliehene Sache oder Summe zurückzugeben (dann befinden wir uns im Bereich des Vertrags). Nicht zurückzugeben heißt im ersten Fall, sich der Gefahr auszusetzen, ein Band zu zerreißen oder das Gesicht zu verlieren; die Sanktion ist eine gesellschaftliche. Im zweiten Fall heißt nicht zurückgeben, einer juristischen Verpflichtung nicht nachzukommen und sich bisweilen strengen strafrechtlichen Sanktionen auszusetzen: Hier befinden wir uns in der Welt des Eigentumsrechts oder des Handelsaustauschs. Die erste Verpflichtung ist symbolisch, die zweite juristisch […].[25]

Die meisten Denkerinnen und Denker, die versucht haben, dem Phänomen der Schuld auf den Grund zu gehen, sind der Spur ausschließlich in die erste Richtung gefolgt. Der vermutlich wichtigste Versuch, der in dieser Richtung unternommen wurde, stammt von Friedrich Nietzsche und findet sich in seiner Schrift *Zur Genealogie der Moral*. Die Überlegungen, die Nietzsche in diesem Werk anstellt, haben bis heute einen maßgeblichen Einfluss darauf, wie über den Begriff der Schuld nachgedacht wird.

Warum Nietzsches Genealogie der Schuld in die falsche Richtung führt

Mit der Idee der Schuld sowie dem Phänomen des schlechten Gewissens befasst sich Nietzsche in der zweiten Abhandlung seiner *Genealogie der Moral*. In unserem Zusammenhang relevant ist vor allem der vierte Abschnitt, den Nietzsche unmittelbar mit der Frage nach dem Ursprung der Schuld beginnt: »Aber wie ist denn [...] das Bewusstsein der Schuld, das ganze ›schlechte Gewissen‹ auf die Welt gekommen?«[26] Nach einer zwischengeschalteten Polemik gegen die bisherigen Genealogen der Moral, deren Arbeiten er rundheraus als untauglich verwirft, schlägt Nietzsche seine eigene Antwort vor, die er in das Gewand einer rhetorischen Frage kleidet: »Haben sich diese bisherigen Genealogen der Moral auch nur von Ferne Etwas davon träumen lassen, dass [...] jener moralische Hauptbegriff ›Schuld‹ seine Herkunft aus dem sehr materiellen Begriff ›Schulden‹ genommen hat?«[27] Die Antwort ist unmissverständlich: Am Ursprung der Schuld, so Nietzsche, steht das *Konzept der Schulden*. Diese Genealogie wird von Nietzsche an späterer Stelle bekräftigt und weiter ausgebaut, indem er die affektive Verankerung der Schuld auf das Verhältnis zwischen Gläubiger und Schuldner zurückführt:

> Das Gefühl der Schuld, der persönlichen Verpflichtung [...] hat [...] seinen Ursprung in dem ältesten und ursprünglichsten Personen-Verhältniss, das es giebt, [...] in dem Verhältniss zwischen Käufer und Verkäufer, Gläubiger und Schuldner: hier trat zuerst Person gegen

> Person, hier mass sich zuerst Person an Person. Man hat keinen noch so niedren Grad von Civilisation aufgefunden, in dem nicht schon Etwas von diesem Verhältnisse bemerkbar würde. Preise machen, Werthe abmessen, Äquivalente ausdenken, tauschen – das hat in einem solchen Maasse das allererste Denken des Menschen präoccupirt, dass es in einem gewissen Sinne das Denken ist: hier ist die älteste Art Scharfsinn herangezüchtet worden [...]. Kauf und Verkauf, sammt ihrem psychologischen Zubehör, sind älter als selbst die Anfänge irgend welcher gesellschaftlichen Organisationsformen und Verbände: aus der rudimentärsten Form des Personen-Rechts hat sich vielmehr das keimende Gefühl von Tausch, Vertrag, Schuld, Recht, Verpflichtung, Ausgleich erst auf die gröbsten und anfänglichsten Gemeinschafts-Complexe [...] übertragen, zugleich mit der Gewohnheit, Macht an Macht zu vergleichen, zu messen, zu berechnen.[28]

Dass »jedes Ding [...] seinen Preis [hat]«, bildet Nietzsche zufolge »de[n] ältesten [...] Moral-Kanon der Gerechtigkeit«.[29] Nietzsches Analyse liegt also ganz auf einer Linie mit der ökonomischen Lesart der Rache. Seine Genealogie führt in die Welt der Eigentumsrechte und Handelsbeziehungen, wo wir es mit quantifizierbaren Schulden und austauschbaren Gütern zu tun haben. Kurzum, sie führt in die Welt des Geldes. Auf dieses Terrain können wir ihm jedoch unmöglich folgen.

Nietzsche nennt keine Belege dafür, dass das Verhältnis zwischen Käufer und Verkäufer beziehungsweise Gläubiger und Schuldner seit Anbeginn die menschliche Geschichte geprägt hat – er behauptet es einfach. An keiner Stelle wird explizit, welche Gesellschaften er genau im Sinn hat, wenn er davon spricht, dass es »keinen noch so niedren Grad von Civilisation« gibt, in dem die Verhältnisse anders lägen als von ihm behauptet. Es ist jedoch zu vermuten (und auf der Grundlage der wenigen diesbezüglich über die zweite Abhandlung hinweg verstreuten Hinweise sogar mit einiger Sicherheit davon auszugehen), dass ihm als klassischem Philologen vor allem die frühen ›Hochkulturen‹ vor Augen standen, die auch den bevorzugten Gegenstand der klassischen Altertumswissenschaften bilden, Gesellschaftsformationen also, die trotz ihres beträchtlichen Alters bereits über Schrift verfügten, was in aller Regel Sesshaftigkeit, extensive Landwirtschaft, ein Verwaltungssystem und die Existenz einer politischen Zentralinstanz voraussetzt (wie es auf das Sumerische Reich oder das alte Ägypten zutrifft). Bei den sogenannten Hochkulturen handelt sich also um staatliche oder staatsähnliche Gebilde. Was Gesellschaften dieses Typs (sowie die gesamte jüdisch-christliche Tradition) betrifft, sind Nietzsches Überlegungen zweifellos von großer Schärfe. Auf die Formen, die die Schuld in nicht-staatlich verfassten Gesellschaften annimmt, lassen sie sich jedoch kaum übertragen.[30]

Die große und bis heute anhaltende Wirkung von Nietzsches Überlegungen verdankt sich seiner Intuition, dass zwischen der finanziellen Schuld und der symbolischen eine untergründige Verbindung besteht. Nun handelt es sich dabei jedoch um eine Unterscheidung, die bei ihm weder thematisch noch explizit wird. Daher neigt er dazu, diese beiden Register zu vermengen. Ohne zu zögern nennt Nietzsche »Tausch, Vertrag, Schuld, Recht, Verpflichtung, Ausgleich«[31] im selben Atemzug. Mehr noch, die genealogische Sequenz, die er aufstellt, führt dazu, dass die finanzielle Schuld – im Sinne der Verpflichtung des Schuldners gegenüber dem Gläubiger – bei ihm an die Stelle der ›wahren‹ und ursprünglichen Schuld rückt, der gegenüber alle anderen Formen der Schuld, darunter auch die symbolische, als sekundär und abgeleitet erscheinen. Kulturgeschichtlich betrachtet ist diese Genealogie jedoch schlichtweg falsch. Und zwar aus einem einfachen Grund: *Die Welt der Gabe ist älter als die Welt der Märkte und des Handels*. Marcel Hénaff hat diesen Punkt klar hervorgehoben:

> Wir wissen nämlich, daß in der indoeuropäischen Welt das Kaufmanns- und Vertragsvokabular jüngeren Datums ist als das der Gabe, so wie auch die Figur des Kaufmanns als solche (das heißt als differenzierter Beruf) im System des Austauschs neueren Ursprungs ist. Wir wissen auch, daß das verzinsliche Darlehen in der germanischen Welt erst sehr spät akzeptiert wurde (die Sequenz, die Nietzsche hervorhob, reicht keineswegs bis zu den Ursprüngen, sondern allerhöchstens bis ins Mittelalter zurück).[32]

Nietzsche wusste nichts von der Welt der Gabe. Die *Genealogie der Moral* entstand zu einer Zeit, in der die Ethnologie als akademische Disziplin noch nicht formiert und Mauss' *Essai sur le don* noch nicht geschrieben war.[33] Nietzsche gilt zu Recht als einer der großen Kritiker des neuzeitlichen abendländischen Denkens; was seine Überlegungen zum Ursprung der Schuld (sowie generell sein Verhältnis zu den außereuropäischen Kulturen[34]) betrifft, bleibt sein eigenes Denken dem Eurozentrismus jedoch stark verhaftet.

Nietzsches Genealogie der Schuld und die Kritik, die wir daran geübt haben, führen uns also erneut auf das Vorhandensein zweier unterschiedlicher Modelle und Ordnungen zurück. Was diese jeweils kennzeichnet, lässt sich schematisch wie folgt darstellen:

	Genealogische Gesellschaften	**Politische Gesellschaften**
Vollzugsform des Rechts:	Rächende Gerechtigkeit	Schiedsrichterliche Gerechtigkeit
Grundlegende Sozialbeziehung:	Anerkennung qua Gabe	Anerkennung qua Rechte (Vertragsmodell)
Dominante Form des Austauschs:	Symbolischer Austausch	Kommerzieller Austausch

In den genealogisch organisierten Gesellschaften dominiert die Ordnung der Gabe, die wesentlich älter ist als die Ordnung des Marktes. Dass dieser Umstand – sowie die daraus resultierende Notwendigkeit, zwischen zwei verschiedenen Formen des Austauschs klar zu unterscheiden – häufig nicht richtig gesehen wird, hat unter anderem damit zu tun, dass wir heute in einer Welt leben, in der das Markt- und Vertragsdenken dahin tendiert, sich über sämtliche Lebensbereiche zu erstrecken.[35] Die Gabenbeziehung ist aus dieser Welt zwar nicht verschwunden, aber sie wird größtenteils von anderen Beziehungstypen verdeckt und überlagert. Die Schwierigkeit, zwischen diesen beiden Ordnungen eine klare Trennlinie zu ziehen, wird zudem dadurch begünstigt, dass das uns zur Verfügung stehende Vokabular – erinnern wir uns an die beiden Grundbedeutungen des Ausdrucks ›vergelten‹ – selbst bereits aus der Vermischung dieser beiden Ordnungen hervorgegangen zu sein scheint.

Hénaff zufolge rührt diese Konfundierung daher, dass das Vokabular der Märkte und des gewinnorientierten Tauschs im Laufe ihrer Entstehung in beträchtlichem Ausmaß aus dem bereits bestehenden Vokabular des Gabentauschs geschöpft hat.[36] Es kam aber auch zu dem gegenteiligen Effekt: »In dem Maße, wie sich die Termini des vertraglichen Tauschs durchsetzen, wirkt ihr Gebrauch auf die Terminologie der nichtkommerziellen Gegenseitigkeit zurück (wie in den inadäquaten Ausdrücken ›Brautpreis‹ oder ›archaisches Geld‹).«[37] In seinen Untersuchungen zum Wortschatz der indoeuropäischen Institutionen macht Benveniste eine Feststellung, die in dieselbe Richtung weist: »Die Wörter für *Kauf* und *Verkauf* sind untrennbar mit denen für ›geben‹ und ›nehmen‹ verbunden.«[38]

Das Inkommensurable kommensurabel machen

Zusätzlich verkompliziert werden die erläuterten Zusammenhänge dadurch, dass die Größen, die bei der rächenden oder strafenden Vergeltung in eine wechselseitige Austauschbeziehung gesetzt werden, in der Regel vollkommen *ungleichartig* sind. Um dies zu bemerken, genügt es, sich die legale Strafpraxis in unserer eigenen Gesellschaft vor Augen zu führen: Die Strafe für eine Vergewaltigung, eine Körperverletzung oder einen Mord besteht nicht darin, dass das schuldige Subjekt selber vergewaltigt, körperlich verletzt oder getötet wird. Stattdessen wird es für einen genau bemessenen Zeitraum seiner Freiheit beraubt. Ohne jeden Zweifel stellt die Freiheitsstrafe ein Übel dar, aber es handelt sich dabei um ein Übel ganz anderer Art als dasjenige, das durch das Verbrechen in die Welt gebracht wurde. Der verurteilte Straftäter erleidet nicht dasselbe wie die Person oder die Gruppe von Personen, die von seiner Tat negativ affiziert wurden. In phänomenaler Hinsicht, das heißt im Hinblick darauf, wie es sich für das betroffene Individuum anfühlt und was es für seine persönliche Existenz bedeutet, sind das Leiden, das durch das Verbrechen verursacht wurde, und das Leiden, das der Staat dem Schuldigen als Strafe auferlegt, vollkommen heterogen.

Ein zentrales Argument, auf das sich die Empörung angesichts gewisser Strafurteile stützt, hat mit ebendieser Ungleichartigkeit von Verbrechen und Strafe zu tun. Je schwerwiegender ein Verbrechen ist, je mehr es sich dem Bereich des Unverzeihlichen annähert, desto häufiger lässt sich beobachten, dass sich die Empörung gar nicht so sehr an dem verhängten Strafmaß entzündet, sondern vielmehr an der grundlegenden Strafform: Wie ist es möglich, so fragen sich die Leute, dass jemand, der ein derartiges Verbrechen begangen hat, bloß im Gefängnis sitzt? Die Befürwortung der Todesstrafe findet hierin seit jeher ihre stärkste Stütze. In seiner Monographie über die Geschichte der Todesstrafe hat der britische Historiker Richard J. Evans diesen Zusammenhang deutlich herausgestellt. »Das [...] gemeinsame Merkmal jeder Form von Todesstrafe«, so Evans,

> ist ihr Vergeltungscharakter. Unter den vielen Argumenten, die für die Todesstrafe vorgebracht wurden, stehen Abschreckung und Schutz der Gemeinschaft an oberster Stelle. Doch sind diese Gründe immer wieder bestritten oder angezweifelt worden, auch von Befürwortern der Todesstrafe. Im Wesentlichen ist das stärkste und dauerhafteste Motiv der Hinrichtung zu allen Zeiten die Vergeltung gewesen, die Ansicht, dass nur der Tod die einzig adäquate Sühne für gewisse Verbrechen sein kann, das Gefühl, dass mildere Strafen unzureichend sind, die Überzeugung, dass, wer die schwersten Verbrechen begeht, dafür die äußerste Strafe erleiden muss: den Tod.[39]

Der gewaltsam auferlegte Tod markiert einen Grenzfall, der eine Reihe von beunruhigenden Fragen aufwirft: Gibt es einen Preis für das menschliche Leben? Kann es einen angemessenen Ausgleich geben für den Verlust einer geliebten Person? Solange wir uns im Bereich der materiellen Güter halten, scheint die Sache verhältnismäßig einfach. Ein Sachschaden kann ersetzt werden. Wenn jemand die Reifen an meinem Fahrrad zersticht, dann fällt es einigermaßen leicht, einen angemessenen Ausgleich zu bestimmen. Ungleich schwieriger wird es jedoch, wenn wir den Bereich der sogenannten immateriellen Güter betreten, wenn nicht Dinge zu Schaden kommen, sondern Menschen. In diesen Fällen kommen Größen und Variablen ins Spiel, die man in einem buchstäblichen Sinn als ›unberechenbar‹ bezeichnen kann: Zorn, Wut, Trauer, Scham, Schmerzen emotionaler Art, die ohne jede denkbare Linderung sein können. Es handelt sich hierbei um Größen, die dem Versuch, sie zu beziffern und in eine Gleichung eingehen zu lassen, einen beharrlichen Widerstand entgegensetzen, die sich gleichsam von sich aus dagegen sträuben, gemessen und mit etwas anderem als ihnen selbst in Beziehung gesetzt zu werden. Das Leiden und der Schmerz lassen sich weder messen noch quantifizieren.[40] Dass es ein Kompositum wie ›Schmerzensgeld‹ überhaupt geben kann und dass dieses Wort zudem eine etablierte und für selbstverständlich gehaltene juristische Praxis bezeichnet, sollte uns vor diesem Hintergrund aufhorchen lassen. Der Begriff des Schmerzensgeldes, die Konvertierung einer Straftat in ein Strafmaß, ja die ganze Arithmetik des Strafens überhaupt lassen den Justizapparat in dieser Perspektive als eine gewaltige Rechenmaschine erscheinen, deren primärer Zweck darin besteht, das Inkommensurable kommensurabel zu machen.

Wie sieht es nun aber in den genealogischen Gesellschaften aus? Stellt sich das System der rächenden Gerechtigkeit, das in diesen Gesellschaften den Umgang mit einer erlittenen Verletzung bestimmt, genauso dar? Wird auch in diesen Gesellschaften die Schuld gemessen, bewertet und in die Frage einer arithmetischen Gleichung umgewandelt? Dies wird im Folgenden zu prüfen sein. Hierzu bedarf es jedoch eines gabentheoretischen Zugangs. Die Ordnung der Gabe bildet den Hintergrund, vor dem wir das System der rächenden Gerechtigkeit verstehen müssen. Wenden wir uns daher nun dem Text zu, von dem der gesamte Gabendiskurs seinen Ausgang genommen hat: Marcel Mauss' *Essai sur le don*.

2. Die Ordnung der Gabe I: Marcel Mauss

Zur Bedeutung und Rezeption von Marcel Mauss' Essai sur le don

Viele Texte, denen im Laufe der Zeit der Status eines Klassikers zuwächst, haben gemeinsam, dass sie nicht nur eine einzige Deutung zulassen, sondern offen sind für ganz unterschiedliche Lesarten. Dies gilt auch für Marcel Mauss' Anfang der 1920er Jahre veröffentlichten *Essai sur le don*, der in der deutschen Übersetzung den Titel *Die Gabe. Form und Funktion des Austauschs in archaischen Gesellschaften* trägt.[401] Mauss' Essay hat zahlreiche Denker inspiriert – darunter so illustre Namen wie Claude Lévi-Strauss, Jacques Derrida, Paul Ricœur und Georges Bataille. Mauss kommt das Verdienst zu, mit seinem Gabenessay »einen der wichtigsten Traditionsstränge der französischen Theoriebildung«[42] begründet zu haben.[43]

Dabei war Mauss bei weitem nicht der erste, der sich mit den Praktiken des Gabentauschs befasst hat. Das haben andere – ethnologische Feldforscher wie Boas, Swanton, Malinowski, Best und Thurnwald – bereits vor ihm getan.[44] Mauss, der selbst nie eine Feldforschung unternommen hatte, konnte sich bei seinen Untersuchungen also auf ein breites Fundament an ethnographischen Berichten stützen. Anders als seine Vorläufer ging Mauss jedoch das Wagnis ein, die ethnographischen Befunde miteinander zu vergleichen, ihre Gemeinsamkeiten herauszuarbeiten und auf dieser Basis eine Reihe von allgemeinen Schlussfolgerungen zu ziehen. Indem er sich sowohl als Komparatist als auch als Generalist betätigte, gelang es ihm, eine Reihe von Strukturmerkmalen zu identifizieren, die für die Ordnung der Gabe grundlegend sind. Er war der erste, der in den oftmals exotisch oder archaisch anmutenden Praktiken des Gabentauschs ein *grundlegendes soziales Phänomen* erkannte, das auch in den modernen Gesellschaften, wenngleich in weniger sichtbaren Formen, noch fortbesteht.

Dass Mauss seiner Arbeit nur den Titel eines *Essais* – also eines Versuchs – gegeben hat, dürfte mit Bedacht geschehen sein. Denn Mauss' Gabenessay gehört zu jener seltenen Art von Texten, deren Bedeutsamkeit weniger darin liegt, auf eine alte, bereits bekannte Frage eine neue Antwort zu geben (die sich dann als besonders originell oder überzeugend herausstellt), sondern seine genuine Leistung besteht vielmehr darin, in einem Phänomen, das der Wissenschaft bereits bekannt war und in dem sie bis dahin nicht viel mehr als ein Gefüge ›archaischer‹ Bräuche erkannte, einen ganzen Kontinent *neuer Fragen* entdeckt zu haben. Dass seine Arbeit folglich in erster Linie einen erschließenden Charakter besitzt und nicht den einer bis ins Letzte ausgearbeiteten Theorie, stand Mauss selbst deutlich vor Augen. So schreibt er auf den letzten Seiten des Essays:

> Keineswegs wollen wir diese Arbeit als ein Modell verstanden wissen; sie liefert lediglich ein paar Hinweise. Sie ist unvollständig: die Analyse könnte noch sehr viel weiter getrieben werden. Im Grunde stellen wir den Historikern und Ethnologen nur Fragen und schlagen ihnen eher mögliche Gegenstände der Untersuchung vor, als daß wir ein Problem lösen und definitive Antworten geben.[45]

Diese Offenheit dürfte einer der Gründe sein für die außerordentliche Resonanz, die das Thema der Gabe seitdem nicht nur in den Sozialwissenschaften, sondern auch in zahlreichen anderen Disziplinen gefunden hat. Seine größte und vermutlich nachhaltigste Wirkung hat Mauss' Gabenessay dabei an der Schnittstelle zwischen der Philosophie und der Ethnologie entfaltet, zwei Disziplinen, zwischen denen im französischen Denken traditionell eine deutlich größere Affinität besteht als im deutschsprachigen Raum. So kommt es, dass sich unter denjenigen, die sich auf Mauss' Analysen berufen, auch die Namen zahlreicher bekannter Philosophen finden.

Wie jede erfolgreiche Rezeptionsgeschichte hat auch die des *Essai sur le don* allerdings ihre Kehrseite. So erscheint heute zwar kaum ein Text über die Gabe, in dem Mauss und sein Gabenessay nicht genannt werden, häufig bleibt es jedoch bei einer recht oberflächlichen Bezugnahme. Mit anderen Klassikern[46] teilt Mauss das zweifelhafte Schicksal, ebenso bekannt wie wenig gelesen zu sein.[47] Dabei ist das Nichtgelesenwerden gar nicht mal das Hauptproblem. Dieses besteht vielmehr darin, dass der Gabenessay im Zuge seiner Rezeption für alle möglichen Interpretationen in Anspruch genommen wurde, die sich zwar auf Mauss berufen, mit seinem Begriff der Gabe jedoch kaum noch etwas zu tun haben.[48] Dies betrifft in besonderem Maße die philosophischen Gabentheorien. So muss man sich bei vielen Philosophen, die Mauss' Überlegungen aufgegriffen haben, tatsächlich fragen, ob sie, wenn sie von der Gabe sprechen, nicht etwas ganz anderes meinen und auf etwas ganz anderes abzielen als dasjenige, was Mauss unter der Rubrik der Gabe zu fassen suchte.

Besonders augenfällig wird dies in der Gabentheorie von Jacques Derrida.[49] Das zentrale Merkmal des Gabentauschs, so wie er dem Ethnologen und der Historikerin in den sogenannten archaischen Gesellschaften vor Augen tritt, besteht in der Gegenseitigkeit, darin also, dass die Gabe durch eine Gegengabe erwidert wird. Mauss hatte diesen Punkt klar erkannt und mit allem Nachdruck hervorgehoben. Wenn Derrida nun in *Falschgeld* erklärt, »Gabe gibt es nur, wenn es keine Gegenseitigkeit gibt«[50], dann handelt es sich dabei um eine Aussage, in der der Begriff ›Gabe‹ seinen Referenten offenkundig komplett gewechselt hat. Derrida geht es nicht um die sozialen Phänomene, mit denen sich Mauss befasst. An dem, was in den ›traditionellen‹ Gesellschaften tatsächlich der Fall ist, hat er kein Interesse – was ihn gleichwohl nicht daran hindert, sich als Ausgangspunkt auf Mauss zu beziehen.[51] Derrida steht hier exemplarisch für eine ganze Reihe von Denkern, die in ihrem Bemühen, Mauss' Analysen den eigenen philosophischen Interessen dienstbar zu machen, einen recht großzügigen Gebrauch von dem Recht gemacht haben, einen Text auch gegen die erklärten Intentionen seines Autors zu interpretieren.[52] Entsprechend zweischneidig stellt sich der Diskurs über die Gabe heute dar: Einerseits ist seine Produktivität natürlich zu begrüßen; angesichts der Vielfalt an Lesarten, die man Mauss' Text angedeihen ließ, und vor dem Hintergrund der unzähligen Gabentheorien, die heute alle nebeneinander existieren,[53] kommt man andererseits jedoch nicht umhin festzustellen, dass sich in Bezug auf die Frage, was mit dem Begriff der Gabe denn nun eigentlich auf dem Spiel steht, der Eindruck einer großen Verwirrung einstellt.

Vor diesem Hintergrund halte ich es für wichtig, wieder zu dem Text zurückzukehren, von dem dieser Diskurs seinen Ausgang genommen hat, und Mauss' Essay über die Gabe einer eingehenden

Relektüre zu unterziehen. Zum einen geht es dabei darum, diesem Text, der unter dem Gewicht des von ihm angestoßenen Diskurses mitunter erdrückt zu werden droht, seine konzeptuelle Eigenständigkeit zurückzuerstatten. Zum anderen sollen die Voraussetzungen für ein Verständnis der Gabe geschaffen werden, das diesen Begriff wieder an seine empirischen Grundlagen – das heißt die von der Ethnologie untersuchten sozialen Phänomene und Institutionen – zurückbindet. Wenn wir die der Rache geltenden Vorurteile zurückweisen und das unzutreffende Bild davon, wie die Rache in den sogenannten traditionellen Gesellschaften aussicht und funktioniert, durch ein zutreffenderes ersetzen wollen, dann müssen wir uns zunächst einmal darum bemühen, diese Gesellschaften besser kennenzulernen.

Noch ein letzter Hinweis: Mauss selbst thematisiert in dem Gabenessay nicht die Rache oder das Verhältnis zwischen Rache und Gabe; das Wort taucht zwar an einigen Stellen auf, aber stets nur in Randbemerkungen. Allem Anschein nach hat Mauss nicht erkannt, dass die Rache in den von ihm untersuchten Gesellschaften ein System bildet, das derselben Logik und denselben Regeln folgt wie der zeremonielle Gabentausch.[54] Ich muss die Leserinnen diesbezüglich also um Geduld bitten. Wie das System der rächenden Gerechtigkeit in den genealogischen Gesellschaften genau funktioniert und inwiefern es mit dem System der Gabenbeziehungen zusammenhängt, wird erst im übernächsten Abschnitt im Zentrum der Analysen stehen. Gleichwohl werde ich während der nachfolgenden Lektüre des Essays schon einmal diejenigen Punkte markieren, an denen sich zwischen der Logik der Gabe und der Logik der Rache Parallelen abzeichnen.

Das Hávámal

Der *Essai sur le don* beginnt recht ungewöhnlich. Noch ehe Mauss ein Wort über den Gegenstand oder die Frage seines Versuchs verloren hat, zitiert er einen seitenlangen Auszug aus dem *Hávámal*, einer alten skandinavischen Spruchdichtung.[55] In der Forschungsliteratur findet dieser Introitus in der Regel kaum Beachtung; dabei ist es durchaus lohnenswert, über die von Mauss zitierten Strophen nicht einfach hinwegzulesen – blitzen hier doch, in sprachlich gedrängter Form, zahlreiche Elemente auf, die für das richtige Verständnis des zeremoniellen Gabentauschs von zentraler Bedeutung sind.

Auch wenn der Sinn der von Mauss zitierten Strophen streckenweise dunkel und fremd anmutet, so schält sich doch ein durchgängiges Thema heraus, das in zahlreichen Variationen umkreist wird: Es geht um den Wert des Gebens und Zurückgebens. Immer wieder tauchen sprichwortartige Wendungen auf, in denen die Forderung zum Ausdruck gebracht wird, eine empfangene Gabe mit einer Gegengabe zu erwidern: »Gabe mit Gabe vergilt!« (42/2)[56], »Gleiches mit Gleichem vergilt« (46/4), »Gabe schielt stets nach Entgelt« (145/2). Die Botschaft ist eindeutig: *Gaben verlangen nach einer Erwiderung*. Gerühmt wird »der Kühne, der gerne spendet« (48/1), während es von dem »Geizige[n]« heißt, dass er »der Gaben nicht froh [wird]« (48/4). Aus heutiger Sicht mag daran erstaunen, dass die Freigebigkeit nicht mit einer moralisch konnotierten Tugend wie etwa der Mildtätigkeit assoziiert wird, sondern mit dem Mut. Gerne zu geben und sich als großzügig zu erweisen, gilt als Ausweis und Garant eines glücklichen Lebens (»Glücklich lebt der Kühne, der gerne spendet, / selten ficht Sorge ihn an« [48/12]), während das Dasein der Geizigen von Furcht und Sorge bestimmt wird (»der Feige aber hat Furcht vor allem, / und der Geizige wird der Gaben nicht froh.« [48/34]). In mehreren Strophen wird eine direkte Beziehung zwischen dem Gabentausch und der Freundschaft hergestellt. So heißt es in Strophe 41: »Mit Gewändern und Waffen der Wonne des Auges, / sollen Freunde einander erfreun; / Empfänger und Geber sind Freunde am längsten, / wenn's das Glück ihnen gönnt.« Das Band zwischen Geber und Empfänger wird als ein Band der Freundschaft figuriert; die Gabe erscheint hier geradewegs als das Medium, in dem sich die Freundschaft erneuert und bewahrt. Dieses Band hat jedoch auch eine Kehrseite. Das *Hávámal* markiert eine der wenigen Stellen in Mauss' Untersuchung, in der sich andeutet, dass die Gabenbeziehung auch eine negative Dimension annehmen kann. Die Rache kommt zwar nicht explizit zur Sprache, aber sie findet doch einen gewissen Widerhall. Die Forderung, »Gleiches mit Gleichem« (46/4) zu vergelten, bezieht sich nämlich nicht nur auf positive Leistungen und

Freundschaftsgaben, sondern auch auf diejenigen Beziehungen, die von »Argwohn« (46/3) und »Mißtrauen« (46/1) geprägt sind. Am deutlichsten ausgesprochen wird dies in Strophe 42: »Dem Freunde sollst du Freundschaft bewahren, / Gabe mit Gabe vergilt! / Doch Hohn soll man mit Hohn erwidern / und die Täuschung mit Trug.« Wohlwollen und Argwohn liegen nahe beieinander. Die Weisung, eine empfangene Gabe mit einer Gegengabe zu erwidern, erstreckt sich auf beides. Wer einem wohlgesonnen ist, dem soll man auch mit Wohlwollen begegnen; wer einen hingegen zu täuschen sucht, dem soll man auch mit Trug antworten. Wir begegnen hier also exakt jener Doppelung wieder, die den ursprünglichen Sinn des Ausdrucks ›vergelten‹ bestimmt. Die Forderung, Gleiches mit Gleichartigem zu vergelten, gilt ebenso für gute Gaben wie für schlechte.

Das Gebot der Gegenseitigkeit

Von dem *Hávámal*, das dem Leser einen ersten Eindruck von der Atmosphäre der Gabe vermitteln soll, geht Mauss direkt zur Skizzierung des Programms über. Den Ausgangspunkt bildet dabei die Feststellung, dass nicht nur in den alten skandinavischen Gesellschaften, sondern auch in zahlreichen anderen Kulturen »Austausch und Verträge in Form von Geschenken statt[finden], die theoretisch freiwillig sind, in Wirklichkeit jedoch immer gegeben und erwidert werden *müssen.*«[57] Gaben müssen erwidert werden; das Phänomen der Gabe kündigt sich an als ein Phänomen der *Gegenseitigkeit.* Ebendiese eigentümliche Verpflichtung, eine empfangene Gabe mit einer Gegengabe zu erwidern, stellt das zentrale Merkmal des Gabentauschs dar. Ihm gilt Mauss' hauptsächliches Interesse. Die Ausgangs- und Grundfrage, von der die Untersuchungen des *Essais* angestoßen werden, formuliert er daher wie folgt:

> *Welches ist der Grundsatz des Rechts und Interesses, der bewirkt, daß in den rückständigen oder archaischen Gesellschaften das empfangene Geschenk zwangsläufig erwidert wird? Was liegt in der gegebenen Sache für eine Kraft, die bewirkt, daß der Empfänger sie erwidert?*[58]

Durch das Studium des ihm zur Verfügung stehenden ethnographischen und historiographischen Materials konnte sich Mauss von der umfassenden Verbreitung dieses Merkmals überzeugen. »Es gibt«, wie Mauss schreibt, »hier einen großen Komplex außerordentlich vielschichtiger Tatsachen. Alles, was das eigentliche gesellschaftliche Leben der Gesellschaften ausmacht, die den unseren vorausgegangen sind [...], ist darin verwoben.«[59] Wir denken bei Gaben in erster Linie an materielle Dinge (etwa die Geschenke, die alljährlich an Weihnachten getauscht werden). Um die traditionelle Praxis des Gabentauschs richtig verstehen zu können, ist es jedoch von entscheidender Bedeutung, sich zu vergegenwärtigen, dass er ebenso die Zirkulation immaterieller Güter umfasst. So müssen auch Höflichkeitsformeln, Einladungen, Dienste und Gefallen erwidert werden.[60] Das ist teils auch bei uns noch der Fall: Wenn wir einer Freundin bei einem Umzug, der Korrektur einer akademischen Abschlussarbeit oder der Planung einer großen Feier helfen, so besteht in der Regel die unausgesprochene Erwartung, dass sie dasselbe für uns tun würde und den erwiesenen Gefallen zu gegebener Zeit erwidert. Während die Erwartung der Gegenseitigkeit in modernen Gesellschaften jedoch größtenteils auf den sozialen Nahbereich (Freundeskreis, Partner, Familie) beschränkt bleibt, durchdringt sie in den ›traditionellen‹ Gesellschaften *sämtliche* Sphären des gesellschaftlichen Lebens. Weit davon entfernt, im sozialen Leben der genealogischen Gesellschaften ein vielleicht spektakuläres, aber letztlich doch vernachlässigenswertes Randphänomen darzustellen, bildet der Gabentausch vielmehr eine grundlegende Tatsache ihrer gesamten Seinsweise. Mauss bezeichnet ihn daher (in Anlehnung an Durkheim) als »System der totalen Leistungen« und »totales« gesellschaftliches Phänomen – bei diesem Ausdruck, der an verschiedenen Stellen[61] auftaucht, handelt es sich um einen der Schlüsselbegriffe des Essays.

Die totale soziale Tatsache

Doch was genau ist unter einem »totalen« gesellschaftlichen Phänomen zu verstehen? Und inwiefern stellt die Praxis der Gabe eine totale soziale Tatsache dar? In dieser Frage kann uns Marcel Hénaff weiterhelfen, der in Mauss' Verwendungsweisen dieses Ausdrucks drei Bedeutungsrichtungen unterscheidet.[62]

Total ist der Gabentausch erstens insofern, als er in allen Dimensionen des gesellschaftlichen Lebens gleichzeitig zum Ausdruck kommt, ohne dass sich ein bestimmter Bereich privilegieren ließe. Zu sagen, bei der Gabe handele es sich ausschließlich um ein ökonomisches Phänomen, ausschließlich um ein rechtliches oder moralisches, würde den Sinn dieser Praxis verfehlen. »Es handelt sich«, wie Mauss an späterer Stelle schreibt,

> also um mehr als nur um Motive oder institutionelle Elemente, um mehr als komplexe Institutionen, sogar um mehr als Systeme von Institutionen, unterteilt in Religion, Recht, Wirtschaft etc. Wir haben es mit ›Ganzheiten‹ zu tun, mit gesellschaftlichen Systemen in ihrer Gesamtheit.[63]

Dieses Zitat weist bereits auf die zweite Bedeutung hin. Totalität liegt auch in dem Sinne vor, dass es die Gesellschaft *als ganze* ist, die bei dem Gabentausch in Erscheinung tritt und handelt (dies trifft, wie wir später sehen werden, auch auf das System der rächenden Gerechtigkeit zu). Wie Mauss betont, findet der zeremonielle Austausch von Gaben »fast niemals [...] im Rahmen eines zwischen Individuen abgeschlossenen Handels« statt; es sind »nicht Individuen, sondern Kollektive, die sich gegenseitig verpflichten, die austauschen und kontrahieren«.[64] Darin liegt ein wesentlicher Unterschied zwischen den genealogischen Gesellschaften und den modernen. Während das Schenken bei uns größtenteils zu einer Privatsache geworden ist, stellt es in jenen Gesellschaften eine Angelegenheit dar, von der alle Mitglieder einer genealogischen Einheit (Clans, Stämme, Familien, Lineages) betroffen sind. Auch dort, wo bestimmte Individuen als Anführer in Erscheinung treten, handeln diese nicht in ihrem eigenen Namen, sondern stellvertretend für die gesamte Gruppe. So schreibt Mauss mit Bezug auf die Kwakiutl, eine indigene Gesellschaft der amerikanischen Nordwestküste: »Totale Leistung liegt in dem Sinne vor, daß wirklich *der ganze Clan* durch die Vermittlung seines Häuptlings kontrahiert, *für alle seine Mitglieder, für alles, was er besitzt, und für alles, was er tut.*«[65] In dem Zitat kündigt sich eine Bindung an, die sowohl nach innen als auch nach außen wirkt. Indem sich der Clan durch den Austausch von Gaben mit einer anderen Gruppe verbindet, bestärkt sich auch sein innerer Zusammenhalt. Zugleich deutet sich an, dass die Fähigkeit, sich zu binden, eine charakteristische Haltung voraussetzt, die man vielleicht am besten mit dem schönen Wort *Verbindlichkeit* bezeichnen kann: Jemand, der verbindlich ist, steht ein für das, was er tut, für diejenigen, die zu ihm gehören, und für das, was ihm gehört.

Mauss weist immer wieder darauf hin, dass das Ansehen der Gruppe, ihr Prestige und ihre Geltung, wesentlich davon abhängt, in welcher Haltung sie den Gabentausch vollzieht. Es geht darum, den Austausch »auf eine vornehme, dem Anschein nach völlig desinteressierte und bescheidene Art«[66] zu führen. Bei alledem handelt die Gruppe als ungeteilte Einheit. Tatsächlich reicht diese Einheit noch über das Soziale hinaus. Wie Marcel Hénaff herausstellt, impliziert die totale soziale Tatsache eine Art der Beziehung, die nicht nur zwischen allen Individuen einer Gruppe und allen ihren Statusschichten und Untergruppen besteht, sondern auch »zwischen den Menschen und den Dingen, den natürlichen und den übernatürlichen Wesen, den Lebenden und den Toten, den Menschen und den Geistern«.[67] Kurzum: »Die zeremonielle Gabe ist als soziale Tatsache nur deshalb total, weil sie auch kosmisch ist.«[68]

Die dritte Bedeutungsrichtung des Ausdrucks ›total‹ bezieht sich auf die umfassende geographische und historische Verbreitung des Gabentauschs. In Gesellschaften des genealogischen Typs ist die Beziehung der Gabe zwar stärker institutionalisiert, tatsächlich lässt sie sich jedoch überall nachweisen. Mauss gelangte zu der Überzeugung, dass die grundlegenden Prinzipien des Gabentauschs »unterschwellig auch noch in unseren Gesellschaften wirken«, und ging davon aus, »hier einen der Felsen gefunden zu haben, auf denen unsere Gesellschaften ruhen«.[69] Ihre umfassende sozialintegrative Wirkung hat die Beziehung der Gabe in den modernen Gesellschaften zwar eingebüßt; das heißt jedoch nicht, dass sie vollständig aus ihnen verschwunden wäre. Mauss selbst nennt dafür einige Beispiele: So fühlen auch wir uns heute »bei unseren Weihnachtsgeschenken,

Parties, Hochzeitsfeiern, Einladungen« dazu verpflichtet, uns zu revanchieren.[70] Aber nicht nur im privaten Bereich, sondern auch im öffentlichen Leben bleibt die Logik der Gabe, wenn auch in subtileren Formen, allgegenwärtig. So unterliegt der gesamte Bereich der Höflichkeit, der Etikette und des sozialen Umgangs dieser Logik, was sich etwa im Austausch von Komplimenten oder kleinen Gesten der Freundlichkeit zeigt.[71] Dass es auch hier einen eigentümlichen Zwang zur Erwiderung gibt, lässt sich anhand eines so alltäglichen Phänomens wie der Geste des Grüßens zeigen, deren Bedeutung Hans Joas folgendermaßen ausbuchstabiert:

> Selbst die trivialsten Gaben unseres sozialen Alltagslebens [...] tragen schon immer die Anmutung einer Verpflichtung in sich [...]. Wer uns etwa in Form eines Grußes Bekanntschaft, Respekt, Zuwendung signalisiert, uns also vielleicht nur für einen kleinen Augenblick Aufmerksamkeit schenkt und dieser Aufmerksamkeit symbolischen Ausdruck verleiht, kann einen Gegengruß erwarten. Im Gruß steckt eine Verpflichtung zum Gegengruß oder zumindest zu einer fragenden Entgegnung, und diese Verpflichtung ist so stark, daß selbst die Verweigerung des Gegengrußes einen kommunikativen Sinn annimmt. Nach dem einseitigen Gruß können wir nicht mehr ›nicht kommunizieren‹.[72]

Im Akt des Grüßens drückt sich mehr aus als eine bloße Konvention: Der Gruß, der unerwidert bleibt, der herablassende oder der blasierte Gruß verweigern dem Gegenüber eine bestimmte Form der Anerkennung. Wie bei der zeremoniellen Gabe, so hängt auch beim Austausch von Höflichkeiten die Bedeutung einer Geste wesentlich davon ab, in welcher Haltung sie vollzogen wird. Einen Gruß nicht zu erwidern, sich für eine Einladung oder einen erwiesenen Gefallen nicht zu revanchieren, wird nach wie vor als Mangel an Wertschätzung empfunden werden und kann zu einer nachhaltigen Verstimmung der entsprechenden Beziehung führen. Im Bereich der Diplomatie mit ihrem ausgereiften Zeremoniell, in dem jedes falsche Wort und jede falsche Geste genau registriert werden, lassen sich hierfür zahlreiche Beispiele finden. Kurzum, die Logik der Gabe besteht auch in den modernen Gesellschaften fort. Total ist die Relation der

Gabe also auch insofern, als es sich dabei um ein universell verbreitetes Phänomen handelt, das sich in unterschiedlichen Formen und Ausprägungen in allen Gesellschaften aufweisen lässt.

Dies sind die drei Bedeutungen, die sich mit dem ›totalen‹ sozialen Charakter der Gabe verbinden: »Sie betrifft alle institutionellen Aspekte einer Gesellschaft, sie verpflichtet die ganze Gesellschaft, sie existiert in jeder Gesellschaft.«[73]

Die drei Elemente der Gabe: Geben, Nehmen, Erwidern

Vor diesem Hintergrund versteht man bereits besser, weshalb Mauss die Verpflichtung, eine empfangene Gabe mit einer Gegengabe zu erwidern, in den Fokus seiner Untersuchungen stellt. Denn im modernen Verständnis der Gabe ist das Moment der Gegenseitigkeit keineswegs notwendig impliziert. Laut Wörterbuch bedeutet das Verb geben »jemanden zum Eigentümer von etwas machen«[74] – man händigt einem anderen etwas aus, man schenkt oder überlässt ihm etwas, das einem selbst gehört. Der Akzent liegt auf der freiwilligen Übertragung von Eigentum. Der eine gibt, der andere nimmt. Keine Rede davon, dass das Gegebene erwidert werden muss. Im Gegenteil, der Akt des Gebens gilt in moralischer Hinsicht als umso lobenswerter, je weniger er an die Erwartung geknüpft wird, für das Gegebene etwas zurückzuerhalten. Das Fehlen dieser Erwartung gilt als Merkmal dessen, was Derrida als »reine Gabe« bezeichnet.[75] Eine Gabe, die »nach Entgelt schielt«, wie es im *Hávámal* heißt, wäre bereits kontaminiert. Die reine Gabe läuft nur in eine Richtung. Ihr Sinnbild ist der anonyme Spender, der gibt, ohne seinen Namen zu nennen, der seine Identität nicht preisgibt, um den Empfänger nicht in ein Verhältnis der Abhängigkeit und Schuld zu zwingen. Diese Form der Gabe bleibt einseitig und asymmetrisch. Sie ist nicht darauf angelegt, dauerhafte Beziehungen zu stiften; aus ihr gehen weder Freundschaft noch Feindschaft hervor. Mit der Gabe, von der Mauss spricht, hat diese Gabe – die sich als moralisch oder caritativ charakterisieren lässt – indes wenig zu tun. Mauss zufolge lautet das Gegenstück zu Geben nämlich nicht Nehmen, sondern Erwidern, Zurückgeben. Genauer gesagt, handelt es sich um drei Elemente, die zusammen eine einzige Sequenz bilden: *Geben, Nehmen, Erwidern*. Diese drei Gesten sind nicht voneinander zu trennen. Es handelt sich, wie Mauss immer wieder betont, um »drei Motive eines einzigen Komplexes«[76], drei Verpflichtungen, die

> nur *eine* Tatsache zum Ausdruck [bringen], *ein* soziales System, *eine* bestimmte Mentalität: daß nämlich alles [...] Gegenstand der Übergabe und der Rückgabe ist. Alles kommt und geht, als gäbe es einen immerwährenden Austausch einer Sachen und Menschen umfassenden geistigen Materie zwischen den Clans und den Individuen, den Rängen, Geschlechtern und Generationen.[77]

Es würde also in die Irre führen, wenn man den Akt des Gebens von den beiden anderen Gesten isoliert. Das Phänomen des Gabentauschs lässt sich nur angemessen verstehen, wenn man diese drei Verpflichtungen in ihrer Einheit begreift. Doch inwiefern haben diese Gesten einen verpflichtenden Charakter? Wie lässt sich die Art dieser Verpflichtung genauer verstehen? Mauss antwortet darauf mit Feststellungen wie der folgenden: »Sich weigern, etwas zu geben, es versäumen, jemand einzuladen, sowie es ablehnen, etwas anzunehmen, kommt einer Kriegserklärung gleich; es bedeutet, die Freundschaft und die Gemeinschaft verweigern.«[78] Man kann sich die Bedeutung dieser Passage vielleicht am besten erschließen, wenn man den Satz sozusagen von seinen Rändern her liest und das Zentrum ausspart: *»Sich weigern, etwas zu geben* [...] *bedeutet, die Freundschaft und die Gemeinschaft verweigern.«* Die moderne Populärkultur hat eine emblematische Figur für diese Weigerung hervorgebracht: *Dagobert Duck* in seinem hermetisch abgeriegelten Geldspeicher, wo er allein auf einem Berg aus Goldtalern sitzt und argwöhnisch über sein Vermögen wacht. Das Besondere an Dagobert Duck ist nicht so sehr die Tatsache seines phantastischen Reichtums (es gibt in der modernen Popkultur zahlreiche andere Figuren, die ebenso reich sind, es aber nicht zu einer annähernd großen Popularität gebracht haben) und auch nicht die Tatsache seines ebenso phantastischen Geizes, sondern der Umstand, dass er die Gegenwart seines Vermögens ganz unverhohlen jeder Form der Gemeinschaft und des sozialen Beisammenseins vorzieht. Nichts verschafft Dagobert Duck eine innigere Freude als das täglich rituell vollzogene Bad in seinem Berg aus Gold.

Im Hinblick auf die Sanktionen, die ein Verstoß gegen eine der drei Verpflichtungen zur Folge hat, bleibt Mauss relativ vage.[79] Gleichwohl wird deutlich, dass es sich bei dem verpflichtenden Charakter der Gabe mithin kaum um dieselbe Form von Pflicht handelt, die uns etwa dazu zwingt, Steuern zu zahlen oder unsere Kinder in die Schule zu schicken. Die Verpflichtung, eine empfangene Gabe mit einer Gegengabe zu erwidern, ist ausschließlich *sozial* verankert und nicht gesetzlich. Mit den sogenannten staatsbürgerlichen Pflichten hat sie nichts zu tun. Überhaupt erscheint der Begriff der Pflicht, so wie er sich in der europäischen Moralphilosophie herausgebildet hat, nur wenig geeignet, zum besseren Verständnis des institutionellen Gabentauschs beizutragen. Dieser zeichnet sich nämlich dadurch aus, dass Zwang und Freiwilligkeit sich hier in einer eigentümlichen, paradox erscheinenden Weise vermischen. Mauss spricht von dem »sozusagen freiwilligen, anscheinend selbstlosen und spontanen, aber dennoch zwanghaften und eigennützigen Charakter dieser Leistungen«.[80] An anderer Stelle heißt es, dass sich diese Leistungen und Gegenleistungen »in einer eher freiwilligen Form« vollziehen, »obwohl sie im Grunde streng obligatorisch sind«.[81] Wie lässt sich dieser Widerspruch verstehen? Was heißt es zu sagen, dass eine Gabe zugleich freiwillig und obligatorisch sei? Wie genau kann man sich eine derartige Form der Verpflichtung vorstellen?

Diese Fragen bieten eine willkommene Gelegenheit, uns zwei konkreten Beispielen aus der Ethnologie zuzuwenden, anhand derer sich vergegenwärtigen lässt, in welchen spezifischen Praktiken und institutionellen Arrangements die Ordnung der Gabe in den genealogischen Gesellschaften in Erscheinung tritt. Werfen wir also einen Blick auf die beiden Gabentauschsysteme, denen Mauss seine wichtigsten Eingebungen verdankt: den auf den Trobriand-Inseln praktizierten *Kula* und den von den indigenen Bewohnern der amerikanischen Nordwestküste praktizierten *Potlatsch*. Diese beiden Termini aus den lokalen Sprachen sind, nicht zuletzt dank Mauss' Untersuchung, mittlerweile zu festen Begriffen der anthropologischen Literatur geworden.

Der Kula

Beim Kula handelt es sich um ein intertribales Tauschsystem, das Bronislaw Malinowski – einer der Gründerväter der modernen Ethnologie – während eines mehrjährigen Feldaufenthaltes auf den Trobriand-Inseln untersucht hat. Die Bewohner dieses im Südwestpazifik gelegenen Archipels, das heute zu Papua-Neuguinea gehört, sind »seit jeher vorzügliche Handelsleute und kühne Seefahrer«[82] gewesen. Daher der Name, den Malinowski ihnen gegeben hat: *Argonauts of the Western Pacific* – Argonauten des westlichen Pazifiks.[83] Die gleichnamige Monographie, die Malinowski im Anschluss an seine Feldforschung 1922 veröffentlicht hat, gehört zu den Gründungstexten der modernen Ethnologie. Der Untertitel – *An Account of Native Enterprise and Adventure in the Archipelagoes of Melanesian New Guinea* – deutet bereits an, worum es beim *Kula* geht: Jahr für Jahr treten die Bewohner des Archipels aufwendige und sorgfältig vorbereitete Expeditionen an, die sie von Insel zu Insel führen. Während dieser Expeditionen, die mehrere Monate dauern können, tauschen die Bewohner der verschiedenen Inselgemeinschaften unterschiedliche Güter aus. Die Trobriander nennen diese Güter *vaygu'a*. Zwei Gruppen von Objekten stehen für sie im Zentrum der Tauschhandlungen: erstens *mwali*, aus Muscheln hergestellte Armreifen (sie gelten als weiblich, werden von den Männern getragen und reisen stets von Osten nach Westen), und zweitens *soulava*, Halsketten aus Perlmutt (sie gelten als männlich, werden von den Frauen getragen und bewegen sich in umgekehrter Richtung von West nach Ost).[84] Einer mythischen Erzählung zufolge streben diese Objekte zueinander wie Mann und Frau zur Hochzeit.[85] Das Wort Kula, das Malinowski unübersetzt lässt, heißt vermutlich Ring und

> in der Tat scheint es, als seien alle jene Stämme, ihre überseeischen Expeditionen, Wert- und Gebrauchsgegenstände, Nahrungsmittel und Feste, Dienstleistungen aller Art […] in einen Ring eingeschlossen, innerhalb dessen sie räumlich wie zeitlich eine gleichmäßige Bewegung beschreiben.[86]

Diese Bewegung ist virtuell unbegrenzt; es ist »ein immerwährendes ›Geben und Nehmen‹«[87], wie Mauss unter Rekurs auf eine Formulierung Malinowskis schreibt, »ein ewiges *Give and Take*«.[88]

Die Erwiderung erfolgt nicht unmittelbar im Anschluss an die erste Gabe, sondern mit einem gebührenden *zeitlichen Abstand*: »die Empfänger von heute [sind] die Geber von morgen«.[89] Die Beziehung der Rache und die Beziehung der gegenseitigen Gabe sind in dieser Hinsicht homolog: Wie bei der Rache so ist auch beim Gabentausch die Replik zeitlich von der Eröffnung getrennt. Die Umkehr des Richtungsvektors erfolgt erst, nachdem eine gewisse Zeitspanne verstrichen ist (die Verletzten von heute, so ließe sich analog zu Mauss sagen, werden die Verletzer von morgen sein).

Mauss hebt eine Reihe von Merkmalen hervor, die für den Kula-Ring charakteristisch sind. Zunächst ist da der »feierliche«[90] Charakter des Tausches. Die Schenkung selbst wird von zahlreichen zeremoniellen Handlungen (Blasen des Muschelhorns, Ankündigungen des Herolds, magische Beschwörungen) begleitet, die den nicht-alltäglichen Charakter der Transaktion zum Ausdruck bringen. Die Gaben werden in einer festlichen, dem außerordentlichen Anlass entsprechenden Haltung überreicht. »Bei alledem ist man bestrebt, Freigebigkeit, Ungebundenheit, Autonomie und zugleich Größe zu zeigen.«[91] *Megalopsychia* – Großgesinntheit oder Seelengröße – hätte Aristoteles dazu wohl gesagt.[92] Der Kula ist, wie Mauss sagt, »ein aristokratischer Handel«.[93] Die Bewohner der Inseln legen großen Wert darauf, ihn vom gewöhnlichen Handel – dem einfachen Austausch nützlicher Dinge, den sie *gimwali* nennen – zu unterscheiden.[94] Während beim *gimwali*, dem Handel mit den Gütern des täglichen Gebrauchs, heftig gefeilscht werden darf, gilt ein solches Verfahren beim zeremoniellen Gabentausch als unwürdig. »Von einem Individuum, das den Kula nicht mit der nötigen Seelengröße betreibt, sagt man, er betreibe ihn ›wie einen gimwali‹.«[95] Auch wenn der Kula von zahlreichen anderen Tauschhandlungen flankiert wird, so bleibt er doch das Zentrum und Ziel der ganzen Unternehmung. Er gilt nicht dem Nützlichen, sondern dem Schönen. Dem entspricht der besondere Status, den die Inselbewohner den Halsketten und den Armreifen zuschreiben. Für die

Trobriander sind die *vaygu'a* »keine indifferenten Dinge« – sie erzählen eine Geschichte, haben eine Persönlichkeit und oftmals sogar einen Namen.[96]

Ein weiteres spezifisches Merkmal besteht in der streng formalisierten Abfolge der einzelnen Tauschhandlungen.[97] Die erste Gabe heißt *vaga* – ein Ausdruck, den Malinowski mit *opening gift* übersetzt. Sie dient dazu, den Reigen der Tauschhandlungen zu eröffnen, indem sie das Gegenüber auf spielerische Weise zur Annahme der dargebotenen Gaben verführt und damit eine Gegengabe herausfordert. Diese Gegengabe wird *yotile* genannt – *clinching gift* in Malinowskis Übersetzung. Es ist die Gabe, die den Tausch ›verriegelt‹. Das ganze Geschehen trägt den Charakter einer Herausforderung, die Mauss in Begriffen des Spiels und der Verführung beschreibt. Man stellt seine Gaben aus, man umwirbt einander, »der Geber gefällt sich in einer übertriebenen Bescheidenheit«[98]; die erste Gabe (*vaga*) gleicht dem Eröffnungszug in einer Schachpartie, ist Einladung und Herausforderung zugleich: »Eine dieser Gaben annehmen heißt, seine Bereitschaft zeigen, in das Spiel einzutreten und darin zu bleiben.«[99] Trotz des spielerischen Charakters steht bei diesen Transaktionen, wie Mauss schreibt, doch »viel auf dem Spiel: aus der Verbindung, die man zu schaffen sucht, entsteht eine Art Clanverhältnis zwischen den Partnern.«[100] Ob diese Verbindung zustande kommt, ist keineswegs von vornherein garantiert. Die Gabe kann auch scheitern. Der Geber kann vorher nicht wissen, ob es ihm tatsächlich gelingt, im Empfänger die Verpflichtung zur Gegengabe hervorzurufen. Das Ganze bleibt also ein riskantes Unterfangen. Wie Iris Därmann schreibt, gibt es für den

> ununterbrochenen Strom der Gaben, und das heißt für die unaufhörliche Bildung und Unterhaltung von Sozialität, [...] keinerlei Garantien, schon gar nicht im Vertrauen auf ein unverbrüchliches Gesetz oder Prinzip der Reziprozität. Die Gabenkette kann im Gegenteil jederzeit reißen, und jede Gabe – nicht nur die übermäßige – kann aus Zufall, Absicht oder Vergesslichkeit unerwidert bleiben.[101]

Für die Bewohner der Trobriand-Inseln besitzt der Kula eine Bedeutung, die das gesamte soziale Leben bestimmt. Die alljährlich stattfindenden Expeditionen schaffen ein Geflecht persönlicher Beziehungen, das sich wie ein unsichtbares Netz über die Inseln legt und deren Bewohner miteinander verbindet. Die unaufhörliche Bewegung der Gaben, die von den Tauschenden nie vollständig losgelöst sind, schafft eine Verbindung und Gemeinschaft, die Mauss als »fast unzerstörbar«[102] bezeichnet. »In Wirklichkeit«, so fasst Mauss die Bedeutung dieses Gabensystems abschließend zusammen,

> bringt dieses Symbol des sozialen Lebens – der permanente Einfluß der ausgetauschten Dinge – nichts anderes zum Ausdruck als die Art und Weise, wie die Untergruppen dieser segmentierten Gesellschaften archaischen Typs ineinandergreifen und fühlen, daß sie einander alles schulden.[103]

Der Potlatsch

Der Potlatsch stellt die bei weitem bekannteste und extremste Form des traditionellen Gabentauschs dar. Praktiziert wird er von den indigenen Gesellschaften, die die Küsten Nordwestamerikas und Alaskas bewohnen. Vielen gilt der Potlatsch als Paradebeispiel für das traditionelle System der Gabe. Gerade außerhalb der Ethnologie wird er oftmals für ein exemplarisches Modell gehalten, anhand dessen sich die ursprüngliche Bedeutung der zeremoniellen Gabe am besten aufweisen lasse. Georges Bataille etwa hat den Potlatsch »emphatisch als exzessiven Wahnsinn der Gabe begrüßt«[104] und glaubte, in ihm ein radikales Gegenmodell zur modernen westlichen Ökonomie zu erkennen. Doch kann der Potlatsch tatsächlich als typischer Ausdruck der Gabenbeziehung gelten? Wir werden am Ende des Abschnitts darauf zu sprechen kommen, weshalb diese Frage eindeutig verneint werden muss. Es handelt sich dabei um eine Fehleinschätzung, die jedoch, zumindest zum Teil, von Mauss selbst provoziert wurde. Gerade weil der Potlatsch so häufig zum Schauplatz der Auseinandersetzungen über die Bedeutung der Gabe gemacht worden ist, und gerade weil es so naheliegend ist, in ihm ein Modell für die Rache zu erkennen, ist es nötig, einen genauen Blick auf diese Institution zu werfen. Was also hat es mit dem Potlatsch genau auf sich? Und woher rührt die Faszination, die er auf so viele westliche Denker ausgeübt hat?

Um die Bedeutung des Potlatsch richtig einschätzen zu können, ist es notwendig, sich zunächst mit den sozialstrukturellen Eigenheiten der indigenen Gesellschaften vertraut zu machen, bei denen die als Potlatsch bezeichneten Gabenfeste praktiziert wurden. Die indigene Bevölkerung der amerikanischen Nordwestküste teilt sich auf in verschiedene Gesellschaften, die den Namen des jeweiligen Stammes tragen (Kwakiutl, Tlingit, Haida, Tsimshian und weitere). Als Küstenbewohner ernähren sie sich traditionellerweise hauptsächlich vom Fischfang und von der Jagd. Gemäß der in der Ethnologie üblichen Unterscheidung zwischen a) jagenden und sammelnden, b) pastoralen und c) Ackerbau betreibenden Gesellschaften entspricht ihre Lebensform also dem ersten Typ. Es gibt jedoch zwei Merkmale, in denen sie sich deutlich von anderen Gesellschaften dieses Typs unterscheiden. Ungewöhnlich ist erstens ihr Reichtum und das hohe Niveau ihrer materiellen Kultur. Obwohl sie keinen Ackerbau betreiben, erzielen diese Gesellschaften mit dem Fischfang, der Jagd und dem Handel mit Pelzen Überschüsse an Reichtum, denen Mauss bescheinigt, »auch nach europäischen Maßstäben beträchtlich«[105] zu sein. Überhaupt zeigt sich Mauss beeindruckt von der Qualität ihrer materiellen Hervorbringungen. So rühmt er sie für den Bau ihrer Boote und Häuser (»die stabilsten [...] aller amerikanischen Stämme«), erwähnt eine »hochentwickelte Zedernindustrie«, hebt ihre Fähigkeiten als »vorzügliche Schnitzer und Handwerker« hervor und verweist darauf, dass sich diese Gesellschaften bereits vor der Einführung des Eisens im 18. Jahrhundert auf das Schmelzen und Bearbeiten von Kupfer verstanden und es darin zu hoher Kunstfertigkeit brachten.[106] Wenn Mauss davon spricht, dass die von den Nordwestküstenindianern hergestellten Artefakte »die Zierde unserer ethnographischen Sammlungen [bilden]«[107], dann verrät sich darin nicht nur seine Anerkennung, sondern auch etwas über das Ausmaß der ökonomischen und kolonialen Verflechtungen, die bereits zum Zeitpunkt ihrer Erforschung zwischen diesen Stämmen und den europäischen Siedlern bestanden. Das zweite Merkmal, in dem sich die Stämme der amerikanischen Nordwestküste von anderen jagenden und sammelnden Gesellschaften unterscheiden, betrifft den Umstand, dass ihre Sozialstruktur von ungewöhnlich stark ausgeprägten Rangunterschieden bestimmt wird. So gibt es eine Art Klassensystem mit Adligen, Nichtadligen und Sklaven; außerdem zahlreiche Ränge, Ämter und Titel, durch die sich die Anführer der verschiedenen Clans und Familien in ihrer Stellung hervortun können. Zwischen diesen beiden Merkmalen – ausgeprägter Reichtum sowie ausgeprägte Rangunterschiede – und der Form, die der Gabentausch bei diesen Gesellschaften annimmt, besteht ein enger Zusammenhang: Der materielle Überfluss begünstigt eine starke Ungleichverteilung von Eigentum, und diese wiederum begünstigt die Möglichkeit, sich durch aufwendige Feste und besonders großzügige Gaben hervorzutun und dadurch auf der sozialen Stufenleiter aufzusteigen.

Die als Potlatsch bezeichneten Gabentauschfeste finden in einem bestimmten Zyklus statt, der sich an den Jahreszeiten orientiert. Die Stämme unterscheiden zwischen einem »Sommerleben« (dies ist die Zeit des Sammelns, Jagens und Fischens) und einem »Winterleben« (dies ist die eigentliche Zeit des Sozialen, in der die angehäuften Güter verbraucht werden).[108] Während des Winters gewinnt das gesellschaftliche Leben eine außerordentliche Intensität; »ununterbrochen gibt es Besuche ganzer Stämme untereinander, ganzer Clans und Familien. Ein Fest folgt dem anderen.«[109] Was im Sommer erwirtschaftet und an Gütern zusammengehäuft wurde, wird bei diesen Festen mit vollen Händen wieder ausgegeben. »Nach allen Richtungen hin werden Potlatschs gegeben, in Erwiderung anderer Potlatschs der gleichen Art. Wie in Melanesien ist dieser Prozeß ein ewiges *Give and Take.*«[110]

In seinen grundlegenden Strukturen gleicht der Potlatsch dem Gabentausch, wie er auf den Trobriand-Inseln und in zahlreichen anderen Teilen der Welt praktiziert wird. Auch hier besteht die dreifache Verpflichtung zu geben, zu nehmen und zu erwidern; auch hier handelt es sich nicht um eine gewöhnliche ökonomische Transaktion, sondern um eine »aristokratische Form«[111] des Austauschs; auch hier kann man durch besonders großzügige Gaben an Ansehen gewinnen. Was den Potlatsch jedoch von anderen Formen des zeremoniellen Gabentauschs unterscheidet, ist »die Heftigkeit, die Übertreibung und de[r] Antagonismus, den er hervorruft«[112] – kurzum, sein extrem agonaler Charakter.

Der Potlatsch ist ein regelrechter Wettstreit im Geben. Das Moment der Herausforderung wird beim Potlatsch derart übersteigert, dass es mitunter bis zur totalen Verausgabung führt. »Bei einigen Potlatschs«, so referiert Mauss, »ist man gezwungen, alles auszugeben, was man besitzt; man darf nichts zurückbehalten. Derjenige, der seinen Reichtum am verschwenderischsten ausgibt, gewinnt an Prestige. Alles gründet auf dem Prinzip des Antagonismus und der Rivalität.«[113] Durch die exzessive Verschwendung des eigenen Reichtums bringt sich der Geber in eine überlegene Position. Die Kwakiutl sprechen davon, dass der Name des Potlatsch-Gebers ›Gewicht gewinnt‹, während der des Empfängers ›Gewicht verliert‹.[114] Um sein Ansehen wiederherzustellen, ist dieser gezwungen, einen noch aufwendigeren Potlatsch zu geben, bei dem die empfangenen Gaben nicht nur erwidert, sondern auch noch übertroffen werden. Ziel ist es, so übermäßig zu geben, dass eine Replik unmöglich wird. Um dem Rivalen den Rang abzulaufen, nehmen einige Häuptlinge sogar den eigenen Ruin in Kauf. Eine lokale Redeweise spricht von einem ›Kampf mit Eigentum‹ – ein Ausdruck, den Mauss zum Begriff des »Eigentumskrieges« ummünzt, um die destruktive Dynamik und die teilweise verheerenden Folgen der indigenen Gabenfeste zum Ausdruck zu bringen. Diese gipfeln bisweilen in der ostentativen Zerstörung gewaltiger Gütermengen:

> In einigen Fällen geht es nicht einmal um Geben und Zurückzahlen, sondern um Zerstörung, nur um nicht den Anschein zu erwecken, als legte man Wert auf eine Rückgabe. Man verbrennt ganze Kisten mit Kerzenfischen […] oder Walfischöl, Häuser und Tausende von Wolldecken; man zerbricht die wertvollsten Kupferplatten oder wirft sie ins Wasser, um einen Rivalen auszustechen, ›flach zu machen‹.[115]

Ebenso drastisch wie der Verlauf, den diese Feste nehmen können, sind die Sanktionen, die denen drohen, die sich als unfähig erweisen, einen Potlatsch zu erwidern. Die zentrale Vorstellung bildet dabei der Begriff der Ehre, wobei Ehre, Autorität, Reichtum und Glück im geistigen Kosmos der betreffenden Gesellschaften ein semantisches Amalgam bilden und einander bedingen.[116] Ein Häuptling ist verpflichtet, Potlatschs zu geben, um die Autorität über seine Gruppe und seinen Rang unter den anderen Häuptlingen zu erhalten. Nur so kann er zeigen, »daß er von den Geistern begünstigt wird, daß er Glück und Reichtum besitzt [...]. Und seinen Reichtum kann er nur dadurch beweisen, daß er ihn ausgibt, verteilt und damit die anderen demütigt, sie ›in den Schatten seines Namens‹ stellt.«[117] Wer dazu nicht in der Lage ist, verliert unweigerlich an Ansehen und Autorität. Dieser Verlust hat ernste und weitreichende Konsequenzen,

> denn sein Ansehen verlieren bedeutet in Nordwestamerika, seine Seele verlieren: es ist wirklich das »Gesicht«, die Tanzmaske, das Recht, einen Geist zu verkörpern, ein Wappen oder Totem zu tragen – es ist wirklich die *persona*, die auf dem Spiel steht und die man beim Potlatsch, dem Spiel der Gaben, verliert, so wie man sie im Krieg oder aufgrund eines Verstoßes gegen das Ritual verlieren kann.[118]

Wer sein Gesicht verliert, stirbt eine Art sozialen Tod; im schlimmsten Fall drohen der Verlust der Freiheit und die Schuldknechtschaft.[119] »Wie man sieht«, so stellt Mauss mit Blick auf den Potlatsch etwas konsterniert fest, »richtet der Begriff der Ehre [...] hier wahre Verwüstungen an.«[120]

Die extrem agonale Form, die der Gabentausch bei den Bewohnern der amerikanischen Nordwestküste annimmt, ist zweifellos bemerkenswert. Man versteht nun wesentlich besser, woher die große Faszination des Potlatsch rührt – scheint diese Praxis doch alle Prinzipien der Ökonomie, so wie wir sie kennen, auf den Kopf zu stellen. Vor diesem Hintergrund nimmt es nicht wunder, weshalb viele europäische Denkerinnen und Denker der Versuchung erlagen, im Potlatsch ein radikales Gegenmodell zur modernen ökonomischen Vernunft zu erkennen. Noch wichtiger jedoch ist der folgende Punkt: Die Neigung zur Verschwendung und absoluten Verausgabung, die Bereitschaft, seine ganze Existenz für die Ehre aufs Spiel zu setzen, der unbedingte Wille zur Überbietung, der nicht einmal vor der totalen Zerstörung haltmacht – alle diese Züge erinnern unweigerlich an ebenjene Attribute, die in unserer Gesellschaft regelmäßig mit der Rache assoziiert werden. Es hat also den Anschein, als ob der ethnologische Diskurs an dieser Stelle ungewollt das in unserer Gesellschaft vorherrschende Bild der Rache als einer wilden, irrationalen und zutiefst dysfunktionalen sozialen Einrichtung bestätigt, also genau diejenige Auffassung, die wir mithilfe der Ethnologie zurückzuweisen suchten. Gerade deshalb ist die folgende Frage von zentraler Bedeutung: Der Potlatsch ist zweifellos eine spektakuläre Manifestation des Gabentauschs, aber ist er auch eine typische? Handelt es sich bei ihm um ein verallgemeinerungsfähiges Phänomen, das geeignet ist, über den traditionellen Gabentausch als solchen Auskunft zu geben, oder muss er vielmehr als Ausnahme und Sonderfall betrachtet werden?

Mauss' eigene Position in dieser Frage bleibt unklar. Einerseits spricht er zwar davon, dass der Potlatsch, so wie er bei den Gesellschaften der amerikanischen Nordwestküste praktiziert wird, »nur eine monströse Ausgeburt des Geschenksystems«[121] sei, das heißt eine pervertierte Form der Gabe. Diese Feststellung hindert ihn andererseits aber nicht daran, den Begriff aus seinem ursprünglichen Kontext zu lösen und zu einem Terminus technicus zu verallgemeinern, den er in der Folge auch auf andere Kulturen überträgt. Dies hatte zur Konsequenz, dass in der weiteren Rezeption des Essays der Ausdruck ›Potlatsch‹ geradezu zum Synonym für ›traditioneller Gabentausch‹ wurde.

Problematisch ist diese Gleichsetzung nun vor allem deshalb, weil Mauss' Ausführungen über den Potlatsch auf einem ethnographischen Quellenmaterial beruhen, dessen Validität sich im Lichte neuerer Forschungen als sehr begrenzt erweist. Dies betrifft insbesondere Franz Boas' Arbeiten über die Kwakiutl, auf dessen Beschreibung des Potlatsch sich Mauss in erster Linie stützt.[122] Als Boas Ende des 19. Jahrhunderts seine Publikationen veröffentlichte, waren die indigenen Gesellschaften der amerikanischen Nordwestküste bereits seit geraumer Zeit massiven kolonialen Einflüssen ausgesetzt, die dramatische Umwälzungen auf demographischer, ökonomischer und politischer Ebene zur Folge hatten. Wenn Boas über den Potlatsch schreibt, dann beschreibt er eine Institution, die zum Zeitpunkt ihrer Erforschung bereits vollkommen dysfunktional geworden war. Zu einem ›Krieg mit Eigentum‹ entwickelte sich der Potlatsch erst unter dem Druck der gesellschaftlichen Verwerfungen, die aus dem Kontakt mit den Europäern resultierten. Ursächlich hierfür waren vor allem drei Faktoren: erstens der dramatische Bevölkerungsrückgang als Folge der von den Weißen eingeschleppten Krankheiten; zweitens die wirtschaftliche Integration der Kwakiutl in die dominante kanadische Ökonomie, die zu einem beträchtlichen Anwachsen des Reichtums führte; und drittens das von den kolonialen Regierungen erlassene Verbot der Stammeskriege.[123] Etwas zugespitzt könnte man sagen, dass der Eigentumskrieg, als den Boas – und Mauss in seinem Gefolge – den Potlatsch beschreibt, erst in dem Moment ausbrach, als die traditionelle Form der Kriegsführung verboten wurde. Man sollte sich also davor hüten, den Potlatsch zum Paradigma der Gabe zu erheben oder in seinem extrem agonalen Charakter einen typischen Ausdruck des traditionellen Gabentauschs zu erkennen – er stellt vielmehr eine Ausnahme und Abweichung dar.

Mauss' Antwort: Der Geber in der gegebenen Sache

Kehren wir, nachdem wir uns mit dem Kula und dem Potlatsch vertraut gemacht haben, noch einmal zu der Frage zurück, mit der Mauss seine Analysen begonnen hat:

> *Welches ist der Grundsatz des Rechts und Interesses, der bewirkt, daß in den rückständigen oder archaischen Gesellschaften das empfangene Geschenk zwangsläufig erwidert wird? Was liegt in der gegebenen Sache für eine Kraft, die bewirkt, daß der Empfänger sie erwidert?*[124]

Ich habe diese Frage oben unkommentiert gelassen. Dabei ist es insbesondere die Formulierung der nachgestellten zweiten Frage (»Was liegt in der gegebenen Sache für eine Kraft, die bewirkt, daß der Empfänger sie erwidert?«), die Anlass zu Erstaunen gibt, da Mauss in ihr seine Antwort implizit bereits vorwegnimmt. Mauss geht nämlich tatsächlich davon aus, dass den »ausgetauschten Sachen eine bestimmte Kraft innewohnt, die sie zwingt, zu zirkulieren, gegeben und erwidert zu werden«.[125] Diese »Kraft der Dinge«[126] ist es, die im Empfänger das Gefühl der Verpflichtung hervorruft und ihn dazu bewegt, die Gabe mit einer Gegengabe zu erwidern. Mauss' Antwort ist ebenso erstaunlich wie erklärungsbedürftig; versuchen wir also, sie besser zu verstehen.

Mit der Hypothese, dass den Dingen selbst eine bestimmte ›Kraft‹ oder ein bestimmter ›Geist‹ innewohnt, schließt sich Mauss den Interpretationen an, die von den indigenen Gesellschaften selbst gegeben werden. Wie wir im Zusammenhang mit dem Kula-Ring gesehen haben, betrachten die Bewohner der Trobriand-Inseln die ausgetauschten Güter nicht bloß als tote Dinge und leblose Objekte: »Alle diese Wertsachen und Zeichen des Wohlstands besitzen [...] eine Persönlichkeit, einen Namen, bestimmte Eigenschaften und Macht.«[127] Die Armreifen und Halsketten sind »so sehr von persönlichem Gefühl, wenn nicht gar von Seele durchdrungen, daß diese Dinge selber am Vertrag teilnehmen«.[128] Mauss wird nicht müde, diesen Umstand zu betonen. Über den Essay verteilt finden sich immer wieder Formulierungen, in denen er darauf insistiert, »daß die empfangene Sache nicht leblos ist. Selbst wenn der Geber sie abgetreten hat, ist sie noch ein Stück von ihm.«[129] An anderer Stelle heißt es, dass »jemand etwas geben soviel heißt, wie jemand etwas von sich selbst geben«.[130] Umgekehrt bedeutet »etwas von jemand annehmen [...], etwas von seinem geistigen Wesen annehmen, von seiner Seele«.[131]

Mauss zufolge besitzt die in der philosophischen Tradition des abendländischen Denkens so grundlegende Unterscheidung zwischen Belebtem und Unbelebtem, zwischen Personen und Sachen in den traditionellen Gesellschaften nicht dieselbe Gültigkeit.[132] Der traditionelle Gabentausch zeuge vielmehr von einer dynamischen

»Vermischung von Personen und Dingen«[133], einer fortwährenden »Verquickung von geistigen Bindungen«[134], wobei die Gabe nicht nur als Medium, sondern auch als Motor dieser Bindungen fungiert. Iris Därmann erläutert diesen Gedanken wie folgt:

> Sobald ein Ding aus den Händen eines Anderen in Empfang genommen worden, und das heißt durch einen performativen Akt [...] zum Geschenk erklärt worden ist, hat es die Linie vom bloßen Ding zur persönlichen Sache passiert und seine Klangfarbe gewechselt. Es ist und enthält mehr als ein Ding oder eine bloße Ware. Der Schenker ist darin auf eigentümliche Weise selbst gegenwärtig. Dieser Zuwachs an Persönlichem über das bloß Dingliche hinaus rührt daher, dass sich der Geber zugleich mit seiner Sache selbst gegeben hat, die nunmehr von ihm affiziert und durchdrungen ist.[135]

Die Gabe schöpft ihre Kraft, den Empfänger zu einer Gegengabe zu verleiten und in ihm das Gefühl einer Verpflichtung zu evozieren, also aus dem Umstand, dass die gegebene Sache niemals vollständig vom Geber losgelöst ist. Sie ist und bleibt ein Teil von ihm. Etwas von seiner Person, seiner Seele oder Identität, ist in diese Gabe eingegangen. »Weil sich [...] *der Geber in dem, was er gibt, persönlich aufs Spiel setzt*«, schreibt Marcel Hénaff, »tritt er einen Teil von sich selbst ab.«[136] Ebendieser Teil ist es, den Mauss als den »Geist der gegebenen Sache«[137] bezeichnet.

Mauss' Terminologie – die Rede von einem Geist oder einer den Dingen innewohnenden Kraft – hat zweifellos etwas Irritierendes. Die dahinter liegende Vorstellung ist uns jedoch gar nicht so fremd, wie sie auf den ersten Blick erscheinen mag. Folgendes Beispiel: Viele Kinder schenken ihren Eltern Bilder, die sie selbst gemalt haben. In der Regel freuen sich die Eltern darüber; sie bewahren die Bilder auf, hängen sie an die Wand oder pinnen sie an den Kühlschrank. Woher rührt diese Freude? Was genau macht diese Art des Geschenks in den Augen der Eltern so wertvoll? Eben der Umstand, dass es niemand anderes als dieses Kind war, das das Bild gemalt hat. Das Bild ist ein Teil des Kindes. Während es dasaß, mit konzentriertem Blick über das Papier gebeugt, den Stift in der Hand, ist etwas von ihm in das von ihm geschaffene Objekt eingegangen. Es wollte seinen Eltern etwas schenken, das von ihm kommt – deshalb hat es dieses Bild gemalt. Das Bild ist mit einer spezifischen Präsenz aufgeladen, die nicht zu trennen ist von der Identität des Gebers sowie dem singulären Charakter der Beziehung, die zwischen Geber und Empfänger besteht. Die Gabe repräsentiert beide – das Bild steht zugleich für das Kind und für die Beziehung zwischen ihm und seinen Eltern. Wenn Mauss davon spricht, dass »man beim Geben sich selbst [gibt], und zwar darum, weil man sich selbst [...] den anderen ›schuldet‹«[138], dann sagt er damit im Grunde nichts anderes.

Das hau *der Maori: Die Dinge selbst wollen zu ihrem Ursprungsort zurückkehren*

Mauss' Antwort auf die Frage, weshalb die Gabe durch eine Gegengabe erwidert werden muss, besitzt noch einen zweiten Teil. Der erste Teil der Antwort besteht in der Feststellung, dass stets etwas vom Geber in die gegebene Sache einfließt, das als eigentümliche ›Kraft‹ in ihr erhalten bleibt. Und eben weil dies so ist, die Gabe also mit dem Gebenden verbunden bleibt, so der zweite Teil der Antwort, wohnt ihr selbst die Neigung inne, zum Ort ihres Ursprungs zurückzukehren. In den gegebenen Sachen selbst ist also etwas, das sie gleichsam dahin treibt, zu dem Ort zurückzukehren, von dem sie ihren Ausgang genommen haben.

Die Entdeckung dieser Vorstellung verdankt Mauss einem Text, der von dem *hau* der Maori (den indigenen Bewohnern Neuseelands) handelt.[139] Mauss lässt das Wort *hau* unübersetzt; in einer Fußnote verweist er lediglich darauf, dass es, wie das lateinische *spiritus*, »zugleich Wind und Seele, oder genauer, zumindest in einigen Fällen, die Seele und die Macht der unbelebten und pflanzlichen Dinge« bezeichnet.[140] Den Ausgangspunkt der dem *hau* gewidmeten Seiten von Mauss' Essay bildet die schriftliche Aufzeichnung einer Erklärung, die der Maori Tamati Ranaipiri Anfang des 20. Jahrhunderts dem neuseeländischen Ethnographen Elsdon Best gegeben hat:

> Ich will Ihnen jetzt vom *hau* erzählen ... […] Stellen Sie sich vor, Sie besitzen einen bestimmten Gegenstand (*taonga*) und geben ihn mir; Sie geben ihn mir ohne festgesetzten Preis. Wir handeln nicht darum. Nun gebe ich diesen Gegenstand einem Dritten, der nach einer gewissen Zeit beschließt, irgend etwas als Zahlung dafür zu geben (*utu*), er schenkt mir irgend etwas (*taonga*). Und dieses *taonga*, das er mir gibt, ist der Geist (*hau*) des *taonga*, das ich von Ihnen bekommen habe und das ich ihm gegeben habe. Die *taonga*, die ich für die anderen *taonga* (die von *Ihnen* kommen) erhalten habe, muß ich Ihnen zurückgeben. […] Ich muß sie Ihnen geben, denn sie sind ein *hau* des *taonga*, das Sie mir gegeben haben.[141]

Ranaipiri erläutert die Bedeutung des *hau*, indem er auf die Bewegung der Gaben zwischen drei Partnern verweist: A gibt B ein kostbares Gut (*taonga*), das dieser nach einer bestimmten Zeit an C weitergibt. C macht B später ein Gegengeschenk, wobei sich Letzterer verpflichtet fühlt, dieses Geschenk an A weiterzugeben. Das Geschenk, das A am Ende dieses Zyklus erhält, ist nicht dasselbe, das er am Anfang gegeben hat. Darauf kommt es auch gar nicht an. Nicht exakt dasselbe *taonga* muss zurückkehren, sondern der Geist, den es repräsentiert. Ebendieser ›Geist der Gabe‹ ist das *hau*. Es ist dasjenige, was über den Kreislauf der Gaben und die korrekte Abfolge der Tauschhandlungen wacht. In ihm erkennt Mauss jene Kraft, die die Bewegung der Gaben in Gang hält. »Im Grunde«, so Mauss, »ist es das *hau*, das zu dem Ort seines Ursprungs […] und zum Eigentümer zurückkehren möchte.«[142] Daher rührt auch die Ambivalenz und potenzielle Gefährlichkeit der Gabe. Da sie mit dem Geber verbunden bleibt, gewinnt dieser durch jene Macht über den Empfänger; »das *hau* verfolgt jeden, der es innehat«.[143]

Die Vorstellung, dass die Gabe dahin neigt, zum Ort ihres Ursprungs zurückzukehren, findet sich nicht nur in Neuseeland, sondern auch in anderen Teilen der Welt. So schreibt Mauss etwa über die traditionellen Gabenfeste in Neukaledonien: »Es sind dieselben Sachen, die zurückkehren, derselbe Faden, der sich hindurchzieht.«[144] In vielen Kulturen verbindet sich diese Vorstellung zugleich mit der Idee eines Zuwachses.[145] Von den berühmten Kupferplatten der Kwakiutl heißt es, dass sie »eine Kraft [besitzen], die andere Kupferplatten anzieht, so wie der Reichtum Reichtum anzieht und die Würden Ehren nach sich ziehen«.[146]

Halten wir an dieser Stelle für einen Moment inne. Etwas vom Geber, erklärt Mauss, geht in die gegebenen Sachen ein; deshalb wohnt ihnen die Neigung inne, zu ihrem Ausgangspunkt zurückzukehren. Gilt dies nun aber nicht auch für die *Gewalt*, die Menschen einander zufügen? Besitzt nicht auch sie eine eigentümliche Neigung, zum Ort ihres Ursprungs zurückzukehren? Und trifft nicht auch zu, dass so wie in jeder Gabe etwas vom Geber enthalten bleibt, auch in jede Verletzung und jedes Unrecht etwas von ihrem Urheber eingeht; dass jede Beleidigung in gewisser Weise die persönliche Handschrift des Beleidigers trägt; dass die Faust, die zuschlägt, nicht nur eine Wunde, sondern auch einen spezifischen Abdruck hinterlässt, eine bestimmte Signatur, durch die sich diese Verletzung von allen anderen unterscheidet und die eben daher rührt, dass der Akt selbst untrennbar ist von demjenigen, der ihn ausgeführt hat? Liegt es dementsprechend nicht nahe, diejenigen Verletzungen, die eine rächende Erwiderung nach sich ziehen, als ›negative Gaben‹ zu fassen, und zwar nicht nur in genealogischen Gesellschaften, sondern auch in solchen des politischen Typs? Mit diesen Fragen – in denen sich andeutet, inwiefern sich Mauss' Überlegungen auch für eine Analyse von Gewaltphänomenen in modernen Gesellschaften fruchtbar machen lassen – möchte ich die Lektüre des *Essais sur le don* beenden.

Zwischenergebnis: Übereinstimmungen zwischen Rache und Gabe

Schließen wir also an dieser Stelle die Lektüre des Gabenessays ab. Die Ausführlichkeit, mit der wir diesen Text behandelt haben, erscheint mir notwendig, um die Grundlage für ein Verständnis der Gabe zu schaffen, das diesen Begriff – gegen seine theoretisch überformten philosophischen Inanspruchnahmen – wieder an seine realen sozialen Grundlagen zurückbindet. Wie eingangs bemerkt, schenkt Mauss selbst dem Phänomen der Rache keine besondere Aufmerksamkeit. Gleichwohl haben wir eine Reihe von Punkten identifizieren können, an denen sich abzeichnet, inwiefern das Phänomen der Rache und das Phänomen der gegenseitigen Gabe zusammenhängen.

1. *Logik der Erwiderung.* Eine offenkundige Parallele zwischen dem zeremoniellen Gabentausch und der Rache besteht darin, dass beide einer Erwiderungslogik folgen. Die Gabe wird mit einer Gegengabe erwidert, die Verletzung mit einer Gegenverletzung. In beiden Fällen haben wir es mit einem Phänomen der *Gegenseitigkeit* zu tun. Deutlich ausgesprochen wird dies gleich zu Beginn des Essays, in einer der Strophen, die Mauss aus dem *Hávámal* zitiert: »Dem Freunde sollst du Freundschaft bewahren, / Gabe mit Gabe vergilt! / Doch Hohn soll man mit Hohn erwidern / und die Täuschung mit Trug.« Gute Gaben sollen mit guten Gaben erwidert werden, schlechte Gaben mit schlechten. Zwischen der Logik der Gabe und der Logik der Vergeltung besteht also eine präzise Übereinstimmung.

2. *Der zeitliche Abstand.* Wie für die Relation der Rache, so ist auch für die Relation der Gabe konstitutiv, dass Eröffnungsgabe und Gegengabe nicht unmittelbar aufeinander folgen, sondern mit einem zeitlichen Abstand. Wie wir später genauer sehen werden, nimmt diese Verzögerung in beiden Fällen jedoch ganz unterschiedliche Bedeutungen an: Denn während es bei der Gabenbeziehung darum geht, den dynamischen Zyklus der Tauschhandlungen beständig weiterlaufen zu lassen, ist es im Falle der rächenden Erwiderung umgekehrt von zentraler Bedeutung, dafür zu sorgen, dass es gar nicht erst zu einem solchen Kreislauf kommt.[147] Das System der rächenden Gerechtigkeit zielt darauf ab, eine Verstetigung der Gewalt zu verhindern. Dies ist die zentrale Funktion der Gaben, die der geschädigten Gruppe als Ausgleich für den erlittenen Schaden oder das vergossene Blut angeboten werden: Sie sollen verhindern, dass sich die Gewalt in einem fortwährenden Kreislauf aus Angriffen und Gegenangriffen unablässig fortschreibt.

3. *Agonaler Charakter.* Die Gabe/Gegengabe-Beziehung besitzt einen agonalen Zug, der sie dem Wettkampf und dem Spiel annä-

hert. Beim Potlatsch, so wie er von der indigenen Bevölkerung der amerikanischen Nordwestküste gegen Ende des 19. Jahrhunderts praktiziert wurde, nimmt die Agonalität extreme Formen an: Der Wettstreit im Geben mündet hier mitunter in die totale Zerstörung. Exzess, Überbietung, die Bereitschaft, seine ganze Existenz aufs Spiel zu setzen, um seine eigene Ehre wiederherzustellen und die seines Gegners zu zerstören – alle diese Merkmale weisen eine unübersehbare Ähnlichkeit mit dem Bild der ›wilden‹ Rache auf, so wie es uns im philosophischen Diskurs des Aufklärungszeitalters und dem kulturellen Imaginären der modernen Gegenwartskultur entgegentritt. Gerade hier gilt es jedoch, keine voreiligen Schlüsse zu ziehen. Der Potlatsch erinnert vordergründig zwar an die Rache, aber man darf nicht den Fehler machen, ihn als Modell zu verallgemeinern. Der Potlatsch, so wie er von Mauss dargestellt wird, ist kein typischer Ausdruck des traditionellen Gabentauschs, sondern dessen pervertierte Form. Er repräsentiert nicht die Regel, sondern die Ausnahme. Sowenig er als exemplarische Form des traditionellen Gabentauschs angesehen werden kann, so wenig darf er als Modell für das System der rächenden Gerechtigkeit in den genealogischen Gesellschaften angesehen werden.

Anhand dieser Liste zeichnet sich bereits ein ungefähres Bild davon ab, wie das System der rächenden Gerechtigkeit und die Ordnung der Gabe zusammenhängen. Dieses Bild ist allerdings noch unscharf; es muss ausgefüllt und schärfer konturiert werden. Ehe wir uns direkt der Frage zuwenden können, wie sich das System der rächenden Gerechtigkeit in den genealogischen Gesellschaften darstellt, müssen wir zunächst jedoch noch eine Lücke schließen, die in Mauss' Gabenessay auf merkwürdige Weise offenbleibt: Mauss legt den Fokus seiner Analysen auf die Frage, weshalb eine Gabe *erwidert* werden muss. *Warum aber geben Menschen überhaupt?* Worin liegt der tiefere Sinn jener Praktiken, die Mauss beschreibt? Um diese Frage zu beantworten, ist es an der Zeit, von Marcel Mauss zu Marcel Hénaff überzugehen.

3. Die Ordnung der Gabe II: Marcel Hénaff

Gabentausch ist überall eine zentrale Praxis der Friedensstiftung.
Wolfgang Eßbach, *Gabe und Rache*[148]

Der Friedensprophylaxe und dauerhaften Verbrüderung dient ritueller Geschenkaustausch. [...] Allianzen zwischen Dörfern bekräftigt man durch gegenseitige Festeinladungen, um dann bei reichlicher Bewirtung tüchtig zu feiern.
Wolfgang Müller, *Die Indianer Amazoniens*[149]

Die Gabe ist der wirkliche, empirische Sozialvertrag segmentärer Gesellschaften, ein stets aufs neue bekräftigter Frieden ...
Axel T. Paul, »Die Rache und das Rätsel der Gabe«[150]

Von Mauss zu Hénaff

Die Ordnung der Gabe – so die Prämisse, von der wir ausgegangen sind – bildet den Hintergrund, vor dem wir das System der rächenden Gerechtigkeit in den genealogischen Gesellschaften betrachten müssen. Mit den grundlegenden Strukturen dieser Ordnung haben wir uns im letzten Abschnitt vertraut gemacht. Ein Baustein, und zwar ein ganz entscheidender, fehlt uns allerdings noch: Denn so bahnbrechend Mauss' Essay auch ist, so wird auch bei einer genaueren Lektüre nicht hinreichend klar, worin der tiefere Sinn der von ihm beschriebenen Praktiken besteht. Er hat zwar unmissverständlich herausgearbeitet, dass sich hinter den aus den verschiedensten Erdteilen und Epochen zusammengetragenen ethnographischen und historischen Befunden eine gemeinsame Ordnung abzeichnet. Ihm ist es aber nicht gelungen, mit der nötigen begrifflichen Klarheit herauszustellen, welchen Zweck diese Ordnung erfüllt. Mauss konzentriert sich in seinen Analysen ganz auf denjenigen Aspekt des traditionellen Gabentauschs, der in den Augen des modernen aufgeklärten Europäers zweifellos als der auffälligste erscheint: die Verpflichtung, eine Gabe durch eine Gegengabe zu *erwidern*. Warum aber sollte überhaupt *gegeben* werden? Warum haben die Menschen in all jenen Gesellschaften, von denen der Essay handelt, es nicht vorgezogen, die Dynamik dieses Austauschs gar nicht erst in Gang zu setzen? Worin liegt also der tiefere Sinn der zeremoniellen gegenseitigen Gabe? Handelt es sich dabei um einen Vorläufer des kommerziellen Tauschhandels? Eine schriftlose Form des Vertrags? Eine noble moralische Geste? Oder, umgekehrt, eine Strategie, das eigene Ansehen und den eigenen sozialen Status zu vergrößern, indem man den anderen durch ein Übermaß an Gaben beschämt und in den eigenen Schatten stellt? Eine eindeutige Antwort auf diese Fragen bleibt der *Essai sur le don* seinen Leserinnen schuldig. Daher die Notwendigkeit, unseren Referenzpunkt zu wechseln und von Mauss und seinem Essay zu den gabentheoretischen Arbeiten von Marcel Hénaff überzugehen.

Die Grundlinien seiner Neuinterpretation des Mauss'schen Gabentauschs hat Hénaff in dem 2002 auf Französisch und 2009 in deutscher Übersetzung erschienenen Buch *Le prix de la vérité. Le don, l'argent, la philosophie* (dt. *Der Preis der Wahrheit. Gabe, Geld und Philosophie*) entwickelt.[151] In der Weite der darin behandelten Themen und Fragestellungen reicht dieses Werk jedoch weit über den Rahmen der von Mauss erörterten Phänomene hinaus. Die zentrale Frage von *Der Preis der Wahrheit* gilt dem, was Hénaff als das »Unbezahlbare« oder »Unschätzbare« bezeichnet. Dabei handelt es sich um eine Kategorie, die Hénaff denjenigen ›Gütern‹ vorbehält, die dem Versuch, ihnen ein monetäres Äquivalent zuzuordnen, einen hartnäckigen Widerstand entgegensetzen, Dingen also, die zwar gegeben und empfangen werden können und zwischen den Menschen zirkulieren, deren Wert sich jedoch nicht beziffern oder kaufmännisch bestimmen lässt. In einer grandiosen Ouvertüre eröffnet Hénaff die Frage nach dem Unbezahlbaren anhand einer Szene, die an den Anfang der abendländischen Philosophie zurückführt: der Tod des Sokrates, der bis zum Schluss an seiner Weigerung festhielt, für die von ihm im philosophischen Gespräch zutage geförderten Einsichten und Erkenntnisse Geld zu verlangen.[152] Anders als die Sophisten lehnte Sokrates es zeit seines Lebens ab, Geld für seinen Unterricht zu nehmen.[153] Das heißt jedoch nicht, dass er *jeder* Form der Entlohnung ablehnend gegenüberstand: Lud ihn jemand aus dem Kreis seiner Zuhörer zu einem Festessen ein oder statteten ihm seine Schüler ihren Dank in Form von kleinen Geschenken ab, so nahm er diese gerne und bereitwillig an.[154] Die Wahrheit, die Philosophie, die Kunst, die Werke des Geistes und der Literatur, das Vertrauen, die Freundschaft, schließlich das Leben selbst – alle diese Dinge, so Hénaffs zentrale These, gehören der Sphäre des symbolischen Tauschs an, die von der Sphäre des kommerziellen Gütertauschs strikt unterschieden werden muss.[155] In einem großangelegten geistes- und kulturhistorischen Tableau entfaltet Hénaff diese Einsicht anhand von Analysen, die um so unterschiedliche Phänomene wie die Gabe, die Schuld, das Opfer, die Gnade, das Geld oder die Figur des Händlers kreisen. Zusammengehalten werden diese Analysen durch eine Neubestimmung der zeremoniellen gegenseitigen Gabe, die Hénaff anhand einer kongenialen Interpretation von Mauss' Gabenessay entwickelt. Die Deutung, die Hénaff dem *Essai sur le don* angedeihen lässt, dient ihm gleichsam als Fixstern auf seiner explorativen Reise durch die verschiedenen Epochen und Kulturen, einer Unternehmung, die beseelt wird von dem Wunsch zu zeigen, »wie sich das ganze Universum dessen, was keinen Preis hat, im Kielwasser der zeremoniellen Gabe öffnet«.[156]

Die Bedeutung der zeremoniellen gegenseitigen Gabe: weder ökonomischer noch moralischer Natur

Worin liegt also die Bedeutung der zeremoniellen gegenseitigen Gabe? Worum geht es bei der traditionellen Form des Gabentauschs? Hénaff antwortet auf diese Frage, indem er zunächst zwei verbreitete Auffassungen zurückweist, um dann, in einem zweiten Schritt, seine eigene Deutung vorzustellen. Die Kernthese von Hénaffs Gabentheorie nimmt dementsprechend eine dreiteilige Form an: Die zeremonielle Gabe hat (1.) keine ökonomische Funktion, und ihre Bedeutung ist (2.) auch nicht moralischer Natur; stattdessen, so Hénaff, handelt es sich beim zeremoniellen Gabentausch (3.) um ein *Verfahren der Anerkennung*.[157] Der Sinn der Gabe ist wesentlich sozialer und symbolischer Art. Es geht beim zeremoniellen Gabentausch nicht darum, »Güter zu erwerben oder anzuhäufen, sondern mit ihrer Hilfe zwischen Personen oder Gruppen Bande der Anerkennung zu knüpfen«.[158]

Es sind also zwei große Missverständnisse, mit denen Hénaff in *Der Preis der Wahrheit* aufräumt. Das erste Missverständnis besteht darin, dem zeremoniellen Gabentausch eine *ökonomische Bedeutung* beizulegen, die ihn als den historischen Vorläufer oder die Urform des merkantilen Tauschs erscheinen lässt. Die Handelsbeziehung (das heißt der nützliche und gewinnorientierte Tausch), so die Annahme, habe sich irgendwann aus dem ›archaischen‹ Gabentausch entwickelt.[159] Diese Genealogie ist jedoch falsch; sie beruht, wie Hénaff deutlich macht, auf einer unzutreffenden Rückprojektion moderner Vorstellungen. Ein Grund, weshalb sich so viele Autoren dazu verleitet sahen, in den Gabenbeziehungen einen Vorläufer der Handelsbeziehungen zu erkennen, besteht darin, dass in beiden Fällen materielle oder immaterielle Güter im Spiel sind, die ihren Besitzer wechseln. Aufgrund dieser Gemeinsamkeit ging man davon aus, dass diese Güter auch denselben Zweck erfüllen, so dass man es also lediglich mit zwei unterschiedlichen Modalitäten des Tauschhandels – einmal mit Geld und einmal ohne Geld – zu tun hat.[160] Wie aus dem umfangreichen ethnologischen Material hervorgeht, ist dies jedoch nicht der Fall:

> Die bei besonderen Gelegenheiten (Festen, Begegnungen, Hochzeiten) ausgetauschten Güter haben keinerlei ökonomische Bedeutung und spielen auch keine ökonomische Rolle; sie sind dazu bestimmt, einander anzuerkennen, zu ehren, zu verbinden; sie werden während der Feier verzehrt oder gehen wieder in den Kreislauf der Gaben ein. Sie bekunden Großzügigkeit, Wohlwollen, verleihen Ansehen und gewährleisten Beziehungen, können jedoch nicht in eigennütziger Weise behalten oder investiert werden, ohne daß die Kette der Anerkennung zerbricht. Sie befinden sich strikt außerhalb des Kreislaufs des Profitablen und Nützlichen. Der Irrtum bestimmter Strömungen der modernen Anthropologie [...] bestand darin, sie aus utilitaristischer oder ökonomischer Sicht zu interpretieren; womit vorausgesetzt wurde, daß es den *homo oeconomicus*, ein junges Produkt der Zivilisation des Marktes, schon immer gegeben hatte.[161]

Hénaff ist nicht der einzige, der die Auffassung zurückweist, dass sich der merkantile Tausch aus dem zeremoniellen Gabentausch entwickelt hat. Auch David Graeber kommt zu diesem Ergebnis. Ein ganzes Kapitel seiner Kulturgeschichte der Schulden widmet Graeber der Dekonstruktion dessen, was er den »Mythos vom Tauschhandel«[162] nennt. »Für Ökonomen«, so Graeber, »beginnt die Geschichte des Geldes immer mit einer Fantasievorstellung einer Welt mit Tauschhandel.«[163] Die persuasive Kraft dieser Vorstellung rührt daher, dass sie sich so gut in das moderne Narrativ einer linearen geschichtlichen Entwicklung einpasst: Ehe das Geld erfunden war, haben die Menschen die von ihnen produzierten Güter direkt gegeneinander eingetauscht; durch die Erfindung des Geldes wurden diese Transaktionen dann lediglich rationalisiert und effizienter gemacht. Der Mythos eines ursprünglichen Tauschhandels hat jedoch nichts zu tun mit dem, »was wir sehen, wenn wir betrachten, wie das Wirtschaftsleben tatsächlich abläuft, in realen menschlichen Gemeinschaften und auf realen Märkten fast überall«.[164]

Die Alternative ›(traditionelle) Gabengesellschaften‹ versus ›(moderne) Marktgesellschaften‹ ist also falsch gestellt, wenn man sie dahingehend versteht, dass es in einer Gesellschaft entweder *nur* den symbolischen Tausch gibt oder *nur* den kommerziellen. Ebenso irreführend ist die Rede von einer ›Ökonomie‹ der Gabe, sofern man diesen Begriff als Bezeichnung für eine bestimmte Form des Wirtschaftens versteht.[165] Dass die ökonomische Sphäre in unserer Gesellschaft eine vorherrschende Rolle spielt, schließt nicht aus und bildet auch keinen logischen Widerspruch dazu, dass wir uns bei bestimmten Gelegenheiten gegenseitig beschenken. Der symbolische Tausch und der marktförmige Tausch können in ein und derselben Gesellschaft problemlos nebeneinander bestehen; gleichwohl sind sie unabhängig voneinander und dienen unterschiedlichen Zwecken:

> Was heute die Dinge verwirrend und schwer analysierbar macht, ist die Tatsache, daß in den modernen Gesellschaften das Feld der rationalen Ökonomie dahin tendiert, alle Formen der Tätigkeit und des Austauschs zu erfassen, so daß jede Reziprozität von Gütern und

> Dienstleistungen, die nicht den Kriterien des Marktes entsprechen, als ›archaisch‹ oder, schlimmer noch, als ›irrational‹ gilt. So gesehen wäre es irrational, einander zu grüßen, sich zu bedanken oder auch seine Freunde einzuladen, diese heute gebräuchlichsten Formen der zeremoniellen Gabe. Die Ordnung der Gabe und die des utilitaristischen Austauschs stehen beide völlig in Einklang mit der Vernunft; jedoch weder in derselben Rubrik noch im selben Bereich.[166]

Wir müssen also von einer vollständigen Disjunktion zweier unterschiedlicher Sphären ausgehen: Die Sphäre des symbolischen Tauschs und die Sphäre des marktförmigen Tauschs können zwar nebeneinander existieren, aber sie dienen unterschiedlichen Zwecken. Beim symbolischen Tausch geht es um Anerkennung und das Knüpfen von Beziehungen; beim markförmigen Tausch geht es um Profit und die Akkumulation von Gütern. Beim symbolischen Tausch steht das Unbezahlbare auf dem Spiel; beim kommerziellen Tausch geht es um das Nützliche, den Profit, den Handel mit quantifizierbaren Gütern. Wir haben es zuvor im Zusammenhang mit den Expeditionen auf den Trobriand-Inseln ganz deutlich gesehen: *Kula* und *gimwali*, der zeremonielle Gabentausch und der Tauschhandel mit nützlichen Gütern, finden im selben gesellschaftlichen Kontext statt, sind in ihrem Charakter und ihrer Funktion jedoch grundverschieden.[167]

In modernen Gesellschaften neigt die Ökonomie dazu, immer mehr Lebensbereiche zu umfassen. Der Bereich dessen, was man für Geld nicht kaufen kann, wird zunehmend kleiner.[168] Gleichwohl besitzen wir immer noch einen Sinn für das Unbezahlbare, eine dunkle Ahnung, dass es bestimmte Dinge und Tätigkeiten gibt, die sich der kommerziellen Bewertung entziehen. »Wir wissen«, schreibt Hénaff,

> daß der Markt, sosehr er den Anspruch erhebt, dem Unschätzbaren einen Preis beizumessen, niemals dessen Wert wird angeben noch seine Unendlichkeit wird erfassen können. Wir wissen, daß keine kaufmännische Gleichung den Preis des Lebens, der Freundschaft, der Liebe oder des Leidens wird ausdrücken können; oder den der Güter des gemeinsamen Gedächtnisses. Oder den der Wahrheit. Wir wissen,

> ohne es gelernt zu haben, daß nur eine Beziehung bedingungsloser Großzügigkeit sich diesem Bereich dessen, was keinen Preis hat, zu nähern vermag.[169]

Ist man für diese Zusammenhänge einmal hinreichend sensibilisiert, öffnet sich der Blick für die vielfältigen Formen, in denen sich das Unbezahlbare zeigt: Das Bild, das das Kind für seine Eltern malt; das Lächeln, das einem unvermutet auf der Straße geschenkt wird; die Armreifen und Halsketten, die in Melanesien von Ost nach West wandern und von West nach Ost; die Zärtlichkeiten, die zwei Liebende untereinander austauschen; die Inspiration, die der Dichterin ihre Worte eingibt; schließlich das Leben selbst, das man empfängt, ohne jemals darum gebeten zu haben – alle diese Dinge gehören zur Sphäre des Unbezahlbaren, der symbolischen Güter, deren tatsächlicher Wert sich allenfalls metaphorisch als ›Preis‹ bestimmen lässt.

So falsch es ist, der zeremoniellen Gabe eine ökonomische Funktion zuzuschreiben, so falsch wäre es allerdings auch, ihr eine primär *moralische Bedeutung* zu verleihen, indem man sie als einen individuellen Akt der Mildtätigkeit oder eine Geste der solidarischen Hilfeleistung versteht. Dies ist das zweite große Missverständnis, das Hénaff ausräumt. Den wesentlichen Grund dafür haben wir im Zuge unserer Mauss-Lektüre bereits genannt: Die moralisierende Interpretation verkennt den für die zeremonielle Gabe konstitutiven Charakter der Gegenseitigkeit. Die zeremonielle Gabe verlangt nach einer Erwiderung; sie fordert eine Gegengabe heraus. Das Gegenstück zu Geben heißt nicht Nehmen, sondern Erwidern, indem man seinerseits gibt. Auch dieses Missverständnis beruht letzten Endes auf einer Projektion moderner Vorstellungen, die man auf die ›archaischen‹ Formen der Gabe rücküberträgt, ohne dabei dem Umstand angemessen Rechnung zu tragen, dass sich die Bedeutung einer bestimmten Praxis oder Geste nicht unabhängig von ihrem sozialen, historischen und kulturellen Kontext bestimmen lässt:

> Im Gegensatz zur ökonomistischen Interpretation ist man häufig versucht, zum Verständnis der zeremoniellen Gabe von der modernen Gabe und ihren Ausdrucksformen auszugehen, sei's von individuellen, wie im Fall des Geschenks, sei's von institutionellen, wie im Fall der humanitären Hilfe; von hier aus geht man zu den rituellen Formen zurück, wobei man dieselben Fragen beibehält. Dann wendet man sich wieder unserer Moderne zu und zeigt, inwiefern ein ganzes System großzügiger Hilfen und schöner Gesten, deren Herkunft sehr alt ist, das erbarmungslose System des Marktes kompensiert. Auch wenn diese Genealogie nicht völlig falsch ist, so ist sie doch verzerrend, denn sie besteht darin, die moralische Absicht der modernen Gabe auf die zeremonielle Gabe zu projizieren. Doch ganz entschieden muß gesagt werden: Die Praxis der zeremoniellen Gabe ist ebensowenig eine Geste der Hilfe oder Mildtätigkeit wie eine Alternative zur Handelsbeziehung.[170]

Es geht Hénaff wohlgemerkt nicht darum, die Existenz von moralisch motivierten Gaben zu leugnen. Gewiss ist es möglich (und wünschenswert) zu geben, ohne eine Gegenleistung zu empfangen. Die Gabe ohne Gegengabe – als eine bewundernswerte Geste der Selbstlosigkeit und des moralischen Verzichts – darf mit dem Phänomen des zeremoniellen Gabentauschs jedoch nicht verwechselt werden. Tatsächlich tritt sie historisch meist dann auf, wenn das System der zeremoniellen Gabe und die Art des sozialen Zusammenhalts, der durch dieses System gestiftet wird, im Verfall begriffen sind.[171] Die einseitige moralische Gabe ist ein Phänomen, dessen Bedeutung in dem Maße zunimmt, in dem die zeremonielle gegenseitige Gabe an gesellschaftlicher Relevanz verliert. Der moderne Philanthropismus eines Bill Gates, Mark Zuckerberg oder George Soros legt davon Zeugnis ab: »Je mehr die Ökonomie das Feld des Gesellschaftlichen überwuchert und die Gabenverhältnisse auf die privaten Angelegenheiten verweist, desto mehr entwickelt sich ein Feld für die einseitige Gabe.«[172]

Wir müssen also auch hier wiederum eine klare Unterscheidung treffen: zwischen dem moralisch motivierten Akt des Gebens auf der einen Seite und den zeremoniellen Formen des Gabentauschs auf der anderen. Die einseitige moralische Gabe und die gegenseitige zeremonielle Gabe haben nicht dieselbe Funktion, und sie unterscheiden sich im Hinblick auf die Weise ihrer sozialen Einbettung. Wer gibt um des Gebens willen, erwartet davon keine Stärkung des sozialen Bandes; man gibt, um zu helfen. Dies geht auch, wenn Geber oder Empfänger anonym bleiben.

> Ganz anders verhält es sich bei der zeremoniellen Gabe. Nicht nur *muß sie bekannt sein*, sondern sie würde, sollte sie es nicht sein, ihren Zweck verfehlen, der ja gerade darin besteht, gegenseitige und öffentliche Anerkennung zu bewirken, das soziale Band zu knüpfen oder zu verstärken. Zu ihrer Charakterisierung könnte man sagen: Sie verlangt, daß die Geber, die Nehmer, die gegebenen Dinge, der Moment und die Umstände identifiziert sind. Mit anderen Worten, bei dieser Form des Tauschs handelt es sich weder um persönliche Tugend noch um individuelle Gutherzigkeit [...], sondern in erster Linie darum, für die feierliche Anerkennung des anderen zu sorgen, und zwar nach Regeln, die von einer Tradition überliefert sind. Es geht um eine gesellschaftliche Form, deren Auswirkung gesellschaftlich sein muß.[173]

Vor dem Hintergrund dieser Deutung zeichnet sich nun auch wesentlich klarer ab, warum Geben, Empfangen und Erwidern zusammengehören. Die Eröffnungsgabe gleicht der Hand, die man einem fremden Gegenüber zum Gruß ausstreckt; sie ist eine Bewegung auf den anderen zu, eine Geste, die dazu einlädt, die Fremdheit zu überwinden. Damit aus dieser Geste tatsächlich eine Verbindung hervorgehen kann, ist es nötig, dass der andere von sich aus eine analoge Bewegung vollzieht, dass auch er einen Teil von sich abtritt, um die Verbindung zu besiegeln. Darin liegt die primäre Bedeutung der zeremoniellen gegenseitigen Gabe: »[W]eil sie das Bündnis bezweckt, verlangt sie eine Antwort: Sie wird gemacht, um erwidert zu werden. Ein Bündnis ist notwendigerweise reziprok. Das Engagement des einen impliziert das des anderen.«[174]

Hénaff formuliert seine Gabentheorie als eine Sozialtheorie der Anerkennung; es geht bei der zeremoniellen Gabe nicht darum, Handel zu treiben oder Hilfe zu leisten, sondern darum, ein soziales Band zu knüpfen. Die Gabe bezweckt das Bündnis, die Allianz, die Partnerschaft, sie sucht die Verbindung mit dem Anderen. Deshalb darf es sich bei der zeremoniellen Gabe auch nicht um irgendein beliebiges Gut handeln; man muss etwas *von sich* geben, etwas, das man als einen Teil von sich betrachtet. Die Gabe, so die wiederkehrende Formel Hénaffs, ist »sowohl ein *Pfand* wie ein *Substitut* des Gebers«.[175] Zudem muss man sich darauf verstehen, dieses Gut in einer Haltung zu überreichen, die dem Anderen begreiflich macht, dass man um eine Erwiderung sucht. Entscheidend ist nicht der materielle Wert der ausgetauschten Güter und Dienste, sondern der Umstand, dass etwas vom Geber selbst in die gegebene Sache einfließt und dass dieser vermittels der ausgetauschten Güter seine Absicht zum Ausdruck bringt, den Anderen als prinzipiell gleichen anzuerkennen und eine Beziehung mit ihm einzugehen; daher der festliche Rahmen, die öffentlichen Bekundungen, die das Aushändigen der Gabe begleiten, das nach bestimmten tradierten Formen ablaufende Zeremoniell.

Wir sehen nun einen weiteren Grund dafür, weshalb sich das Verhältnis zwischen Geber und Empfänger nicht mit dem Verhältnis zwischen Gläubiger und Schuldner (oder Käufer und Verkäufer) gleichsetzen lässt. Die durch den Gabentausch zwischen den Gruppen und Individuen gestifteten Beziehungen sind eminent *persönlicher* Art; man grüßt sich, man tritt einander gegenüber, die Gabe wird von Angesicht zu Angesicht überreicht. Ein Bezahlvorgang oder der Abschluss eines Kaufvertrags hingegen setzen keine persönliche Bekanntschaft der beteiligten Akteure voraus. In der Regel genügt es, dass beide Parteien ihre Unterschrift unter ein bestimmtes Schriftstück setzen; hierzu müssen sie weder im selben Raum sein, noch sich in die Augen sehen.

Die traditionelle Praxis des Gabentauschs als ein Verfahren der gegenseitigen Anerkennung zu verstehen, heißt in ihr »einen privilegierten Ausdruck der Begegnung zwischen einander fremden Gruppen«[176] zu erkennen. Von allen Situationen, in denen die Logik der Gabe zum Tragen kommt, ist die Situation der *ersten Begegnung* vielleicht diejenige, die am ehesten geeignet ist, uns über ihre Bedeutung Aufschluss zu geben. Jedes Mal, wenn sich zwei einander fremde Gruppen oder Individuen zum ersten Mal gegenüberstehen, stellt sich von neuem die Frage, ob man dem Anderen mit Wohlwollen oder mit Misstrauen begegnet, mit dem Wunsch nach Nähe oder umgekehrt mit einer Haltung der Distanz, ob man in ihm einen zukünftigen Freund und Verbündeten erkennt oder einen potenziellen Feind. Unter dem Horizont dieser Alternative, einem Horizont, der zu jedem Zeitpunkt von Gewalt und Argwohn verdunkelt werden kann, spannt sich die Welt der zeremoniellen Gabe auf. Mauss hat diesen Zusammenhang geahnt und ist ihm in einigen Formulierungen, insbesondere auf den letzten Seiten seines Essays, erstaunlich nahe gekommen. Während des längsten Zeitraums der Geschichte, so lesen wir in der allgemeinen Schlussfolgerung, die Mauss an das Ende des *Essai sur le don* gestellt hat,

> während dieses langen Zeitraums also haben sich die Menschen in zahlreichen Gesellschaften in einer seltsamen Geisteshaltung einander genähert, mit übertriebener Furcht und Feindseligkeit [...]. In allen Gesellschaften, die uns unmittelbar vorausgegangen sind oder die uns noch heute umgeben, und selbst in zahlreichen Bräuchen unseres eigenen Volkes gibt es keinen Mittelweg: entweder volles Vertrauen oder volles Mißtrauen. Man legt seine Waffen nieder, entsagt der Magie und verschenkt alles [...]. Unter solchen Bedingungen haben die Menschen gelernt, [...] sich dem Geben und Erwidern zu verschreiben.[177]

Eine Seite später greift Mauss dieses Bild noch einmal auf:

> Zuerst mußten die Menschen es fertigbringen, die Speere niederzulegen. [...] Auf diese Weise haben es die Clans, Stämme, Völker gelernt [...] einander gegenüberzutreten, ohne sich gegenseitig umzubringen, und zu geben, ohne sich anderen zu opfern.[178]

In der Lesart Hénaffs antwortet die zeremonielle Gabe auf eine Frage, die sich aus einer Tatsache ergibt, die er in einer an Hannah Arendt gemahnenden Wendung[179] als »das Paradox der menschlichen Gattung« bezeichnet: »[A]lle sind radikal anders und alle radikal dieselben.«[180] Die Bedeutung der zeremoniellen Gabe liegt darin, dass sie als Vermittlerin zwischen den Polen der radikalen Andersheit und der radikalen Identität fungiert, dass sie die beiden Seiten zusammenführt, ohne sie komplett ineinander aufgehen zu lassen.

In diesem Zusammenhang, der bei Mauss etwas vage und allgemein bleibt, verweist Hénaff auf die folgende, dem ethnographischen Werk Andrew Stratherns entnommene Anekdote:

> In seinem klassischen Werk über den Kreislauf der Moka-Leistungen in der Region des Mount Hagen in Neuguinea erzählt Andrew Strathern, daß sich im Dorf seines Informanten – eines alten Mannes, der die ersten Weißen, Vertreter der australischen Verwaltung, ankommen sah – die Frage gestellt hatte, ob der Fremde, der sie eines Tages besuchen kam, ein menschliches Wesen oder eines jener bleichen kannibalischen Ungeheuer sei, von denen die Legenden sprachen; sie präsentierten ihm Schweine, worauf er ihnen kostbare Muscheln anbot. Daraufhin beschlossen die Eingeborenen, daß sie es mit einem wirklichen Menschen zu tun hatten, der ihnen glich.[181]

Hénaff interpretiert die Bedeutung dieser Episode wie folgt:

> Die menschliche Anerkennung des anderen Menschen oder einer anderen Gruppe verläuft immer über die Geste, die darin besteht, dem Anderen einen vermittelnden Gegenstand zu überreichen, ihm etwas zu präsentieren, was man als Teil von sich abtritt und im fremden Raum aufs Spiel setzt. Diese Geste besagt zunächst: Wir erkennen euch als andere Menschen, als Gleiche an; sodann: Wir akzeptieren euch als mögliche Partner; schließlich, wenn die Beziehungen hergestellt worden sind: Wir wollen in Zukunft mit euch verbunden bleiben.[182]

Bleibt die Frage: Sind uns vergleichbare Erfahrungen aus unserer eigenen Gesellschaft vertraut? Der Exotismus, der aus der von Hénaff geschilderten Episode spricht, sollte uns nicht dazu verleiten, den ›Geist der Gabe‹ zu einem Gespenst aus vergangenen Tagen zu erklären und in den Schrank der ethnologischen Kuriosa zu sperren, die uns zwar faszinieren, aber sonst nicht weiter angehen. Die Beziehung der Gabe spielt in den modernen Gesellschaften zwar nicht mehr dieselbe Rolle, die sie in den von der Ethnologie untersuchten Gesellschaften besitzt; gleichwohl bleibt sie in bestimmten Kontexten und Situationen allgegenwärtig. »Was geschieht zum Beispiel«, so fragt Hénaff,

> wenn wir in den Genuß einer Gefälligkeit oder eines Geschenks kommen? Daß wir in ein Verhältnis der Gegenseitigkeit geraten, das symbolischer Ordnung ist, weil es jede bezifferte Bewertung ausschließt (diese kann nur analogisch oder simuliert sein). Auch unsere Antwort auf diese Gesten kann nur symbolisch sein: unser Wunsch nach Erwiderung wird sich in Form einer Gefälligkeit oder eines Geschenks zeigen, auch wenn das Erhaltene, kaufmännisch betrachtet, in keinem Verhältnis zum Zurückgegebenen steht. Kurz, selbst wenn das Gabe/Gegengabe-Verhältnis nicht mehr die strengen rituellen Formen der traditionellen Gesellschaften annimmt, so bleibt es für uns doch eine Realität. Es kennzeichnet die privilegierten Augenblicke der Freundschafts- und Liebesbeziehungen, es bildet den Mittelpunkt öffentlicher und privater Feste, jeder erkennt und praktiziert es bei gegenseitigen Einladungen, es kann sich überall dort zeigen, wo eine großzügige Herausforderung erwartet wird.[183]

Austausch von Höflichkeiten, von Geschenken, Einladungen, freundlichen Gesten und einander gewährten Gefallen – alle diese Dinge unterliegen bis heute der Logik der Gabe. Versuchen wir, das von Hénaff Gesagte anhand eines konkreten Beispiels auszubuchstabieren: Eine Person, die wir noch nicht lange und eher flüchtig kennen, erwähnt beiläufig, dass sie Geburtstag hatte, und fragt, ob wir nicht vorbeikommen wollen. Prompt stellt sich die Frage, ob und falls ja, welches Geschenk wir zu der Feier mitbringen. Kommen wir mit leeren Händen, einem beliebigen Mitbringsel, oder machen wir uns die Mühe, ihr ein ›richtiges‹ Geschenk zu machen, eines also, das von der Absicht kündet, der beschenkten Person wirklich eine Freude zu machen? Die letztgenannte Option setzt eine Reihe von Überlegungen voraus, die schnell überaus komplex werden können, da sie erstens die zu beschenkende Person und ihre möglichen Vorlieben betreffen (die Empfängerin), zweitens den Umstand, dass wir mit der Wahl des Geschenks unvermeidlich auch etwas über uns selbst zum Ausdruck bringen (die Geberin), sowie drittens das Faktum, dass die Art des gewählten Geschenks unweigerlich auch etwas darüber aussagt, welchen Wert und Status wir dieser Person in unserem eigenen sozialen Leben beimessen und welche Form von Beziehung wir mit ihr anstreben (die Gabe als symbolische Geste). Kurzum, man kann leicht danebengreifen. Wer wirklich etwas schenkt, *riskiert* auch etwas. Nicht anders als in den genealogischen Gesellschaften besteht auch hier stets »die Besorgnis, daß die Gaben nicht günstig aufgenommen oder für unzureichend erachtet werden«.[184] Und wie in den genealogischen Gesellschaften hängt die Entscheidung auch hier wesentlich davon ab, ob bei uns der Wunsch vorhanden ist, die Beziehung zu der beschenkten Person zu intensivieren oder nicht. Wenn mir daran gelegen ist, dass aus der Bekanntschaft eine neue Freundschaft erwächst, dann werde ich auch eher geneigt sein, ein richtiges Geschenk zu machen. Ist dies nicht der Fall, dann werde ich auch weniger Skrupel haben, mit einem beliebigen Standardgeschenk oder mit leeren Händen zu erscheinen.

Vielleicht noch deutlicher als in der Welt der Erwachsenen kommt die Bedeutung der Gabe in der Weise zum Ausdruck, wie sich Kinder zueinander verhalten. Auf Spielplätzen kann man regelmäßig beobachten, dass die erste Kontaktaufnahme und Annäherung zwischen Kindern, die sich gegenseitig zu Spielgefährten auserkoren haben, dadurch bewerkstelligt wird, dass sie sich gegenseitig für wertvoll erachtete Spielsachen überreichen, nicht ohne eine gewisse Feierlichkeit, und erst nachdem diese Tauschhandlungen abgeschlossen sind, beginnen sie wirklich miteinander zu spielen. Auch hier bestätigt sich also, was Hénaff über den Sinn der zeremoniellen Gabe sagt:

> Sich verbünden bedeutet, die Eigenheit des Selbst und die Fremdheit des Anderen zusammenzuführen mittels dieser kostbaren und für den anderen begehrenswerten Sache, die ihn auffordert, dem Pakt beizutreten, der ein wechselseitiges Vertrauen besiegelt. Das dritte Element verbindet die beiden Seiten: kein Bund ohne Bundeslade.[185]

Eine weitere Frage bleibt zu klären: Lässt sich die Verpflichtung, eine empfangene Gabe durch eine Gegengabe zu erwidern, im engeren Sinne als *Schuld* verstehen? Gewiss nicht im heute vorherrschenden moralischen, juristischen oder finanziellen Sinne. Die zeremonielle Gabe trägt vielmehr den Charakter einer Herausforderung. Hénaff vergleicht sie mit dem Spiel; zu geben heißt, den Ball hinüberspielen, darauf zu warten, dass der Andere den Ball aufnimmt, die Herausforderung annimmt und in Form einer Gegengabe erwidert. Schuld, so erklärt Hénaff, bedeutet in diesem Zusammenhang lediglich, »daß sich der Ball im andern Feld befindet«.[186] Ein wesentlicher Grund, weshalb diese Verpflichtung nicht als Schuld zu verstehen ist, besteht in dem Umstand, dass der zeremonielle Gabentausch auf keinen Abschluss hin angelegt ist:

> Der Reigen der Tauschhandlungen hört nicht auf, die Schuld zu erzeugen und zu tilgen, so wie er die Ungleichheit erzeugt und tilgt. [...] Eine virtuell tilgbare und unaufhörlich getilgte Schuld wird nicht als solche empfunden, sondern genau als der Augenblick, den Anderen infolge der erhaltenen Anerkennung anzuerkennen. Die Stetigkeit und Mannigfaltigkeit der Tauschhandlungen scheinen wie geschaffen, gerade zu verhindern, daß eine Situation der Schuld und folglich der Ungleichheit entsteht.[187]

Wenn man in diesem Kontext überhaupt von Schuld sprechen will, dann schlägt Hénaff vor, beim Gabentausch von einer »Erwiderungsschuld« zu sprechen.[188] Die Erwiderungsschuld ist symbolischer und agonistischer, nicht ökonomischer und juristischer Art:

> Es geht nicht [...] darum, eine sich auf Güter beziehende Äquivalenz oder Kompensation herzustellen; es geht nicht – sogar niemals –

> darum zu wissen, ob A von B genausoviel erhalten hat, wie er ihm abgetreten hat. Denn in diesen Kategorien denken hieße ja gerade, das Spiel der Erwiderungen beenden zu wollen.[189]

Hier gilt es jedoch, eine wichtige Unterscheidung zu treffen. Die genealogischen Gesellschaften, in denen diese Form der zeremoniellen Gabentauschs vorherrscht, sind wenig zentralisiert, das heißt, in ihnen gibt es weder ausgeprägte Hierarchien noch soziale Klassen. Anders verhält es sich in hierarchisch geprägten Gesellschaften mit Rang- oder Kastenunterschieden. Die Pflicht zur Erwiderung tendiert hier dazu, bestehende Ungleichheiten zu verstärken und Abhängigkeiten zu erzeugen, die der einen Partnerin zum Vorteil und der anderen zum Nachteil gereichen. Mit der Folge, dass jede Gabe oder Gegengabe tatsächlich zu einer Handlung wird, sich zu verschulden oder zu entschulden. Nur wo solche Abhängigkeiten vorliegen, kann man im strengen Sinne von Schuld sprechen. Unter diesen Umständen kann der Geber tatsächlich zum Gläubiger werden und der Nehmer zum Schuldner, der in eine dauerhafte Abhängigkeit gerät. Kulturhistorisch konvergiert der Unterschied zwischen diesen beiden Formen der Gabe – die man einerseits als egalitäre Gabe und andererseits als asymmetrische Gabe bezeichnen könnte – mit dem Übergang von jagenden und sammelnden Gesellschaften zu Gesellschaften, die sesshaft sind und Ackerbau betreiben. In letzteren, Gesellschaften also, die bereits eine hohe soziale Stratifikation aufweisen, kann die zeremonielle Gabe tatsächlich zu einem Instrument werden, dass den Empfänger in ein Schuldverhältnis zwingt. Diese Schuld ist jedoch kein Effekt, den die Gabe hervorbringt, sondern eine bereits bestehende Ungleichheit, die sie lediglich verstärkt:

> Man muß also sagen […], daß *nicht die Gabe die Schuld erzeugt, sondern daß die Schuld die Gabe verändert.* Die Gabe schafft keine Hierarchie; sie bestätigt und verewigt sie dort, wo sie sich bereits durchgesetzt hat. Die gegenseitige Anerkennung wird dann zur Anerkennung ungleicher Statuspositionen.[190]

4. Die Ordnung der Gabe III: Das System der rächenden Gerechtigkeit

Der Wilde, der keinerlei Sympathie empfindet, sucht nicht nach Gründen, die ihn von seiner Rache abbringen könnten. […] Nichts also, was der Rache Einhalt gebieten könnte, ist bei dem Wilden anzutreffen.
Marcel Mauss, »Die Religion und die Ursprünge des Strafrechts«[191]

Ein System der Gewaltregulierung: Rache und Gabe

Nachdem wir uns mit Natur und Zweck des zeremoniellen Gabentauschs vertraut gemacht haben, sind wir nun in der Lage, besser zu verstehen, was es in Gesellschaften des genealogischen Typs mit dem System der rächenden Gerechtigkeit auf sich hat. Die rächende Gerechtigkeit und die zeremonielle Gabe bilden eine gemeinsame Ordnung; sie folgen derselben Logik und denselben Regeln; es sind dieselben Gesellschaften, in denen diese beiden Dispositive vorherrschen, und dieselben Akteure, die dabei in Erscheinung treten. Wie bei der zeremoniellen Gabe, so handelt es sich auch bei der rächenden Gerechtigkeit um ein Phänomen der *Gegenseitigkeit*. Wie die empfangene Gabe durch eine Gegengabe erwidert werden muss, so heischt auch die erlittene Verletzung nach einer reziproken Erwiderung – sei es in Form einer Gegenaggression oder in Form eines Kompensationsverfahrens. Wir befinden uns also immer noch innerhalb derselben Sphäre, derjenigen des symbolischen Tauschs, und es ist nach wie vor die Kulturanthropologie, die uns den Weg zum Verständnis der mit der rächenden Gerechtigkeit zusammenhängenden Phänomene weist.

Diese disziplinäre Ausrichtung ist notwendig, um die Vorurteile auszuräumen, die in modernen Gesellschaften gegenüber den traditionellen Formen der Rache bestehen. Das moderne Denken zeigt sich weitestgehend außerstande, das Verhältnis zwischen Rache und Recht anders denn als Opposition zu begreifen. Wo Rache ist, so die gängige Überzeugung, da kann kein Recht sein – oder wenn, dann nur das Recht des Stärkeren, von dem aus es dann nur noch ein kleiner Schritt ist zur Herrschaft der Gewalt. Um dieser Tyrannei Einhalt zu gebieten, so das politische Axiom seit Hobbes, bedarf es des Staates oder einer staatsähnlichen Zentralmacht. Als die Europäer sich aufmachten, die Welt zu erobern, stießen sie jedoch auf eine ganze Reihe von Gesellschaften, die keine vergleichbare politische Organisationsform aufwiesen. Genealogische Gesellschaften sind Gesellschaften *ohne* eine politische Zentralgewalt – und das heißt eben auch: ohne die Institutionen, die aus der Perspektive des modernen Denkens für ein funktionierendes Rechtssystem unerlässlich erscheinen. Das Fehlen derartiger Institutionen bedeutet jedoch keineswegs, dass in Gesellschaften dieses Typs das Recht als solches abwesend ist:

> Auch ohne ein gesatztes, kodifiziertes und von mehr oder weniger neutralen Instanzen überwachtes und angewandtes Recht gibt es in Gesellschaften ohne Staat und Schrift eine auf die Überlieferung gestützte Rechtsmoral, gibt es Rechtsprechung und Rechtsvollzug. Jede Gesellschaft verfügt über diesseitige Normen, über Ge- und Verbote, die im Fall ihrer Verletzung sanktioniert werden.[192]

Wir haben es also nicht mit dem Gegensatz von Recht und Rechtlosigkeit zu tun, sondern mit unterschiedlichen Formen, in denen sich das Recht vollzieht: In politischen Gesellschaften – das heißt staatlichen oder staatsähnlich organisierten – nimmt die Wahrung des Rechts die Form der *schiedsrichterlichen Gerechtigkeit* an; in genealogischen Gesellschaften – das heißt denjenigen ohne eine politische Zentralinstanz – ist es die *rächende Gerechtigkeit*, die diese Funktion übernimmt.[193] Weit davon entfernt, der Anomie das Tor zu öffnen, bildet die rächende Gerechtigkeit ein System der Gewaltregulierung. *Sie ist eine Form des Rechts und nicht ihr Gegenteil.* Wie im Fall der zeremoniellen Gabe so wird es also auch in der Frage der Rache nötig sein, sich von etablierten Denkmustern zu lösen:

> Denn so, wie wir die zeremonielle Gabe verstehen mußten, ohne sie nach dem Handelsaustausch zu beurteilen, so müssen wir über das Problem der Rache in den traditionellen Gesellschaften nachdenken,

> ohne sie auf die Normen des modernen Rechts zu beziehen, wie es sich im Abendland und anderswo herausgebildet hat. [...] Denn ebendas ist der Punkt: Die zeremonielle Rache der traditionellen Gesellschaften ist bei weitem keine Entfesselung schierer Gewalt, sondern eine Art und Weise, sie streng zu begrenzen; sie ist eine höchst ausgeklügelte Form, Justiz zu üben.[194]

Wie sollen wir diese Form der Justiz nennen? Im Anschluss an Marcel Hénaff werde ich von »rächender Gerechtigkeit« sprechen.[195] In anderen Texten, insbesondere älteren, werden dieselben Phänomene häufig mit Begriffen wie Blutrache, Vendetta, Fehde oder Privatrache bezeichnet. Diese begriffliche Konfusion zeugt davon, wie sehr wir daran gewöhnt sind, Rache und Recht als Antipoden anzusehen.[196] Eine Verbindung von beiden, wie sie die Rede von der rächenden Gerechtigkeit oder auch der Begriff der Rachejustiz impliziert, kann da schnell für Irritationen sorgen. Nun erheben die genannten Ausdrücke jedoch gar nicht den Anspruch, eine Gleichartigkeit von (traditioneller) Rache und (modernem) Recht beziehungsweise den ihnen entsprechenden Institutionen zu behaupten. Vielmehr kommt es darauf an, diese Institutionen in ihrem jeweiligen kulturellen und gesellschaftlichen Kontext zu begreifen, ohne das moderne System zum Maßstab für das traditionelle zu machen oder umgekehrt. Entscheidend ist also gar nicht so sehr, welchem dieser Ausdrücke man den Vorzug gibt, sondern vielmehr die Einsicht in den Umstand, dass die Rache in den Gesellschaften des genealogischen Typs gerade nicht der Willkür des Einzelnen überlassen ist, sondern den Gegenstand präziser Regelungen bildet, die sowohl *öffentlich* als auch *kollektiv* sind.

Darin unterscheiden sich die traditionellen Formen der Rache wesentlich von den Vorstellungen, die wir uns von der Rache machen. Die moderne Imagination wird beherrscht von dem Bild des Rächers, der einsam im Verborgenen handelt und seine Absichten bevorzugt des Nachts ins Werk setzt; sie kennt die Rache vor allem als Handeln von Einzelpersonen. Ganz anders dagegen in den genealogischen Gesellschaften: Hier ist die rächende Erwiderung niemals der Initiative eines Individuums überlassen; in diesen Gesellschaften ist die Rache »zuerst und vor allem [...] ein *sozialer* Tatbestand, eine

Beziehung, die zwischen *Kollektiven* und nicht zwischen Individuen gelebt wird«.[197] Von dem System der rächenden Gerechtigkeit sprechen heißt also, von einer Rache sprechen, die sich immer öffentlich, kollektiv und nach anerkannten Regeln vollzieht.

Dass die Rache in Gesellschaften ohne politische Zentralinstanz einen rechtsförmigen Charakter aufweist und als soziales Regulativ fungiert, ist nicht allein von Marcel Hénaff bemerkt worden. Dieselbe Einsicht findet sich auch bei Axel T. Paul, Günther Schlee und Bertram Turner – allesamt Autoren, die eine große Nähe zur Ethnologie aufweisen. Dieser disziplinäre Hintergrund und die damit einhergehende empirische Ausrichtung haben sie möglicherweise davor bewahrt, den Vorurteilen aufzusitzen, die den Diskurs über die Rache in den meisten anderen Wissenschaften prägen. So heißt es etwa bei Paul:

> Im Unterschied zu dem, was eine vorschnelle Identifikation von Vergeltung und »wilder Rache« suggeriert, ist das Prinzip der Vergeltung kein Freibrief zur Barbarei, sondern vielmehr eine Regel der Mäßigung. [...] Dieser Grundsatz regiert die Blutrache so gut wie jede andere Form der Sanktion. Zunächst nämlich muss festgestellt und öffentlich anerkannt werden, dass eine Tat zur Blutrache berechtigt. [...] Weiter ist es nicht jedem Mitglied der geschädigten Gruppe erlaubt, seinerseits einem beliebigen Angehörigen der Tätergruppe irgendeinen Schaden zuzufügen. Vielmehr ist innerhalb eines gewissen Rahmens festgelegt, wer sich auf welche Weise an wem zu rächen hat. Und hier ist es insbesondere die interne Differenzierung der Familien- beziehungsweise Clanstrukturen, welche eine präzise Dosierung der Rache ermöglicht.[198]

Konkret kann eine derartige Regelung etwa folgendermaßen aussehen:

> So kann die Vorschrift zum Beispiel lauten, dass der Sohn die Ermordung seines Vaters legitimerweise durch die Ermordung des Täters oder eines seiner Brüder rächen darf. Damit wären Gerechtigkeit und sozialer Frieden wiederhergestellt. Tötet der Rächer hingegen einen

> Sohn des Mörders oder rächt sich nicht der Sohn, sondern ein entfernterer Verwandter des ursprünglichen Opfers, kann es in der Tat sein, dass die Rache als überzogen angesehen wird und zur Vergeltung der Vergeltung einlädt, wenn nicht gar auf sie verpflichtet.[199]

Einer derartigen Eskalation zur Rachespirale sind jedoch hohe Hürden vorgebaut.[200] Selbst in dem von Paul thematisierten Fall des Mordes ist es keineswegs so, dass auf den ersten Gewaltakt zwangsläufig ein zweiter folgt. Die geschädigte Gruppe hat zwar einen *legitimen* Anspruch auf eine gewaltförmige Reaktion; das bedeutet jedoch nicht, dass er auch tatsächlich umgesetzt wird. Vielmehr stellt die »Transformation legitimer Gewaltansprüche in Ausgleichsleistungen den Normalfall gegenüber der Gewaltexekution dar«[201] – und zwar selbst dann, wenn nicht nur von einem Anspruch, sondern von einer unbedingten Verpflichtung zu einer gewaltförmigen Antwort die Rede ist.[202] Schlee und Turner zufolge gilt dies nicht nur für die von der Ethnologie untersuchten Gesellschaften, sondern auch für die antiken Rechtsordnungen der griechischen Poleis und des Römischen Reichs. »Ein zentraler Punkt ist«, so schreiben sie im Hinblick auf diese Gesellschaften, »dass materielle Ausgleichsleistungen einen Ausweg aus der Gewaltregulierung wiesen. Danach galt die gewaltsame Reaktion nur nach einer formellen Ablehnung eines Kompensationsverfahrens als zulässig. *Ausgleich scheint die Regel gewesen zu sein.*«[203] Die Verpflichtung, ein erlittenes Unrecht zu erwidern, ist zwar ebenso bindend wie die Verpflichtung, eine empfangene Gabe durch eine Gegengabe zu beantworten, aber sie impliziert nicht, dass sich die rächende Erwiderung notwendigerweise im Medium der Gewalt vollzieht.

Demungeachtet wurde es jedoch zu einer allgemeinen »Wissenschaftskonvention, das Vergeltungspostulat in der Konfliktregulierung auf eine quasi automatische Gewaltreaktion zu reduzieren und darin eine *Dysfunktion des archaischen Rechts* zu erkennen, die mit *zu hohen Kosten* verbunden gewesen sei«[204]. Wäre die Rache allerdings tatsächlich so dysfunktional, wie es diese Konvention unterstellt, und käme es in nichtstaatlichen Gesellschaften tatsächlich so häufig zu generationenübergreifenden Rachespiralen, so bliebe vollkommen unverständlich, weshalb sich diese Gesellschaften nicht innerhalb kürzester Zeit alle selbst ausgerottet haben.

Man muss sich also davor hüten, das System der rächenden Gerechtigkeit auf eine »mechanische Tötungsanleitung« zu reduzieren.[205] Die Auffassung, dass die Rache in nichtstaatlichen Gesellschaften einen quasi autonom ablaufenden Mechanismus darstellt, in dem jeder Gewaltakt unvermeidlich eine Kette weiterer Gewaltakte nach sich zieht, besitzt keine empirische Grundlage. Wesentlich für das System der rächenden Gerechtigkeit ist vielmehr dasjenige, was Schlee und Turner als »Option des Ausstiegs aus der Gewaltsphäre«[206] bezeichnen. Im Falle eines Konflikts gibt es nämlich »eine ganze Reihe von *exit options*, die es den involvierten Parteien ermöglichen, der Verstetigung einer Gewaltbeziehung zu entgehen, ohne die jeweiligen Ansprüche aufgeben zu müssen. All das ist *Sache von Verhandlungen.*«[207] Zugespitzt formuliert: Die ›Wilden‹ schlagen sich keineswegs bei jedem Anlass gegenseitig die Köpfe ein; vielmehr setzen sie sich zusammen und tun, was auch in anderen Gesellschaften getan wird, wenn es darum geht, über widerstreitende Interessen und Ansprüche zu entscheiden: Sie verhandeln über einen angemessenen Ausgleich.

»Vergeltung«, so Schlee und Turner, »setzt [...] die Existenz eines sozialen Rahmens zwischen den Parteien voraus.«[208] Was Schlee und Turner »sozialen Rahmen« nennen, ist indes nichts anderes als das soziale Band, das durch den zeremoniellen Gabentausch gestiftet wird. Axel T. Paul bezeichnet die Gabe als »empirische Form des Sozialvertrags«[209] und fügt eine Erläuterung an, die unmittelbar an Hénaffs Lesart des zeremoniellen Gabentauschs erinnert:

> Er [der Gabentausch] ist kein Waren- oder Gütertausch, im Grunde nicht einmal die Übergabe irgendwelcher Gegenstände, sondern das Medium einer Relation wenigstens zweier Kollektive, die wechselseitig ihr prinzipielles Wohlwollen beteuern, sich als Gleiche anerkennen und gegebenenfalls verbünden. Eine Gabe wird nicht erwidert, um Schulden zu begleichen – denn die Unterbrechung und Ablösung einer Beziehung ist gerade nicht intendiert –, sie wird erwidert, um sich einander der guten Absichten sowie des Beistands in schwierigen Zeiten zu versichern.[210]

Wie die zeremonielle Gabe wird auch die Rache von dem Grundsatz der Reziprozität regiert. In einem wesentlichen Punkt unterscheiden sie sich jedoch voneinander. Denn während der Gabentausch darauf angelegt ist, sich als Kreislauf potenziell unendlich zu perpetuieren, geht es bei der rächenden Gerechtigkeit gerade darum zu verhindern, dass sich das Blutvergießen zu einem endlosen Kreislauf verfestigt: »Gabenzirkel müssen bekräftigt und unterhalten, Rachezirkel hingegen gezähmt und unterbrochen werden«.[211] Und das bevorzugte Mittel zur Verhinderung derartiger Rachezirkel stellt wiederum nichts anderes als der Austausch von Gaben dar. Durch das Aushändigen als wertvoll erachteter Güter bringt die Partei des Schädigers ihre Absicht zum Ausdruck, für den Verlust aufzukommen, den einer der ihren verursacht hat; sie erkennt an, dass etwas geschehen ist, das nicht hätte geschehen dürfen und für das sie die Verantwortung trägt. Zugleich bekräftigt sie, dass ihr daran gelegen ist, die Gegenseitigkeit wiederherzustellen und die Beziehung zu der geschädigten Gruppe im Guten fortzuführen.

Es zeichnet sich nun zunehmend klarer ab, inwiefern die Ordnung der Gabe und das System der rächenden Gerechtigkeit zusammenhängen: Die Beziehung der Gabe ist eine Beziehung der Anerkennung und des gegenseitigen Respekts. Diese Anerkennung wird durch die zugefügte Verletzung oder Beleidigung empfindlich gestört und infrage gestellt. Jemanden verletzen oder beleidigen heißt, sich symbolisch über ihn stellen. Wir stoßen hier erneut auf die Vorstellung einer vertikalen Asymmetrie, die uns schon im Zusammenhang mit der Polarität von Handeln und Erleiden begegnet ist. Etwas ist aus dem Gleichgewicht geraten, die Beziehung beschädigt. Die Forderung nach Rache ist gleichbedeutend mit der Forderung nach einer Reparatur der Beziehung und einer Rückkehr zur Gegenseitigkeit. Hinter dieser Forderung zeichnet sich jedoch eine noch weitreichendere Forderung ab, nämlich diejenige nach einer *Wiederherstellung des Gleichgewichts*.[212] »Ein zerstörtes Leben«, schreibt Hénaff, »verlangt nach Wiederherstellung gemäß den strengen Regeln der rächenden Gerechtigkeit«[213] – was für das zerstörte Leben gilt, gilt auch für jede andere Form der Schädigung.

Das erlittene Unrecht verlangt nach einem Ausgleich; andernfalls droht das vermittels der zeremoniellen Gabe geknüpfte Band zu reißen: »Denn das Unrecht, das zur Rache berechtigt, suspendiert nicht die Ordnung, welcher der Gabentausch stiftet, sondern ist eine ›Nahme‹, welche daran erinnert, dass die Ordnung zerbrechlich ist und deshalb gewahrt werden muss.«[214] Axel T. Paul geht aus diesem Grund sogar so weit, die Rache selbst als »Anerkennungsverhältnis« zu bezeichnen:

> Wenn die Rache ein Anerkennungsverhältnis ist, dann nicht oder wenigstens nicht in erster Linie, weil sie den Bestand der eigenen Gruppe durch eine der Verletzung korrespondierende Schädigung anderer Gruppen zu garantieren versucht, sondern deshalb, weil sie auf die Wiederherstellung eines Zustands zielt, der durch die Gabe als zentraler Beziehung zwischen den Gruppen einer segmentären Gesellschaft allererst erzeugt wird. Einerseits setzt die Rache den Respekt zwischen den beteiligten Gruppen voraus, andererseits ist sie ein Reparaturmechanismus einer aktuell beschädigten Relation. Sie ist Vergeltung eines Torts, zugleich aber ein Plädoyer für die Rückkehr zum *status quo ante*. Die Kohäsion, der Zusammenhang und Zusammenhalt der Gesellschaft, wird durch einen legitimen Racheakt nicht aufs Spiel gesetzt, sondern praktisch beschworen. Es gibt die Pflicht, eine Ehrverletzung zu vergelten, nicht weil der Stolz Einzelner keine Alternative ließe, sondern weil die Ehre nur ein anderer Name ist für das rechte Maß von Nähe und Distanz zwischen den Segmenten einer Gesellschaft, aber auch für die Prekarität eines Zustands, der, wenn nicht der natürlichen Feindschaft der Menschen, so doch dem Misstrauen, das Fremdem gegenüber zunächst einmal angezeigt ist, nur auf dem Wege der Gabe mühsam abgetrotzt werden konnte.[215]

Wenn die Beziehungen der Gabe und der Rache homolog sind, dann heißt das aber auch, dass genau definiert ist, auf welcher sozialen Ebene das System der rächenden Gerechtigkeit zum Tragen kommt.

Wie wir sahen, nimmt die rächende Gerechtigkeit in Gesellschaften des genealogischen Typs im Wesentlichen zwei Formen an: Die geschädigte Gruppe kann entweder zu einem Gegenschlag ausholen und die erlittene Verletzung mit einer Gegenaggression beantworten; oder sie kann von der verantwortlichen Gruppe eine gabenförmige Kompensation fordern, die den erlittenen Schaden symbolisch wiedergutmacht. In beiden Fällen ist es jedoch nur eine ganz bestimmte *soziale Ebene*, auf der diese Verfahren zum Einsatz kommen. Zur Bestimmung dieser Ebene greift Hénaff auf eine von Raymond Verdier[216] entwickelte Typologie zurück, die zwischen drei auf jeweils unterschiedlichen Ebenen angesiedelten Konfliktformen unterscheidet: Strafe, Rache und Krieg.[217]

Die *Strafe* betrifft die Gruppe im Innern; sie bezieht sich auf eine Normverletzung, die von einem ihrer Mitglieder im Rahmen der eigenen Gruppe begangen wurde: »[D]ie Beleidigung wird als Angelegenheit behandelt, die innerhalb der Gruppe bleiben muß, die durch Bestrafung des Schuldigen verhindern will, daß die Übertretung ihr Leben und ihre Einheit bedroht.«[218] Die strafende Sanktion kann darin bestehen, dass die schuldige Person vorübergehend oder dauerhaft aus der Gruppe ausgeschlossen wird; im Falle schwerwiegender Delikte kann die Todesstrafe verhängt werden. Hénaff erwähnt außerdem die Existenz von Sühne- oder Wiedereingliederungsriten, denen sich das schuldige Subjekt unterziehen muss. Wichtig ist jedoch, dass alle diese Sanktionen ein Binnenverhältnis betreffen; wir haben es bei der Strafe also »mit einer Beziehung zwischen Gruppe und Individuum zu tun, bei der die Gemeinschaft *in bezug auf sich selbst* handelt«.[219]

Anders verhält es sich mit der *Rache*; es geht nun nicht mehr um eine Beziehung nach innen, sondern um eine Beziehung gegenüber der Außenwelt:

> Die Gruppe bildet zusammen mit einem ihrer Mitglieder eine Einheit gegenüber einer anderen Gruppe. Die Rache gibt ein Verhältnis *eines Innern gegenüber einem Außen* wieder. Die Beleidigung wird als kollektive empfunden und verpflichtet die ganze Gemeinschaft gegen-

über dem Beleidiger. Wir befinden uns in keiner Weise mehr in der Logik der Strafe, sondern in der der Entgegnung, der zu vergeltenden Tat.[220]

Ein Individuum aus der Gruppe angreifen heißt die Gruppe als Ganzes angreifen. Die Pflicht zur Erwiderung ist zugleich eine Pflicht zur Solidarität mit dem Geschädigten oder Verletzten, die ebenso sozial wie affektiv verankert ist. »Wer das Blut eines Clangenossen vergießt«, so Axel T. Paul, »vergießt gewissermaßen das Blut des Clans selbst.«[221] Während es nach außen hin also eine strenge Erwiderungspflicht gibt, ist die Rache innerhalb der eigenen Gruppe streng untersagt.[222] Verdier (den Hénaff hier zitiert) kommt das Verdienst zu, entdeckt zu haben, dass in dieser Hinsicht zwischen Rache und Strafe eine strukturelle Analogie besteht: »*Die Pflicht zur Rache außerhalb ist das Gegenstück zum Verbot der Rache im Innern*; Pflicht und Verbot drücken die beiden Seiten der Solidarität aus, die äußere und die innere; man kann sich nicht an denen rächen, die zu rächen man ja gerade verpflichtet ist.«[223] Die rächende Erwiderung folgt präzisen Regeln, die von beiden Parteien akzeptiert werden und sich in erster Linie auf den sozialen Status (Alter, Geschlecht, Rang innerhalb des Verwandtschaftssystems) der beteiligten Akteurinnen und Akteure beziehen:

> Jede Art von Beleidigung (Mord, verächtliche Rede oder Geste, Ungehorsam, Schläge) hat je nach dem Status des Beleidigten spezifische Arten von Erwiderungen und Racheverfahren zur Folge. Tatsächlich befinden wir uns hier unter *Partnern*. In diesem Sinne verhält sich die Rache symmetrisch zu den Gabenbeziehungen. Was sich deutlich in den Entschädigungsverfahren zeigt, die denselben Kanälen folgen wie der Geschenkaustausch [...].[224]

Rachebeziehungen und Gabenbeziehungen sind koextensiv. Solange der Konflikt anhält, das heißt, solange für den verursachten Schaden keine Kompensation geleistet wurde, so lange bleiben die Gruppen, die ehedem verbündet waren, Gegner. Die Beziehung bleibt bestehen, sie wechselt jedoch ihre Klangfarbe. Durch die Beleidigung wurde die gegenseitige Anerkennung infrage gestellt; eine Grenze ist überschritten worden, eine Ungleichheit eingetreten, das Verhältnis zwischen beiden Gruppen belastet. Die rächende Gerechtigkeit zielt darauf ab, die wechselseitige Anerkennung wiederherzustellen, indem sie für einen angemessenen Ausgleich sorgt.

Das dritte Element in der Reihe ist der *Krieg*. Anders als die rächende Erwiderung zielt der Krieg nicht auf die Reparatur einer beschädigten Beziehung, sondern, zumindest *in fine*, auf »die Zerstörung der anderen Gruppe als solcher«.[225] Hénaff gesteht ein, dass eine klare Grenzziehung zwischen Rache und Krieg in vielen Fällen nicht möglich ist. Gleichwohl gibt es ein Merkmal, in dem sich beide deutlich voneinander unterscheiden. Anders als die Rache impliziert der Krieg nämlich eine klare Absage an das Prinzip der Gegenseitigkeit:

> Der Krieg bedeutet also die Abwesenheit von Gegenseitigkeit; die Ablehnung oder die Unmöglichkeit, sie beizubehalten. Kriegführende Gruppen sagen sich in der Tat: zwischen uns keine Gabe und Gegengabe, keine geregelte Rache, das heißt keine Justiz; sondern Konfrontation von Fremden mit Fremden, bei der man dem Feind alles nehmen kann, ohne andere Bedingung, als ihn zu besiegen.[226]

Der Krieg stellt eine Beziehung dar, in der keine wechselseitigen Verpflichtungen bestehen. Das Gegenüber des Krieges ist nicht mehr Gegner, sondern Feind. Die Logik des Krieges bezweckt nicht die Wiederherstellung eines Gleichgewichts, sondern sie zielt auf einen Zustand ab, der sich durch eine vertikale Ungleichheit charakterisieren lässt: Sieg und Niederlage, Dominanz und Unterwerfung. Im Hinblick auf das Verhältnis von Identität und Differenz nimmt die Rache also eine mittlere Position zwischen der Strafe und dem Krieg ein. Raymond Verdier drückt dies folgendermaßen aus:

> Auf halbem Wege zwischen der Beziehung der Identität und des absoluten Unterschieds ist die Rachebeziehung wesentlich eine Beziehung der Gegnerschaft, die Partner, die sich sowohl als identisch wie als verschieden erkennen, miteinander verbindet. Während die feindli-

che Gruppe diejenige ist, die man zu verleugnen, ja zu vernichten sucht, um die eigene Überlegenheit zu bekräftigen, ist die gegnerische Gruppe diejenige, der gegenüber man sich in gegenseitiger Konfrontation befindet.[227]

Die Bundeswehr in Somalia

Das System der rächenden Gerechtigkeit folgt nicht nur anderen Verfahren als das moderne Recht, sondern es wird auch von anderen Denkweisen und Vorstellungen regiert. Dies betrifft insbesondere ihr Verhältnis zur Schuld. Das moderne Rechtssystem versteht Schuld im Wesentlichen als individuelle Vorwerfbarkeit. »Gerechtigkeit bedeutet im modernen Strafrecht die gerechte Bestrafung einer persönlichen Schuld.«[228] Dieser Schuldbegriff deckt sich weitgehend mit dem moralischen Schuldverständnis, das auch unseren Alltag dominiert. Der Akt der Beschuldigung setzt voraus, dass die beschuldigte Person anders hätte handeln können. Wie sieht es nun in den genealogischen Gesellschaften aus? Kein Zweifel: So wie die Ordnung der Gabe die Verpflichtung impliziert, eine empfangene Gabe durch eine Gegengabe zu beantworten, so impliziert auch das System der rächenden Gerechtigkeit eine strenge Verpflichtung, das erlittene Unrecht auszugleichen. Lässt sich diese Verpflichtung aber auch als Schuld verstehen? Wie wir gesehen haben, ist die Rache in nichtstaatlichen Gesellschaften grundsätzlich kollektiv; das heißt die »Verantwortlichkeit für Devianz [wird] zumindest zu einem erheblichen Anteil als Kollektiveigenschaft gedacht«.[229] Wenn die Verantwortung nicht bei einem Individuum, sondern bei einer Gruppe liegt, dann ist davon auszugehen, dass sich das der rächenden Gerechtigkeit zugrunde liegende Verständnis von Schuld maßgeblich von dem in unserer Gesellschaft vorherrschenden Schuldbegriff unterscheidet. Wie lässt sich dieser Unterschied charakterisieren? Anders gefragt: Wie unterscheidet sich der Umgang mit erlittenem Unrecht in Gesellschaften des genealogischen Typs von der Weise, in der in modernen Gesellschaften mit einem Unrecht umgegangen wird?

Ich möchte mich diesen Fragen anhand eines Fallbeispiels annähern, das sich Anfang der 1990er Jahre in Somalia ereignet hat.[230] Die deutsche Bundeswehr war damals im Rahmen einer UN-Friedensmission in Beled Weyn stationiert. In einer Nacht näherten sich zwei Somali dem Bundeswehrcamp, soweit man weiß, um Treibstoff zu stehlen. Die wachhabenden Soldaten bemerkten die jungen Männer, als sie gerade dabei waren, einen Zaun zu überwinden. Warnungen wurden gerufen, dann fielen Schüsse. Einer der beiden wurde tödlich getroffen. Noch in derselben Nacht suchte eine Delegation der Bundeswehr das Haus des Erschossenen auf. Es kam zu Beratungen mit einer Gruppe von Clanältesten, zu denen auch das Oberhaupt der Familie des Getöteten gehörte. Den Inhalt dieser Gespräche fassen Schlee und Turner wie folgt zusammen:

> Die lokalen Ältesten bestanden darauf, dass der Junge unbewaffnet gewesen sei und nichts Böses im Schilde geführt hatte. Sie verlangten Blutgeld von den Deutschen. Das Wergeld für einen Jungen oder einen Mann beträgt bei den Somali einhundert Kamele. Das deutsche Kommando lehnte dies mit der Begründung ab, der Junge sei unbefugt in das Lager eingedrungen und der Soldat, der die tödlichen Schüsse abgegeben habe, habe dem Reglement entsprechend gehandelt und deswegen falle ihm keine Schuld zu. Eine Zahlung von Blutgeld komme einem Schuldeingeständnis gleich, und deswegen sei dies ausgeschlossen.[231]

Was diesen Fall für uns so aufschlussreich macht, ist der Umstand, dass die beiden Konfliktparteien jeweils exemplarisch für zwei unterschiedliche Rechtsauffassungen stehen: das System der rächenden Gerechtigkeit aufseiten der Somali und das System des modernen Rechts aufseiten der Bundeswehr. Entsprechend gut lässt sich anhand des Aufeinanderprallens dieser unterschiedlichen Auffassungen herausarbeiten, inwiefern sich die mit der rächenden Gerechtigkeit verbundenen Denkweisen von denen des modernen Rechts unterscheiden.

Wie wir erfahren, war für die lokalen Wortführer der entscheidende Punkt, dass einer der ihren getötet wurde und dass dieser

Verlust – wie jedes Menschenleben, das gewaltsam genommen wurde – nach einem angemessenen Ausgleich verlangt. Zudem verwiesen sie auf die Unverhältnismäßigkeit der Reaktion: Auch wenn der Junge versucht habe, etwas zu stehlen, so sei das noch lange kein hinreichender Grund dafür, ihn zu töten. »Einen Dieb verhaftet man«, wird einer der Ältesten zitiert, »man schießt ihn nicht gleich tot.«[232] Daher die Forderung nach Wergeld. Für das deutsche Bundeswehrkommando hingegen war der entscheidende Punkt, dass der wachhabende Soldat vorschriftsgemäß gehandelt habe, weshalb ihn weder in moralischer noch in juristischer Sicht eine Schuld treffe. Würde man der Forderung nachkommen, liefe dies auf ein Schuldeingeständnis hinaus; an eine Zahlung von Wergeld sei daher nicht zu denken.

Schlee und Turner zufolge handelt es sich bei diesem Fall um »ein typisches Beispiel dafür, was passiert, wenn zwei konfligierende Parteien nicht nach der gleichen verbindlichen Vergeltungslogik handeln«.[233] Der Diskurs der somalischen Clanältesten kreiste primär um die Frage des Ausgleichs (die in der Forderung nach Wergeld ihren Ausdruck fand); der Diskurs des deutschen Militärs hingegen um die Frage der Schuld (was sie dazu veranlasste, ebendiese Forderung zurückzuweisen). Vor diesem Hintergrund überrascht es kaum, dass keine Einigung erzielt wurde. Denn tatsächlich hatten die Somali von den Deutschen ja gar kein Schuldeingeständnis verlangt; die Frage, ob den Soldaten, der die tödlichen Schüsse abgefeuert hatte, eine Schuld im Sinne moralischer Vorwerfbarkeit treffe, war für sie nur von nachrangiger Bedeutung, ebenso die Frage, ob diese Schüsse in Übereinstimmung mit dem militärischen Regelwerk abgefeuert wurden. Was der Bundeswehrführung offenbar nicht bekannt war (und worüber uns die Ethnologen unterrichten), ist der Umstand, dass das Zahlen von Wergeld bei den Somali überhaupt nichts mit einem Schuldeingeständnis im modernen moralischen oder juristischen Sinne zu tun hat:

> Auf eine Forderung nach Ausgleich für einen Schaden und nach Reparatur einer sozialen Beziehung hatte das deutsche Kommando reagiert wie auf eine Strafanzeige, nämlich mit einem Verteidigungs-

> reflex, mit einem In-Abrede-Stellen von Schuld. Eine Schuldzuweisung, die über das bloße Verursacherprinzip hinausgeht (also etwa böse Absicht oder grobe Fahrlässigkeit unterstellt), ist aber zur Begründung einer Kompensationsforderung gar nicht erforderlich, genauso wenig wie die Zahlung von Kompensation die Anerkennung einer solchen Schuld impliziert.[232]

Zu Kompensationsforderungen kommt es auch dann, wenn jemand bei einem Unfall verletzt oder getötet wird, das heißt, ohne dass eine entsprechende böse Absicht im Spiel ist. Dies bedeutet jedoch nicht, wie früher häufig angenommen wurde, dass die Mitglieder ›archaischer‹ Gesellschaften kognitiv nicht in der Lage seien, zwischen willentlichen und unwillentlichen Handlungen, Vorsatz und Versehen, zu unterscheiden.[235] Das sind sie durchaus. Wie das Fallbeispiel zeigt, spielt die Frage der Absicht für sie einfach keine maßgebliche Rolle. Schlee und Turner ziehen daraus die Schlussfolgerung, dass die Weise, in der innerhalb des ›archaischen‹ Rechts mit Tötungen und Verletzungen umgegangen wurde, »ihre Fortsetzung viel mehr im heutigen Zivilrecht als im heutigen Strafrecht gefunden zu haben [scheint]. Das Strafrecht fragt nach der Schwere der Schuld, das Zivilrecht nach der Höhe des entstandenen Schadens.«[236] Innerhalb des Systems der rächenden Gerechtigkeit spielen volitive Kategorien wie ›Vorsatz‹ und ›Fahrlässigkeit‹ nicht dieselbe Rolle wie im modernen Strafrechtssystem. Im Zentrum steht nicht der Täter und dessen moralische Beurteilung, sondern die Bestimmung des entstandenen Schadens und der zu leistenden Wiedergutmachung:

> Denn die zeremonielle Rache ist keine Rache psychologischer oder moralischer Art; wie die Gabe ist sie eine gesellschaftliche und kosmische Verpflichtung. Sie ist so wenig psychologischer Natur, daß sie sogar durch eine unfreiwillige Beleidigung ausgelöst werden kann. Die Frage liegt nicht in der Absicht, sondern in den Tatsachen: in der objektiven Beeinträchtigung des Lebensvorrats und der Ordnung der Dinge. [...] Schuld liegt vor, wenn dieses Gleichgewicht gestört ist und wiederhergestellt werden muß; diese Schuld (*dette*) impliziert keinerlei moralische Schuld (*culpabilité*).[237]

Das erlittene Unrecht besitzt den Status eines objektiven Sachverhalts; die Schuld erscheint dementsprechend nicht primär als *subjektive Verfehlung* (wie es insbesondere in den durch die christliche Tradition geprägten Gesellschaften der Fall ist), sondern als *objektive Störung* des Zustands der Welt. Die etwas technisch anmutende Rede von Schlee und Turner, dass das Vergeltungsprinzip »integraler Bestandteil institutioneller Arrangements einer nicht Sanktions- und nicht Täter-orientierten, aber auf Ausgleich ausgerichteten Konfliktregulierung«[238] sei, besagt im Grunde nichts anderes.

Kehren wir vor diesem Hintergrund noch mal zu dem Beispiel zurück. Wäre es angesichts dieser divergierenden Auffassungen überhaupt denkbar gewesen, dass beide Parteien eine gütliche Einigung erzielen? Nach Ansicht des Ethnologen durchaus. Vom Westdeutschen Rundfunk wurde Günther Schlee seinerzeit nach seiner ethnologischen Einschätzung gefragt. Da die Zahlung von Wergeld »nichts Ehrenrühriges«[239] sei, so Schlee, sei die Furcht der Deutschen vor einem damit verbundenen Gesichtsverlust unbegründet gewesen. Es wäre also durchaus denkbar gewesen, die Angelegenheit auf einvernehmliche Weise zu regeln – was aufseiten der Bundeswehr jedoch eine genauere Kenntnis der lokalen Rechtspraktiken vorausgesetzt hätte. Die folgenden Empfehlungen Schlees, wie die Bundeswehrführung dabei hätte vorgehen und welcher rhetorischen Strategien sie sich hätte bedienen können, lesen sich wie ein Musterstück interkultureller Hermeneutik (wobei der Fairness halber hinzugefügt werden sollte, dass es natürlich immer einfacher ist, solche Empfehlungen retrospektiv und aus der Position eines unbeteiligten Dritten heraus auszusprechen):

> Die Deutschen hätten [...] nicht mehr eingestehen müssen als ein bloßes Missverständnis und hätten dann mit ihrem Bedauern über den Verlust eines Menschenlebens und ihre Bereitschaft zur Wiedergutmachung eine gute Figur machen können. Und die hundert Kamele? Hätten die den Verteidigungshaushalt gesprengt? Wahrscheinlich hätte man sie nie zahlen müssen, denn auch hierfür gibt es Verhandlungsmöglichkeiten oder diskursive Strategien. Man hätte sich darauf berufen können, dass die Deutschen andere Erwerbs-

zweige als die Kamelzucht bevorzugen und deswegen keine Kamele haben. Bei der Umrechnung in einen Geldbetrag hätte es dann sehr viel Spielraum nach unten gegeben. Ich denke mal, einhundert Dollar pro Kamel, insgesamt also 10.000 Dollar, wären eine schöne runde, symbolisch akzeptable Summe gewesen. (Verglichen allein mit den Krankenhaus- und Beerdigungskosten, die bei uns bei jedem noch so friedlichen Tod entstehen, also gar nichts.) Weiter hätte man diesen Betrag reduzieren können durch einen Appell an die Brüderlichkeit. »Wir sind hier, um euch zu helfen, um Menschenleben zu retten und Versorgungswege zu sichern. Jetzt behandelt uns nicht wie Fremde, sondern wie Brüder und erlasst uns einen Teil der Summe!« Bei ihren eigenen Werten der Gastfreundschaft, der Waffenbrüderschaft und der Großzügigkeit gepackt, hätten die Somali dem wohl wenig entgegnen können.[240]

Das symbolische Substitut des Lebens

Wenn es nun aber möglich ist, die Tötung eines Menschen dadurch wieder auszugleichen, dass man der Familie des Getöteten eine bestimmte Anzahl von Kamelen oder einen bestimmten Geldbetrag zukommen lässt, heißt das dann nicht, dass wir es hier im Grunde doch mit einer *marktförmigen* Transaktion zu tun haben? 100 Kamele oder 10.000 Dollar – das ist die Verhandlungsbasis. Kaum anders als beim Kauf eines Gebrauchtwagens. Das Wergeld erschiene dementsprechend als eine Art Preisschild, das man dem menschlichen Leben anheftet, ein quantitatives Äquivalent, über dessen Höhe man verhandeln kann und das sich wie eine finanzielle Schuld begleichen lässt. Diese Sichtweise ist zwar naheliegend – aber sie ist eindeutig verkehrt. Die Dinge so zu betrachten hieße, den Sinn und Zweck der Forderung nach Wergeld grundlegend zu verkennen.

Wie die zeremonielle Gabe so gehört auch die zeremonielle Rache der Sphäre des symbolischen Austauschs an. Das Wergeld hat nicht die Funktion, sich einen ökonomischen Vorteil zu verschaffen. Es wird nicht motiviert durch den Wunsch, aus einem Unglücksfall einen möglichst großen monetären Nutzen zu ziehen. Der Gedanke, dass ein Clan die Tötung eines Mitglieds bereitwillig in Kauf nimmt oder gar provoziert, um sich durch das Wergeld zu bereichern, würde den Somali nicht weniger zynisch vorkommen als uns. Wenn man sagt, dass das Leben eines Somali 100 Kamele kostet, so ist der Ausdruck ›kosten‹ hier nur in einem metaphorischen Sinn zu verstehen. Zweifellos geht es bei der rächenden Gerechtigkeit auch um eine Form der Angemessenheit, aber diese Angemessenheit hat nichts mit Gleichwertigkeit oder Äquivalenz in einem kaufmännischen Sinne zu tun. Im Zentrum steht nicht der materielle Wert der angebotenen Kompensationsleistung, sondern ihr symbolischer Gehalt.

Besonders deutlich herausgearbeitet hat diesen Punkt David Graeber.[241] Graeber zufolge ist das Wergeld primär »eine Form anzuerkennen, dass eine Schuld besteht, die gerade *nicht* mit Geld beglichen werden kann«.[242] Das Wergeld ist ein symbolischer Preis und kein ökonomischer. Es dient als *symbolisches Substitut des Lebens*, dem das Wissen um die Inkommensurabilität der miteinander verrechneten Größen von vornherein eingeschrieben ist:

> Das wiederum erklärt, warum genau die gleiche Art Geld bei Heiraten verwendet wird, die auch als Wergeld oder Manngeld (manchmal auch »Blutgeld« genannt) zum Einsatz kommt: Geld, das die Familie eines Mordopfers erhält, um eine Blutfehde zu verhindern oder zu beenden. [...] Einerseits werden Walzähne oder Messingstäbe übergeben, weil die Verwandten des Mörders anerkennen, dass sie der Familie des Opfers ein Leben schulden. Andererseits sind Walzähne und Messingstäbe in keiner Weise eine Kompensation für den Verlust eines Verwandten, können es niemals sein. Gewiss wäre niemand so unbedarft zu behaupten, eine bestimmte Geldsumme könnte das »Äquivalent« zum Wert eines Vaters, einer Schwester oder eines Kindes sein. Mit Geld wird hier wieder und vor allem anerkannt, dass etwas sehr viel Wertvolleres als Geld geschuldet wird.
>
> Bei einer Blutfehde werden beide Parteien auch begreifen, dass eine Tötung aus Rache zwar dem Grundsatz »Leben gegen Leben« entspricht, aber keine wirkliche Entschädigung für den Kummer und Schmerz der Angehörigen des Opfers ist. Dieses Wissen eröffnet die Möglichkeit, die Angelegenheit ohne Gewalt beizulegen.[243]

Die Homologie von ›Brautgeld‹ und ›Blutgeld‹ findet sich in zahlreichen Kulturen.[244] In beiden Fällen ist die Funktion identisch. »Im einen wie im andern Fall«, so Raymond Verdier, »geht es nicht darum, ein Leben zu kaufen, sondern im Tausch gegen ein anderes Leben Güter anzubieten, die das Leben symbolisieren.«[245] David Graeber formuliert diesen Gedanken wie folgt: »Das Geld schafft die Schuld nicht aus der Welt. Für ein Leben kann man nur mit einem Leben bezahlen. Wer Blutgeld bezahlt, gibt zu, dass eine Schuld besteht, und zeigt, dass er sie zurückzahlen will, obwohl er weiß, dass das nicht möglich ist.«[246] In vielen Kulturen gibt es für diese Form des Ausgleichs eine Art Standardsatz. Was bei den Somali 100 Kamele sind, sind bei den Nuer 40 Rinder und bei den Irokesen eine bestimmte Anzahl von Wampum-Schnüren. Gleichwohl betonen alle Beteiligten, dass es sich dabei gerade *nicht* um eine Bezahlung handelt.[247]

In einigen Gesellschaften kann die Entschädigung für ein genommenes Leben auch darin bestehen, dass man der geschädigten Partei eine junge Frau gewährt, da man dieser das Vermögen zuschreibt, neues Leben zu geben.[248] Wie Schlee und Turner uns unterrichten, ist dies zum Teil auch in Somalia der Fall: »Ein Friedensschluss unter Somali wird häufig durch die Übergabe einer Jungfrau konstituiert. Der Transfer einer Frau aus einer Täterpartei als Braut für die nächsten Verwandten des Getöteten ist eine Praxis, die neben dem Ausgleich auch soziale Bindung etabliert.«[249] Anstelle einer heiratsfähigen Frau wird manchmal auch ein Mann als Ausgleich gegeben, bisweilen sogar der Mörder selbst, der in der anderen Gruppe fortan die Stelle des Getöteten einnimmt.[250]

Die Mitglieder genealogischer Gesellschaften wissen also sehr genau, dass das Leben eines Menschen unbezahlbar ist; nicht obwohl, sondern gerade *deshalb* verlangt es nach einem symbolischen Ausgleich. Einer streng utilitaristisch oder ökonomisch geprägten Sichtweise, die in den Verfahren der rächenden Gerechtigkeit bloß die sichtbaren Ausdrucksweisen einer im Unsichtbaren wirkenden Zweckrationalität sieht, bleibt der Sinn derartiger Einrichtungen notwendigerweise verschlossen. Wie die zeremonielle Gabe so darf auch das Wergeld nicht primär in seinem materiellen Wert betrachtet werden; vielmehr muss man es in seinem symbolischen Gehalt verstehen. Es handelt sich um ein symbolisches Substitut. Was genau bringt es zum Ausdruck? Zunächst einmal, dass man anerkennt, dass etwas geschehen ist, das die bestehende Beziehung ernsthaft belastet; dann, dass man die Bereitschaft und den Willen besitzt, diese Beziehung wieder zu reparieren und im Guten fortzuführen. Und schließlich bedeutet es eine Bestätigung der Forderung nach einer Rückkehr zu einem Gleichgewicht, einer Forderung, der zu entsprechen nur auf symbolische Weise möglich ist.

5. Der Übergang von der rächenden Gerechtigkeit zur schiedsrichterlichen Gerechtigkeit

Eine tiefgreifende Umwälzung

Wie wir sahen, bildet die Rache in den genealogischen Gesellschaften ein System der Gewaltregulierung; sie ist öffentlich, kollektiv und unterliegt präzisen Regelungen. Weit davon entfernt, eine individuelle, maßlose Gewalt zum Ausdruck zu bringen, handelt es sich bei ihr um die charakteristische Form, die das Recht in Gesellschaften ohne politische Zentralinstanz annimmt. So groß die Unterschiede zwischen diesen Gesellschaften und unserer eigenen sind, so groß ist allerdings auch der Abstand, der die traditionellen Formen der Rache von ihren modernen Manifestationen trennt. Um diesen Abstand zu ermessen, müssen wir versuchen zu verstehen, wie sich das System der rächenden Gerechtigkeit verändert, wenn eine Zentralgewalt auf den Plan tritt, die das Monopol der Gewaltausübung und Bestrafung an sich zieht. Was also geschieht beim Übergang von dem Modell der traditionellen Rachejustiz zu dem Modell der schiedsrichterlichen Gerechtigkeit? Unter welchen Bedingungen vollzieht er sich? Und inwiefern hängen diese Bedingungen mit dem Auftauchen der ›wilden‹ Rache zusammen, das heißt der Rache als einem individuellen Akt der Gewalt, der keiner gesellschaftlichen Regulierung unterliegt und sich nicht mehr darauf stützen kann, von den anderen Mitgliedern der Gesellschaft als legitime Form der Rechtsausübung anerkannt zu werden?

Ohne jede Frage stellt der Übergang von der rächenden zur schiedsrichterlichen Gerechtigkeit eine tiefgreifende Umwälzung dar. Nichts berechtigt uns allerdings dazu, diesen Wandel im Sinne eines Übergangs von der Rechtlosigkeit zum Recht zu verstehen; vielmehr handelt es sich um einen Übergang zwischen verschiedenen Vollzugsweisen des Rechts, der zugleich mit weitreichenden Änderungen auf anderen gesellschaftlichen Ebenen einhergeht. Dieser Übergang erfolgt unter spezifischen Bedingungen, nämlich dem *Auftauchen einer politischen Instanz, die das genealogische System der Verwandtschaftsbeziehungen transzendiert* und sich an dessen Stelle setzt. Wie wir sahen, wird das

> Rachesystem als Rechtsverfahren [...] in segmentären Gesellschaften praktiziert, das heißt in Gesellschaften, in denen die Formen der Autorität und der Organisation durch Positionen im Verwandtschaftssystem [...] und damit durch Positionen im Spiel der Gaben und Gegengaben definiert sind.[251]

In politischen Gesellschaften verlieren diese Positionen und die durch sie geschaffenen Bindungen ihre herausragende Bedeutung. Sie werden durch ein anderes, ihnen übergeordnetes Organisationsprinzip ersetzt:

> Das Merkmal eines Systems zentraler Macht [...] besteht darin, daß es eine Autorität einführt, die über dem Verwandtschaftssystem steht [...] und auch über der Autorität, die durch die Gaben/Gegengaben-Beziehungen entsteht [...]. *Wenn diese Formen der Gegenseitigkeit in der Gesellschaft politischen Typs ihre Zweckmäßigkeit verlieren, wird das Rachesystem, das ihre rechtliche Seite ist, hinfällig oder unwirksam.* Die Verwaltung der Beleidigungen und ihrer Vergeltung wird dann zur Aufgabe dieser zentralen Autorität, die sich nun in der Position des Schiedsrichters über den Clans oder anderen Statusgruppen befindet; diese Aufgabe verleiht ihr ihre hauptsächliche Legitimität.[252]

Die zentrale Autorität wird zur Verwalterin der Schuld; ihr allein kommt das Recht zu, zu bestrafen und Gewalt auszuüben. Daneben erfüllt sie jedoch noch eine andere Aufgabe, diejenige nämlich, die Beziehung der Gegnerschaft aus der Gemeinschaft nach außen zu verlagern.[253] Indem sie eine neue Unterteilung zwischen Innen und Außen einführt, wird der Raum des Sozialen in einer Weise umgestaltet, die sich auch auf die Typologie der Konfliktformen auswirkt. In den genealogischen Gesellschaften besteht zwischen der *Strafe* und der *Rache* eine strukturelle Analogie; das Verbot der Rache im Innern und das Gebot der Rache nach außen sind zwei Seiten derselben Medaille, die das Gepräge der Gegenseitigkeit trägt. Der *Krieg* hingegen transzendiert das Prinzip der Gegenseitigkeit, indem er auf die Vernichtung des Feindes abzielt. In zentral organisierten Gesellschaften wird diese Dreiteilung – Strafe, Rache, Krieg – durch eine binäre Unterscheidung ersetzt:

> Das Trinom: 1. Solidarität mit der eigenen Gruppe, 2. Allianz mit oder Gegnerschaft zu der Partnergruppe, 3. Krieg oder Frieden mit der feindlichen Gruppe, läßt sich dann auf ein Binom zurückführen: Solidarität im Innern, Gegnerschaft oder Feindseligkeit außerhalb. Die zweite Ebene ist verschwunden oder vielmehr in die dritte Ebene eingegangen.[254]

Der Krieg wird zum Vorrecht der politischen Zentralmacht; wie es auch ihre Aufgabe ist, im Innern für Frieden zu sorgen. Man versteht, weshalb die Rache aus dem politischen Körper ausgeschlossen werden muss; sie würde den Zusammenhalt im Inneren und damit die öffentliche Ordnung gefährden.

An die Stelle der traditionellen Rachejustiz tritt ein neues Dispositiv, das der *schiedsrichterlichen Gerechtigkeit*. Wesentlich für diese neue Form des Rechts ist, dass sie an die Instanz eines unparteilichen Richters gebunden ist, der die souveräne Autorität repräsentiert.[255] Unter diesen Bedingungen verändert sich aber auch die Funktion der Rache. Sie hört auf, ein öffentlich zwischen Gruppen praktiziertes Verfahren zu sein, und gewinnt stattdessen den Charakter einer persönlichen, von der Gemeinschaft entkoppelten Praxis. Die Veränderung ist von beachtlicher Tragweite:

> Ebendieses Verschwinden der zeremoniellen Rache zugunsten der schiedsrichterlichen Gerechtigkeit eröffnet die Möglichkeit der privaten Rache; aber diese wird dann nicht mehr von der Justiz geübt, sie ist Streben nach einer persönlichen Entschädigung. Sie ist kein vollständiges und instituiertes Verfahren mehr; sie setzt eine individuelle Gewalt frei, statt daß sie das Handeln der Gruppe gegenüber einer anderen Gruppe zum Ausdruck bringt. Sie wird zur größten Bedrohung innerhalb der Gemeinschaft. Doch wenn eine einem Individuum zugefügte Beleidigung nicht ausgeglichen wird, liegt es auf der Hand, daß eine Schuld unerledigt bleibt. Es sei denn, eine andere Instanz übernimmt sie; und definiert sich einzig dadurch. Wer? Genau die Macht, die sich ins Zentrum stellt.[256]

Das vertrauteste Beispiel für eine derartige Macht ist der Staat in seiner uns heute bekannten Form; es kann aber auch die Polis sein, ein zentralistisch organisiertes Königtum[257] oder eine andere institutionelle Formation, die über das System der Verwandtschaftsbeziehungen hinausreicht und dieses in seiner Autorität herabmindert.

Den Veränderungen auf der Ebene des Rechts entspricht zugleich ein Wandel auf der Ebene der sozialen Verfahren, die die *Anerkennung* bezwecken. Sie wird nun nicht mehr durch die zeremonielle Gabe gewährleistet, sondern durch die Zuerkennung gleicher Rechte. Damit ändert sich auch der Charakter der Verpflichtungen, denen die Mitglieder einer Gesellschaft unterliegen. An die Stelle der symbolischen Verpflichtungen, die sowohl den Gabentausch als auch das System der Rache beherrschen, treten Verpflichtungen juristischer, ökonomischer und vertraglicher Art. Diese Veränderungen finden grundsätzlich in allen sozialen Formationen statt, in denen eine politische Zentralmacht auf den Plan tritt. Besonders augenscheinlich werden sie jedoch in der Moderne. In dem Maße, in dem die Moderne dafür gesorgt hat, dass sich der Staat als politische Organisationsform etabliert, gewann auch das Modell der Schiedsgerichtsbarkeit an globaler Geltung:

> [D]ie Moderne [hat] die Verallgemeinerung der Schiedsgerichtsbarkeit durchgesetzt. Diese besteht formell darin, die Beziehungen der Gegenseitigkeit zwischen Verbündeten durch Vertragsbeziehungen zwischen Staatsbürgern zu ersetzen. Sie neutralisiert also die auf den Verwandtschaftsbanden und den Allianzen beruhenden Beziehungen der Verpflichtung, um für alle identische Verpflichtungen durchzusetzen, die definiert sind gemäß der Anerkennung gemeinsamer Regeln und öffentlicher Statuten in einer Gemeinschaft ausdrücklich gleicher Individuen.[258]

Die Anerkennung bezieht sich nicht mehr wie beim Gabentausch auf das direkte Gegenüber, sondern wird vermittelt durch die Gesamtheit der Regeln und Gesetze, denen alle Mitglieder der Gesellschaft in gleicher Weise unterliegen. Der Übergang von der rächenden zur schiedsrichterlichen Gerechtigkeit kündet davon, dass die Ordnung der Gabe in eine Krise geraten ist; die symbolischen Formen der Gegenseitigkeit werden ins Private zurückgedrängt und ziehen sich in den sozialen Nahbereich (Freunde, Liebende, der Kreis der engsten Angehörigen) zurück. Außerhalb dieses Bereichs verlieren sie ihre Selbstverständlichkeit. Demjenigen, der aus sich heraus mit einer großzügigen Gabe an den Anderen herantritt, begegnet man mit Skepsis; man unterstellt ihm ein eigennütziges Kalkül und privates Interesse; oder man lädt den Begriff der Gabe umgekehrt moralisch so weit auf, dass er jede Gegenseitigkeit von vornherein ausschließt. Was für die Gabe gilt, gilt aber auch für die Form, die die Rache unter den Bedingungen der politischen Zentralisierung annimmt. Der Individualisierung der Gabe, bei der es mehr und mehr auf die *innere Absicht* ankommt, die den Akt des Gebens trägt und motiviert, entspricht eine Privatisierung und Individualisierung der Rache.[259] Sie wird zum Ausdruck eines persönlichen Verlangens, das vornehmlich nicht mehr in seiner sozialen Dimension betrachtet wird, sondern in seinem psychologisch-moralischen Gehalt:

> In ihrem persönlichen und psychologischen Ausdruck ist die Rache [*jedoch*] eine sekundäre und reaktive Form, das Zeichen dafür, daß das Regulierungssystem im Begriff ist, sich zu verändern, weil

es infolge eines Bruchs der Tradition angefochten oder destabilisiert wird – aus Gründen, die innere (zum Beispiel Veränderung der demographischen Schwelle oder des technologischen Niveaus) oder äußere sein können (zum Beispiel administrative Kolonisierung, Eindringen einer neuen Religion oder eines anderen Rechtssystems).[260]

Der Übergang von der rächenden Gerechtigkeit zur schiedsrichterlichen Gerechtigkeit kann durch verschiedenartige Entwicklungen angestoßen werden; immer verhält es sich jedoch so, dass die Ablösung der traditionellen Formen der Rache mit einer Krise der zeremoniellen Gabebeziehung einhergeht, die ihren privilegierten Status als Anerkennungsverhältnis verliert.

Der Richter als Figur des urteilsmächtigen Dritten

Mit dem Dispositiv der schiedsrichterlichen Gerechtigkeit tritt eine neue Figur in Erscheinung: »der Vermittler, der Schiedsmann, der Richter und, hinter ihm, nicht die Gruppe der Blutsverwandten – der Vertrauten, der Angehörigen –, sondern die Gemeinschaft als ein Ganzes, als eine globale Instanz, die bewertet, entscheidet und straft«.[261] Das Auftauchen der richterlichen Funktion bildet ein zentrales Kennzeichen der öffentlichen Schiedsgerichtsbarkeit. Das gesamte Gefüge des Rechts erfährt dadurch eine grundlegende Umgestaltung. Solange wir uns innerhalb des Systems der rächenden Gerechtigkeit befinden, haben wir es mit *zwei* Gruppen zu tun, die sich auf gleicher Höhe gegenüberstehen. »Rache und Kompensation erfolgen unter formal Gleichen. [...] Formale Über- oder Unterordnung in einem bürokratischen oder hierarchischen Sinne gibt es zwischen den Gruppen, die wir hier betrachten, [...] nicht.«[262] Zu den Positionen der beiden Konfliktparteien kommt beim Übergang zu der schiedsrichterlichen Gerechtigkeit eine dritte hinzu, ebendie der Richterin, die weder der einen noch der anderen Partei angehört. Das neuartige Verfahren, das die schiedsrichterliche Gerechtigkeit instanziiert, ist folglich »durch *drei* Positionen [...] und *zwei* Relationen definiert: die horizontale Relation zwischen den beiden Parteien und die vertikale Relation zwischen den Parteien und der Un-Partei des Richters«.[263] Der Richter verkörpert den urteilsmächtigen Dritten. Er allein ist befugt, ein bindendes Urteil zu fällen. Ebenso wichtig wie diese Entscheidungsgewalt ist jedoch der Umstand, dass er auch über legitime Zwangsmittel verfügt, die es ihm erlauben, seine Entscheidungen notfalls auch gegen den Willen der Konfliktparteien durchzusetzen. Der Richter steht also nicht nur zwischen, sondern zugleich über den beiden Streitparteien. Damit verändert sich aber auch der Status der Subjekte, die sich im Prozess gegenüberstehen:

> Der Bruch mit der Gerechtigkeit der Rache und der Eintritt in die des Rechts verlangt jeder Partei (die dadurch erst zu einer wird) eine doppelte Dezentrierung ab. Die einander feindlich Gegenüberstehenden müssen sich als eine von zwei »Parteien« sehen, die ihre wechselseitige Anerkennung dadurch zum Ausdruck bringen, dass beide zugleich – gleichzeitig und gleichermaßen – ihre Urteilsmacht an einen über ihn stehenden Dritten, den unparteilichen Richter, abgeben.[264]

Der Figur des Richters kommt ein besonderer Status zu, der sich grundlegend von dem der beteiligten Parteien unterscheidet:

> Er *ist* nicht nur ein gleicher Bürger, wie die beiden Streitparteien; im Unterschied zu den beiden Parteien spricht der Bürger-Richter auch *im Namen* der Gleichheit. Der Richter ist die Figur der Gleichheit, der Repräsentant der Gleichheit aller Bürger. Das Urteil des Richters ist das Urteil von Bürgern über Bürger. [...] Durch den oder die Richter urteilt die ganze Bürgerschaft über einzelne Bürger.[265]

Die Aufgabe des Richters ist klar definiert: »Der Richter muß richten – das ist seine Funktion. Er muß beschließen. Er muß entscheiden. Er muß, einer zwingend binären Topologie folgend, den Schuldigen und das Opfer wieder in einen richtigen Abstand zueinander bringen.«[266] Dieser binären Logik entsprechend kennt der moderne Strafprozess nur zwei mögliche Ausgänge: schuldig oder nicht schuldig, Verurteilung oder Freispruch. Das richterliche Urteil orientiert sich primär nicht an der Beziehung zwischen den beiden Parteien und der Frage, wie diese wieder ›repariert‹ werden kann (wie sollte auch eine Beziehung repariert werden, die vor der Straftat in vielen Fällen noch gar nicht bestand), sondern an dem, was die Gesetze in dem gegebenen Fall vorsehen.

Personen, die in der Rolle eines Vermittlers auftreten, gibt es auch in genealogischen Gesellschaften. Anders als die von Staats wegen eingesetzte Figur des Richters verfügen sie jedoch über keinen Erzwingungsstab, der es ihnen ermöglichen würde, ihr Urteil gegen den Willen der beteiligten Gruppen durchzusetzen. Die Hand, die das Schwert hält, bleibt leer. Das heißt jedoch nicht, dass die Figur des unparteiischen Dritten in den genealogischen Gesellschaften vollkommen abwesend ist. Die Regulierung von Streitigkeiten findet hier keineswegs »in schierer Anarchie [...] oder gemäß eines simplen Rechts des Stärkeren« statt; die Gruppen, die sich im Konfliktfall gegenüberstehen, müssen in ihren Verhandlungen stets auch mit einkalkulieren, »welche Haltung die nicht am Konflikt beteiligten Mitglieder der Gesellschaft mehrheitlich vertreten«.[267] Auch wenn sich die beiden in einen Konflikt involvierten Gruppen direkt gegenüberstehen, ohne eine übergeordnete Instanz zwischen ihnen, bedeutet das also nicht, dass die Position des urteilsmächtigen Dritten innerhalb des Systems der rächenden Gerechtigkeit gänzlich unbesetzt bleibt – sie wird repräsentiert durch die öffentliche Meinung.

Die Gamo und die Nuer

Der Übergang von der rächenden zur schiedsrichterlichen Gerechtigkeit konvergiert also mit einer umfassenden gesellschaftlichen Veränderung, bei der das genealogische Organisationsprinzip durch ein politisches verdrängt wird. Die politische Organisationsform stellt nicht notwendig der Staat dar; es kann auch eine andere Instanz sein, die die Autorität der Verwandtschaftsbeziehungen herabmindert. Die Gegenüberstellung zweier ethnologischer Beispiele – der Gamo in Äthiopien und der Nuer im Sudan – kann uns helfen, diese Zusammenhänge weiter zu präzisieren und in einen umfassenderen Rahmen einzuordnen.[268]

Ein instruktives Beispiel für das System der Schiedsgerichtsbarkeit, das mit der Entstehung einer Gesellschaft des politischen Typs einhergeht, sind die Gamo in Äthiopien. Ihre Population zählt etwa 500 000 Menschen, die sich auf verschiedene Gemeinden verteilen, deren Größe zwischen 5000 und 30 000 Mitgliedern variiert. Jeder Gemeinde steht eine aus der Bewohnerschaft des Dorfes zusammengesetzte Versammlung vor. Wir haben es noch nicht mit einer zentralisierten Staatsform zu tun; gleichwohl ist das

> Verwandtschaftssystem [...] in seiner Bedeutung herabgemindert, denn es definiert keine der offiziellen Funktionen der Gamo-Organisation; daher verwundert es nicht, daß die Ausübung des Rechts durch ein schiedsgerichtliches Dispositiv definiert ist, das die Praxis der Rache radikal verwirft.[269]

Die Existenz einer institutionellen Ebene, die über die genealogische herausreicht, bildet in diesem Fall also sowohl die notwendige als auch die hinreichende Bedingung für die Ablösung der traditionellen Rachejustiz. Dies erklärt auch die Existenz eines Korpus von Regeln (*woga* genannt), deren Einhaltung peinlich genau überwacht wird. Im öffentlichen Leben spielen diese Regeln eine erhebliche Rolle; jede Übertretung hat eine Reaktion zur Folge, bei der sich die Gemeinschaft in ihrer Gesamtheit kurzschließt. Der Streitfall wird entweder vor einen Vermittler gebracht und seinem Schiedsspruch überantwortet oder bei besonders schwerwiegenden Regelverstößen der gesamten Versammlung vorgelegt. Da jeder Normverstoß vermittelt über den Korpus der Regeln den politischen Körper als solchen betrifft, ist es die Gesellschaft als ganze, die richtet, straft und versöhnt. Kurzum, für die Rache ist innerhalb der Gesellschaft der Gamo kein Platz.

Bei den Gamo handelt es sich um eine sesshafte Ackerbaugesellschaft. Es besteht eine starke Beziehung zum Boden, die sich in individuellen Eigentumsrechten und einer Betonung der territorialen Zugehörigkeit ausdrückt. Um die Bedeutung dieser Merkmale richtig ermessen zu können, ist es hilfreich, eine historische Perspektivierung vorzunehmen. Wie wir wissen, stellt der Beginn des Ackerbaus eine fundamentale Entwicklung in der Geschichte der menschlichen Gattung dar. Die Auswirkungen dieser Veränderung, die vor rund 10 000 Jahren im Gebiet des sogenannten Fruchtbaren Halbmonds ihren Anfang nahm, sind äußerst weitreichend:

> Die Bevölkerungen werden rasch seßhaft, es entsteht ein Recht auf Landbesitz, man entwickelt die Fähigkeit zur Akkumulation landwirtschaftlicher Reichtümer, es kommt zur Ausbeutung der Arbeit und zu wirtschaftlicher Ungleichheit, in zunehmendem Maße werden Techniken entwickelt, Städte entstehen, später auch das Geld sowie die verschiedenen Schriftsysteme. Es treten auch neue kollektive Formationen in Erscheinung, welche die alten Stammeslinien sowie die verschiedenen ethnischen Gruppen integrieren: Diese Formationen entsprechen dem, was wir heute Staaten nennen, von Stadtstaaten über Königreiche bis hin zu den großen Imperien.[270]

Das Betreiben extensiver Landwirtschaft, der Übergang zur Sesshaftigkeit, die Entstehung von Geld, Schrift, sozialer Arbeitsteilung und die Etablierung von Staatlichkeit hängen strukturell zusammen. Auch wenn die Gamo weit davon entfernt sind, eine staatliche Gesellschaft im modernen Sinne zu bilden, weist ihre Lebensweise eine Reihe von Merkmalen auf, die für staatlich verfasste Gesellschaften relativ typisch sind.

Als Gegenbeispiel verweist Hénaff auf die Nuer, eine Gesellschaft im Südsudan, deren Beschreibung wir der klassischen Ethnographie von Evans-Pritchard verdanken.[271] Die Nuer gelten als Musterbeispiel für eine segmentäre Gesellschaft ohne politische Zentralinstanz. Ihre Lebensweise entspricht dem Typus der nomadisch oder halbnomadisch lebenden Viehzüchtergesellschaften. Ackerbau oder Gartenwirtschaft spielen in diesen Gesellschaften in der Regel nur eine untergeordnete Rolle. Den primären Bezugspunkt bildet nicht der Boden, sondern die Herde, deren an den Jahreszeiten ausgerichtete Wanderungen zugleich den Rhythmus des gesellschaftlichen Lebens bestimmen. Das genealogische System bleibt als Organisationsprinzip bestimmend. Die Nuer züchten Rinder. Diese Tätigkeit bildet nicht nur in wirtschaftlicher, sondern auch in gesellschaftlicher, kultureller und religiöser Hinsicht das Zentrum ihres Lebens. Bewegung besitzt für sie einen hohen Stellenwert, weshalb sie kaum Vorräte anlegen und es vorziehen, sich auch in schlechten Zeiten nur von dem zu ernähren, was sich mit ihrer nomadischen Lebensweise vereinbaren lässt. »Such a life«, so schließt Evans-Pritchard die Beschreibung ihrer Lebensweise ab, »nurtures the qualities of the shepherd – courage, love of fighting, and contempt of hunger and hardship – rather than shapes the industrious character of the peasant«.[272] Vor diesem Hintergrund überrascht es kaum, dass das Rechtssystem der Nuer ganz dem Modell der traditionellen Rachejustiz entspricht. Mit der Besonderheit allerdings, dass bei ihnen in einigen Fällen bestimmte Individuen in Erscheinung treten, die sogenannten Leopardenfell-Häuptlinge, die bei besonders schwerwiegenden Rechtsstreitigkeiten zwischen den Gruppen als Vermittler fungieren. Die Leopardenfell-Häuptlinge besitzen jedoch keinen Erzwingungsstab, das Gewicht ihrer Entscheidungen beruht allein auf ihrer rituellen Autorität.

Die gegensätzlichen Eigenschaften, die die Gamo und die Nuer jeweils auszeichnen, sind insofern typisch, als der Übergang zu dem Dispositiv der schiedsrichterlichen Gerechtigkeit häufig an Merkmale wie Sesshaftigkeit, das Betreiben von Landwirtschaft sowie die Herausbildung protostaatlicher Organisationsformen gebunden ist. Halten wir daher die wichtigsten Merkmale in schematischer Form fest:

Gamo (Südostäthiopien)	**Nuer (Südsudan)**
Schiedsrichterliche Gerechtigkeit	Rächende Gerechtigkeit
Ackerbaugesellschaft, sesshaft	Viehzüchtergesellschaft, nomadisch
Individuelle Eigentumsrechte, territoriale Zugehörigkeit	Genealogische Zugehörigkeit
Korpus von heiligen Regeln (*woga*)	»Hirtentugenden« (Mut, Liebe zum Kampf, Verachtung von Schmerzen)

Das Auftauchen der wilden Rache

Wenden wir uns abschließend nochmals der wilden Rache zu. Dieser Ausdruck, der sowohl von Hénaff als auch von Paul verwendet wird, bezeichnet diejenigen Racheakte, die keiner sozialen Regulierung mehr unterliegen und von den anderen Mitgliedern der Gesellschaft mehrheitlich nicht als legitime Form der Rechtsausübung anerkannt werden. Die allgemeine Bedingung, die zum Auftauchen der wilden Rache führt, haben wir bereits kennengelernt: Sie besteht in dem Auftauchen einer politischen Zentralmacht, die das Recht zur Bestrafung und Gewaltausübung monopolisiert. »Damit die Rache zu einer subjektiven Geste des Hasses und der Revanche wird«, so Marcel Hénaff,

> muß sie [*also*] zuerst aus dem Rachesystem herausfallen, kurz, dieses System muß zuvor durch ein anderes Dispositiv verdrängt worden sein und sogar seine Legitimität verloren haben. Und genau dieses Dispositiv wird in den Systemen der Schiedsgerichtsbarkeit und allgemeiner in den Rechtsformen der staatlichen Organisationen erfunden und setzt sich durch.[273]

Axel T. Paul bescheinigt der wilden Rache, ein spezifisch modernes Phänomen zu sein.[274] Diese Behauptung ist nicht ganz präzise, da es im Laufe der menschlichen Geschichte immer wieder zu Staatsbildungsprozessen gekommen ist, innerhalb und außerhalb Europas, die zur Folge hatten, dass das alte System der Rachejustiz verworfen wurde (davon zeugt nicht zuletzt der Abschluss der *Orestie*). Zutreffend ist diese Behauptung jedoch insofern, als es tatsächlich erst die Moderne war, die die wilde Rache zu *der* Rache überhaupt erklärt hat – unter mehr oder weniger willentlicher Ausblendung all der Phänomene, die nicht der Vorstellung der wilden Rache entsprechen. Dass die Rache ausgerechnet bei den ›primitiven‹ Völkern eine elaborierte Rechtsform darstellt, passt ebenso wenig in dieses Bild wie all die Micropraktiken der Vergeltung, die inkognito unseren eigenen Alltag durchziehen. Die wilde Rache ist jedoch nur eine von vielen Formen, die die rächende Gerechtigkeit annehmen kann. Und sie ist keineswegs so verbreitet, wie häufig angenommen wird:

> Die wilde Rache, welche unsere Phantasien beflügelt und uns zugleich so erschreckt, in der ein erstes Vergehen oder gar nur eine Fahrlässigkeit das Opfer oder seine Gefährten zur gewaltsamen Antwort nötigt, eine Rache, die eine Verletzung nur durch eine größere Wunde meint wettmachen zu können, in der Blut nur durch weiteres Blut vergolten wird und deshalb nur so strömt, ist, historisch betrachtet, keineswegs der Normalfall.[275]

Erst das Verschwinden der zeremoniellen Rache eröffnet die Möglichkeit der privaten Rache, die keiner Regulierung mehr unterliegt. Die wilde Rache ist das, was bei der Umwandlung der rächenden Gerechtigkeit in die schiedsrichterliche Gerechtigkeit übrigbleibt; es ist die Rache im Modus des Abfalls. Ein Grund dafür, weshalb der Fall Marianne Bachmeier[276] seinerzeit eine derart große mediale Aufmerksamkeit gefunden hat und auch heute noch, über 30 Jahre später, als Locus classicus der real existierenden Rache firmiert, besteht schlicht darin, dass vergleichbare Fälle von Selbstjustiz in Gesellschaften wie der unseren keineswegs auf der Tagesordnung stehen. Gleichwohl bleibt bestehen, dass es von Zeit zu Zeit zu derartigen Racheakten kommt. Die wilde Rache ist also »keine bloße Phantasie, sondern sehr wohl ein Faktum«.[277] Bleibt die Frage, unter welchen Bedingungen dieses Faktum auftritt. Durch welche Parameter lassen sich die gesellschaftlichen Umstände definieren, unter denen es vermehrt zu gewaltsamen Racheakten kommt? Zwei Szenarien stechen hier besonders hervor: Entweder haben wir es mit einer Situation zu tun, die durch ein *Zuwenig an Recht* gekennzeichnet ist, oder mit einer Ausgangslage, die sich umgekehrt durch ein *Zuviel an Recht* charakterisieren lässt.

Das erste Szenario liegt dann vor, wenn es in einer Gesellschaft zwar rechtliche Institutionen gibt, diese aber nicht richtig funktionieren und ihrer Aufgabe nicht hinreichend nachkommen. Es entsteht eine Leerstelle, ein Vakuum. Der Mangel an Recht tritt als Deprivation in Erscheinung, als das Nicht-mehr-Funktionieren dessen, was eigentlich funktionieren sollte. Die Gründe hierfür können zahlreich sein: konstitutive Schwächung der rechtlichen Organe, partielle Desintegration des staatlichen Gewaltmonopols,

Ineffizienz der bestehenden Verfahren, Aufweichung der Gewaltenteilung, Überhandnehmen von Korruption, Erosion des Vertrauens in die Wirksamkeit und Unabhängigkeit von Justiz und Polizei. Kommt es unter diesen Umständen zu einem Akt wilder Rache, so geht ihm in der Regel eine Geschichte voraus, in deren Verlauf die Geschädigte eine Reihe von Erfahrungen macht, die sich zu dem Eindruck verdichten, dass diejenigen gesellschaftlichen Institutionen, die mit der Verwaltung des Unrechts betraut sind, ihre Vertrauenswürdigkeit verloren haben. Wenn in einer staatlich verfassten Gesellschaft ein schwerwiegendes Unrecht begangen wird, setzt dies eine ganze Reihe von aufwendig ineinandergreifenden Operationen in Gang: Der oder die Schuldige muss identifiziert, verfolgt und festgenommen werden; Beweise müssen gesammelt werden, die Staatsanwaltschaft muss Anklage erheben; der Fall wird daraufhin einem Gericht überantwortet, das nach einer präzise festgelegten Ordnung die Schuld feststellt, ein Urteil fällt und eine Strafe verhängt, die anschließend wiederum von anderen Institutionen vollzogen wird. Alle diese Operationen sind äußerst komplex und jede einzelne davon anfällig für Störungen verschiedenster Art. Die Strafverfolgung kann etwa daran scheitern, dass die zuständigen Behörden nicht über die notwendigen Mittel und Ressourcen verfügen oder ihre Aktionen untereinander nur mangelhaft abstimmen; es kann im Strafprozess zu Formfehlern kommen oder zu Unklarheiten in den Befugnissen. Wenn das Opfer eines Verbrechens oder jemand aus dem Kreis seiner Angehörigen zu der Überzeugung gelangt, dass die rechtlichen Institutionen entweder nicht fähig oder, was noch schwerer wiegt, nicht hinreichend entschlossen sind, sich der Sache anzunehmen, wenn sich die Polizei als inkompetent, das Gericht als korrupt und die Strafvollzugsbeamten als bestechlich erweisen, wenn in Zeiten der Krise oder des gesellschaftlichen Umbruchs ein funktionierendes Rechtssystem schlichtweg nicht mehr vorhanden ist, dann steigt die Wahrscheinlichkeit, dass die geschädigte Partei früher oder später den Gedanken fasst, die Sache selbst in die Hand zu nehmen. Die Selbstjustiz füllt hier das Vakuum, das durch ein Zuwenig an Recht erzeugt wird. Bereits 1872 warnte Rudolf von Jhering vor dem »Abweg«, der

> gerade dem kräftigen und ideal angelegten Rechtsgefühl in Verhältnissen droht, wo die Unvollkommenheit der Rechtseinrichtung ihm seine Befriedigung versagt. Da wird der Kampf ums Recht zu einem Kampf gegen das Gesetz. Das Rechtsgefühl, in Stich gelassen von der Macht, die es schützen sollte, verläßt selber den Boden des Gesetzes und sucht durch Selbsthilfe zu erlangen, was Unverstand, böser Wille, Ohnmacht ihm versagen.[278]

Es ist jedoch nicht nur der Mangel an Recht, der der Selbstjustiz den Boden bereitet. Ihr Auftauchen kann umgekehrt auch dadurch begünstigt werden, dass in ein und derselben Gesellschaft mehrere Rechtssysteme nebeneinander existieren, die sich wechselseitig ausschließen und dadurch in ihrer Geltung abschwächen. Unter diesen Umständen haben wir es also nicht mit einem Zuwenig, sondern mit einem Zuviel an Recht zu tun. Das konflikthafte Nebeneinander mehrerer Rechtssysteme kann zur Folge haben, dass bestimmte gesellschaftliche Gruppen dem regulären staatlichen Recht seine Legitimität grundsätzlich oder in bestimmten Fragen absprechen.

In Deutschland scheint dies bei den sogenannten Friedensrichtern der Fall zu sein. Friedensrichter sind individuelle Vermittler, die in muslimisch geprägten Gemeinschaften bei Konflikten und Rechtsstreitigkeiten auf lokaler Ebene als Schlichter fungieren (die Bezeichnung als Richter ist insofern irreführend, als ihre Aufgabe nicht im Richten, sondern im Vermitteln besteht). Nach Möglichkeit suchen sie dabei zu vermeiden, dass die staatliche Justiz von den entsprechenden Angelegenheiten Notiz nimmt:

> Die selbst ernannten Friedensrichter schalten sich zwischen den Betroffenen und den Behörden ein. Sie reden mit den Tätern und Opfern, bewegen sie manchmal zu Falschaussagen. Zwar wird eine Eskalation meist vermieden, eine Bestrafung der Täter aber auch. »Hat sich in ein Ermittlungsverfahren erst einmal der Friedensrichter eingeschaltet, sind weitere Aussagen der streitenden Parteien bei der Polizei nicht mehr zu erwarten«, hieß es schon 2004 in einem Bericht der Kommission Organisierte Kriminalität für die Innenministerkonferenz.[279]

Die Aufgabe der Friedensrichter ähnelt derjenigen der Leopardenfell-Häuptlinge bei den Nuer. Wie diese verfügen auch jene über keinen Erzwingungsstab; ihr Einfluss beruht ausschließlich auf ihrem persönlichen Charisma und der Autorität, die sie innerhalb ihrer Gemeinschaft genießen. Die Journalistin Çiğdem Akyol hat sich 2012 mit dem Libanesen Hassan Allouche getroffen, der in Berlin-Neukölln als Friedensrichter tätig ist. Für seine Dienste erhält er keine Bezahlung, »doch wenn mir jemand etwas schenken will«, so wird Allouche zitiert, »dann hindere ich ihn nicht daran«.[280] Äußerungen wie diese sowie der Umstand, dass er sein Amt von seinem Großvater und Vater übernommen hat, deuten darauf hin, dass die Institution der Friedensrichter in einer Tradition wurzelt, die dem Gabentausch und dem Modell der rächenden Gerechtigkeit weitaus näher steht als dem Modell der schiedsrichterlichen Gerechtigkeit.

In den deutschen Medien wurde das Phänomen der Friedensrichter intensiv diskutiert, nachdem der ehemalige ARD-Reporter Joachim Wagner 2011 ein Buch zu dem Thema veröffentlicht hatte, in dem er das Bild einer »islamischen Paralleljustiz« heraufbeschwört, von der eine substanzielle Gefährdung für den deutschen Rechtsstaat ausgehe.[281] Der Aufmerksamkeit konnte sich Wagner damit sicher sein – schließlich rangieren Stichworte wie Blutrache, Ehrenmord, Scharia, Stammesgesetz und Parallelgesellschaft in der Rangliste der gesamtdeutschen Ängste ziemlich weit oben.[282] Was die tatsächliche Verbreitung der Friedensrichter betrifft, scheint seine Diagnose indes stark übertrieben. In einem 2012 erschienenen Artikel äußerte sich Peter Scholz – Experte für islamisches Recht und Präsident des Berliner Amtsgerichts Charlottenburg – dahingehend, dass von einer islamischen Paralleljustiz in Deutschland »keine Rede« sein könne; die Diskussion werde lediglich durch »einzelne spektakuläre Fälle« am Leben erhalten.[283] Und Wagner selbst räumte in einer Sitzung vor dem Integrationsausschuss des Berliner Abgeordnetenhauses ein, dass Paralleljustiz »sicher nicht von der Mehrheit der Muslime« in Deutschland praktiziert werde.[284] Unabhängig von der Frage, wie verbreitet diese Praxis ist, bleibt gleichwohl bestehen, dass die Arbeit der Friedensrichter und das staatliche Strafsystem in Konkurrenz zueinander stehen. Wir haben es hier also mit zwei Formen des Rechts zu tun, die sich in ihren Kompetenzen gegenseitig abschwächen. Es ist klar, dass der Rechtsstaat eine derartige Situation nicht dulden kann. Aus seiner Perspektive ist dasjenige, was die Friedensrichter tun, im Grunde nichts anderes als eine Form der Selbstjustiz. Auch wenn es zutrifft, dass die Arbeit der Friedensrichter darauf abzielt, ein Mehr an Gewalt zu verhindern, tendiert sie dahin, eine Situation zu schaffen, die das Auftauchen wilder Racheakte tendenziell eher begünstigt als abschwächt. Warum? Weil sie geeignet ist, Unklarheiten zu schaffen. Weil sich in einer Situation, in der mehrere Rechtssysteme nebeneinander existieren, die Zuständigkeiten verwischen, was wiederum neue Konflikte und Spannungen hervorbringen kann – etwa dann, wenn der Friedensrichter in seinen Vermittlungsbemühungen scheitert oder wenn unter den Konfliktbeteiligten von vornherein keine Einigkeit darüber herrscht, an welche Instanz man sich in dem gegebenen Fall wendet.

Es kann auch vorkommen, dass beide Szenarien auf eigentümliche Weise zusammenfallen. Dies scheint der Fall zu sein in Kleists Erzählung *Michael Kohlhaas*, die auf einer historischen Vorlage aus der ersten Hälfte des 16. Jahrhunderts beruht.[285] Auf den ersten Blick scheint die Geschichte des Rächers Kohlhaas dem ersten Szenario zu entsprechen. Sie beginnt damit, dass der Pferdehändler Kohlhaas ein Unrecht erleidet, das der Willkür eines jungen Adligen entspringt. Kohlhaas, von Kleist gleich im ersten Satz als »einer der rechtschaffensten […] Menschen seiner Zeit«[286] charakterisiert, sucht sich zunächst auf legalem Wege zu seinem Recht zu verhelfen und schöpft dabei alle ihm zur Verfügung stehenden Möglichkeiten aus. Die rechtlichen Instanzen, an die er sich mit seiner Klage wendet, erweisen sich indes großenteils als korrupt. Zum Rächer und Rebellen wird Kohlhaas erst, nachdem er alle rechtlichen Mittel ausgeschöpft hat, ohne damit zum Erfolg zu kommen. Er fühlt sich von der Obrigkeit im Stich gelassen. Der Vertrauensverlust in die Wirksamkeit des Rechts wird zur Ursache einer Krise, in deren Folge Kohlhaas schließlich den folgenschweren Entschluss fasst, sich selbst zu seinem Recht zu verhelfen. Von seiner Frau Lisbeth nach den Gründen für diesen Entschluss befragt, gibt Kohlhaas zur Antwort: »[W]eil ich in einem Lande, [...] in welchem man mich, in meinen Rechten, nicht schützen will, nicht bleiben mag. Lieber ein Hund sein, wenn ich von Füßen getreten werden soll, als ein Mensch!«[287] Kurzum, er bemängelt ein Zuwenig an Recht.

Ursächlich für diesen Mangel ist indes eine historische Situation, die sich durch ein Zuviel an Recht charakterisieren lässt. Kleist verortet seine Erzählung, der historischen Vorlage entsprechend, in der Mitte des 16. Jahrhunderts, einer Epoche also, die sowohl in politischer als auch in rechtlicher Hinsicht ein Zwischenstadium markiert. Der absolutistische Staat ist im Begriff, sich als politische Organisationsform durchzusetzen, gleichzeitig gilt jedoch noch das Rechtsdenken des Mittelalters. Wir haben es mit einer Situation zu tun, in der »mittelalterliche und frühabsolutistische Rechtsvorstellungen miteinander im Streit«[288] liegen. Auf der einen Seite finden wir das neue Recht der absolutistischen Herrschaft, die keine Selbsthilfe mehr duldet, auf der anderen Seite das mittelalterliche Fehderecht, das auf ebendiesem Prinzip der Selbsthilfe basiert. Der historische Kohlhaas lebte in einer Zeit, die durch eine Pluralität von Gerichtsbarkeiten und Rechtsinstanzen geprägt war. In der Erzählung gibt es den Kurfürsten von Brandenburg und den Kurfürsten von Sachsen, den Stadthauptmann von Wittenberg und außerdem noch den Kaiser in Wien und die polnische Krone, die in rechtlicher Hinsicht alle miteinander konkurrieren. Der Mangel an Recht, mit dem die Geschichte von Michael Kohlhaas ihren Lauf nimmt, resultiert also aus einer Situation, in der im Grunde nicht zu wenig Recht herrscht, sondern zu viel, in der so viele Gerichtsbarkeiten nebeneinander bestehen, dass Kohlhaas mit seinem Anliegen erst dann Gehör findet, nachdem er sich selbst längst außerhalb des Rechts gestellt hat.

6. Kenneth Feinberg: *The Man Who Puts a Price on Pain* (Der Preis des menschlichen Lebens)

Seit wir wechselweise Verkäufer und Gekaufte geworden sind, fragen wir nicht mehr nach Wesen und Beschaffenheit der Dinge, sondern nach ihrem Preis.

Seneca, *Briefe an Lucilius*[289]

Die Geltung oder der Wert eines Menschen liegt, wie der aller anderen Dinge, in seinem Preis …

Hobbes, *Leviathan*[290]

Kann man weiterleben mit diesen Gedanken? Das frage ich.
Wie soll der für immer zertrümmerte Schädel meines Sohnes …
unter keinen Umständen. Das Moped ist weg,
meine Söhne sind weg, die Stützen meines Alters … unbezahlbar!
Und der Schmerz in meiner Seele noch nicht eingerechnet.

Worte eines alten Fellachen, aus Wolfgang Herrndorfs Roman *Sand*[291]

Nachdem wir uns ausführlich mit der Ordnung der Gabe und den sogenannten traditionellen Gesellschaften beschäftigt haben, sind wir im vorigen Abschnitt, der dem Übergang von der rächenden Gerechtigkeit zur schiedsrichterlichen Gerechtigkeit gewidmet war, wieder in die Nähe der modernen Gesellschaften gelangt. Diese Bewegung setzt sich nun fort. Er führt uns mit einem Sprung in das Amerika der Gegenwart, des frühen 21. Jahrhunderts, und zu einer Reihe von Phänomenen, die in mehrfacher Hinsicht einen extremen Gegenpol zu den von der Ethnologie untersuchten Tatsachen darstellen. Dabei wird uns eine Reihe von Fragen leiten, die man auf den ersten Blick für bloß rhetorisch halten könnte: Ist es möglich, den Wert eines menschlichen Lebens in einen Geldbetrag zu konvertieren? Lässt sich der Verlust, den es bedeutet, wenn ein geliebter Mensch zu Tode kommt, auf gewaltsame Weise oder durch einen Unfall, monetär bestimmen? Kurzum, gibt es einen Preis für das menschliche Leben?

Man zögert nicht, diese Fragen zu verneinen. Das Leben eines Menschen gilt als schlechthin unbezahlbar, als etwas, das man unmöglich durch Geld ersetzen und dem man unter keinen Umständen einen Preis beimessen kann. Auf welche Weise und nach welchen Regeln ließe sich die Höhe eines solchen Preises auch bestimmen? Und wer sollte befugt sein, darüber zu entscheiden? Allein die Vorstellung erscheint zynisch; sie lässt sich nicht vereinbaren mit der Auffassung, dass jedem menschlichen Individuum ein singulärer Wert und eine unveräußerliche Würde zukommen. Dass das menschliche Leben unbezahlbar sei, gehört zu dem Grundbestand an Überzeugungen, die den moralischen Minimalkonsens der Moderne ausmachen. Berufen kann sich diese Überzeugung unter anderem auf Immanuel Kant. In der *Grundlegung zur Metaphysik der Sitten* trifft Kant eine Unterscheidung, in der er den Begriff der Würde ausdrücklich dadurch bestimmt, dass sie »über allen Preis erhaben« sei. In Kants eigenen Worten liest sich das so:

> Im Reiche der Zwecke hat alles entweder einen *Preis* oder eine *Würde*. Was einen Preis hat, an dessen Stelle kann auch etwas anderes als *Äquivalent*, gesetzt werden; was dagegen über allen Preis erhaben ist, mithin kein Äquivalent gestattet, das hat eine Würde.[292]

Die Einsicht in den absoluten Wert, der jedem einzelnen Menschen zukommt, wird häufig für eine spezifisch moderne Errungenschaft gehalten, ein Erbe der Aufklärung, das mit der Geschichte der modernen Moralphilosophie eng verknüpft ist und in der Formulierung der Menschenrechte seinen rechtlich kodifizierten Ausdruck gefunden hat. Hans Joas erzählt die Geschichte der Menschenrechte als eine Geschichte der fortschreitenden »Sakralisierung« der Person, in der sich der säkulare Humanismus des Aufklärungszeitalters mit älteren Überzeugungen jüdisch-christlicher Provenienz verschränkt.[293] In der landläufigen Meinung nimmt diese Geschichte häufig die Form an, dass man früheren Epochen und anderen Kulturen ebendiesen Sinn für den singulären Wert des menschlichen Individuums abspricht. Der Umstand, dass es bei den ›primitiven‹ Völkern möglich ist, den Tod eines Menschen durch die ›Zahlung‹ von einhundert

Kamelen oder irgendein anderes materielles Gut zu begleichen, dient dann schnell als Beleg dafür, dass es in vormodernen Gesellschaften um die Unbezahlbarkeit des menschlichen Lebens noch nicht allzu weit her war.

In Wirklichkeit verhalten sich die Dinge jedoch nicht ganz so einfach. Einerseits sahen wir, dass das Wergeld in Gesellschaften des genealogischen Typs eben nicht die Funktion eines Zahlungsmittels hat (Ausdrücke wie ›Wergeld‹ oder ›Blutgeld‹ sind insofern also irreführend); die Mitglieder dieser Gesellschaften wissen sehr wohl, dass der Tod eines Menschen nicht bezahlt werden kann. David Graeber hat diesen Umstand klar hervorgehoben: »Gewiss wäre niemand so unbedarft zu behaupten, eine bestimmte Geldsumme könnte das ›Äquivalent‹ zum Wert eines Vaters, einer Schwester oder eines Kindes sein. Mit Geld wird hier [...] vor allem anerkannt, dass etwas sehr viel Wertvolleres als Geld geschuldet wird.«[294] Das Wergeld ist folglich nur in einem metaphorischen Sinn als Preis zu verstehen. Gerade weil man weiß, dass es keinen wirklichen Ersatz für das Leben eines Menschen geben kann, weicht man ins Symbolische aus. Umgekehrt verhält es sich in modernen Gesellschaften so, dass es durchaus Situationen gibt, in denen das menschliche Leben die Grenze vom Unbezahlbaren zum Bezahlbaren passiert und von der Logik des marktförmigen Tauschs vollkommen absorbiert zu werden droht. Dies ist keineswegs auf eine Schwäche der modernen Moralkonzeptionen zurückzuführen. Vielmehr handelt es sich um einen Effekt der ungeheuren Macht des Marktes, der in den modernen Gesellschaften dahin tendiert, sämtliche Formen der Verpflichtung, die man gegenüber anderen Menschen haben kann, durch eine rein rechnerische Schuld zu ersetzen.[295] Dies ist der allgemeine Hintergrund der Überlegungen, die uns im Folgenden beschäftigen werden. Im Zentrum steht dabei eine Person, die in besonderer Weise geeignet erscheint, uns über diese Zusammenhänge Auskunft zu geben: der amerikanische Anwalt Kenneth Feinberg.

Es gibt in unserer Zeit vermutlich nur wenige Menschen, die so viel Erfahrung darin haben, dem menschlichen Leben ein monetäres Äquivalent zuzuordnen, wie Kenneth Feinberg. Feinberg ist ein amerikanischer Jurist. Sein Spezialgebiet sind Entschädigungsverfahren. Nebenbei unterrichtet er an mehreren angesehenen amerikanischen Universitäten. Auf Feinberg aufmerksam geworden bin ich durch ein Interview, das im Juli 2012 in der *Zeit* erschienen ist.[296] Es steht unter der Überschrift »Der kalte Tröster« und wurde im Wirtschaftsteil abgedruckt. Diese Zuordnung ergibt sich unmittelbar aus dem Charakter seiner Tätigkeit, die die Wochenzeitung wie folgt beschreibt: »Kenneth Feinberg ist Spezialist für Tragödien mit außergewöhnlich vielen Geschädigten. Regierungen und Konzerne bitten ihn, menschliches Leid in Dollar umzurechnen und Opfer oder Hinterbliebene zu entschädigen.«[297] Auf dem Gebiet des Entschädigungswesens gilt Feinberg als unbestrittene Kompetenz; »compensation czar«[298] ist einer der Titel, den die amerikanischen Medien ihm verliehen haben, »the man who puts a price on pain«[299] ein anderer. Feinberg wird immer dann gerufen, wenn in seinem Land ein Unglück geschieht, das so gravierend ist, dass man ihm mit den herkömmlichen Mitteln nicht mehr beizukommen weiß. Wollte man eine Liste der großen Katastrophen erstellen, die die amerikanische Öffentlichkeit in den vergangenen Jahrzehnten erschüttert haben, böte sein beruflicher Lebenslauf dafür eine geeignete Grundlage: Der Bombenanschlag auf den Boston-Marathon im April 2013, bei dem drei Menschen starben und über 260 zum Teil schwer verletzt wurden; die Explosion der Bohrinsel *Deepwater Horizon* im Golf von Mexiko 2010, eine der größten Umweltkatastrophen in der Geschichte der Vereinigten Staaten; der 2007 an der *Virginia Tech University* verübte Amoklauf mit 32 Toten und 29 Verletzten; die Terrorangriffe vom 11. September 2001; die gesundheitlichen Folgeschäden von *Agent Orange*, einem im Vietnamkrieg eingesetzten Entlaubungsmittel, unter denen etwa 250 000 Veteranen noch Jahrzehnte später litten – in all diesen Fällen wurde Feinberg aktiv. Seine Aufgabe besteht darin, die Entschädigungsprogramme auszuarbeiten und zu verwalten, die nach solchen Katastrophen eingerichtet werden. Er entscheidet darüber, wer eine Kompensation erhält und wer leer ausgeht, vermittelt zwischen Verantwortlichen und Betroffenen und koordiniert die Zahlungen an die Hinterbliebenen und Verletzten.

Feinberg hat es mit vielen Zahlen und beträchtlichen Geldmengen zu tun; die Summen bewegen sich teilweise im Milliardenbereich. Nach dem Unglücksfall der Bohrinsel *Deepwater Horizon* richtete der Betreiber der havarierten Plattform, die Ölgesellschaft BP, einen 20 Milliarden Dollar schweren Entschädigungsfonds ein.[300] Die schiere Höhe dieses Betrags und die Aussicht, einen möglichst großen Teil davon abzubekommen, weckten Begehrlichkeiten, die mitunter kuriose Formen annahmen: So meldete sich etwa ein Mann, der die gesamte Summe für sich allein beanspruchte, da er davon überzeugt war, durch die Ölpest emotional und wirtschaftlich so stark geschädigt worden zu sein, dass ihm der ganze Betrag zustünde. In den ersten anderthalb Jahren der Ölpest gingen bei Feinberg mehr als eine Million Anträge auf Entschädigung ein, aus sämtlichen Bundesstaaten der USA und 35 anderen Ländern der Erde. Circa sechseinhalb Milliarden Dollar wurden in diesem Zeitraum ausgeschüttet, an mehr als 220 000 Personen und Unternehmen.

Wer eine Entschädigung erhielt, musste sich im Gegenzug vertraglich dazu verpflichten, keine reguläre juristische Klage gegen BP anzustrengen. Für das Unternehmen war dieser Teil des Deals zweifellos entscheidend. Bei der Frage, wer einen berechtigten Anspruch auf Schadenersatz hat, orientierte sich das von der Ölgesellschaft ins Leben gerufene Entschädigungsprogramm zwar an der gesetzlichen Grundlage; für diejenigen, die eine Kompensation erhielten, war der Rechtsweg jedoch fortan verbaut. Das Recht, vor einem staatlichen Gericht eine Klage einzureichen, wurde den Betroffenen durch die Kompensationszahlungen gleichsam abgekauft. In dem Interview spricht Feinberg davon, dass es eine »sehr weise Entscheidung« der BP gewesen sei, dieses Programm aufzulegen und dadurch klassische Gerichtsprozesse zu vermeiden.[301] Zudem hebt er hervor, dass die von der BP getroffenen Regelungen »liberaler und großzügiger« gewesen seien als eine gesetzliche Lösung. Mit der

Geste der moralischen Gabe und dem Geist der Freigebigkeit hatte die Entscheidung der Ölgesellschaft freilich nichts zu tun; sie war nicht durch moralische Generosität motiviert, sondern allein durch ein betriebswirtschaftliches Kalkül. Den Verantwortlichen stand dabei das Beispiel der *Exxon Valdez* vor Augen, einem Öltanker, der 1989 vor Alaska auf Grund gelaufen war, mit desaströsen ökologischen Folgen. Exxon entschied sich damals für den Rechtsweg – und war noch Jahrzehnte später in eine sich endlos hinziehende Serie von kostspieligen Gerichtsprozessen involviert. Ein derartiges Szenario wollte BP um jeden Preis vermeiden. In finanzieller Hinsicht war es für die Ölgesellschaft schlichtweg günstiger, 20 Milliarden Dollar für ein Entschädigungsprogramm bereitzustellen, als sich den schwer vorhersehbaren Unbilden des amerikanischen Rechtssystems auszusetzen.

Elf Menschen kamen bei der Explosion der Plattform ums Leben. Gleichwohl steht *Deepwater Horizon* vor allem für eine *ökologische* Katastrophe: Während die Verantwortlichen versuchten, das nach der Explosion entstandene Leck zu schließen, flossen 4,9 Millionen Barrel (je 159 Liter) Rohöl unkontrolliert ins Meer. Weite Abschnitte der Golfküste wurden durch die Ölpest zerstört. Der größte Teil der Schadenersatzforderungen wurde dementsprechend von Personen erhoben, die sich, vermittelt durch die Zerstörung der Natur, in ihrer wirtschaftlichen Existenz geschädigt sahen.

Der September 11th Victim Compensation Fund

Anders verhält es sich mit der Katastrophe, die unter der Chiffre 9/11 in das Bewusstsein der globalen Öffentlichkeit eingegangen ist. Annähernd 3000 Menschen kamen bei den Terrorangriffen vom 11. September 2001 ums Leben; schätzungsweise 6000 wurden verletzt.[302] Der Rauch über den eingestürzten Türmen des *World Trade Centers* hatte sich kaum verzogen, als der amerikanische Kongress hastig ein Gesetz verabschiedete, das die Einrichtung eines Entschädigungsfonds für die Opfer von 9/11 vorsah: den sogenannten *September 11th Victim Compensation Fund*.[303] Wie bei dem Programm von BP mussten diejenigen, die eine Entschädigung erhielten, sich im Gegenzug bereit erklären, auf eine gesetzliche Klage gegen die beteiligten Fluggesellschaften (oder andere möglicherweise mitverantwortliche Institutionen) zu verzichten.

Mit dem September 11th Victim Compensation Fund wurden im Wesentlichen zwei Ziele verfolgt: Zum einen ging es der amerikanischen Regierung darum, ein Zeichen der Stärke und Entschlossenheit zu setzen; die USA würden nicht nur alles daransetzen, die Schuldigen zur Strecke zu bringen, sondern auch keine Kosten und Mühen scheuen, um den Opfern der Anschläge helfend zur Seite zu stehen. Zehn Jahre nach 9/11 äußerte sich Feinberg dazu wie folgt:

> I believe the Fund stands alone as the best historical example of the compassion and sensitivity of the American people. In a time of great national trauma, America decided to send a message to the rest of the world – that we as a people would stand beside those victims of a terrible tragedy, and that the terrorist attacks would unite, not divide us as a nation. We showed the world that we would not only track down and bring to justice those responsible for the tragedy, but that we would also exhibit a type of »vengeful philanthropy«, demonstrating to the world our unified sense of community and our determination to act as one people.[304]

Neben dieser symbolischen oder vielmehr symbolpolitischen Dimension – von Feinberg auf die bemerkenswerte Formel der »vengeful philanthropy« gemünzt – gab es allerdings auch ein simples wirtschaftspolitisches Motiv: Es galt, die Fluggesellschaften vor einer Klagewelle zu schützen, die sie, so die Befürchtung der Regierung, vermutlich in den wirtschaftlichen Ruin getrieben und damit der US-Wirtschaft einen empfindlichen Schlag versetzt hätte.

John Ashcroft, der damalige Justizminister, ernannte Kenneth Feinberg zum *Special Master* des Entschädigungsprogramms und versah ihn mit weitreichenden Kompetenzen – unter anderem einem unbegrenzten Zugriff auf den Staatshaushalt, aus dessen Mitteln das Programm finanziert wurde.[305] Feinberg sollte das Programm entwerfen, implementieren und verwalten. In der Frage, wer wie viel erhalten sollte, wurde ihm absolut freie Hand gelassen. »The law required me, and me alone, to make the tough decisions«, schreibt Feinberg, mit einer seltsamen Mischung aus Stolz und Indigniertheit, im Rückblick auf diese ihm damals anvertraute Aufgabe.[306]

Der September 11th Victim Compensation Fund war in einer ganzen Reihe von Punkten präzedenzlos: Erstens waren die Entschädigungszahlungen *steuerfrei*; zweitens sah das dem Programm zugrunde liegende gesetzliche Statut vor, dass ausnahmslos *jede Person*, die bei den Terrorangriffen verletzt wurde oder einen Angehörigen verloren hatte, einen Entschädigungsantrag stellen konnte, unabhängig von der Staatsbürgerschaft oder irgendwelchen anderen Kriterien; die dritte und größte Besonderheit bestand darin, dass die Höhe der Entschädigungssumme nicht pauschal festgelegt, sondern für jeden Toten und jeden Verletzten individuell bestimmt wurde. Wieviel die Opfer und Hinterbliebenen jeweils erhielten, wurde von Fall zu Fall neu entschieden.

Fast drei Jahre lang waren Feinberg und sein Team mit den Anträgen beschäftigt, ehe das Programm eingestellt wurde. Über 7 Milliarden Dollar wurden in diesem Zeitraum verteilt. Entschädigt wurden 2680 Menschen, die während der Angriffe verletzt worden waren (die durchschnittliche Summe belief sich hierbei auf 400 000 Dollar), und 2880 Familien, die einen Angehörigen verloren hatten (die durchschnittliche Entschädigungssumme lag hier bei zwei Millionen Dollar).[307] Bei fast allen Anhörungen war Feinberg persönlich anwesend. Er und seine Mitarbeiterinnen legten den monetären Gegenwert für jeden Toten und jeden Verletzten fest.

Man stellt sich diese Aufgabe sehr schwierig vor. Von dem Journalisten der *Zeit* auf diese Schwierigkeit angesprochen, gibt Feinberg eine bemerkenswerte Antwort. Gewiss sei die Aufgabe schwierig – jedoch aus einem ganz anderen Grund, als die meisten denken. Hier der Ausschnitt aus dem Interview:

> **Zeit:** Es scheint schwierig zu sein, dem Leben ein Preisschild zu verpassen. Auch wenn Sie das seit mehr als zehn Jahren tun …
>
> **Feinberg:** Das stimmt. Es ist schwierig, aber aus einem ganz anderen Grund, als Sie denken.
>
> **Zeit:** Und der ist?

> **Feinberg:** Der Wert eines Lebens ist verhältnismäßig einfach zu berechnen. Dafür haben wir in den Vereinigten Staaten seit 200 Jahren eine Formel: Wie hoch ist der wirtschaftliche Schaden, der durch den Tod eines Menschen entsteht? Wie alt war er? Wie hoch war sein Einkommen? Wie lange hätte er noch gearbeitet? Solche Berechnungen werden jeden Tag angestellt, in jeder Stadt und in jedem Gerichtssaal. Viel schwieriger ist, mit den Gefühlen der Hinterbliebenen umzugehen, ihrem Zorn und ihrer Enttäuschung. Wie sollen sie den Schicksalsschlag begreifen, der sie getroffen hat?[308]

Rein ökonomisch betrachtet stellt die Frage nach dem Preis des menschlichen Lebens, wie wir von Feinberg erfahren, keine besondere Schwierigkeit dar. Sie reduziert sich auf eine Reihe von quantitativen Größen und Variablen, die in eine 200 Jahre alte Formel integriert werden – Kalkulationen dieser Art geschähen Tag für Tag. Nun bedarf es jedoch keiner speziellen Kenntnisse, um zu sehen, dass dasjenige, was auf diese Weise berechnet wird, möglicherweise den volkswirtschaftlichen Wert einer Person angeben kann, aber unmöglich in der Lage ist, dasjenige zu erfassen, was den singulären Wert eines spezifischen menschlichen Lebensausmacht. Ob jemand gut zuhören kann oder gut erzählen, wie seine Stimme klingt, sein Niesen, sein Lachen, welche Farben er mag und welches Essen, wie er sich die Schuhe bindet, was er hofft, träumt, fürchtet, erinnert – diese unendliche Reihe von Besonderheiten lässt sich in keiner Formel der Welt erfassen. Unmöglich, sie zu ersetzen oder ihnen ein monetäres Äquivalent zuzuweisen. Sie entsprechen genau dem, was Hénaff als das »Unschätzbare« bezeichnet.[309] Und doch besteht Feinbergs Aufgabe genau darin, diesen Wert zu erfassen und exakt zu beziffern, das Inkommensurable kommensurabel zu machen.

Jenseits der Berechenbarkeit

Hätte Feinberg es nicht auch persönlich mit den Hinterbliebenen zu tun und ihren Gefühlen, würde sich seine Arbeit nur unwesentlich von der eines Buchhalters oder Rechnungsprüfers unterscheiden. Die Besonderheit von Feinbergs Tätigkeit besteht darin, dass sie auf zwei Ebenen gleichzeitig angesiedelt ist, einer ökonomisch-finanziellen und einer emotional-affektiven. Diese beiden Ebenen sind heterogen und inkommensurabel, vermischen sich jedoch beständig und durchkreuzen einander.

Feinbergs eigentliche Tätigkeit, sein Kerngeschäft, wenn man so will, bewegt sich auf der Ebene der Zahlen. »Meine Aufgabe«, so Feinberg, »ist sehr berechnend, sehr endgültig und sehr ökonomisch. [...] Ich schaue auf die kalten, harten Zahlen. Das ist mein Job.«[310] Es handelt sich um die Tätigkeit einer ökonomisch kalkulierenden Vernunft. Feinberg selbst macht keinen Hehl daraus, dass diesem Teil seiner Arbeit etwas Kaltes, ja sogar Brutales anhaftet.[311] Auf dieser ersten Ebene geht es um die Suche nach einem angemessenen finanziellen Ausgleich. Hier ist Feinberg tatsächlich *the man who puts a price on pain* – der Mann, der das Leben und Leiden der Menschen mit einem Preisschild versieht.

Die Frage der Angemessenheit stellt sich auch auf der zweiten Ebene, wenn auch in gänzlich verschiedener Weise: dann nämlich, wenn es darum geht, im Umgang mit den Menschen, die einen schweren Schicksalsschlag erlitten haben, eine ihrer Situation und ihren Gefühlen angemessene Haltung einzunehmen. Auf dieser Ebene kommt die gesamte Wucht der Affekte und Emotionen ins Spiel, mit denen Menschen auf einen Unglücksfall reagieren. Diese Reaktionen sind buchstäblich unberechenbar und lassen sich in keine Formel oder Gleichung integrieren. »Manche sind wütend«, berichtet Feinberg, »manche traurig, andere enttäuscht, wieder andere sind dankbar oder zynisch. Jeder Betroffene ist einzigartig und hat seine ganz besondere Geschichte.«[312] Wie Feinberg in dem Interview betont, stellt der persönliche Umgang mit den Betroffenen den schwierigsten Teil seiner Arbeit dar. Ganz gleich, ob es um einen Terroranschlag, eine Umweltkatastrophe oder einen Amoklauf geht – alle diese Fälle haben gemeinsam, dass die Überlebenden und Hinterbliebenen »vor der emotionalen Last einer Katastrophe [stehen], in die sie ohne eigene Schuld geraten sind«. Feinberg zufolge bildet die »starke emotionale Komponente« in allen diesen Fällen den gemeinsamen Nenner. Auf dieser Ebene, so Feinberg, sei seine juristische Ausbildung nur von geringem Wert und »ein Abschluss in Theologie oder Psychologie« vielleicht von größerem Nutzen.[313]

Insbesondere in der Anfangsphase sah sich der September 11th Victim Compensation Fund vonseiten der Opfer und Hinterbliebenen einer heftigen Kritik ausgesetzt. Viele Betroffene kamen mit Feinbergs Art und Auftreten nicht zurecht und beklagten, dass es ihm an der nötigen Sensibilität fehle. Was diesen Aspekt betrifft, musste Feinberg nach eigener Auskunft am meisten Lehrgeld zahlen. Ebenso wichtig wie dasjenige, was man den Betroffenen sagt, sei häufig dasjenige, was man ihnen besser *nicht* sagt. Diese Lektion, die Feinberg aus seiner Arbeit nach 9/11 gezogen hat, illustriert er mit folgender Anekdote:

> In Crystal City, the father of a servicewoman came up to ask me questions about compensation and discuss how difficult for the family the death of their daughter and sister was. And I said, »I know how you must feel.« His face dropped. He looked at me and said, »Mr. Feinberg, believe me, you don't know how I feel. Please don't say that.« I never, ever said it again to these families. Because he was right.[314]

Man kann nicht wissen, wie es in den Köpfen und Herzen derer aussieht, die einen geliebten Menschen verloren haben. Es gibt kein Maß für den Schmerz und ebenso wenig eines für die Trauer oder den Zorn. Feinbergs Tätigkeit beruht im Grunde auf einer Aporie: dem Versuch, mit finanziellen Mitteln etwas wiedergutzumachen, von dem man nicht sieht, wie es jemals wiedergutzumachen ist. Wer getötet wurde, der bleibt es. Gewiss ist es für die Hinterbliebenen wichtig zu wissen, von welchem Geld sie in Zukunft ihre Miete bezahlen, die Arztrechnungen oder die Ausbildung ihrer Kinder. Feinberg selbst jedoch gesteht unumwunden ein, dass Geld niemals in der Lage sein wird, den Verlust eines geliebten Menschen aufzuwiegen:

> Anybody who looks at this program [gemeint ist der *September 11th Victim Compensation Fund*] and expects that by cutting a U.S. Treasury check, you are going to make 9/11 families happy, is vastly misunderstanding what's going on with this program. There is not one family member I've met who wouldn't gladly give back the check, or, in many cases, their own lives to have that loved one back. ›Happy‹ never enters into this equation.[315]

Schlussfolgerungen

Kenneth Feinberg hat zwei Bücher über seine Arbeit geschrieben. 2005 erschien *What Is Life Worth? The Unprecedented Effort to Compensate the Victims of 9/11* und 2012 *Who Gets What: Fair Compensation after Tragedy and Financial Upheaval.*[316] Lässt man die Untertitel beiseite, bleiben zwei Fragen übrig, die zusammengenommen recht gut das Spannungsverhältnis markieren, in dem sich Feinbergs Arbeit bewegt: *What Is Life Worth* und *Who gets What.* Innerhalb der ökonomischen Logik des Entschädigungswesens führt ein direkter Weg von der Frage nach dem Wert des menschlichen Lebens zu der Frage, wer was bekommt. In Feinbergs Welt mündet alles in die Pragmatik der zweiten Frage ein – *who gets what*? Was dabei auf der Strecke zu bleiben droht, ist eben der Sinn für das Unbezahlbare und diejenigen Dinge, deren Wert sich unmöglich monetär bestimmen lässt.

Was hat das alles nun mit Rache und Vergeltung zu tun? Auf den ersten Blick wenig, scheint es. Die von Feinberg verwalteten Entschädigungsprogramme verlaufen nicht im Recht, sondern parallel dazu. Es handelt sich um außergerichtliche Verfahren, die keinen regulären Teil des amerikanischen Rechtssystems bilden. Es geht nicht um Schuld und Strafe, sondern um Schaden und Schadenersatz. Umso erstaunlicher jedoch ist, dass wir auch in diesem Bereich, der von einer rein ökonomischen Rationalität durchregiert wird, auf die geheimnisvolle Forderung stoßen, dass der Verlust oder die Verletzung eines Menschen nach einem Ausgleich verlangen. Wie bei den traditionellen Formen der Rache, so setzt diese Forderung auch hier eine Reihe von

Operationen in Gang, in deren Verlauf zwei ungleichartige Größen miteinander in Beziehung gesetzt und kommensurabel gemacht werden.

Formal gesehen haben wir es in beiden Fällen also durchaus mit einer ähnlichen Relation zu tun: Sowohl die von Feinberg implementierten Verfahren als auch die Kompensationsverfahren der rächenden Gerechtigkeit lassen sich als Formen der Transaktion beschreiben. Der entscheidende Unterschied besteht jedoch darin, von welcher Art des Denkens sie jeweils getragen werden, einer symbolischen Logik oder einer kommerziellen. In den Gesellschaften des genealogischen Typs dominiert der symbolische Austausch, so wie er in den Gabenbeziehungen und in den Beziehungen der rächenden Gerechtigkeit zum Ausdruck kommt. Das Geld, sofern hier welches zum Einsatz kommt, ist kein Zahlungsmittel im eigentlichen Sinne. Wie beim zeremoniellen Gabentausch, so ist auch bei den Gütern, die im Falle eines Mordes, einer Verletzung oder einer Beleidigung ihren Besitzer wechseln, nicht der materielle Wert entscheidend, sondern dasjenige, was diese Güter symbolisieren. Sie bringen zum Ausdruck, dass eine Schuld besteht, die gerade nicht mit Geld bezahlt werden kann. In den modernen Gesellschaften wird dieses Wissen zunehmend verdrängt. Was den September 11th Victim Compensation Fund so bemerkenswert macht, ist der Umstand, dass man hier tatsächlich davon ausging, dass es möglich sei, den Wert eines Menschen auf rechnerische Weise individuell zu bestimmen. In den Augen des Homo oeconomicus verhält es sich dann in der Tat so, dass das Leben eines Tellerwäschers weniger wert ist als das einer Investmentbankerin. Gleichwohl bleibt auch hier ein Sinn für das Unbezahlbare bestehen. Dass jemand wie Kenneth Feinberg, der einen Großteil seines Lebens damit verbracht hat, Berechnungen anzustellen, die darauf hinauslaufen, dem menschlichen Leben ein Preisschild zu verpassen, unumwunden eingesteht, dass der Wert des menschlichen Lebens an sich nicht zu berechnen sei, sollte uns hellhörig werden lassen. Die institutionellen Arrangements, die den traditionellen Formen der rächenden Gerechtigkeit und den von Feinberg entworfenen Entschädigungsprogrammen jeweils zugrunde liegen, sind denkbar weit voneinander entfernt. Gleichwohl scheint sich hinter diesen Arrangements eine gemeinsame Forderung abzuzeichnen: diejenige nämlich, dass jedes genommene Leben und jede Verletzung nach einem Ausgleich verlangt.

7. Das Gleichgewicht der Welt

Das System der rächenden Gerechtigkeit und das System der schiedsrichterlichen Gerechtigkeit sind in ihrer Funktionsweise denkbar weit voneinander entfernt. Heißt das, dass wir uns darauf beschränken müssen, ihr bloßes Nebeneinander festzustellen, so dass es zwar möglich ist, sie innerhalb ihres jeweiligen gesellschaftlichen Kontextes zu beschreiben, zwischen beiden jedoch letzten Endes ein nicht zu schließender Bruch verläuft? Oder gibt es zwischen ihnen doch so etwas wie untergründige Verwandtschaft, die es erlaubt, diese Kluft zu schließen und zwischen ihnen eine Vermittlung herzustellen? Ich neige dazu, diese Frage zu bejahen. Sowohl die staatliche Strafpraxis als auch die traditionelle Rachejustiz sind auf die Idee des Ausgleichs bezogen.[317] Und die Idee des Ausgleichs wiederum lässt sich nicht denken, ohne dabei auf die eine oder andere Weise auf die Vorstellung einer der Welt immanenten Ordnung Bezug zu nehmen. Gleich, ob es der von Staats wegen eingesetzte Richter ist, der eine Strafe verhängt, oder eine genealogische Einheit wie der Clan, die mit der Gruppe des Aggressors eine Kompensation aushandelt oder auf eine Gegenverletzung drängt – in beiden Fällen geht es darum, einen Zustand wiederherzustellen, der durch das Überschreiten einer Norm infrage gestellt und gestört worden ist. Wie jede Frage nach einer Antwort verlangt, so verlangt jedes Unrecht danach, dass etwas unternommen wird, um das dadurch eingetretene Ungleichgewicht wieder auszugleichen. Bleibt dieser Ausgleich aus, so handelt es sich dabei um einen Zustand, der nur schwer zu ertragen ist. Die verübte Ungerechtigkeit erscheint als Ursache einer Störung, die nicht nur das Opfer selbst betrifft, sondern eine Ordnung, die über dessen unmittelbaren Lebenskreis hinausreicht. Was mit dem ungesühnten Verbrechen auf dem Spiel steht, ist der Zustand der Welt als solcher. Gerechtigkeit, so scheint es, lässt sich nicht denken, ohne auf diese Idee einer der Welt immanenten Ordnung Bezug zu nehmen. Wer Gutes tut, dem soll auch Gutes geschehen; wer anderen schadet und ihnen Unrecht tut, dem soll auch Schaden widerfahren. So will es die Gerechtigkeit.

Diesen Zusammenhang gilt es im Folgenden genauer zu explizieren. Dies soll in drei Schritten geschehen. Im ersten Schritt werden wir uns einem aus der Ethnologie und Anthropologie bekannten Konzept zuwenden, dem der *Lebensschuld*, das mit der Idee eines zu wahrenden Gleichgewichts verbunden ist. Diese Idee erfährt im zweiten Schritt eine philosophische Vertiefung, indem sie mit älteren Traditionen in Verbindung gebracht wird, namentlich dem *Fragment des Anaximander*, der die Ordnung der Welt in Begriffen einer auch auf der Ebene der kosmischen Elemente zu wahrenden Haltung der Gegenseitigkeit beschreibt. Im dritten Schritt schließlich werden wir uns der Frage zuwenden, *was von diesem alten kosmischen Denken heute noch übrig ist* und inwiefern der Gedanke einer der Welt immanenten Ordnung – allen Transformationen und Veränderungen zum Trotz – auch für die moderne Welt noch eine gewisse Gültigkeit bewahrt.

Das Konzept der Lebensschuld

Wir haben in den vorangegangenen Analysen sehr unterschiedliche Formen der Schuld und Verpflichtung kennengelernt. Gleichwohl zeichnet sich hinter ihnen, wie Marcel Hénaff feststellt, eine grundlegende Gemeinsamkeit ab:

> Ein jede Schuld betreffendes Rätsel bleibt; es hängt mit der seltsamen Forderung nach einem wiederherzustellenden Gleichgewicht, einer beizubehaltenden Gesamtsumme zusammen. Inwiefern kommt das einer zu zahlenden Schuld gleich? Alles sieht so aus, als gäbe es in den traditionellen Gesellschaften (und in mancher Hinsicht überlebt diese Vorstellung auch nach deren Verschwinden) das Modell eines Vorrats an Leben, einen Energiebestand, der nicht angetastet oder bedroht werden kann, ohne daß die Notwendigkeit empfunden wird, ihn wiederherzustellen.[318]

Raymond Verdier hat zur Bezeichnung dieses Vorrats den Begriff des »Lebenskapitals« geprägt.[319] Man kann die Wahl dieses Ausdrucks für unglücklich halten, da er unweigerlich das moderne Finanzsystem heraufbeschwört. Verdier weist jedoch ausdrücklich darauf hin, dass es sich zwar durchaus um eine zu bezahlende Schuld handelt, jedoch nicht in einem kaufmännischen Sinn. Was aber meint dieser Ausdruck dann? Verdier charakterisiert das Lebenskapital als die Gesamtheit der Elemente, auf denen die Einheit und der Zusammenhalt einer Gruppe gründen. Diese Elemente sind ebenso materieller wie immaterieller Art; es handelt sich um Personen, Güter, Kräfte, Werte, Glaubensvorstellungen, Riten – alle diese Dinge machen das Lebenskapital einer Gruppe aus.[320] In den genealogischen Gesellschaften wird diese Totalität vorrangig durch zwei Symbole repräsentiert: das Blut und die Ehre. Die Verknüpfung dieser beiden so archaisch anmutenden Termini weckt ungute Assoziationen – insbesondere in Deutschland. Sie machen es unmöglich, beide Wörter vorbehaltlos im selben Atemzug zu nennen, ohne dabei an die faschistischen Kontaminationen zu denken, mit denen sich die Formel »Blut und Ehre« in der deutschen Vergangenheit verbunden hat.[321] Deshalb ist es umso wichtiger, sich um ein adäquates Verständnis dessen zu bemühen, was es in anderen Traditionen als unserer eigenen mit diesen beiden Symbolen jeweils auf sich hat und worin die Art ihrer Verknüpfung besteht.

Die Menschen in den genealogischen Gesellschaften schreiben dem Blut und der Ehre einen besonderen Status zu. Wie Verdier festhält, ist das Blut »Symbol der Vereinigung und Kontinuität der Sippe und der Generationen«; die Ehre hingegen dient als »Symbol der Identität und der Differenz, das es sowohl ermöglicht, den Anderen anzuerkennen, als auch zu verlangen, daß er einen selbst achtet«.[322] Das Blut und die Ehre symbolisieren das, wovon die Existenz der Gruppe abhängt. Sie hat ihr Leben von denjenigen empfangen, die früher gelebt haben und heute tot sind; und sie ist angewiesen darauf, dass andere Gruppen dieses Leben respektieren und seinen Wert achten. Hénaff hat Verdiers Konzept aufgenommen; anstatt von Lebenskapital spricht er jedoch von Lebensschuld. Wie Hénaff deutlich macht, sind es zwei unterschiedliche Ebenen des menschlichen Daseins, die mit den beiden Symbolen jeweils angesprochen sind. Das Blut denotiert das Leben in seiner biologischen Verankerung (das ›nackte Leben‹, wenn man so will), und die Ehre bezieht sich auf die soziale Dimension des menschlichen Daseins (die ein zentraler Aspekt dessen ist, was das ›gute Leben‹ kennzeichnet). Diese beiden Ebenen hängen unmittelbar zusammen:

> Denn das Leben ist zwar das biologische Leben, die Tatsache, lebendig zu sein, aber auch das Leben als kulturelle und geistige Existenz der Gruppe und ihrer Mitglieder, es ist die Tatsache, von den anderen anerkannt zu werden. Und eben darin besteht das Wesen der Gabe/Gegengabe-Beziehung. So wie das vergossene Blut kompensiert werden muß, so muß die verhöhnte Ehre »in Blut gewaschen werden«. In beiden Fällen wird das Leben in all seinen Formen verteidigt. Das Leben als biologisches Faktum bleibt der Macht der Menschen entzogen: deshalb ist es unendlich kostbar; das Leben als soziale Existenz ist real nur dann, wenn es ständig geteilt und wechselseitig aufgewertet wird. Und dieses Leben gilt es, gemäß dieser doppelten Ebene (entsprechend dem, was Aristoteles Leben – *zēn* – und Wohlleben – *eu zēn* – nannte) in seiner Unversehrtheit aufrechtzuerhalten; jede Beeinträchtigung verlangt einen Gegenschlag, ein Entschädigungsverfahren. Dies ist die *Lebensschuld*.[323]

Jeder Angriff auf die Gruppe macht sich gleichsam als Minus bemerkbar, das die Gruppe als ganze betrifft. Etwas ist ihr genommen worden; dieser Verlust muss ausgeglichen werden, um das Gleichgewicht und den rechten Abstand zwischen den Gruppen wiederherzustellen. Das Blut symbolisiert das Leben schlechthin; wird es vergossen, so handelt es sich dabei um ein Zeichen dafür, dass die Gruppe nicht nur in physischer, sondern auch in psychosozialer Hinsicht verletzt worden ist. Mit dem Anspruch auf körperliche Unversehrtheit steht zugleich die soziale Integrität auf dem Spiel.[324] Die Ehre wiederum ist im Grunde nur ein anderer Name für das rechte Verhältnis zwischen Nähe und Distanz.[325] Dieses Verhältnis ist ein sozialer Grundoperator.[226] Auch in Gesellschaften, in denen es kein ausgeprägtes Ehrbewusstsein gibt, existiert ein feines Gespür dafür, welche Abstände und Verhaltensweisen einer Beziehung jeweils angemessen sind. Die Sphäre der menschlichen Angelegenheiten ist eine Sphäre, in der es immer wieder darauf ankommt, Nähe und Distanz neu auszutarieren, ein angemessenes ›Mischungsverhältnis‹ zwischen beiden zu finden. Gerät dieses Verhältnis durcheinander, etwa infolge einer Beleidigung, Respektlosigkeit oder ungebührlichen Annäherung, besteht die Notwendigkeit, den richtigen Abstand wiederherzustellen. Symbolische und physische Verletzungen unterscheiden sich in dieser Hinsicht nicht.[327] Die Lebensschuld muss bezahlt und ausgeglichen werden; und weil das Leben unbezahlbar ist, weil es – wie der Schmerz, die Wahrheit, die Liebe – in die Sphäre des Unschätzbaren gehört, kann diese ›Bezahlung‹ stets nur eine symbolische sein. Der Mensch kann sich das Leben nicht selbst geben; er kann es nur empfangen. Als biologische Gegebenheit bleibt es der menschlichen Verfügungsgewalt entzogen. Und was für das nackte Leben gilt, das gilt auch für das gute Leben, das Leben in Gemeinschaft, zu dessen Voraussetzungen die gegenseitige Anerkennung gehört. Um anerkannt zu werden, bedarf es des Anderen, der von mir verschieden ist und dessen Achtung ich ebenso wenig kaufen oder mit Gewalt erzwingen kann wie sein Wohlwollen oder seine Freundschaft. Zu sagen, dass etwas unbezahlbar ist, heißt also anzuerkennen, dass es sich dabei um eine Sache handelt, die sich der Sphäre dessen, worüber man frei verfügen kann, entzieht.

Eine Vorstellung wie die der Lebensschuld setzt das Faktum der menschlichen Verletzlichkeit voraus.[328] Wäre das Leben nicht anfällig für Verletzungen, bestünde auch nicht die Notwendigkeit, es nach einem erlittenen Unrecht durch eine rächende Erwiderung oder eine rituelle Entschädigung zu restituieren. Anders als im modernen Denken wird die Verletzlichkeit in den genealogischen Gesellschaften jedoch nicht primär als individuelle Eigenschaft gedacht, sondern als etwas Geteiltes. Das Konzept der Lebensschuld gründet nicht in der Vorstellung eines Subjekts, das der Welt mehr oder weniger autonom gegenübersteht, sondern in der Idee der Welt als *homöostatisches System*, in dem alle Elemente und Wesenheiten miteinander in Wechselbeziehungen stehen: die menschliche Welt mit der nicht-menschlichen, die Lebenden mit den Toten, das Eigene mit dem Fremden.

Dieses System ist fragil und anfällig für Störungen unterschiedlichster Art. Das Konzept der Lebensschuld kündet von dem ebenso affektiv wie kulturell instanziierten Bewusstsein der Notwendigkeit, dafür Sorge zu tragen, dass es nicht aus dem Gleichgewicht gerät. Die rächende Gerechtigkeit kann als Teil dieser Sorge begriffen werden. Hénaff zufolge fasst der Begriff der Lebensschuld die zentrale Frage der rächenden Gerechtigkeit sehr gut zusammen,

> insofern es nicht darum geht, zu strafen, um das Individuum zu bessern, sondern darum, eine Korrektur vorzunehmen, um die Ordnung der Dinge wieder ins Gleichgewicht zu bringen. Denn die zeremonielle Rache ist keine Rache psychologischer oder moralischer Art; wie die Gabe ist sie eine gesellschaftliche und kosmische Verpflichtung. [...] Die Frage liegt nicht in der Absicht, sondern in den Tatsachen: in der objektiven Beeinträchtigung des Lebensvorrats und der Ordnung der Dinge. Doch dieser Vorrat, diese Ordnung, das, was die Gruppe erbt, ist die Gabe der Geister, der Ahnen und der Götter. Und dies gibt der Gemeinschaft die Möglichkeit zu existieren und erlaubt es jedem ihrer Mitglieder, daran teilzuhaben. Schuld liegt vor, wenn dieses Gleichgewicht gestört ist und wiederhergestellt werden muß [...].[329]

Das Fragment des Anaximander: Kosmisches Gleichgewicht und Gegenseitigkeit

Sämtliche Formen der schuldhaften Verpflichtung sind in der einen oder anderen Weise auf die Idee eines zu wahrenden Gleichgewichts bezogen: Einnahmen und Ausgaben, Handeln und Erleiden, Schuld und Strafe, Leistung und Verdienst – stets geht es darum, zwischen diesen Größen ein Verhältnis der Angemessenheit herzustellen, für einen Ausgleich zu sorgen, Exzesse zu unterbinden. In Hénaffs Augen ist dies die grundlegendste Bedeutung, die man der Idee der Schuld verleihen kann: »[D]ie Schuld bezieht sich auf die Ordnung der Welt, sie ist das Indiz für eine zu füllende Lücke, eine zu korrigierende Unzulänglichkeit, oder genauer: sie ist die Aufgabe, die gestörte Ordnung wiederherzustellen.«[330]

In ebendiesem Punkt tritt zwischen den traditionellen Formen der Rache und dem modernen Rechtssystem eine untergründige Gemeinsamkeit zutage. Auch heute noch, in unserer eigenen Gesellschaft, ist die Idee der Gerechtigkeit auf die Idee eines Gleichgewichts bezogen. Justitia hält noch immer eine Waage in der Hand; wir sprechen noch immer von der ›Schwere‹ der Schuld, einem ›schwerwiegenden‹ Verbrechen oder davon, dass Schuld und Strafe einander ›aufwiegen‹. Gewiss wäre heutzutage keine Rechtswissenschaftlerin so unbedarft, eine Theorie des Strafens auf ein Konzept wie das der Lebensschuld zu gründen oder ihre Argumentation auf die Notwendigkeit der Wiederherstellung eines kosmischen Gleichgewichts zu stützen. Der juristische Begriff der Rechts*ordnung*, der strafrechtliche Grundsatz der *Angemessenheit* oder das im Recht regelmäßig eingesetzte Verfahren der Güter*abwägung* zeigen jedoch, dass auch der Diskurs des modernen Rechts untergründig auf die Idee eines Gleichgewichts rekurriert. Die Waage diente bereits im alten Ägypten als Symbol der Gerechtigkeit; diese Bedeutung ist bis heute lebendig. »The symbolic ›scales of justice‹«, so schreibt etwa Susan Jacoby, »have a real meaning for most citizens, who believe that the legal system exists to maintain a moral and social equilibrium, and to restore that equilibrium when it has been violently disturbed.«[331] Ähnlich äußert sich auch der amerikanische Philosoph Robert C. Solomon. Ihm zufolge sind Rache und Recht gleichermaßen auf die Idee eines Gleichgewichts bezogen:

> The idea is that crime, or serious offense, disturbs the balance or harmony of society as it certainly disturbs the equilibrium of the victim. Vengeance reduces or eliminates the disturbance, the imbalance, the disharmony. Insofar as one thinks of the rule of law as the great stabilizing force in society, one might say that the criminal justice system is the codification and implementation of just this primal need for not only social but cosmic stability. [...] [O]n this model, vengeance becomes [...] a felt need to put the world back into balance.[332]

Was genau heißt es aber zu sagen, dass das Gleichgewicht ›gestört‹ sei und nach einer Wiederherstellung verlangt? »Die Richtung einer

Antwort«, so Marcel Hénaff, »weist uns die Tatsache, daß bei der Aufrechterhaltung der Ordnung der Dinge stets eine Haltung der Gegenseitigkeit im Spiel ist.«[333] Belege für diese Idee einer ins Kosmische gewendeten Gegenseitigkeit finden sich sowohl in ethnographischen als auch in historischen Quellen. So verweist Hénaff auf die alten kosmogonischen Erzählungen, in denen die Entstehung der Welt regelmäßig als Spiel einander widerstreitender Kräfte inszeniert wird:

> Diese Theogonien zeigen in Form einer dramatischen Erzählung zuallererst ein Modell des Kräftegleichgewichts, in dem dann Figuren in Szene gesetzt werden, die diese Kräfte verkörpern und deren Konflikte oder harmonische Beziehungen stets dazu da sind, den Vorteil zu feiern, den es bedeutet, die Ordnung der Welt zu respektieren; ein zweites, mit dem ersten zusammenhängendes Modell zeigt die Welt als ein Reservoir von Energien, deren Gebrauch begrenzt und genau bestimmt ist: sie können sich entfesseln, überborden; dann muß man es verstehen, die menschliche Welt und die göttliche Welt miteinander zu verbinden, damit diese Exzesse beherrscht werden können [...]. Schuld liegt jedesmal dann vor, wenn dieses Gleichgewicht gestört ist.[334]

Der Gedanke, dass es nicht nur in der sozialen Welt, sondern auch auf der Ebene der kosmischen Elemente darauf ankommt, ein Verhältnis der Gegenseitigkeit zu wahren, hat nicht nur im religiösen Denken seinen Niederschlag gefunden. Den vielleicht eindrucksvollsten Ausdruck dieses Gedankens verdanken wir einem Stück der vorsokratischen Philosophie, dem berühmten Fragment des Anaximander.

Über das Leben des Anaximander ist nur wenig bekannt.[335] Wir wissen, dass er im 6. vorchristlichen Jahrhundert gelebt hat und aus der antiken Stadt Milet stammte, wie der etwa 15 Jahre ältere Thales, mit dem er vermutlich in Austausch stand (weshalb ihn die Überlieferung oftmals als Schüler des Thales bezeichnet). Diogenes Laertios zufolge war Anaximander der erste, der eine Karte der Erde und des Meeres skizziert hat; seine Schrift, die Platon und Aristoteles noch im Original vorlag, gilt als erster griechischer Prosatext überhaupt.[336] Vor allem aber war Anaximander der erste, der die Welt explizit als *Kosmos* aufgefasst hat, das heißt als ein planvoll geordnetes Ganzes.[337]

Wie die anderen Vorsokratiker interessierte sich Anaximander vor allem für die Frage nach dem Urgrund, der *arche*, aus der die Welt ihren Anfang genommen hat.[338] Ist es das Wasser, so wie es vor ihm Thales annahm? Die Luft, wie es später Anaximenes behaupten sollte? Die Antwort, zu der Anaximander kam, ist bis heute erstaunlich. Nicht das Wasser, die Luft oder sonst eines der bekannten Elemente sei es, woraus die Welt entstanden ist, sondern etwas, das er *apeiron* nannte: das Unbegrenzte oder Unendliche. Anaximander dachte die Welt als dynamischen Prozess, in dem Werden und Vergehen organisch aufeinander folgen. Nur der Begriff des Unendlichen – *apeiron* – schien ihm die Totalität dieses den gesamten Kosmos durchwirkenden Geschehens verbürgen zu können.[339] Dies ist der Zusammenhang, in dem der berühmte Satz des Anaximander steht, so wie er von Simplicius überliefert wurde. In der Übersetzung von Wilhelm Capelle liest sich das Fragment wie folgt:

> Anaximandros [...] hat als Urgrund und Element der Dinge das Unendliche angenommen [...]. Er bezeichnet aber als Urgrund weder das Wasser noch ein anderes der sogenannten Elemente, sondern eine andere unendliche Substanz, aus der sämtliche Himmel entstanden seien und die Welten in ihnen. »*Woraus aber die Dinge ihre Entstehung haben, darein finde auch ihr Untergang statt, gemäß der Schuldigkeit. Denn sie leisteten einander Sühne und Buße für ihre Ungerechtigkeit, gemäß der Verordnung der Zeit.*«[340]

Anaximander beschreibt den Weltprozess als eine unaufhörliche Kette von Veränderungen, bei denen sich die als Gegensätze konzipierten Elemente wechselseitig ablösen. Man kann sich gut vorstellen, dass er dabei von den jahreszeitlichen Veränderungen beeinflusst war; auf die Hitze und Trockenheit des Sommers folgen Kälte und Regen im Winter.[341] Jedem Element ist ein bestimmter Platz und eine bestimmte Zeit zugewiesen. Entstehen und Vergehen folgen aufeinander gemäß einer vorbestimmten Ordnung, ebender »Ordnung der Zeit« (*tou chronou taxis*), die ihr Gesetz gebieterisch durchsetzt. »Es ist ein Gesetz, daß alle Wesen anerkennen müssen, bei Strafe, nicht nur die räumliche Anordnung der Dinge zu stören, sondern, schlimmer noch, ihre zeitliche Reihenfolge.«[342] Weigert sich ein Element, seinen Platz zu räumen, nimmt es also mehr Raum und Zeit für sich in Anspruch, als ihm gemäß der kosmischen Ordnung zusteht, stellt dies eine Ungerechtigkeit dar, die eine strafende Erwiderung nach sich zieht. Es gibt also, wie Marcel Hénaff anmerkt,

> eine Art Redlichkeit der Elemente; nämlich die des Gebens und Erwiderns: Ich erkenne dir deinen Platz und deinen Teil an Zeit zu; es gehört sich, daß du dasselbe mir gegenüber tust. Diese allen Wesen auferlegte kosmische Forderung drückt Anaximander in der Sprache der Gegenseitigkeit und der Schuld aus: Deshalb gibt es, für die Lebewesen, die Zeugung, und deshalb auch findet die Zerstörung statt, gemäß dem, was sein muß; denn sie leisten einander Sühne (*dike*) und Buße (*tisis*) für ihre Ungerechtigkeit, gemäß der Verordnung der Zeit.[343]

Sühne, Buße, Schuld, Ungerechtigkeit – die Sprache, in der Anaximander den Lauf des Weltprozesses beschreibt, erinnert unmittelbar an die Sprache des Rechts.[344] Nun stellt sich allerdings die Frage, welche Form des Rechts Anaximander dabei vor Augen stand: das Modell der rächenden Gerechtigkeit, das noch bei Homer vorherrschte, oder das Modell der schiedsrichterlichen Gerechtigkeit, so wie sie im klassischen Zeitalter in der athenischen Polis verwirklicht wurde?[345] Beide Antworten scheinen richtig zu sein. Denn die Ausdrücke, die Capelle mit »Sühne« und »Buße« übersetzt, *dike* und *tisis*, verweisen nicht nur auf die Gesetze der Polis (also das Modell der schiedsrichterlichen Gerechtigkeit), sondern auch auf das alte Vokabular der Gegenseitigkeit. Ehe *dike* zur Bezeichnung für die Anwendung der Gesetze der Polis wurde, bezog es sich vor allem auf die persönliche Replik auf eine Beleidigung; *tisis* wiederum ist noch eindeutiger auf die Ordnung der Gabe bezogen; es weist ebenso auf die Gegengabe wie auf die rituelle Entschädigung nach einem erlittenen Schaden hin.[346] Nicht nur in dieser Hinsicht markiert Anaximanders Denken einen Übergang. Seine Konzeption des *apeiron* trägt in ihrer Abstraktheit bereits Züge jener neuen Art der Reflexion, die man später als Philosophie bezeichnen wird. Gleichzeitig bleibt seine Vorstellung des Kosmos dem alten Modell der zeremoniellen Gegenseitigkeit verpflichtet. »Auf diese Weise gibt uns Anaximander zu verstehen, daß für ihn und seine Zeitgenossen die höchste Form des Bandes die der gegenseitigen Anerkennung ist, sei sie positiv – Gabe – oder negativ – rächende Erwiderung.«[347]

Was vom kosmischen Denken bleibt

Das kosmische Denken, so wie es uns in dem Fragment des Anaximander entgegentritt, hat seine Tage lange hinter sich. Das moderne Weltbild ist naturalistisch, nicht kosmisch. Der vermutlich letzte großangelegte Versuch, die Welt als eine zweckmäßig geordnete Ganzheit zu denken, Johannes Keplers 1619 veröffentliche *Weltharmonik*, liegt über 400 Jahre zurück.[348] Das heißt jedoch nicht, dass damit auch die Idee einer der Welt immanenten Ordnung vollkommen obsolet geworden wäre. In unseren sozialen Beziehungen verhalten wir uns nach wie vor in einer Weise, die auf die Idee einer der Welt immanenten Ordnung bezogen ist. Die Moral, nach der wir unsere sozialen Angelegenheiten ordnen, hängt immer noch von einer Haltung der Gegenseitigkeit ab. Zahlreiche Sprichwörter (»Eine Hand wäscht die andere«, »Wie du mir, so ich dir« etc.), nicht zuletzt auch die unverminderte Alltagsrelevanz der Goldenen Regel, legen davon Zeugnis ab.

An dieser Stelle erhebt sich jedoch ein Einwand: Vielleicht mag es ja zutreffen, dass das Prinzip der Gegenseitigkeit im alltäglichen Umgang immer noch eine wichtige Rolle spielt, aber inwiefern hat dies etwas mit der Idee eines kosmischen Gleichgewichts zu tun? Dieser Einwand lässt sich entkräften, wenn man sich klar macht, dass die Idee des Gleichgewichts auf verschiedenen Ebenen zum Tragen kommt. Sie lässt sich gleichsam nach unten durchdeklinieren. Der Glaube an ein kosmisches Gleichgewicht mag der Vergangenheit angehören, aber wir sprechen immer noch von einem rechtlichen, sozialen oder moralischen Gleichgewicht. Auch viele wissenschaftliche Konzepte sind auf die Idee eines zu wahrenden Gleichgewichts bezogen, der biologische Begriff der Homöostase beispielsweise, der Energieerhaltungssatz in der Physik, das sozialwissenschaftliche Konzept der Reziprozität oder das spieltheoretische Modell des *tit for tat*. Ihre lebensweltliche Entsprechung findet die alte Kosmosvorstellung in dem, was wir den normalen Alltag nennen. Die Vorstellung der Normalität bildet das moderne Äquivalent zur kosmischen Ordnung der Antike. Zweifellos besitzt diese Vorstellung eine andere Textur als der emphatisch aufgeladene Kosmosbegriff der Antike (wobei es eine offene Frage ist, ob ein mykenischer Bauer die Welt tatsächlich so emphatisch empfunden hat, wie es Georg Lukács und viele andere Gelehrte rückblickend beschrieben haben[349]); in der praktischen Lebensführung erfüllt sie jedoch eine ähnliche Funktion.

In unserem alltäglichen Handeln kommen wir gar nicht umhin, eine wie auch immer geartete Ordnung vorauszusetzen, unabhängig davon, wie ontologisch fragwürdig und fragil der Status dieser Vorstellung sein mag. Und wie der Kosmos der Alten, so kann auch diese Ordnung *gestört* werden. Dinge geschehen, auf die wir keinen Einfluss haben. Das Leben ist voll von kleineren Ärgernissen; und hin und wieder kommt es zu Schicksalsschlägen, die nicht bloß den normalen Ablauf eines Tages stören, sondern das Leben als Ganzes aus der Bahn werfen. Menschen, die ein schweres Verbrechen erlitten haben, sprechen häufig davon, dass *danach* nichts mehr so sei wie vorher. Das erlittene Unrecht wird als ein Bruch empfunden, eine Diskontinuität, die sich irreversibel in die Existenz einschreibt und den kontinuierlichen Fluss der Erfahrung in ein Vorher und ein Danach zerteilt. Auch wenn vorher nicht *alles* okay war, erscheint diese Zeit relativ zu der danach als ein Zustand, in dem die Welt noch in Ordnung war. Durch das Verbrechen, so das vorherrschende Gefühl, ist etwas eingetreten, das den gewohnten Lauf der Dinge unterbrochen hat. Diese Empfindung ist jedoch unweigerlich auf die Idee einer vorgängigen Ordnung bezogen. Wäre dem nicht so, würde sich kaum das Gefühl einstellen, dass etwas aus den Fugen geraten sei. Wo es keine Ordnung gibt, da kann auch nichts gestört werden. Der Ruf nach Gerechtigkeit ist ein Ruf danach, diese Ordnung wiederherzustellen. Das eingetretene Ungleichgewicht verlangt nach einem Ausgleich, indem jeder das erhält, was er verdient: Untaten sollen bestraft und Wohltaten belohnt werden.

An dieser Stelle erhebt sich jedoch ein weiterer Einwand, derjenige nämlich, *dass die Welt einfach nicht so funktioniert.* Die Welt ist voll von Menschen, denen es schlecht geht, ohne dass sie es verdient hätten. Und sie ist voll von Unrecht, das niemals bestraft wird. Menschen, die Furchtbares getan haben, kommen ungestraft davon, wohingegen andere, die sich nie etwas haben zuschulden kommen lassen, leiden und in Elend leben. Kurzum, die Welt mag alles Mögliche sein – ein gerechter Ort ist sie nicht. Dieser Einwand wiegt noch schwerer als der erste. Man sieht nicht, wie er sich entkräften ließe. Der Punkt ist jedoch: Auch wenn der Einwand richtig ist, so ist er kein Argument dafür, die Vorstellung einer der Welt immanenten Ordnung, in der Gleiches mit Gleichem vergolten wird, zu verabschieden. Die Philosophin Susan Neiman hat ein Argument vorgebracht, das ich mir hier aneignen möchte.[350] Basis dieses Arguments ist die von Kant inspirierte Überzeugung, dass »Glück und Tugend systematisch miteinander verbunden sein [sollten]«.[351] Im Grunde handelt es sich bei dieser Überzeugung nur um eine elegantere Formulierung des Vergeltungsprinzips, dem zufolge man Wohltaten belohnen und Übeltaten bestrafen sollte. Die Unverzichtbarkeit dieser Überzeugung, so die Pointe von Neimans Argument, tritt dann zutage, wenn man versucht, die darin implizierte Forderung umzukehren: Wohltaten sollen bestraft und Übeltaten belohnt werden. Aber hören wir, wie Neiman selbst dieses Argument aufbaut:

> Ein Kind kommt durch Gewalt oder Vernachlässigung ums Leben. Ein Verbrecher kämpft sich seinen Weg zur Macht frei, und genießt sie, ohne Reue oder Vergeltung fürchten zu müssen. Wir könnten beliebig viele Beispiele aufzählen. Was aber meinen wir, wenn wir sagen: *Das hätte nicht geschehen dürfen?* Nach Kant meinen wir damit, Glück und Tugend sollten systematisch miteinander verbunden sein, und das eine müßte der Grund für das andere sein. Wer um der

> Gerechtigkeit willen gerecht ist, sollte dafür belohnt werden. Er verdient alle Güter, mit denen die Natur die Menschheit segnen kann, und nicht bloß Zufriedenheit mit seiner eigenen Rechtschaffenheit. Die Bösen hingegen sollten leiden, nicht nur durch die Qualen eines gepeinigten Gewissens – denn die werden sie vermutlich ohnehin nicht empfinden –, sondern durch etwas, was die Welt selbst ihnen auferlegt. [...] Die Annahme, daß Glück und Tugend systematisch miteinander verbunden sein sollten, geht so tief, daß sie selten formuliert wird, doch sie liegt, wie Kant meint, jeder moralischen Kritik zugrunde. Kein Augenblick der Verzweiflung angesichts des Leidens anderer, kein Ausdruck der Empörung über die Grausamkeit anderer, der nicht auf der Überzeugung basierte, daß die Welt nach dieser Annahme funktionieren sollte. Die Verwendung des Adjektivs *schuldlos* zur Charakterisierung des Substantivs *Leiden* belegt, wie sehr der Grundsatz unwillkürlich akzeptiert wird. Wer glaubt, es handle sich dabei um das Relikt eines naiven Wunschdenkens, das wir besser aufgeben sollten, frage sich erst, ob der Grundsatz kohärent zu verneinen ist. *Glück und Tugend sollten nicht systematisch miteinander verbunden sein.* [...] Man versuche, eine mögliche Konsequenz dieser Aussage zu denken. *Wer anderen hilft, sollte langsam gefoltert werden.* Man kann solche Worte natürlich äußern, aber sie sind ebenso sinnvoll wie die Aussage *A ist nicht A.*[352]

Neimans Argument ist bestechend einfach: Was würde geschehen, wenn wir die Logik der Vergeltung einfach umkehren? Das Ergebnis bestünde in dem Widersinn einer Aussage wie eben derjenigen, dass Menschen, die anderen helfen, qualvoll gefoltert werden sollen. Neiman zufolge ist es zwar möglich, sich eine solche Welt vorzustellen, aber unmöglich, sie zu wollen.[353] Die Annahme einer systematischen Verbindung von Glück und Tugend bezieht sich nicht auf die Welt, so wie sie *ist*, sondern auf die Welt, so wie sie *sein sollte*. Würde man diese Annahme fallen lassen, so entfiele damit auch jeder Grund, moralisch zu handeln. In anderen Worten: Auch wenn der Glaube an eine der Welt immanenten Ordnung eine Illusion sein mag, so handelt es sich dabei doch um eine Illusion, auf die wir unmöglich verzichten können, wenn wir an der Idee der Gerechtigkeit festhalten wollen.[354]

8. *Donner la mort*: Zum Begriff der negativen Gabe

Nehmen ist ein negatives Geben.
Immanuel Kant[355]

Nachdem wir uns ausführlich mit dem System der Rachejustiz in den genealogischen Gesellschaften befasst haben, ist es nun an der Zeit, einen Schritt zurückzutreten und die beleuchteten Zusammenhänge noch einmal aus einer größeren Entfernung zu betrachten. Zwei Ziele werden dabei leitend sein. Zum einen geht es darum zu zeigen, wie sich die gabentheoretischen Analysen der Rache, so wie sie im Vorangegangenen angestellt wurden, mit der analytischen Grundbestimmung der Rache, die im I. Teil der Arbeit entwickelt wurde, koordinieren lassen. Zum anderen wird es darum gehen zu prüfen, inwiefern die Gabentheorie unser Verständnis der Rache nicht nur im Hinblick auf die sogenannten traditionellen Gesellschaften bereichern kann, sondern auch in Bezug auf moderne Gesellschaften wie unsere eigene. Ihren Konvergenzpunkt finden diese beiden Ziele in dem Begriff der negativen Gabe. Jede Verletzung, so die zentrale These, lässt sich als eine negative Gabe auffassen. Diese These erlaubt es nicht nur, den gabentheoretischen Ansatz mit der zuvor formulierten Theorie des Handelns und Erleidens zusammenzuschließen, sondern ermöglicht es auch, ein zentrales Theorem aus Mauss' Gabenessay so umzuformulieren, dass es ein neues Licht auf die Frage wirft, weshalb der Impuls, sich für eine erlittene Untat zu rächen, auch in denjenigen Gesellschaften fortbesteht, in denen das System der rächenden Gerechtigkeit längst durch ein anderes Dispositiv – das der staatlichen Strafjustiz – ersetzt wurde.

Donner la mort

Beginnen wir damit, einen Anschluss zwischen dem II. Teil und dem I. Teil herzustellen, das heißt zu zeigen, wie sich die kultur- und gabentheoretischen Überlegungen mit den analytischen Überlegungen aus dem I. Teil koordinieren lassen. Damit wollen wir einem an dieser Stelle der Arbeit naheliegenden Einwand entgegentreten, demjenigen nämlich, dass wir uns mit dem kultur- und gabentheoretischen Ansatz allzu weit von dem in der Analytik der Rache aufgespannten Rahmen entfernt haben. Dieser Einwand lässt sich jedoch leicht entkräften. Im I. Teil der Arbeit habe ich die Rache als eine Relation bestimmt, die aus der Polarität von Handeln und Erleiden hervorgeht. Eine zentrale Rolle kam dabei dem Begriff der Verletzung zu. Die grundlegende Struktur der Verletzung lässt sich indes sehr präzise auf die grundlegende Struktur der Gabe abbilden. Verletzen heißt immer: *jemand tut jemandem etwas an*. Geben heißt immer: *jemand gibt jemandem etwas*. In beiden Fällen handelt es sich um eine dreistellige Beziehung.[356] Wie die Struktur der Gabe, so impliziert auch die Struktur der Verletzung ein Drittes. Die Verletzung – das spezifische Etwas, das jemandem angetan wird – nimmt exakt denselben Platz ein wie die Gabe – das spezifische Etwas, das jemandem gegeben wird. Die Untat, die den Handelnden und den Erleidenden aneinanderbindet, besitzt folglich denselben logischen Status wie die gegebene Sache, die die Verbindung zwischen der Geberin und der Empfängerin herstellt. »Ich tue dir etwas an« heißt dementsprechend so viel wie »Ich gebe dir etwas, worum du mich nicht gebeten hast, etwas, das du gezwungen bist zu empfangen, ob du willst oder nicht«. Denn anders als bei der zeremoniellen Gabe steht es dem ›Empfänger‹ einer Verletzung nicht frei, diese abzulehnen. Was die Verletzung im Sinne der negativen Gabe von einer positiven Gabe unterscheidet, ist der Umstand, dass man *gezwungen* wird, sie anzunehmen. Das Moment der Herausforderung, das in jeder Eröffnungsgabe liegt, verschränkt sich mit dem Moment der Gewalt: Die Verletzung wird dem anderen gegen seinen Willen angetan; sie wird ihm in einer Weise aufgezwungen, die es unmöglich macht, den Empfang zu verweigern. Die horizontale Gegenseitigkeit kippt dadurch in die Vertikale. Der vertikalen Asymmetrie zwischen Handeln und Erleiden entspricht die Asymmetrie einer Gabe, die einem einseitig aufgezwungen wird. Ebendarin liegt ein zentraler Unterschied zwischen guten Gaben und solchen, die sich als negativ charakterisieren lassen.

Was genau bedeutet es aber, von einer negativen Gabe zu sprechen? Was sollen wir uns darunter vorstellen? Im Französischen gibt es eine Wendung, die geeignet ist, die Bedeutung dieses Ausdrucks weiter zu erhellen: *donner la mort* – den Tod geben.[357] Das Leben nehmen oder den Tod geben bedeutet das Gleiche. Man gibt jemandem den Tod, indem man ihm das Leben nimmt, und umgekehrt. Beide Wendungen lassen sich austauschen, ohne dabei einen Bedeutungsverlust zu erleiden. Was der französische Ausdruck *donner la mort* uns also zu verstehen gibt, ist die Tatsache, dass sich jeder Akt des Nehmens auch als ein negatives Geben auffassen lässt. Anders gesagt: *Jede Nahme ist eine negative Gabe*. Diese Inversion gilt nicht nur für die Handlung, die darin besteht, jemandem den Tod zu geben, sondern für alle Formen des Verletzens. Sie lassen sich immer zweifach beschreiben, als etwas Negatives, das man dem anderen gibt, und als etwas Positives, das man ihm nimmt. Nehmen wir das Beispiel der Körperverletzung: Wenn ich jemandem im Streit ins Gesicht schlage, dann füge ich dieser Person etwas zu, dann ›gebe‹ ich ihr etwas, das vorher nicht zum Bestand ihrer Lebenstatsachen gehört hat: einen bestimmten Schmerz, eine bestimmte Wunde, die zuvor nicht da war. Indem ich ihr diesen Schmerz zufüge, nehme ich ihr zugleich aber auch etwas Positives, einen Teil ihrer Unversehrtheit, vielleicht auch ihres Vertrauens, den Wert, den es darstellt, ebendiesen Schmerz oder ebendiese Wunde nicht zu haben.[358] Analoges gilt auch für Verletzungen, die nicht unmittelbar den Körper treffen. Denken wir zum Beispiel an einen Einbruch. Schwerer als der Verlust der entwendeten materiellen Güter, so berichten viele Einbruchsopfer, wiegt der durch den Einbruch bewirkte Verlust des Gefühls der Sicherheit und eines bestimmten Grundvertrauens, das Bewusstsein, einen Raum zu besitzen, der einen selbst und alles, was zu einem gehört, gegen ungewollte Eingriffe von außen schützt. Wer das Gefühl der Sicherheit verliert, der ›gewinnt‹ dabei zugleich aber auch etwas hinzu, die Sorge etwa, dass sich der Vorfall wiederholen könnte, ein Gefühl der Unheimlichkeit, eine diffuse Angst und Verunsicherung, die einen noch Wochen später bei jedem ungewohnten Geräusch schreckhaft aufhorchen lässt. Ob man nun sagt, durch den Einbruch wurde dem Opfer eine bestimmte Form der Unbeschwertheit *genommen*, oder ob man sagt, ihm wurde dadurch eine neue Angst *gegeben*, diejenige, fortan in seinem Zuhause nicht mehr sicher zu sein, meint im Grunde dasselbe: Etwas Gutes wurde genommen, und etwas Schlechtes wurde gegeben.

Kants Versuch, den Begriff der negativen Größen in die Weltweisheit einzuführen

Das formale Schema für diese Art der Umkehrung lässt sich einer wenig gelesenen Schrift von Immanuel Kant entnehmen, die 1763 unter dem Titel *Versuch den Begriff der negativen Größen in die Weltweisheit einzuführen* veröffentlicht wurde.[359] Das Ziel dieser Abhandlung, so Kant, bestehe darin, »einen Begriff, der in der Mathematik bekannt genug, allein der Weltweisheit nach sehr fremde ist, in Beziehung auf diese zu betrachten«.[360] Bereits in der Vorrede findet der Begriff der negativen Größe eine erste Bestimmung, die auch im Folgenden maßgeblich bleibt: »[E]s sind die negative Größen nicht Negationen von Größen, wie die Ähnlichkeit des Ausdrucks ihn hat vermuten lassen, sondern etwas an sich selbst wahrhaftig Positives, nur was dem andern entgegengesetzt ist.«[361] Zur Erläuterung verweist Kant auf die alte und vieldiskutierte Frage, ob Unlust lediglich die Abwesenheit von Lust sei oder etwas Eigenständiges, eine Größe, die der Lust »im Realverstande« entgegenstehe.[362] Für Kant ist die Antwort klar: Das Gefühl der Unlust resultiert nicht bloß aus der Abwesenheit von Lust, sie stellt vielmehr eine echte negative Größe dar. Das Beispiel, das er bringt, könnte fast aus Zack Snyders Film *300*[363] stammen: Eine spartanische Mutter erhält die Nachricht, dass ihr Sohn heldenmütig für das Vaterland gekämpft habe; im nächsten Satz wird ihr jedoch mitgeteilt, dass er im Kampf gefallen sei. Die erste Nachricht, so Kant, führe dazu, dass »ein angenehme[s] Gefühl der Lust [...] sich ihrer Seele [bemächtigt]«.[364] Dieses Gefühl werde durch die zweite Nachricht zwar nicht gänzlich zunichtegemacht, aber doch erheblich verringert. Dass die Nachricht vom Tod ihres Sohnes für die Mutter eine echte, das heißt der Lust real entgegengesetzte, negative Größe darstellt, demonstriert Kant auf mathematische Weise:

> Nennet die Grade der Lust aus dem ersten Grunde [*die Nachricht vom Heldenmut des Sohnes*] allein 4 a und die Unlust sei bloß eine Verneinung = 0, so ist nachdem beides zusammengenommen worden der Wert des Vergnügens 4 a + 0 = 4 a und also wäre die Lust durch die Nachricht des Todes nicht vermindert worden, welches falsch ist. Es sei demnach die Lust aus seiner bewiesenen Tapferkeit = 4 a und was da übrig bleibt, nachdem aus der andern Ursache die Unlust mitgewirkt hat, = 3 a, so ist die Unlust = a und sie ist die Negative der Lust, nämlich – a und daher 4 a – a = 3 a.[365]

Folglich kann es sich bei der Unlust nicht bloß um die Abwesenheit von Lust handeln, sondern sie stellt etwas Eigenständiges dar, eine »*negative Lust*« [366], die die positive ganz oder teilweise aufhebt. Lust und Unlust stehen sich nicht nur logisch gegenüber (qua Widerspruch), sondern realiter; beide Prädikate sind bejahend, jedoch in entgegengesetzter Richtung. Kant nennt eine ganze Reihe von weiteren Begriffen, darunter auch viele aus der Sphäre der menschlichen Affektivität, die sich in derselben Weise invertieren lassen: »Aus diesen Gründen kann man die *Verabscheuung* eine *negative Begierde*, den *Haß* eine *negative Liebe*, die *Häßlichkeit* eine *negative Schönheit*, den *Tadel* einen *negativen* Ruhm etc. nennen.«[367] An späterer Stelle heißt es: »*Strafen* [sind] *negative Belohnungen*.«[368]

Handelt es sich bei diesen Entgegensetzungen letzten Endes jedoch nicht bloß um ein Spiel mit Worten? Kant verwehrt sich gegen diesen Einwand. Wer den Vorwurf erhebt, dass dies alles »nur eine Krämerei mit Worten«[369] sei, würde dabei einen wesentlichen Punkt übersehen:

> Man findet, daß sie mehrenteils die Übel wie bloße Verneinungen behandeln, ob es gleich nach unsern Erläuterungen offenbar ist: daß es Übel des Mangels (mala defectus) und Übel der Beraubung (mala privationis) gibt. Die erstern sind Verneinungen, zu deren entgegengesetzter Position kein Grund ist, die letztern setzen positive Gründe

> voraus, dasjenige Gute aufzuheben, wozu wirklich ein anderer Grund ist, und sind ein *negatives Gute.* Dieses letztere ist ein viel größeres Übel als das erstere. Nicht geben ist in Verhältnis auf den der bedürftig ist ein Übel, aber Nehmen, Erpressen, Stehlen ist in Absicht auf ihn ein viel größeres, und *Nehmen* ist ein *negatives Geben.*[370]

Die Erläuterung leuchtet ein: Es stellt einen großen Unterschied dar, ob man es lediglich unterlässt, jemandem etwas zu geben, oder ob man dieser Person auch noch etwas wegnimmt. Im ersten Fall handelt es sich in der Terminologie Kants um ein »Übel des Mangels«, im zweiten Fall um ein »Übel der Beraubung«. Ein derartiges privatives Übel stellen nun aber sämtliche Verletzungen dar. Sie sind negative Gaben, Affektionen, die das positive Daseinsgefühl des Empfängers verringern und seinen Schmerz vermehren.

Schließen wir an dieser Stelle den kleinen Exkurs zu Kants *Versuch den Begriff der negativen Größen in die Weltweisheit einzuführen* ab. Zweifellos ließen sich der Schrift für die vorliegende Arbeit noch weitere interessante Einsichten[371] entnehmen; für das Ziel, den Begriff der negativen Gabe auf eine philosophisch hinreichend beglaubigte Grundlage zu stellen, haben wir jedoch genug erfahren.

Der Geber in der gegebenen Sache, der Täter in der verübten Tat

Vor dem Hintergrund von Kants Begriff der negativen Größen können wir uns nun der Frage zuwenden, welche Implikationen sich daraus ergeben, wenn man den Begriff der negativen Gabe auf die gabentheoretischen Überlegungen von Marcel Mauss und Marcel Hénaff zurückbezieht. Die zeremonielle Gabe, so lautete die zentrale Lektion von Hénaff, ist eine Geste der Anerkennung. *Geben heißt anerkennen.* Nun hat die Anerkennung jedoch auch ein Gegenteil: die Missachtung, die Geringschätzung, die zahllosen Gesten der Nichtachtung und Respektlosigkeit. Dieses Gegenteil kann im Sinne Kants als echte negative Größe angesehen werden. Die Missachtung besteht nicht bloß darin, dass eine Geste der Anerkennung ausbleibt, sondern sie impliziert eine Handlung, die explizit das Gegenteil der Anerkennung bezweckt, die darauf abzielt, den anderen zu beleidigen und zu verletzen, ihn herabzuwürdigen und zu demütigen. Wie wir gesehen haben, spielt die Frage der Absicht innerhalb des traditionellen Systems der Rachejustiz nur eine untergeordnete Rolle. Die Pflicht, für eine zugefügte Verletzung einen Ausgleich herzustellen, besteht auch dann, wenn keinerlei schädigende Absicht im Spiel war. In den modernen Gesellschaften ist das anders. Eine Respektlosigkeit, die im vollen Bewusstsein ihrer Respektlosigkeit begangen wird, wiegt für uns ungleich schwerer als eine, die aus bloßer Unkenntnis heraus geschieht; eine willentlich zugefügte Verletzung lässt uns eher in Zorn geraten und auf Rache sinnen als eine versehentliche. Warum aber ist das so? Aus welchen Quellen speist sich dieser Impuls, es dem Übeltäter heimzuzahlen?

Um den Begriff der negativen Gabe erweitert, hält Mauss' Gabentheorie eine überraschende Antwort auf diese Frage parat. Mauss hat die Verpflichtung, eine empfangene Gabe durch eine Gegengabe zu erwidern, damit erklärt, dass stets etwas vom Geber in die gegebene Sache einfließt. Die Gabe, so heißt es bei ihm, ist belebt.[372] »[J]emand etwas geben [heißt] soviel, wie jemand etwas von sich selbst geben.«[373] Hénaff nennt die Gabe daher ein »Substitut und Unterpfand« des Gebers.[374] Eine analoge Behauptung lässt sich nun aber auch in Bezug auf die Handlungen aufstellen, die zu einem Racheakt motivieren: Wie der Geber in die gegebene Sache, so geht auch stets etwas vom Handelnden in die verübte Handlung ein.

Der Begriff der Handlung impliziert notwendig jemanden, der die Handlung vollzieht, einen Akteur oder Handlungsträger. Dementsprechend lassen sich an jede Handlung stets zwei Fragen herantragen: *Wer* hat das getan? und *Was* wurde getan? Die Wer-Frage zielt auf die Handlungsträgerin, das heißt die Person, die die Handlung verursacht hat. Wir können diese Seite der Handlung als ihre ›subjektive‹ Seite bezeichnen. Die Was-Frage hingegen zielt auf die Handlung selbst, auf dasjenige, was gewissermaßen die Natur oder das Wesen dieser Handlung ausmacht. Insofern jede Handlung etwas ist, das in den Lauf der Welt oder, wie Hannah Arendt sagen würde, in das »Bezugsgewebe der menschlichen Angelegenheiten«[375]

eingreift, können wir diese Seite der Handlung als ihre ›gegenständliche‹ oder ›objektive‹ Seite bezeichnen.

In analytischer Hinsicht ist die Unterscheidung zwischen der objektiven und der subjektiven Dimension einer Handlung sehr hilfreich. Wie im I. Teil gezeigt wurde, bildet die Möglichkeit, zwischen einer Handlung und einem Handelnden eine Verbindung herzustellen, das Fundament der Zurechenbarkeit und der Schuld. Der moderne moralische und juristische Schuldbegriff fußt darauf, dass man in der Lage ist, einem Handelnden eine Handlung in Rechnung zu stellen. Ohne Zurechnung keine Beschuldigung. Für das moderne Strafrecht besitzt diese Unterscheidung eine elementare Bedeutung: Was wurde getan, und wer hat es getan? Es ist im Wesentlichen die Verbindung dieser beiden Fragen, die den modernen Strafprozess organisiert und ihm seine Form verleiht.

Nun verhält es sich in der Praxis jedoch so, dass das Wer und das Was beständig ineinanderspielen. In anderen Worten, *wer jemand ist* und *was jemand tut*, hängt unweigerlich zusammen. Wir beschreiben und identifizieren Personen anhand dessen, was sie tun oder getan haben. Und es geschieht Tag für Tag, dass wir aus dem Charakter einer Handlung Rückschlüsse auf den Charakter des Handelnden ziehen: Wer etwas Niederträchtiges getan hat, den halten wir tendenziell auch für eine niederträchtige Person; wer umgekehrt etwas Gutes getan hat, dem schreiben wir auch einen guten Charakter zu. Hannah Arendt hat diesen Personen-erschließenden Charakter der Handlung klar hervorgehoben.[376] »*Handelnd*«, so Hannah Arendt, »*offenbaren die Menschen jeweils, wer sie sind*, zeigen aktiv die personale Einzigartigkeit ihres Wesens, treten gleichsam auf die Bühne der Welt, auf der sie vorher so nicht sichtbar waren.«[377] Es gehört zu den wesentlichen Eigenschaften des Handelns, über das Wer der Person mit Aufschluss zu geben. Jede Handlung sagt etwas aus über denjenigen, der sie verübt hat. So wie stets etwas vom Geber in die gegebene Sache einfließt, so fließt unweigerlich auch etwas vom Handelnden in die von ihm verübte Handlung ein.

Dies wirft nun aber auch ein Licht darauf, weshalb die Rache für eine erlittene Verletzung nicht einfach auf *irgendwen* abzielt, sondern genau diejenige Person treffen soll, die man für den Urheber dieser Verletzung hält. Wie das *hau* der Maori, so will auch die erlittene Gewalt zu ihrem Ursprung zurückkehren. Die negative Gabe muss zu demjenigen zurück, von dem sie ausgegangen ist, und zwar deshalb, weil sie ein Teil von ihm ist. Lesen wir vor diesem Hintergrund noch einmal die folgende Passage aus dem *Essai sur le don*:

> Es ist vollkommen logisch, daß man in einem solchen Ideensystem dem anderen zurückgeben muß, was in Wirklichkeit ein Teil seiner Natur und Substanz ist; denn etwas von jemandem annehmen heißt, etwas von seinem geistigen Wesen, von seiner Seele annehmen. Es aufzubewahren wäre gefährlich und tödlich, [...] weil diese Sache – die nicht nur moralisch, sondern auch physisch und geistig von der anderen Person kommt –, [...] Macht über den Empfänger ha[t].[378]

Was Mauss über das *hau* der Maori sagt, gilt auch für die Psychodynamik der Gewalt. Die Unerträglichkeit gewisser Gewaltformen rührt nicht zuletzt daher, dass der Aggressor noch lange, nachdem der eigentliche Akt vollzogen ist, eine Macht über das Opfer ausübt, von der es sich nur schwer befreien kann. Wer gefoltert wurde, sagt Jean Améry, der bleibt es.[379] Viele Opfer sexueller Gewalt werden die Erinnerung daran nie wieder los. In unterschiedlichen Abstufungen scheint dies auf sämtliche Gewalterfahrungen zuzutreffen. Eine erlittene Gewalttat oder Serie von Demütigungen in sich aufzubewahren, ist nicht nur leidvoll, sondern kann auch in unserer Gesellschaft unter Umständen tödlich sein. Laut einem *Spiegel*-Artikel gehen 20 Prozent aller Suizidfälle in Deutschland auf Mobbing zurück.[380]

> Es gibt unzählige Möglichkeiten, einen Menschen so fertigzumachen, dass er zusammenbricht; man kann ihn ignorieren, belächeln, ausgrenzen, aufziehen, hänseln, beschimpfen, anbrüllen, schlagen. Wann die Grenze des Ertragbaren erreicht ist, liegt an der Belastbarkeit der Betroffenen. Es beginnt mit Frust und Zorn und kann im Suizid enden.[381]

Nicht wenige Menschen, denen über einen langen Zeitraum hinweg immer wieder zu verstehen gegeben wird, dass sie nichts wert seien, kommen irgendwann dahin, dies selbst zu glauben. Dasjenige, was »nicht nur moralisch, sondern auch physisch und geistig von der anderen Person kommt«, schreibt sich zerstörerisch in das eigene Selbstbild ein. Tödlich kann es aber auch ausgehen, wenn der Empfänger einer negativen Gabe sich auf andere Weise von der Macht des Gebers zu befreien sucht. An einem Januarabend im Jahr 2011 zertrümmerte ein Mann den Schädel seines Bruders mit einer Eisenstange. Die Leiche versteckte er anschließend in einem Weintank. Das Motiv für den sogenannten »Winzermord von Dettelbach« war Rache; der Täter war jahrelang von seinem Bruder gedemütigt worden.[382]

Gabe und Geber, Tat und Täter lassen sich nicht voneinander abtrennen. Jede Gabe ist eine Selbstgabe, etwas geben heißt immer etwas *von sich* geben.[383] Und wie den guten Gaben, so wohnt auch den schlechten eine Neigung inne, zu demjenigen zurückzukehren, von dem sie gekommen sind. Was Mauss den »Geist« der Gabe nannte, lebt im Geist der Rache fort. Der Umkehr des Richtungsvektors von Handeln und Erleiden entspricht die Umkehr der Positionen von Geber und Empfänger. »Die Rache«, heißt es bei dem französischen Ethnologen Raymond Verdier:

> ist ein bilaterales Tauschverhältnis, das sich aus der Übertragung der Beleidigung und aus der Vertauschung von Beleidiger und Beleidigtem ergibt. Da die Beleidigung eine Gegenbeleidigung hervorruft, kehrt sich die anfängliche Beziehung um, der Beleidigte wird zum Beleidiger und *vice versa*.[384]

Dritter Teil

Affektpoetik der Rache: Die Rache und das Kulturelle Imaginäre

Zeit seines Lebens träumt man von der Rache.
Paul Gauguin[1]

Die Kunst ist der Ort, wo wir Rache an der Realität üben können.
Terry Eagleton[2]

1. Die Rache und das kulturelle Imaginäre

Mit welchen Annahmen und Vorstellungen sich die Rache im modernen Denken typischerweise verbindet, paraphrasiert der amerikanische Philosoph Robert C. Solomon wie folgt: »Vengeance is thought to be especially dangerous and socially disruptive, typically violent, utterly unreasonable, and by its very nature *opposed* to law and its constraints.«[3] Die im II. Teil angestellten Analysen haben nun aber ganz deutlich gezeigt, dass es sich mit der Rache in den sogenannten traditionellen Gesellschaften in Wirklichkeit ganz anders verhält.

Diese Einsicht führt uns erneut zum Ausgangspunkt der Arbeit zurück: der Frage danach, welchen Ort die Rache im kulturellen Gewebe der Gegenwart einnimmt. Im Denken der Moderne, so die Behauptung, von der wir ausgegangen sind, bildet die Rache einen Fleck, der zwar blind, aber keineswegs leer ist. In der Exposition ging es zunächst darum, diese Behauptung näher zu begründen und eine Reihe von kohärenten Hypothesen darüber anzustellen, welche kulturhistorischen Entwicklungen zu der theoretischen Verdunkelung der Rache beigetragen haben. Die nachfolgenden Analysen waren allesamt dem Ziel gewidmet, diesen Fleck kritisch auszuleuchten. Hierzu wurden im I. Teil einige Basisbestimmungen erarbeitet, die gleichsam das Gerüst des Rachebegriffs bilden und deren Geltung nicht an eine spezifische kulturelle oder historische Formation gebunden ist. Im II. Teil ging es darum zu untersuchen, wie sich die Rache in Gesellschaften des genealogischen Typs darstellt, denjenigen Gesellschaften also, die über keine politische Zentralinstanz verfügen und mithin auch über keine Einrichtung, die dem Straf- und Gewaltmonopol des modernen Staates vergleichbar wäre.

Wenn der II. Teil *ein* zentrales Ergebnis zutage gefördert hat, dann dieses: Anders als häufig angenommen, ist die Rache in nicht-staatlich verfassten Gesellschaften keineswegs Ausdruck einer blinden, maßlosen Gewalt. Im Gegenteil: Die Rache derer, die dem eurozentrischen Blick jahrhundertelang als ›Wilde‹ galten, ist alles andere als wild; sie ist eine kulturell eingebettete, sozial etablierte und maßvoll praktizierte Form des Rechts. Das traditionelle System der Rachejustiz ist ein System der Gewaltregulierung. Dass Blut mit Blut vergolten wird, dass ein Gewaltakt eine infinite Folge weiterer Gewaltakte nach sich zieht, bildet in diesem System nicht den Normalfall, sondern die Ausnahme. Befragt man die Kulturanthropologie und die Ethnologie, diejenigen Disziplinen also, die am ehesten in der Lage sind, uns über die infrage stehenden Gesellschaften Auskunft zu geben, so erhält man zur Antwort, dass die Vorstellung einer aus der Vergeltungslogik resultierenden Gewaltautomatik der empirischen Prüfung nicht standhält. In Wirklichkeit vollzieht sich die rächende Gerechtigkeit in den genealogischen Gesellschaften auf eine weitaus weniger dramatische und aufsehenerregende Weise als gemeinhin angenommen.

Dieser Befund wirft nun aber eine entscheidende Frage auf: Wenn es gar nicht so ist, dass die Rache in den sogenannten traditionellen Gesellschaften unweigerlich in endloses Blutvergießen mündet, und wenn es zugleich zutrifft, dass Fälle gewaltförmiger Rache auch in unserer eigenen Gesellschaft relativ selten sind, wie lässt sich dann erklären, dass sich ausgerechnet dieses Bild so hartnäckig in den Köpfen hält? Woher rührt es, dass so viele Menschen beim Wort Rache ausschließlich an maßlose Gewaltakte denken, woher die Insistenz dieser andauernden Verknüpfung von Rache und Gewalt, Rache und Rechtlosigkeit, Rache und Exzess?

An dieser Stelle kommt das kulturelle Imaginäre ins Spiel. Das kulturelle Imaginäre ist voll von Rachegeschichten, in denen die Verausgabung des rächenden Zorns direkt proportional ist zu den Blutspuren, die den Weg des Protagonisten säumen. Was früher Kennzeichen der souveränen Macht des Fürsten war, das Recht und Vermögen, dem Publikum den Tod zu zeigen, ist im bürgerlichen Zeitalter auf die massenmediale Bilderindustrie übergegangen.[4] Wenn es in der Moderne einen Ort gibt, an dem die rächende Gewalt ein bleibendes Gastrecht besitzt, dann ist es die Welt der Unterhaltungsindustrie mit ihren Multiplexkinos und Kriminalromanen, mit ihren Superheldencomics, Videospielen und Netflix-Serien. In anderen Worten: Das moderne Bild der Rache ist nicht zu trennen von den Bildern und Erzählungen, die das kulturelle Imaginäre hervorbringt. Sie bilden den semantischen Nährboden, aus dem sich das heute vorherrschende Verständnis der Rache maßgeblich speist.

Nun wäre das kulturelle Imaginäre dazu jedoch außerstande, wenn diese Bilder und Erzählungen nicht etwas Wesentliches in uns ansprechen würden, wenn es nicht etwas gäbe, an das die Rachegeschichten unmittelbar ›andocken‹ können. Dieses Etwas sind die menschlichen Gefühle, die Welt der Affekte und Emotionen. Die Kraft der erzählten Rache verdankt sich der Kraft einer affektiven Erfahrung, die in der Psyche der Zuschauerinnen und Leser bereits angelegt ist und nur darauf wartet, aktiviert und angesprochen zu werden. Es ist die Erfahrung der unendlichen Kränkbarkeit des menschlichen Herzens. Es ist die Empörung über das herrschende Unrecht, das straflos davonkommt. Es ist die Erinnerung an all die kleinen und großen Ungerechtigkeiten, die man im Laufe seines Lebens erlitten hat, die persönliche Sammlung von Stacheln, die jeder und jede Einzelne von uns mit sich herumträgt. Es ist dieses Beben unter der Haut, das einen befällt, wenn einem Menschen, den man liebt, etwas angetan wird, das zu denjenigen Dingen gehört, die Menschen einfach nicht einander antun sollten. Was den Kern dieser Erfahrung ausmacht, hat Peter Sloterdijk auf die Form einer maliziösen Frage gebracht:

> Ist nicht ›Welt‹ ein Name für einen Ort, an dem Menschen unvermeidlich Erinnerungen der unerfreulichen Art anhäufen, Erinnerungen an Verletzungen, Kränkungen und alle möglichen Episoden, bei denen man nachträglich die Faust ballen möchte? Und sind nicht alle Kulturen, offen oder verdeckt, auch immer Archive kollektiver Traumata?[5]

Kurzum, die Affekte, die darauf drängen, sich in gewaltsamen Racheakten zu entladen, sind der modernen Subjektivität durchaus nicht fremd geworden. Sie bleiben Teil unserer psychischen Ausstattung. Als reale Handlungsoption – zumal als Option, die Gewalt beinhaltet – ist die Rache in unserer Gesellschaft jedoch vollständig delegitimiert. Wer keine moralische Entrüstung auf sich ziehen will, tut heutzutage gut daran, eventuell aufkeimende Rachegelüste für sich zu behalten und das entsprechende Begehren nicht öffentlich als solches zu artikulieren. Die extensiven Wege, auf denen sich noch der Zorn eines Achilles seine Richtung gebahnt hat, haben sich für die Einwohnerinnen moderner Gemeinwesen zu schmalen Pfaden verengt, auf denen besser nur nachts und maskiert unterwegs ist, wer sein Rachevorhaben auf gewaltsame Weise ins Werk setzen will. Den übrigen, das heißt allen denjenigen, die nicht bereit sind, sich über das staatliche Gewaltmonopol hinwegzusetzen, bleibt nur die Flucht in andere Formen der Heimlichkeit: die Schadenfreude, das Ressentiment, den kleinen Verrat im Alltag.

Die Aussonderung der Rache aus dem sozialen Innenraum der Moderne hat jedoch ihren Preis. Die verdrängten Affekte verschwinden nicht einfach. Die Erinnerungen an die erlittenen Kränkungen und die darin abgelagerten thymotischen Energien bilden ein riesiges unterirdisches Reservoir, eine Sammelstelle verdrängter Aggressionsimpulse, aus dem die moderne Massenkultur nach Belieben schöpfen kann. Die Popularität des Rachesujets verdankt sich dem Umstand, dass wir aus eigener Erfahrung nur allzu gut wissen, wie es sich anfühlt, den Wunsch nach Rache in sich aufsteigen zu spüren, zugleich jedoch dazu angehalten sind, diesen Wunsch nicht im Realen seine Befriedigung suchen zu lassen. Indem das kulturelle Imaginäre dem Publikum vorführt, dass es auch einen anderen Weg gibt, mit erlittenen Kränkungen umzugehen, einen, auf dem »der Zorn selber Recht spricht und als sein eigener Gerichtsvollzieher [...] an die Tür des Beleidigers klopft«[6], wirken seine Hervorbringungen umgekehrt auch wieder auf das individuelle Denken und Fühlen zurück. Da es uns verwehrt ist, selbst Rache zu üben, geben wir uns einer Ersatzbefriedigung hin. Wir gehen ins Kino oder schlagen ein Buch auf, um uns an Geschichten zu erfreuen, in denen andere tun, was zu tun uns selbst verwehrt bleibt. Die Beziehung zwischen der Rache und dem kulturellen Imaginären lässt sich folglich nicht auf ein simples Abbildungsverhältnis reduzieren, bei dem die Kunst lediglich nachahmen würde, was in der Wirklichkeit bereits gegeben ist. Ihr Verhältnis stellt sich vielmehr als eine Art Feedbackschleife dar, als ein komplexer Rückkoppelungsmechanismus, bei dem die Affektivität als das entscheidende Relais zwischen der Rache und dem kulturellen Imaginären fungiert.

Dasselbe Verhältnis, das den modernen Umgang mit der Rache auf kultureller und kollektiver Ebene prägt, dieses eigentümliche Double Bind aus Abwehr und Anziehung, Alterisierung und imaginärer Wiederaneignung, findet sich auch auf individueller Ebene. Hier rückt ein Phänomen in den Blick, dem in diesem Zusammenhang eine maßgebliche Bedeutung zukommt: die individuelle Rachephantasie. Neigen wir nicht dazu, nachdem uns jemand verletzt oder übel mitgespielt hat, uns heimlich in Gedanken auszumalen, wie wir es dieser Person heimzahlen? Auch dabei handelt es sich um eine Form des Inkognitos. Der Rachewunsch initiiert eine Bilderfolge, die den Augen der anderen verborgen bleibt. Diese Bilder tauchen auf und verschwinden wieder, ohne sichtbare Spuren in der Welt zu hinterlassen. Gleichwohl sind sie mit der Wirklichkeit verbunden. Die Rachephantasie ist Ausdruck eines realen Wunsches, dem die Erfüllung in der Realität verwehrt bleibt. Rachephantasien sind weder selten noch ungewöhnlich.[7] Wie die Literaturwissenschaftlerin Katharina Maier vermerkt, können sie auch »im Leben vieler ansonsten netter, großzügiger, ruhiger und fürsorglicher Individuen«[8] eine wesentliche Rolle spielen. Nichts erlaubt es also, dieses Phänomen in den Bereich des Pathologischen abzuschieben.

Wie innig die Beziehung zwischen Affekt und Imagination ausfällt und wie sehr insbesondere der Zorn dazu neigt, ins Imaginäre abzugleiten, lässt sich auch an anderer Stelle zeigen. Wenden wir uns dazu für einen Moment einer philosophischen Schrift zu, Jean-Paul Sartres 1940 veröffentlichter Abhandlung über *Das Imaginäre*.[9] Sartre geht es in diesem Text nicht um das Verhältnis zwischen dem Imaginären und der Gewalt; Rachephantasien werden von ihm an keiner Stelle eigens thematisiert. Umso erstaunlicher ist es daher, mit welcher Leichtigkeit sich Sartres Text auf diesen Zusammenhang beziehen lässt.

Die folgende Passage etwa lässt sich als eine konzise psychologische Beschreibung dessen lesen, was die Rachephantasie ausmacht: »Der Akt der Imagination«, schreibt Sartre, »ist [...] ein magischer Akt. Es ist eine Beschwörung, dazu bestimmt, das Objekt, an das man denkt, die Sache, die man begehrt, derart erscheinen zu lassen, daß man sie in Besitz nehmen kann.«[10] In Besitz nehmen, das heißt zugleich: kontrollieren, unter seine Gewalt bringen, sich das vorgestellte Objekt in einer Weise verfügbar machen, die es einem erlaubt, beliebig mit ihm zu verfahren. »In diesem Akt«, so Sartre weiter, »ist immer etwas Herrisches und Kindliches, eine Weigerung, die Entfernung, die Schwierigkeiten zu berücksichtigen.«[11] Sartre verweist auf das folgende Beispiel: »So wirkt das ganz kleine Kind in seinem Bett durch Befehle und Bitten auf die Welt ein. Diesen Befehlen des Bewußtseins gehorchen die Objekte: sie erscheinen.«[12] Angenommen das Kind sehnt sich nach seiner abwesenden Mutter. Dieser Wunsch initiiert einen Vorstellungsakt, durch den die Präsenz der Mutter oder bestimmte Aspekte dieser Präsenz (ihre Stimme, ihr Gesicht, die Wärme ihrer Hände) als »quasi-sinnliche Objekte«[13] beschworen werden. Sartre zufolge erfüllt das irreale Objekt den Wunsch jedoch nicht wirklich; es sei vielmehr »eine Art, sich die Befriedigung *vorzuspielen*«.[14] Es fällt nicht schwer, Sartres Beschreibung auf das Phänomen der Rachephantasie zu übertragen. Auch in diesem Fall handelt es sich um einen magischen Akt, um eine Form der Beschwörung, die dazu dient, etwas, das man in der Realität nicht erreichen kann, in der Vorstellung erscheinen zu lassen. Das irreale Objekt ist in diesem Fall nicht die abwesende Mutter, sondern der

Übeltäter, der einen im echten Leben verletzt oder gedemütigt hat. In der Vorstellung kann ich mit dieser Person machen, was immer ich will. Die Schwierigkeiten, die mich im realen Leben daran hindern (oder aus guten Gründen davon absehen lassen), es dieser Person heimzuzahlen, sind im Imaginären außer Kraft gesetzt. Ohne jede Mühe kann ich mir eine Szene ausmalen, in der der Richtungsvektor von Handeln und Erleiden umgekehrt wird. Die Art der Schmerzen, die dem Peiniger in der imaginierten Rache zuteilwerden, werden allein durch die Grenzen meiner Vorstellungskraft beschränkt.

In der Realität muss sich die Rache in die Heimlichkeit flüchten und darf nur inkognito erscheinen. Nur als Fiktion und Vorstellung ist es ihr verstattet, sich auf maximalexpressive Weise zu zeigen. In psychoanalytischer Diktion würde man von einer Rückkehr des Verdrängten sprechen. Diese Rückkehr vollzieht sich unter modernen Bedingungen bevorzugt im Modus der Fiktionalisierung. Solange die Rache den Index des Irrealen trägt, solange sie im Reich des Imaginären verbleibt, wird sie in der Regel als nicht weiter problematisch erachtet. Zu einem Problem und einer Herausforderung wird sie nur dann, wenn sie sich anschickt, aus dem Imaginären auszubrechen, und in die Wirklichkeit zurückdrängt.

Der Konnex zwischen der Rache und dem kulturellen Imaginären fügt sich in einen umfassenderen Zusammenhang ein. Er betrifft das hochgradig ambivalente Verhältnis, das die Moderne generell zur Gewalt unterhält.[15] Dieselbe Kultur, die einer Pädagogik des Gewaltverzichts huldigt und sich (zumindest in ihren offiziellen Verlautbarungen) einer Politik der Gewaltminimierung verschreibt, zeigt sich in obsessiver Weise von der Gewalt fasziniert. Die bürgerliche Unterhaltungsindustrie hat die Gewalt mit einem maximalen Attraktionswert belegt. Ein Großteil der Blockbusterfilme sind solche, in denen geschossen und getötet wird, Häuser und Autos explodieren und mitunter ganze Städte in Schutt und Asche gelegt werden. Die wenigsten von uns haben jemals eine echte Pistole gesehen, aber wir alle wissen, wie eine Pistole aussieht, wie man sie hält, wie man zielt und abdrückt. In Deutschland werden jedes Jahr durchschnittlich 400 Morde in der Realität verübt; im Fernsehen hingegen sind es 20 000.[16] Dieselbe Kultur, die ihren Kindern nachmittags verbietet, ›Krieg‹ oder

›Schießen‹ zu spielen, die versucht, ihnen begreiflich zu machen, dass es nicht okay ist, eine imaginäre Waffe auf einen Menschen oder ein Tier zu richten, findet sich allabendlich vor den Bildschirmen zusammen, um sich von Geschichten unterhalten zu lassen, in denen auf jede erdenkliche Weise verletzt und getötet wird, in denen die Welt sich aufteilt in Gut und Böse, in Verbrecher und diejenigen, die die Verbrecher jagen; Geschichten, in denen die Gewalt begrüßt wird, sofern sie nur die Richtigen trifft und der richtigen Sache dient: dem Kampf um Gerechtigkeit, der Bekämpfung des Verbrechens, der Bestrafung des Bösen. Anspruchsvollere Werke schaffen es, genau diese Antinomie subtil herauszuarbeiten und so zu inszenieren, dass das Publikum mit der Widersprüchlichkeit seiner eigenen Einstellungen konfrontiert wird, einer Widersprüchlichkeit, in der sich zugleich die unausräumbare Ambivalenz des modernen Umgangs mit der Gewalt spiegelt. Nur selten sind dies jedoch auch die Werke, denen an den Kinokassen großer Erfolg beschieden ist oder die in den belletristischen Bestsellerlisten auf den oberen Plätzen rangieren.

Was für die Bilder der Gewalt im Allgemeinen gilt, gilt umso mehr für die Bilder der rächenden Gewalt. Sie besitzt den Vorzug, als Reaktion auf ein erlittenes Unrecht in sich jederzeit gerechtfertigt zu sein. Nichts leichter, als eine Geschichte von Rache zu erzählen: Ein abscheuliches Verbrechen als Auftakt, dazu den passenden Bösewicht, am besten gleich mitsamt einer Gruppe von fiesen Schergen (um den Spannungsbogen der weiteren Handlung auf mehrere Etappen zu verteilen), eine unfähige Polizei oder korrupte Justiz, im Mittelpunkt die paradigmatische Selbstermächtigung des rächenden Helden, der, nachdem ihm das Wichtigste genommen wurde, den einsamen Entschluss fasst, das Recht in die eigene Hand zu nehmen – das ist alles, was es an Zutaten braucht. Der weitere Verlauf der Erzählhandlung entspricht ganz der Logik des modernen Projektmanagements: Das Ziel ist hinreichend klar definiert, nun geht es nur noch darum, die passenden Mittel und Wege bereitzustellen und die Liste der Schurken bis zum finalen Showdown mit dem Erzbösewicht abzuarbeiten. Es fällt nicht schwer zu verstehen, was den populären Reiz dieser Geschichten ausmacht. »Die gut gebaute Rachegeschichte«, so Peter Sloterdijk,

> bietet das Erhabene für das Volk. Sie gibt dem Publikum eine kompakte Formel für moralische Wenn-dann-Zusammenhänge an die Hand, selbst um den Preis einer Außerkraftsetzung des langsamen förmlichen Rechts zugunsten einer zügigeren Vergeltung. Sie befriedigt zudem das populäre Interesse an Akten, für die der Täter Stolz empfinden darf: Solche Geschichten beobachten den Rächer, die Rächerin beim direkten Heimzahlen einer Kränkung und lösen somit einen Teil des Unbehagens in der Rechtskultur auf. Sie führen den genugtuenden Beweis, daß moderne Menschen nicht immer nur die krummen Wege des Ressentiments und die steilen Stufen des Rechtswegs gehen müssen, um ihre thymotischen Regungen zu artikulieren. Bei Kränkungen, die krank machen, ist Rache doch die beste Therapie.[17]

Weder die moralische Ächtung der Gewalt noch ihre ästhetische Überhöhung sind spezifisch moderne Erscheinungen. Beides hat es bereits in früheren Epochen gegeben. Was hingegen spezifisch modern ist, ist das extreme Maß, auf das diese beiden Tendenzen gebracht werden. Einerseits sind wir unfähig, die Rache zu verurteilen, ohne ihr zugleich eine gewisse Berechtigung zuzugestehen; andererseits können wir sie nicht rechtfertigen, ohne zugleich ein moralisches Urteil über sie zu fällen.[18] Diese für die Moderne charakteristische Antinomie bringt eine Spannung hervor, die so extrem ist, dass sie zu einer regelrechten *Spaltung* führt. Wie wir später sehen werden, verlängert sich diese Spaltung bis in die Konzeption der Figuren hinein, in denen die Moderne den Typus des rächenden Helden bevorzugt imaginiert. Achilles musste noch keine Maske tragen oder sich einen anderen Namen geben, um seine Rache zu üben. Die Doppelidentität des rächenden Helden ist eine Erfindung, die erst im Zeitalter der bürgerlichen Moderne zu einem allgemeinen Topos aufsteigen konnte. In Batman, vermutlich dem berühmtesten Rächer der Gegenwart, verkörpert sich dieser Zusammenhang auf emblematische Weise. Die imaginären Figurationen des rächenden Zorns lassen sich dementsprechend als zeitspezifische Problematisierungen der Rache lesen. Achilles und Batman, der solare Held und der lunare, markieren gleichsam die einander entgegengesetzten

Enden der Parabel, die davon handelt, wie sehr sich die kulturelle Bedeutung der Rache im Laufe der Zeit gewandelt hat und wie unterschiedlich sie dabei imaginiert wurde.

2. Zum Begriff des kulturellen Imaginären

Ohne die Kategorie des Imaginären ist die bisherige und gegenwärtige Geschichte der Menschheit nicht zu begreifen.

Cornelius Castoriadis[19]

What is it to imagine? We have examined a number of dimensions along which imaginings can vary; shouldn't we now spell out what they have in common? – Yes, if we can. But I can't.

Kendall Walton[20]

Auf dem Weg zu einem Arbeitsbegriff des Imaginären

Das Imaginäre ist in den letzten beiden Dekaden zu einer kulturwissenschaftlichen Schlüsselkategorie aufgestiegen. Wo zuvor noch von der Fiktion oder dem Fiktiven die Rede war, um etwas zu bezeichnen, das als Erfundenes und Ausgedachtes zwar existiert, dem jedoch das Prädikat des Wirklichen mangelt (was auch immer ›wirklich‹ heißen mag), da wird heute mit wachsender Selbstverständlichkeit auf den Begriff des Imaginären rekurriert. Den wissenschaftlichen Forschungsfeldern entsprechend, taucht das Imaginäre meist im Verein mit einem ihm vorangestellten Adjektiv auf, das den Richtungssinn seiner Verwendung anzeigt, also etwa als politisches, gesellschaftliches, mediales oder eben kulturelles Imaginäres. So verschiedenartig die diskursiven Zusammenhänge sind, in denen das Imaginäre seinen Einsatz findet, so wenig einheitlich ist allerdings auch der Gebrauch, der von diesem Begriff gemacht wird. Dies zeigt sich bereits bei denjenigen Denkern, von denen vermutlich die wichtigsten Beiträge zur Theoriebildung des Imaginären stammen, nämlich Jean-Paul Sartre, Wolfgang Iser, Cornelius Castoriadis und

Jacques Lacan.[21] So ist das Imaginäre, von dem Castoriadis spricht, etwas ganz anderes als das Imaginäre bei Lacan, und wenn Iser vom Imaginären spricht, dann hat er damit wiederum etwas ganz anderes im Blick als Sartre.[22] Bei allen diesen Autoren ist der Begriff jeweils in ein komplexes Theoriegebäude eingelassen, aus dessen Architektur und Anlage er seine spezifische Bedeutung erhält. Untereinander weisen diese Gebäude jedoch kaum Ähnlichkeiten auf, und man kann, um im selben Bild zu bleiben, nicht einmal sagen, dass sie in derselben Straße stehen: Bei Castoriadis findet das Imaginäre seinen Platz im Rahmen einer politischen Philosophie, die sich an Marx und der revolutionären Theorie abarbeitet; bei Lacan im Rahmen einer strukturalistisch inspirierten Aktualisierung der Psychoanalyse; Iser behandelt es im Rahmen einer zur literarischen Anthropologie hin erweiterten Literaturtheorie und Sartre schließlich im Kontext einer phänomenologisch-psychologischen Theorie des Bewusstseins. Diese Uneinheitlichkeit führt zu einer merkwürdig paradoxen Situation: Einerseits ist es gerade die häufig betonte Offenheit des Imaginären, die diesen Begriff so produktiv macht; andererseits schränkt diese Produktivität seine Offenheit wiederum ein, da seine jeweiligen Verwendungsweisen meist zu spezifisch und speziell sind, um außerhalb des theoretischen Kontextes, in dem sie jeweils geprägt wurden, eine allgemein belastbare Bedeutung zu bewahren.

Auch die einschlägigen Wörterbücher sind in diesem Zusammenhang nur bedingt von Nutzen. Die Suche nach dem Imaginären führt hier stets ins Leere. Weder im *Deutschen Wörterbuch* von Jacob und Wilhelm Grimm noch in Fachlexika wie dem *Historischen Wörterbuch der Philosophie*, den *Ästhetischen Grundbegriffen* oder der *Stanford Encyclopedia of Philosophy* lassen sich entsprechende Einträge finden. Zwar gibt es lange Einträge zur Einbildungskraft, Imagination und Phantasie, aber nichts zu *dem* Imaginären.[23] Verglichen mit dem Begriff der Einbildungskraft, der – in Gestalt der lateinischen *imaginatio* und griechischen *phantasia* – bereits im philosophischen Denken der Antike eine zentrale Rolle gespielt hat und auf eine entsprechend lange und gut dokumentierte Geschichte zurückblickt,[24] wirkt das Imaginäre merkwürdig geschichtslos. Möglich, dass dieser Umstand auf ein bloßes Versäumnis der Lexikographen zurückzuführen ist; schließlich handelt es sich bei dem Imaginären um eine relativ junge Begriffsschöpfung, die erst im Laufe des 19. Jahrhunderts auf dem Umweg über das Französische ihren Weg ins Deutsche gefunden hat.[25] Möglicherweise verhält es sich aber auch so, dass das Imaginäre von sich aus eine eigentümliche Neigung dazu aufweist, sich seiner definitorischen Feststellung und begrifflichen Vereindeutigungsversuchen zu entziehen. Seine Geschichte wäre dementsprechend eine, die davon zeugt, wie wenig es sich durch den kognitiven Diskurs einholen lässt.[26]

Denn auch wenn das Imaginäre als Begriffsschöpfung relativ jung ist – das Phänomen ist es sicher nicht. Seine Geschichte ist so alt wie die des menschlichen Denkens. Seit der Mensch träumt und sich Dinge vorstellt, seit er angefangen hat, Bilder in den Sand oder auf die Wände einer Höhle zu malen, begleitet das Imaginäre die Akte seines Bewusstseins. Das eine lässt sich vom anderen nicht lösen. Es wäre also verfehlt, die Einbildungskraft nur dort am Werk zu sehen, wo eine Tätigkeit explizit als bildhaft oder künstlerisch auftritt. Das Imaginäre regiert nicht nur den Traum, den Tagtraum und die literarische Tätigkeit, sondern begleitet – unweigerlich und meist unbemerkt – auch so alltägliche Prozesse wie die Sinneswahrnehmung, die Erinnerung, das Vermuten und Entwerfen – ganz zu schweigen von der umfassenden Bedeutung, die ihm im menschlichen Affektleben zukommt: Was bliebe von einem Gefühl wie der Liebe ohne das Element des Imaginären? »Man verstümmelt die Wirklichkeit der Liebe«, schrieb Gaston Bachelard bereits 1960, »wenn man sie von aller ihrer Irrealität loszulösen versucht.«[27] Was für die Liebe gilt, gilt aber auch für viele andere Gefühle wie die Eifersucht, die Angst, die Hoffnung und nicht zuletzt den Zorn. Kurzum, es gibt kaum einen kognitiven oder affektiven Prozess, in den das Imaginäre nicht hineinspielt. Was das Imaginäre jedoch *an sich* ist, losgelöst von diesen Prozessen, scheint sich der begrifflichen Feststellung gleichwohl weitestgehend zu entziehen.[28]

Dementsprechend werde ich den nachfolgenden Überlegungen auch keine umfassend ausgearbeitete Theorie des Imaginären zugrunde legen, sondern einen heuristischen, an den konkreten Wirkweisen des Imaginären orientierten Arbeitsbegriff. Dieser Arbeitsbegriff zeichnet sich insbesondere durch zwei Eigenschaften aus.

Erstens erlaubt er uns, auf den *gesamten* Fundus an Racheerzählungen zurückzugreifen, den die kulturelle Überlieferung bereithält – und zwar unabhängig von der Gattung, dem Medium oder der Kunstform, denen sie jeweils entstammen. In diesem ersten Sinne dient das Imaginäre als *Sammelbegriff*. Zweitens erlaubt es der Begriff des Imaginären, neben kulturellen Erzeugnissen auch solche Phänomene in den Blick zu nehmen, denen primär eine psychologische Realität zugeschrieben wird, wie Träume, Wunschvorstellungen und Phantasmagorien. In diesem zweiten Sinne dient das Imaginäre als *Brückenbegriff*. Er ermöglicht es, Rachephantasien und ähnlich gelagerte Phänomene aus ihrer innerpsychischen Verankerung zu lösen und auf Zusammenhänge kultureller, gesellschaftlicher und politischer Art zu beziehen. Leitend hierfür ist die Überzeugung, dass die individuelle Einbildungskraft keineswegs für sich steht, sondern in vielfältiger Weise auf das kulturelle Imaginäre bezogen ist. Die Annahme einer klaren Trennung zwischen Kunst und Wirklichkeit – oder, wie es in der Literaturwissenschaft heißt, zwischen dem Literarischen und dem Außerliterarischen – wird dadurch grundsätzlich infrage gestellt. In der Literaturtheorie galt es lange Zeit als ausgemacht, dass Texte auf andere Texte verweisen und auf sonst nichts. Diese Auffassung, von Ricœur als »Ideologie des absoluten Textes«[29] kritisiert, hat mittlerweile jedoch an Boden verloren. Die Welt des Textes ist keineswegs in sich abgeschlossen; zwischen ihr und der Welt des Lesers bestehen zahlreiche Verbindungen. Anders gesagt: Texte machen etwas mit uns. Sie erlauben uns, die Welt anders zu sehen, an Erfahrungen teilzuhaben, ohne sie selbst wirklich zu machen. Dies betrifft insbesondere Erfahrungen affektiver Art:

> Wo haben wir die geheimen Windungen der Eifersucht, wo die Schliche des Hasses und die Abwandlungen des Begehrens kennengelernt, wenn nicht anhand der aus der dichterischen Schöpfung hervorgegangenen Gestalten, bei denen es nicht so sehr darauf ankommt, ob sie in der ersten oder in der dritten Person bezeichnet werden? Der Thesaurus des Psychischen ist zu einem großen Teil die Frucht der Erforschungen der Seele durch Geschichtenerzähler und Erfinder von Erzählfiguren.[30]

Gerade wenn es um die Erforschung derjenigen Seelenregionen geht, aus denen der Wunsch nach Rache hervorgeht, spielt das Imaginäre eine entscheidende Rolle.

Jean Starobinskis »Grundlinien für eine Geschichte des Begriffs der Einbildungskraft«

Wesentlich stützen kann sich das hier vorgeschlagene Verständnis des Imaginären auf eine Reihe von Überlegungen, die Jean Starobinski unter dem Titel »Grundlinien für eine Geschichte des Begriffs der Einbildungskraft«[31] versammelt hat. Starobinski skizziert in diesem Text ein Programm, das sich gegen die in der Literaturwissenschaft verbreitete Tendenz richtet, das Imaginäre ausschließlich *innerhalb* der von ihr untersuchten Texte anzuvisieren und alles, was außerhalb dieser Texte liegt, als außerliterarisch und daher literaturwissenschaftlich irrelevant abzutun. Die Frage nach der »inneren Struktur der ›imaginären Welten‹«, so Starobinski, sei um die Frage nach der »Funktion des Imaginären (oder besser: des Rückgriffs auf die Einbildungskraft)« zu ergänzen.[32] Entscheidend sei dabei die Einsicht, »daß es keine Einbildungskraft *an sich* gibt, keine Einbildungskraft, die nicht eine Reaktion wäre, die von einem affektiven oder ethischen Vektor in Gang gesetzt wird und in bezug auf eine soziale Gegebenheit positiv oder negativ ausgerichtet ist«.[33] Die Aufgabe der Literaturwissenschaft erkennt Starobinski dementsprechend darin, »die Werke in ihrer fruchtbaren Eigenständigkeit abzuhorchen, aber so, daß alle Beziehungen wahrgenommen werden, die sie mit der Welt, mit der Geschichte, der Erfindungskraft einer ganzen Epoche unterhalten«.[34] Man könnte Starobinskis Programm also als den Versuch einer Öffnung der Literaturwissenschaft auf das Leben hin verstehen, als eine Wiedergewinnung des Wirklichen und derjenigen außerliterarischen Quellen, aus denen sich die literarische Tätigkeit – und die künstlerische Produktion im Allgemeinen – maßgeblich speist.

In diesem Sinne lässt sich bereits die Feststellung lesen, die Starobinski an den Anfang seiner Abhandlung gestellt hat: »Die literarische Einbildungskraft ist nur eine Sonderentwicklung einer viel allgemeineren Fähigkeit, die man nicht von der Tätigkeit des Bewußtseins schlechthin trennen kann.«[35] Es wäre also verfehlt, die Einbildungskraft nur in der literarischen Produktion am Werke zu sehen. Vielmehr gibt der Begriff der Einbildungskraft an, »was den Akt des Schreibens mit den Grundbedingungen der *conditio humana* verbindet: er trägt dazu bei, eine notwendige Verbindung zwischen der allgemeinsten Theorie des Bewußtseins und der Theorie der Literatur herzustellen«.[36] Die literarische Tätigkeit mag eine kulturell besonders ausgezeichnete Form der Einbildungskraft darstellen, sie ist jedoch nur eine von zahlreichen Weisen, in denen sich ihr Wirken manifestiert. Diese Feststellung ermöglicht es, das Imaginäre aus der Verengung auf die Literatur oder irgendeine andere Kunstform zu lösen. Sämtliche Formen, in denen sich das Imaginäre ausdrückt, sind prinzipiell gleichberechtigt und lassen sich unter demselben Horizont betrachten.

Der Begriff des Imaginären ist folglich wesentlich umfassender als der Begriff der Fiktion. Er umfasst nicht nur die Hervorbringungen der literarischen und künstlerischen Einbildungskraft, die als Werke festgehalten werden (also die Einbildungskraft im engeren Sinne), sondern auch die flüchtigen Bilderwelten, die das individuelle Bewusstsein im Traum und Tragtraum heimsuchen oder die sich jemand in seiner Phantasie ausmalt (die Einbildungskraft im weiten Sinne). Beide fallen in dasselbe Register:

> In seinem Reichtum und in seiner Dehnbarkeit eröffnet der Begriff der Einbildungskraft also ein Feld, das noch das geübteste Auge nicht ohne Schwindel betrachtet; denn es ist nicht möglich, zu den üblichen Klassifizierungen zu kommen, die unvereinbare Bedeutungen unterscheiden. Die Einbildungskraft im weiten Sinne und die Einbildungskraft im engen Sinne widersprechen sich nicht: sie stehen im Zusammenhang miteinander.[37]

Die Einbildungskraft ist folglich weit »mehr als die Fähigkeit, Bilder zu evozieren, die die Welt unserer direkten Wahrnehmung verdoppeln«; im Kern, so Starobinski, handelt es sich bei ihr um eine Fähigkeit zur Distanznahme, »ein *Distanzierungsvermögen*, durch das wir uns entfernte Dinge vorstellen und uns von gegenwärtigen Realitäten entfernen«.[38] Der Akt der Imagination ist immer auch ein Akt der Abwendung von den realen Gegebenheiten; das Gegenwärtige wird zugunsten des Vorgestellten abgeblendet. In diesem Umstand sieht Starobinski den Grund für die unausräumbare Ambiguität, die die Ausübung dieses Vermögens seit jeher begleitet:

> [I]ndem die Einbildungskraft antizipiert und voraussieht, dient sie dem Handeln, zeichnet sie uns die Gestalt des Realisierbaren vor, noch bevor es realisiert ist. In diesem ersten Sinn wirkt die Einbildungskraft als »Funktion des Wirklichen«, weil unsere Anpassung an die Welt verlangt, daß wir aus dem gegenwärtigen Augenblick heraustreten, die Gegebenheiten der unmittelbaren Welt überschreiten und uns in Gedanken einer noch undeutlichen Zukunft bemächtigen. Aber indem das imaginierende Bewußtsein der evidenten Welt, die die Gegenwart um uns herum aufbaut, den Rücken kehrt, kann es auch Abstand nehmen und seine Fabeln in eine Richtung projizieren, in der es keiner möglichen Übereinstimmung mit den Tatsachen Rechnung zu tragen braucht: in diesem zweiten Sinn ist sie Fiktion, Spiel oder Traum, mehr oder weniger absichtlicher Irrtum, reine Faszination. Weit davon entfernt, als »Funktion des Realen« zu wirken, erleichtert sie unsere Existenz, indem sie sie in den Bereich der »Phantasmen« hineinzieht. So trägt sie abwechselnd dazu bei, entweder unsere praktische Herrschaft über das Wirkliche auszudehnen oder die Fesseln, die uns an sie binden, zu sprengen.[39]

Als »Funktion des Wirklichen« ist die Imagination ein unverzichtbares Element menschlichen Handelns. Jeder Lebensentwurf, jeder Plan und jede Absicht setzen einen Akt der Vorstellung voraus, in dem etwas, das noch nicht ist, als zu Realisierendes gesetzt wird. Verwirklichen lässt sich ein Vorhaben nur dann, wenn es mit den Gegebenheiten der wirklichen Welt koordiniert und in Übereinstimmung gebracht wird. Dies ist die eine Seite der Imagination, die antizipatorische Einbildungskraft, deren praktische Wirksamkeit davon abhängt, dass sie in der Wirklichkeit verankert bleibt. Wird dieser Anker gelichtet, das Tau zwischen der realen Welt und der imaginierten Wirklichkeit gekappt, zeigt sich ihre andere Seite, die phantasmatische, die den Traum und den Wahn, aber ebenso die Literatur und die Kunst gebiert. Es wäre verkehrt, wenn man nur die erste Seite als lebensdienlich und die zweite ausschließlich als Gefahr und Eskapismus auffassen würde. »Der Mensch«, schreibt Starobinski, »braucht den Traum, so wie er Sauerstoff braucht; man lebt schlecht, wenn man nicht gut zu träumen versteht.«[40] Ebenso notwendig wie die antizipatorische Einbildungskraft, die im Dienste des Wirklichen steht, ist die phantasmatische, die sich explizit von der Wirklichkeit abwendet, um sich in eine imaginäre Wunschwelt fortzuspinnen.

Bei der Rache kann sowohl die eine als auch die andere Form der Einbildungskraft im Spiel sein. Echte Racheakte setzen zumindest ein Mindestmaß an rationaler Planung voraus.[41] Der Akt muss in der Vorstellung antizipiert werden. Wer *wirklich* darauf aus ist, Rache zu üben, macht von der antizipatorischen Einbildungskraft Gebrauch.[42] Die Rachephantasien, denen wir uns im Alltag hingeben, sind zumeist indes gar nicht darauf angelegt, sich anders als im Modus der Imagination zu realisieren. Als reines Phantasma erlauben sie es dem imaginierenden Bewusstsein, wie Starobinski schreibt, »seine Fabeln in eine Richtung [zu] projizieren, in der es keiner möglichen Übereinstimmung mit den Tatsachen Rechnung zu tragen braucht«. Gleichwohl sind es real erlebte Situationen, die diese Phantasien ins Leben rufen, Situationen, die sich mit dem Gefühl verbinden, unrechtmäßig verletzt worden zu sein. Der Zorn über die erlittene Demütigung wird zum affektiven Vektor, der sich ins Imaginäre hinein verlängert.

Es gehört zu den bleibenden Verdiensten Sigmund Freuds und der Psychoanalyse, erkannt zu haben, in welchem Ausmaß das Affektive und das Imaginäre miteinander verschränkt sind. Starobinski zufolge bildet diese Verschränkung eine der zentralen Voraussetzungen, auf denen die psychoanalytische Tätigkeit aufbaut:

> Bei den geistigen Vorstellungen unterscheidet die Psychoanalyse eine gewisse Anzahl von Bildern, die keine neutralen Reminiszenzen sind, sondern affektiv stark besetzte Figuren. Auf dieser Ebene ist die Einbildungskraft keine schlichte geistige Tätigkeit, sondern ein Aben-

> teuer der *Wunschwelt.* Die phantasmatische Tätigkeit, die Freudsche Phantasie, ist […] eine innere Dramaturgie, die von der Libido belebt wird. Die Einbildungskraft schreitet zu einer magischen Ausarbeitung der Grundgegebenheiten der affektiven Erfahrung. Im Wachtraum antwortet die phantasmatische Arbeit […] auf eine augenblickliche Situation, zielt auf eine mögliche Zukunft und schließt an eine erlebte Vergangenheit an, d. h. an eine Geschichte: die Aufgabe des Analytikers besteht nun darin, die Geschichte herauszulesen, die erlebte Vergangenheit, die ursprünglichen Triebe hinter den Traummythologien und den Fabelinszenierungen des verbotenen Wunsches.[43]

Dieser Zusammenhang lässt sich auch auf diejenigen Imaginationen und Fabelinszenierungen übertragen, die in künstlerischer Form festgehalten sind. Wie die individuelle Einbildungskraft, so antwortet auch das kulturelle Imaginäre auf eine spezifische Gegenwart, zielt auf eine mögliche Zukunft und schließt an eine erlebte Vergangenheit an. Dadurch wird es möglich, die Racheerzählungen, die von einer bestimmten Kultur und Epoche hervorgebracht werden, als spezifische Problematisierungen der Rache zu lesen.

Von der Schwierigkeit, eine eindeutige Grenze zwischen dem Realen und dem Imaginären zu ziehen

Nachdem wir den Begriff des Imaginären präzisiert haben, müssen wir uns nun einer anderen Frage zuwenden, derjenigen nämlich, wie es allgemein um das Verhältnis zwischen dem Imaginären und dem Wirklichen bestellt ist. Wie stellt sich die Relation zwischen dem Imaginären und dem Realen dar? Ausgehen werden wir dabei von den Grundbedeutungen des Ausdrucks ›imaginär‹, so wie sie in den gängigen Wörterbüchern verzeichnet sind.

Wie bereits erwähnt, hat das Imaginäre seinen lexikalischen Weg ins Deutsche erst im Laufe des 19. Jahrhunderts gefunden. Zurück geht es auf das lateinische Adjektiv ›imaginarius‹, das seinerseits von ›imago‹ abgeleitet ist, einem Wort, das im Lateinischen nicht nur das Bild und Abbild bezeichnet, sondern auch die Vorstellung. ›Imaginarius‹ wird dementsprechend mit »zum Bild gehörig, nur in der Vorstellung bestehend« übersetzt.[44] Die Grundbedeutung von ›imaginarius‹ wird also durch einen zweifachen Bezug bestimmt, zum einen verweist es auf die Sphäre des Bildes und zum anderen auf die Sphäre der Vorstellung. Im Deutschen ist es vor allem der zweite Aspekt, der den alltäglichen Gebrauch dieses Wortes dominiert. So erläutert der *Duden* die Grundbedeutung von ›imaginär‹ mit »nur in der Vorstellung vorhanden, nicht wirklich, nicht real«.[45] Daneben listet er eine lange Reihe von Synonymen auf: »angenommen, ausgedacht, eingebildet, erdacht, erdichtet, (frei) erfunden, gedacht, im Geist, in der Vorstellung, in Gedanken, nicht wirklich, theoretisch, virtuell, vorgestellt« sowie bildungssprachlich »fiktiv, imaginiert, irreal, nicht real«.[46] Das *Digitale Wörterbuch der deutschen Sprache* fügt dieser Liste noch einige umgangssprachliche Ausdrücke hinzu, die alle einen pejorativen Einschlag haben: »an den Haaren herbeigezogen, aus der Luft gegriffen, erstunken und erlogen«.[47]

Auffällig an der Grundbestimmung (»nur in der Vorstellung vorhanden, nicht wirklich, nicht real«) ist, dass sämtliche Attribute negativ sind, das Imaginäre seine Bedeutung also aus dem erhält, was es gerade nicht ist: *nicht* wirklich, *nicht* real. Auch in der Bestimmung »nur in der Vorstellung vorhanden« drückt sich ein negativer Index aus: was ›nur‹ in der Vorstellung existiert, besitzt mutmaßlich nicht dieselbe ontologische Dichte und denselben epistemischen Status wie etwas, das wirklich ist. Das Imaginäre wird also als *Gegenbegriff zum Realen* bestimmt. Die Eigenschaften, durch die es definiert wird, sind zugleich die Eigenschaften, die ihm der Definitionsakt abspricht. Der Argwohn gegenüber dem Imaginären blickt auf eine lange Geschichte zurück. Wenn die Umgangssprache das Imaginäre assoziativ mit dem verbindet, was »an den Haaren herbeigezogen« oder »erstunken und erlogen« ist, dann wiederholt sie im Grunde nur einen Vorwurf, der bereits Platon vor zweieinhalbtausend Jahren dazu veranlasste, die Dichter mit Lügnern gleichzusetzen und ihre Hervorbringungen für moralisch bedenklich zu erklären.[48] Dieser Ansicht zufolge wäre das Imaginäre also kaum mehr als ein Truggebilde, etwas, das an der Realität lediglich im Modus der Negation und des Scheins teilhat.

Neben der Negativbestimmung deutet sich im *Duden* indirekt aber auch eine positive Bedeutungsrichtung an, und zwar in denjenigen Synonymen, die das Imaginäre mit dem menschlichen Erfindungsgeist und dem freien Spiel der Imagination verbinden: »erdacht, erdichtet, (frei) erfunden«. Gewiss kann das Erfundene eine bloße Lüge sein; zugleich ist es aber auch dasjenige, was die literarische Produktivität und kreative Tätigkeit im Allgemeinen ausmacht. Beide Bedeutungsrichtungen finden sich auch in der folgenden Passage wieder, in der Castoriadis den gewöhnlichen Sinn des Ausdrucks ›imaginär‹ seinerseits wie folgt paraphrasiert:

> ›Imaginär‹ sagen wir, wenn wir etwas ›Erfundenes‹ meinen – gleichviel, ob es sich dabei um eine ›reine‹ Erfindung (›eine völlig erfundene Geschichte‹) oder um ein Gleiten handelt, eine Sinnverschiebung, bei der vorliegende Symbole mit anderen als ihren ›normalen‹, rechtmäßigen Bedeutungen beladen werden […]. Beidesmal wird unter ›imaginär‹ etwas verstanden, das vom Realen abgesondert ist und sich entweder an dessen Stelle zu setzen versucht (wie eine Lüge) oder aber diesen Anspruch nicht erhebt (wie ein Roman).[49]

Maßgeblich für die Grundbedeutung des Imaginären ist also seine Differenz zu dem, was wir real nennen. Nun sind wir jedoch schlechterdings unfähig, diese Unterscheidung zu treffen, ohne dabei auf ein bestimmtes Vorverständnis zurückzugreifen, ein »stummes Wissen«[50] darüber, was das Imaginäre und das Wirkliche jeweils seien. Versucht man jedoch, dieses stumme Wissen zum Sprechen zu bringen, treten dabei schnell erhebliche Schwierigkeiten auf. Was genau bedeutet es, von einer Sache zu sagen, dass sie ›wirklich‹ ist, während man einer anderen Sache dieses Merkmal abspricht? Worin genau unterscheidet sich die Seinsweise einer Person, die ›wirklich‹ existiert, von der Seinsweise einer ›imaginären‹ Person, die wir aus einem Film, einem Roman oder Theaterstück kennen? Man kommt kaum umhin, auf diese Fragen mit demselben Eingeständnis zu antworten wie Augustinus, als er gefragt wurde nach dem Wesen der Zeit: »Wenn niemand mich danach fragt, weiß ich es; wenn ich es einem Fragenden erklären will, weiß ich es nicht.«[51] Die Verlegenheit des Augustinus verweist auf ein philosophisches Problem, das in ähnlicher Weise bei der begrifflichen Unterscheidung zwischen dem Imaginären und dem Realen auftritt. Man kann diesem Problem viele Namen geben, es eher ontologisch oder erkenntniskritisch auffassen, in Begriffen des Realen und Irrealen, Wirklichen und Möglichen, Faktischen und Fiktiven formulieren – immer wieder wird man dabei auf die im Stillen waltenden Bestimmungen zurückgeworfen, die unser präreflexives Verständnis dieser Ausdrücke strukturieren.

Offenkundig verhält es sich mit der Beziehung zwischen dem Realen und dem Imaginären also nicht ganz so einfach, wie es die lexikographische Bestimmung vorderhand suggeriert. Was lässt sich über das Verhältnis zwischen dem Realen und dem Imaginären sagen, das über die schlichte Feststellung ihrer Opposition hinausgeht? Jean Starobinski spricht von dem »Reich des Imaginären« (*l'empire de l'imaginaire*); diese Metapher bietet einen guten Ausgangspunkt, um sich dieser Frage anzunähern. Ähnlich wie Georg Lukács' Rede von der »Topographie der transzendentalen Orte«[52] evoziert auch die Rede von einem »Reich des Imaginären« die Vorstellung eines kartographischen Raumes oder einer Landkarte. Und tatsächlich kann man sich das Imaginäre und das Reale als die beiden ontologischen ›Großmächte‹ vorstellen, die die Gestalt dieses Raumes bestimmen.

Nun sind das Reale und das Imaginäre zwar *verschieden*, aber keineswegs vollkommen voneinander *getrennt*. Bei vielen Dingen fällt es nicht schwer anzugeben, welchem dieser beiden Reiche sie angehören: Ein Einhorn ist ein imaginäres Wesen, die nervigen Nachbarn sind zweifellos real; Atlantis ist ein Ort der Phantasie, Bottrop gibt es wirklich. Wie verhält es sich jedoch mit einer Person wie Che Guevara oder einer Stadt wie Paris? Es gab eine empirische Person namens Che Guevara, und es gibt Che Guevara als Symbol und Ikone; es gibt das reale Paris, und es gibt das imaginäre Paris, das wir aus zahlreichen Romanen und Filmen kennen. Wer vermöchte zweifelsfrei zu sagen, aus welcher dieser beiden Ordnungen sich seine eigene Vorstellung stärker speist? Nun darf man allerdings nicht glauben, dass es tatsächlich zwei Paris gibt. Diese

Redeweise ist irreführend. Es gibt nur ein Paris, aber in der Vorstellung ist dieses eine Paris von imaginären Anteilen durchsetzt – wobei sich diese Anteile im Bewusstsein des einen eher wie lose verteilte Einsprengsel ausnehmen, in dem des anderen eher wie eine durchgängige Grundierung. Die Bewohnerinnen und Bewohner von Paris haben sicherlich eine andere Vorstellung von dieser Stadt als die Touristen, die sie Jahr für Jahr besuchen. Gleichwohl wird auch das Bild, das jene sich von Paris machen, nicht vollkommen frei sein von imaginären Elementen.

Ein reines Reales oder ein reines Imaginäres gibt es nur als begrifflichen Grenzfall; in der Regel liegen beide in kaum aufzulösenden Legierungen und Mischungsverhältnissen vor. In anderen Worten, die Grenzen zwischen dem Imaginären und dem Realen sind in weiten Teilen fließend und unklar. Es gibt umkämpfte Grenzregionen, Enklaven und Provinzen, auf die beide Reiche Anspruch erheben. Die bekannteste dieser Provinzen ist das Gedächtnis. Die Historikerin, der Richter, überhaupt jeder, der es mit widerstreitenden Zeugnissen der Vergangenheit zu tun bekommt, weiß, welche Mühen es kostet, dasjenige, was in der Vergangenheit wirklich geschehen ist, von dem zu unterscheiden, was jemand zwar als Vergangenes erinnert, was so jedoch niemals stattgefunden hat. Die Streuungslinien der Erinnerung folgen unmerklich den Wünschen der Gegenwart, die jene ins Imaginäre ablenken.

Den Verlauf der Grenze zwischen dem Realen und dem Imaginären zu bestimmen und zu bewachen, gehört seit jeher zu den Kernaufgaben kritischer Rationalität. Die wechselhafte Geschichte des Begriffs der Einbildungskraft[53] zeugt von den Anstrengungen der philosophischen Erkenntniskritik und Ontologie, die Grenzen dieser beiden Reiche abzustecken und den Verkehr zwischen ihnen in kontrollierte Bahnen zu lenken. Es verwundert wenig, dass sich die abendländische Vernunft dabei meist auf die Seite des Realen geschlagen hat. Das rationalistische Projekt einer vollständigen Einhegung des Imaginären – ein Projekt, das im Übrigen selbst den Charakter eines Phantasmas trägt – ist jedoch notwendig zum Scheitern verurteilt. Selbst der kritischste Geist kann unmöglich verhindern, dass imaginäre Elemente in sein Bewusstsein einsickern und auch solche Prozesse begleiten, von denen man gemeinhin annimmt, sie seien ausschließlich auf Reales bezogen.

Die metaphorische Rede vom ›Reich des Imaginären‹ weist indes nicht nur eine räumliche Konnotation auf, sondern auch eine politische. Ein Reich ist ein Territorium, es verfügt über eine bestimmte Ausdehnung und mehr oder weniger fest umrissene Grenzen; zugleich ist es aber auch ein Herrschaftsbereich, in dem bestimmte Regeln und Gesetze gelten, die sich von den Regeln und Gesetzen außerhalb unterscheiden. In dieser Hinsicht besteht zwischen dem Imaginären und dem Realen tatsächlich ein wesentlicher Unterschied. Die Gesetze, denen die Wirklichkeit unterliegt, besitzen im Reich des Imaginären nicht dieselbe Gültigkeit. Nichts hindert uns daran, in unserer Vorstellung Dinge zu tun, die wir in der Realität nicht tun würden. Das Imaginäre kann dergestalt zu einer Art praktischem Laboratorium werden. In ihm lassen sich Handlungen und Seinsweisen durchspielen, ohne dass diese dieselben Konsequenzen hätten wie in der Realität. Jean Starobinski erinnert zu Recht daran, dass eine der wichtigsten Wirkungen, die der erzählenden Kunst zugeschrieben wird, diejenige der Katharsis, im Imaginären gründet:

> Der Rückgriff auf das Imaginäre – d. h. auf das Bild oder auf die Erscheinung einer wirklichen oder wahrscheinlichen Handlung – ist die notwendige Bedingung für die *Katharsis*. Denn das Imaginäre bewahrt einerseits die Macht, die die Wirklichkeit besitzt, wenn diese unsere Leidenschaften anfacht, in den Tiefen unseres Körpers ein Echo hervorruft; da andererseits das dargestellte Ereignis nicht real ist, kann die Emotion, die von ihm erweckt wird, sich einfach entladen (ohne Folgen): von daher die Wirkung der Reinigung, der *Katharsis*.[54]

Ebendies scheint die Rachephantasie zu leisten. Die unterdrückte Aggression kann sich folgenlos entladen, so dass im besten Fall nicht mehr als das Gefühl einer befreienden Genugtuung zurückbleibt. Dass dem Ausmalen der Rache in Gedanken eine wichtige affekthygienische Funktion zukommt, ist indes nicht alles, was sich über dieses Phänomen sagen lässt.

3. Die Rachephantasie

Vengeful desire only very partially appears in violent acts.
Most of it remains at the level of desire and
is expressed in fantasies. However, vengeful fantasies,
it seems, are remarkably violent...
Nico Frijda[55]

Die Psychologie des Zorns

Man kann sich dem Konnex zwischen der Rache und dem Imaginären aus unterschiedlichen Richtungen annähern. Ein Weg, vielleicht der nächstliegende, besteht darin, sich zu fragen, was genau geschieht, wenn eine Person aufgrund einer ihr zugefügten Verletzung in Zorn gerät. Geht man von der Psychologie des Zorns aus, gerät ein Phänomen in den Blick, das in der wissenschaftlichen Behandlung der Rache vollkommen vernachlässigt wird, dem in meinen Augen jedoch eine wesentliche Bedeutung zukommt, wenn man verstehen will, welchen Ort die Rache in unserer Gegenwart einnimmt: *das Phänomen der Rachephantasie.*

Der Zorn gehört zu denjenigen Gefühlen, die mit einem starken Handlungsimpuls einhergehen.[56] Dieser Impuls drängt mit großer Kraft auf seine Verwirklichung. Ist es ihm (aus welchen Gründen auch immer) versagt, sich in der Realität auszuagieren, kann er gleichsam eine Abzweigung nehmen und sich im Imaginären realisieren. Das Imaginäre wird dergestalt zu einer Art Affektreservat, in dem sich potenziell destruktive Affekte verausgaben können, ohne dass dabei jemand in der Wirklichkeit zu Schaden kommt. Dem imaginierten Rachevollzug kommt damit offenkundig eine affekthygienische Funktion zu: Er führt zu einer Reinigung und Klärung im individuellen Gefühlshaushalt. Diese hygienische Funktion ist einer bestimmten Affektpolitik geschuldet, die uns dazu anhält, Zorn und andere Aggressionsaffekte zu unterdrücken und nicht unkontrolliert nach außen dringen zu lassen. Daneben weist dieses Phänomen jedoch auch eine ästhetische Dimension auf: *Rachephantasien sind nicht formlos.* Im Gegenteil, sie sind in einer Weise gestaltet, die sich an ähnlichen Mustern orientiert wie die fiktionalen Racheerzählungen, die wir im Kino oder in der Literatur vorfinden. Die Rachephantasie selbst ist imaginär, der Affekt, aus dem sie sich speist, ist jedoch real. Wir haben es hier also mit einer Bewegung zu tun, die von etwas Wirklichem (dem Schmerz über eine erlittene Kränkung) zu etwas Imaginärem führt (dem stellvertretenden Vollzug der Rache in Gedanken). Bemerkenswert ist vor allem die Leichtigkeit, mit der sich diese Bewegung vollzieht. Ein unmerkliches Gleiten nur, ein sanftes Kippen, mehr braucht es nicht, um die Grenze in das Reich des Imaginären zu überschreiten.

»Eine Lust, wie es bei Traumvorstellungen der Fall ist« (Aristoteles)

Anders, als man vermuten könnte, ist das Phänomen der Rachephantasie nicht neu. Einen Hinweis darauf finden wir bereits in der Antike, und zwar in der *Rhetorik* des Aristoteles, der ja in mancher Hinsicht als der erste Psychologe des Abendlandes gelten kann. In dem Katalog der Affekte, den Aristoteles im Zweiten Buch der *Rhetorik* erstellt, nimmt die Thematisierung des Zorns einen eminenten Platz ein. Aristoteles definiert den Zorn (*orge*) als ein »von Schmerz begleitetes Trachten nach offenkundiger Vergeltung (*timoria*) wegen offenkundig erfolgter Geringschätzung, die uns selbst oder einem der Unsrigen von Leuten, denen dies nicht zusteht, zugefügt wurde«.[57] Das Streben nach Rache bildet also das Herzstück der aristotelischen Zornkonzeption. Obwohl dieses Streben qua definitionem von »Schmerz« begleitet ist, räumt Aristoteles ein, dass mit dem Zorn auch – und, wie er hinzufügt, sogar »notwendigerweise« – eine »gewisse Lust« einhergeht.[58] Aristoteles zufolge speist sich diese Lust aus der Hoffnung auf den erfolgreichen Abschluss der Rache. Eher beiläufig nennt er jedoch noch einen weiteren Grund für diese dem Zorn eigentümliche Empfindung der Lust: »Es folgt ein gewisses Vergnügen [...] auch deshalb, weil man *in Gedanken* bei der Vergeltung verweilt. Die dabei entstehende Vorstellung erzeugt Lust, wie es *bei*

Traumvorstellungen der Fall ist.«[59] In Gedanken wird der Racheakt antizipiert und in lustbringender Weise ausgemalt. Der Ausdruck für Lust, den Aristoteles an dieser Stelle gebraucht, *hedone*, ist derselbe, den er auch in der *Poetik* verwendet, um das Vergnügen zu bezeichnen, das die Zuschauer empfinden, wenn sich eine wohl komponierte Tragödie vor ihren Augen auf der Bühne abspielt.[60] Den Gegenstand der Tragödie bestimmt Aristoteles bekanntlich als *mimesis praxeos*, Nachahmung von Handlung.[61] So wie auf der Bühne Handlungen zur Darstellung gebracht werden, ohne als solche wirklich zu sein, so tritt an die Stelle eines wirklichen Racheakts der bloß imaginierte Vollzug der Rache, eine bildhafte Rachephantasie. Wie die Theaterbühne oder Kinoleinwand wird das Bewusstsein zum Schauplatz einer imaginären Rachegeschichte, die sich nur vor dem inneren Auge abspielt. Was dabei vonstattengeht, haben wir weiter oben bereits beschrieben: ein »Abenteuer der Wunschwelt« (Starobinski)[62], ein »Akt der Beschwörung« (Sartre)[63], dazu bestimmt, Handlungen und Handlungsträger, Orte, Objekte, Situationen und Umstände in einer Weise erscheinen zu lassen, die allein von unserem Begehren regiert wird. Das lustvolle Ausmalen der Rache in Gedanken verschafft dergestalt eine Genugtuung, die im echten Leben zu erfahren dem imaginierenden Bewusstsein verwehrt bleibt.

Aristoteles vergleicht die Lust, wenn man in Gedanken bei der Rache verweilt, zwar mit der Lust »bei Traumvorstellungen«; gleichwohl scheint sich jene eher aus der *antizipatorischen* als aus der *phantasmatischen* Einbildungskraft zu speisen. Hierfür spricht zumindest eine Erklärung wie die folgende: »Freude bereitet ja der Glaube, das zu erlangen, wonach man strebt, niemand aber strebt nach dem, was ihm unerreichbar erscheint. Der Zürnende strebt nach für ihn Erreichbarem.«[64] An anderer Stelle heißt es noch deutlicher: »Keiner zürnt ja einem, an dem Rache zu nehmen unmöglich erscheint, und auch denen, die an Macht weit über uns stehen, zürnen wir gar nicht oder zumindest weniger.«[65] Die imaginierte Rache tritt bei Aristoteles, um mit Starobinski zu sprechen, also primär als eine »Funktion des Realen«[66] auf. Aristoteles zufolge sinnt nur derjenige auf Rache, der auch in der sozialen Position ist, diese tatsächlich umzusetzen. Wenn Aristoteles von Zorn und Rache spricht, hat er die freien Bürger der Polis im Blick. Die Rache erscheint dementsprechend als Sache des freien Mannes, der etwas auf sich und seine *time* hält und mithin erwartet, von den anderen auch entsprechend behandelt zu werden. Demographisch gesehen, machten diese jedoch nur einen kleinen Teil der athenischen Gesellschaft aus. Für die Möglichkeit, dass auch Frauen oder Sklaven einen Zorn hegen, der sich in Rachephantasien zum Ausdruck bringt, sieht die aristotelische Theorie scheinbar keinen Platz vor.

In dieser Hinsicht hat zwischen der Welt des Aristoteles und der Welt, in der wir heute leben, tatsächlich eine grundlegende Verschiebung stattgefunden. Die Rachephantasien, denen sich die Menschen in den modernen Gesellschaften hingeben, sind überwiegend phantasmatischer Natur. Anders formuliert: Wenn sich heute jemand in Gedanken ausmalt, wie er es jemandem heimzahlt, so ist in der Regel absolut klar, dass es sich dabei um eine reine Phantasie handelt. Geht es um Rache, so hat die phantasmatische Spielart der Einbildungskraft über die antizipatorische in der Moderne eindeutig die Oberhand gewonnen.

»Vengeful fantasies vastly outnumber actual vengeful acts« (Nico Frijda)

Der Emotionspsychologe Nico Frijda gehört zu den wenigen Wissenschaftlern, die sich ernsthaft mit dem Phänomen der Rachephantasie befasst haben. In einem 1994 veröffentlichten Aufsatz berichtet er von zwei empirischen Studien, die unter seiner Leitung dazu durchgeführt wurden. Die Ergebnisse dieser Studien fasst Frijda wie folgt zusammen:

> Desire for vengeance is not restricted to a few individuals, nor only to desires that lead to murder. In a questionnaire study on emotions that we recently ran, 46% of the respondents, 41 students between 18 and 25 years old, admitted to remembering at least one instance of a vengeful impulse. In another, small study, all of 22 participants recalled an instance of desire for revenge. Ten of those rated the intensities of

their emotion as strong or very strong (6 or 7 on the 7-point scale, even if short lasting). Vivid thoughts of revenge were felt, and some enacted, for erotic unfaithfulness, indiscretions, having been slighted, being cheated, having one's bicycle stolen, and the like. Thoughts consisted of vengeful fantasies of the offender's possible misfortunes, inflicted by the participant, by others, or by fate. Vengeful fantasies, of course, vastly outnumber actual vengeful acts; the latter are by no means absent, though, among civilized people in daily circumstances.[67]

Auch wenn die Gruppen der Befragten recht klein waren, sprechen die Ergebnisse doch eindeutig dafür, dass Rachephantasien in modernen Gesellschaften keineswegs eine Seltenheit oder pathologische Ausnahme darstellen. »There is sufficient indication«, so Frijda, »that vengeful dreams and fantasies abound in our cultural circles where revenge [...] is almost wholly condemned.«[68] Frijda berichtet zudem, dass die von den Befragten geschilderten Rachephantasien den Darstellungen exzessiver Rache, wie wir sie aus der Literatur und dem Kino kennen, in puncto Grausamkeit kaum nachstanden.[69] In der eingebildeten Rache kann sich der Zorn des verletzten Subjekts auf eine Weise verausgaben, die keine realen Konsequenzen nach sich führt. Die imaginierte Rache schiebt sich zwischen den erlittenen Schmerz und die reale Umsetzung des Racheimpulses. Sie erlaubt es, Affekte destruktiver Art in einen Bereich umzulenken, in dem sie keinen realen Schaden anrichten.

Problematisch und potenziell gefährlich wird diese Umlagerung nur dann, wenn der stellvertretende Vollzug der Rache in der Imagination nicht zu einer Verausgabung des Zorns führt, sondern, im Gegenteil, zu seiner Verstetigung, wenn die Rachephantasie mithin zu einer fixen Idee wird, die sich zwanghaft wiederholt und jeden anderen Gedanken in den Hintergrund drängt. Gerade der kompensatorische Charakter der imaginierten Rache wird unter diesen Umständen als defizitär empfunden. Anstatt zu einer Reinigung des Affekthaushalts zu führen, wird der Umstand, dass man die Rache nur in Gedanken vollzieht und nicht in der Wirklichkeit, als persönliche Schwäche ausgelegt, als Mangel an Entschlusskraft und allzu wohlfeiles psychologisches Ausweichmanöver. Lediglich aus Feigheit, so der an einen selbst gerichtete Vorwurf, weicht man vor einer Aufgabe zurück, der in der Wirklichkeit zu entsprechen man nicht den Mut aufbringt. Hat sich dieser Gedanke erst einmal festgesetzt, kann es dazu kommen, dass die Einbildungskraft vom phantasmatischen in den antizipatorischen Modus überwechselt: Was zunächst bloße Phantasie war, wandelt sich unter der Hand zu einer wirklichen Absicht und einem Plan, den man in Gedanken wieder und wieder durchspielt.[70] Diesen Fall ausgenommen, scheint das Ausmalen der Rache in Gedanken jedoch eine recht erfolgreiche Strategie der Affektregulation zu sein, zu deren Erklärung sich aus der Psychologie bekannte Termini wie ›Kompensation‹ und ›Sublimierung‹ anbieten.

Affektpoetik der Rache

Das Phänomen der Rachephantasie lässt darüber hinaus jedoch auch noch eine andere Deutung zu. Diese geht davon aus, dass die Rachephantasie nicht vollständig in psychologischen Erklärungsmustern aufgeht, sondern ebenso als ein ästhetischer oder quasi-ästhetischer Akt angesehen werden kann. Das verletzte Subjekt, das sich bildhaft vorstellt, welchen Schmerz es dem Urheber seiner Verletzung zufügt, gibt seinem Zorn nicht einfach nach, sondern unterwirft ihn einer bestimmten Form, die ähnliche Strukturen aufweist wie die fiktionalen Racheerzählungen aus dem kulturellen Imaginären. Die Bändigung potenziell destruktiver Affekte geht in der Rachephantasie mit einer ästhetischen Dimension einher. Von einer *Affektpoetik* der Rache sprechen heißt anerkennen, dass die der Rache zugrunde liegenden Affekte auch produktiv sein können, dass sie in der Lage sind, etwas zu schaffen und hervorzubringen. Diese Hervorbringungen beinhalten zwar auch Gewalt, aber imaginierte und eben dadurch geteilte Gewalt – Gewalt, die in das Bild gebannt ist.

In seinem »Entwurf einer Theorie der Emotion« spricht Sartre davon, dass im Zorn eine »Auflockerung der Grenzen zwischen dem Realen und dem Irrealen« erfolgt.[71] Diese Auflockerung ermöglicht es, dass sich die Rache in einem Modus des *Als ob …* vollzieht, der zugleich der Modus der Fiktion ist. Die fiktionale Erzählung stellt Handlungen und Ereignisfolgen so dar, *als ob* sie sich tatsächlich ereignet hätten.[72] Das zürnende Subjekt wiederum handelt in seiner Einbildung so, *als ob* es der Held oder die Heldin einer Geschichte wäre, die alle Merkmale fiktionaler Racheerzählungen aufweist: das Durchlaufen der zeitlichen Strecke zwischen erlittener Kränkung und finalem Racheakt; die Kompromisslosigkeit, mit der die Rache vorbereitet und ins Werk gesetzt wird; die Unnachgiebigkeit, mit der sie ihr Ziel trifft; die Grausamkeit in der Wahl der Mittel; das Ausblenden und die Geringschätzung möglicher Folgen. In seiner Einbildung wachsen dem gekränkten Subjekt Eigenschaften zu, die es über die Alltäglichkeit hinausheben und in die Ahnenreihe der großen imaginären Rächergestalten – von A wie Achilles über M wie Medea bis Z wie Zorro – einfügen. Dass die ästhetische Überhöhung der Rache in der Imagination nicht ohne eine Außerkraftsetzung moralischer Normen einhergeht, deren Geltung im Realen ansonsten unangetastet bleibt, versteht sich dabei von selbst. Zwischen der individuellen Einbildungskraft und den Hervorbringungen des kulturellen Imaginären besteht in Bezug auf die Rache eine enge Komplizenschaft.

Die affektinduzierte Auflockerung der Grenze zwischen dem Realen und dem Irrealen macht diese in beide Richtungen durchlässiger. Die dem Zorn eigentümliche Neigung, sich von realen Schauplätzen ins Imaginäre zu verlagern, findet eine Entsprechung in dem umgekehrten Phänomen, dass nämlich das Imaginäre auf untergründige Weise in die Wirklichkeit zurückdrängt. So hat etwa Karl Marx dem im Duell getöteten Ferdinand Lassalle seine Kondolenz erwiesen mit den Worten, dieser sei »jung gestorben, im Triumph, als Achilles«.[73] Durch den Bezug auf den Helden der *Ilias* wird der Tod Lassalles in ein glänzendes Licht gerückt. Auch hier stoßen wir auf eine Überblendung von Imagination und Wirklichkeit.

Marianne Bachmeier und Phoolan Devi

In modernen Gesellschaften vollzieht sich die Rache größtenteils inkognito und in Formen, die verglichen mit den Taten und Leiden der fiktionalen Rächerinnen und Rächer eher unspektakulär daherkommen. Fälle weithin sichtbarer, exzessiver Rache sind in diesen Gesellschaften recht selten; insbesondere, wenn derartige Racheakte von Personen ausgehen, die bis dahin weder durch eine kriminelle Vorgeschichte noch durch eine besondere Neigung zur Gewalt auf sich aufmerksam gemacht haben. Von Zeit zu Zeit geschieht es dann aber doch, dass eine Person, der etwas Schlimmes angetan, die Opfer eines Verbrechens wurde, sich nicht in die Rolle fügt, die ihr von rechtsstaatlicher Seite her zugedacht ist, und sich eigenmächtig daranmacht, den Richtungsvektor von Handeln und Erleiden zu ihren Gunsten umzudrehen. Bemerkenswert daran ist nun, dass, falls es unter diesen Umständen zu einem brutalen Racheakt kommt, es in der Regel nicht lange dauert, bis dieser zum Gegenstand einer Erzählung wird, die sich derselben Mittel und Kanäle bedient wie fiktionale Racheerzählungen. Anders gesagt: Kommt es in der Wirklichkeit zu einem echten, weithin sichtbaren Racheakt, so geht dieser meist innerhalb kürzester Zeit in das kulturelle Imaginäre ein. Zahlreiche Beispiele lassen sich hierfür anführen.[74] Zwei davon will ich kurz vorstellen.

Das erste Beispiel betrifft den Fall Marianne Bachmeier, mit dem wir uns ja bereits vertraut gemacht haben.[75] 1981 erschoss Bachmeier coram publico den mutmaßlichen Mörder ihrer siebenjährigen Tochter und wurde dafür zu sechs Jahren Haft verurteilt. Nur ein Jahr nach der Urteilsverkündung und noch während sie ihre Haftstrafe abbüßte, liefen in den deutschen Kinos gleich zwei Filme über Marianne Bachmeier an.[76] Das Plakat zu einem dieser Filme, der den reißerischen Untertitel *Keine Zeit für Tränen* trägt, ist ganz in der Ikonographie populärer *revenge movies* gehalten: Es zeigt eine junge Frau in weitem Trenchcoat, die mit entschlossenem Blick frontal eine Schusswaffe auf den Betrachter richtet.

Das zweite Beispiel handelt von Phoolan Devi, die 1963 in einem kleinen indischen Dorf geboren wurde.[77] Devi stammte aus ärmlichen Verhältnissen, ihre Familie gehörte einer unteren Kaste an. Als elfjähriges Mädchen wurde sie mit einem wesentlich älteren Mann verheiratet, der sie schwer misshandelte und schließlich verstieß. Forthin als rechtlos angesehen, wurde sie nach der Rückkehr in ihr Dorf mehrfach vergewaltigt und dann unter falscher Anklage verhaftet. Auf der Polizeistation wurde sie erneut vergewaltigt und brutal misshandelt, ehe man sie auf Kaution freiließ. Zuflucht fand Devi bei einer Räuberbande. Zu diesem Zeitpunkt war sie 18 Jahre alt. Mithilfe der Bande überfiel Devi ihr früheres Dorf, um sich an ihren Peinigern von einst zu rächen. Angeblich soll sie ihren früheren Ehemann eigenhändig verprügelt und anschließend auf einen Esel gebunden zur Abschreckung durchs Dorf getrieben haben. Kurze Zeit später gründete Devi ihre eigene Räuberbande. Das erbeutete Geld verteilte sie größtenteils an Arme und Mitglieder unterer Kasten. Vom einfachen Volk wurde Devi, die in sich selbst eine Inkarnation der Göttin Durga erkannte, schon bald als Emanzipationsheldin gefeiert. Von den indischen Ordnungskräften über Jahre hinweg gejagt, ergab sie sich 1983 schließlich in einer öffentlichen Zeremonie, vor den Augen ihrer Anhängerschaft, einer Masse von mehr als 10 000 Menschen. Elf Jahre lang saß Phoolan Devi in Haft. Nach ihrer Begnadigung zog sie ins indische Parlament ein, wo sie zahllosen Entrechteten ihres Landes als positive Bezugsfigur diente. 2001 schließlich wurde sie in Neu-Delhi auf offener Straße erschossen. Der Angeklagte, ein Mann namens Sher Singh Rana, gab an, Devi getötet zu haben, um den Mord an 22 Männern aus der Thakur-Kaste im Jahr 1981 zu rächen. Wie bei Marianne Bachmeier, so erscheint auch bei Phoolan Devi noch vor ihrem Tod ein Film, der ihre Geschichte unter dem Titel *Bandit Queen*[78] einem größeren Publikum nahebringt. Einem Großteil der indischen Bevölkerung dürfte sie zu diesem Zeitpunkt ohnehin schon bekannt gewesen sein: »Schon zu ihren Lebzeiten griff die Folklore die Geschichte der charismatischen Gestalt auf und machte aus Phoolan Devi die Heldin eines Volksepos, das noch heute von indischen Rhapsoden in den Dörfern gesungen wird.«[79] Die Geschichten von Marianne Bachmeier und Phoolan Devi sind zweifellos exzeptionell. Die beiden Beispiele zeigen jedoch, dass auch dort, wo sich die Rache im Realen Bahn bricht, ihr Weg früher oder später das Imaginäre durchquert.

4. The Imaginary Strikes Back

Die Kunst ist fast immer harmlos und wohltätig,
sie will nichts anderes sein als Illusion.
Außer bei wenigen Übergriffen ins Reich der Realität.
Sigmund Freud[80]

Osaka in Japan, April 2016. Ein Sonntagnachmittag unter blauem Himmel. Ein kleines Mädchen nimmt sich einen Stuhl und schiebt ihn ans Fenster. Durch das Fenster klettert sie auf den Balkon. Es ist nicht leicht, auf die Brüstung zu kommen, aber sie schafft es. Die Wohnung liegt im 43. Stock. Ihr Blick geht über die Stadt, sie breitet die Arme aus. Dann fällt sie. Ein Passant, der den Sturz zufällig beobachtet, benachrichtigt die Polizei. Die Behörden bestätigen, dass es sich um einen tragischen Unfall handelt. Zuvor hatte das sechsjährige Mädchen einen Zeichentrickfilm gesehen. In dem Film waren Kinder, die fliegen können.

Der Fall schafft es in die Medien, auch über Japan hinaus.[81] In den Onlinekommentaren finden sich die üblichen Reaktionen: Man gibt den Eltern die Schuld, den mangelhaften Sicherheitsvorkehrungen oder, wie so oft, dem Fernsehen. Man verweist darauf, dass Kinder noch nicht in der Lage seien, zwischen Wirklichkeit und Fiktion klar zu unterscheiden. Man erinnert daran, wie wichtig es sei, ihren Medienkonsum zu kontrollieren. Am Kern dessen, was mit diesem Vorfall infrage steht, zielen diese Reaktionen jedoch vorbei. Er fordert dazu heraus, grundsätzlich zu überdenken, wie es um das Kräfteverhältnis zwischen dem Realen und dem Imaginären bestellt ist. Das Imaginäre, so scheint es, ist wesentlich machtvoller, als es ihm die Vulgärontologie zugesteht. Es kann ein kraftvolles Mittel der Selbstermächtigung sein, besitzt zugleich jedoch auch eine Eigendynamik, die nur schwer zu kontrollieren ist. Oft hilft das Imaginäre dabei, mit den Zumutungen der Realität zurechtzukommen. Und manchmal schlägt es in die Wirklichkeit zurück.

Der vorliegende Abschnitt versammelt eine Reihe von zusammengetragenen Phänomenen, anhand derer sich im Konkreten beobachten lässt, wie die Grenze zwischen dem Realen und dem Imaginären mitunter auf beunruhigende Weise zu flirren beginnt und sich verflüssigt, Phänomene, die zeigen, wie das Imaginäre in die Wirklichkeit einsickert und wie sich die Wirklichkeit umgekehrt im Raum des Imaginären niederschlägt. Alle diese Phänomene sind auf die eine oder andere Weise auf die Rache bezogen. Zusammen bilden sie eine Art Panorama, eine Serie von Vignetten, die von den eigenartigen Wegen handeln, auf denen sich die Rache aus der realen Welt ins Imaginäre flüchtet und aus dem Imaginären wieder in die Wirklichkeit zurückdrängt.

Imaginäre Fluchten: Zur Entstehung Supermans

In einem Text über das Verhältnis zwischen Psychoanalyse und Literaturwissenschaft beschäftigt sich Jean Starobinski eingehend mit der psychoanalytischen Theorie der Kunst, so wie sie von Freud entwickelt wurde.[82] In seinem Bemühen, die Psychoanalyse als strenge Wissenschaft zu etablieren, wertete Freud die Kunst deutlich ab. Starobinski zufolge war sich Freud bewusst, dass das Gedankengebäude der Psychoanalyse Gefahr lief, selbst lediglich als ›schöne Literatur‹ behandelt zu werden. Daher sah er sich dazu gezwungen, den Abstand zwischen seiner eigenen Theorie und der Literatur zu betonen, und nichts schien diesen Zweck besser zu erfüllen als ein »Ton der Herablassung gegenüber dem Dichter«.[83] Vereinfacht gesagt, besteht das Wesen der Kunst für Freud lediglich in einer kompensatorischen Befriedigung. Freud zufolge ist die Macht der Kunst nur die einer Illusion.[84] Ein reales Objekt, das für den Künstler unerreichbar bleibt, wird in der Kunst durch einen illusionären Gegenstand ersetzt. Starobinski spricht in diesem Zusammenhang von dem

> *Ersatzcharakter des ästhetischen Vergnügens*: Der Künstler flüchtet sich in das Reich der Wunschbildungen seines Phantasielebens, was ihm erspart, aktiv werden zu müssen, da er unfähig ist, der Realität unmittelbar gegenüberzutreten und hier den Lustgewinn zu erwerben, den er begehrt. [...] In vereinfachter Form erklärt Freud hier, was

> andere nuancierter ausdrücken: Das Kunstwerk hat oft vermittelnde Funktion zwischen Künstler und Zeitgenossen, es ist oft ein indirekter Bezug zum anderen, es findet seinen Ursprung oft im Scheitern, bildet sich abseits der Welt im Raum der Einbildungskraft. Vielleicht ist die Kunst – jedenfalls ab der Romantik – der Versuch, eine unglückliche Beziehung zu den Dingen und Menschen wieder in eine gute zu verwandeln, *eine verspätete Revanche.*[85]

Eine der Formen, die diese verspätete Revanche annehmen kann, besteht darin, dass das künstlerische Subjekt Figuren erfindet und sich Helden schafft, die so sind, wie es selbst nie war und niemals sein wird. *Superman*, der bekannteste Superheld, den die Comicliteratur des 20. Jahrhunderts hervorgebracht hat, war die Erfindung von zwei amerikanischen Teenagern, Jerry Siegel und Joe Shuster.[86] Anfang der 1930er Jahre entwickelten sie gemeinsam die Idee und das Konzept für diese Figur. In ihrer Jugend waren Siegel und Shuster das, was man heute als typische Nerds bezeichnen würde: zwei Jungs mit großen Brillen, beide Kinder jüdischer Einwanderer, die auf dem Pausenhof ständig von den anderen Jungs verprügelt wurden.[87] Man darf davon ausgehen, dass Jerry und Joe es in ihrer Schulzeit nicht besonders leicht hatten. Anstatt die ihnen zugefügten Demütigungen dadurch auszugleichen, dass sie selber zu Rabauken werden, verlegten sie sich auf das Erfinden von Geschichten und imaginären Welten. Aus dieser Tätigkeit heraus entstand Superman, ein Held, der in seinem ungebrochenen Gutsein und seiner maßlosen Überlegenheit inmitten all der anderen Superhelden und Superheldinnen mit ihren gebrochenen Biographien und zerrissenen Seelen fast schon als Anachronismus anmutet. Dabei haben Siegel und Shuster es gleichwohl nicht versäumt, Züge der Ähnlichkeit in die von ihnen erfundene Figur einzuschreiben: Superman stammt von dem fernen Planeten Krypton, er ist ein Außerirdischer, ein Alien, den es durch eine Reihe unglücklicher Geschehnisse in eine Welt verschlagen hat, die ihm wesensmäßig fremd bleibt und unzählige Anpassungsleistungen bis hin zur Selbstverleugnung aufbürdet – sein biographischer Hintergrund ist mit dem Schicksal, das viele Immigrantinnen und Immigranten in den Vereinigten Staaten von Amerika ereilte, also durchaus vergleichbar. Vielleicht ist es kein Zufall, dass die ersten Comic-Zeichner in den USA fast alle jüdischer Herkunft waren; nicht nur Superman, sondern auch Batman, Spider-Man und viele andere Helden dieser Zeit stammen aus der Feder jüdischer Zeichner.[88] In einem übertragenen Sinne kann also durchaus davon die Rede sein, dass die Erfindung von Superman die ›Rache‹ war für die schlimmen Erfahrungen, die Siegel und Shuster in ihrer Jugend gemacht hatten. Der *Man of Steel* war ihr Versuch, eine unglückliche Beziehung zu den Dingen und Menschen wieder in eine gute zu verwandeln, ihre verspätete Revanche. Von dieser Art der Abrechnung profitieren Kinder und Jugendliche auf der ganzen Welt noch heute.

Das Phänomen der Real Life Superheroes

Die Superhelden-Comics wurden schnell ein Massenphänomen. In den frühen 1940er Jahren lasen nicht weniger als 90 Prozent aller amerikanischen Jugendlichen Comics.[89] Was auf dem amerikanischen Kontinent begann, hat sich seitdem zu einem weltweiten Phänomen ausgebreitet. Für die globalisierte Popkultur sind Superhelden das, was Achilles, Elektra und Odysseus für die Antike waren: mythologische Gestalten, deren Abenteuer und Geschichten in unzähligen Variationen wieder und wieder erzählt werden. Eine Mythologie für das moderne Zeitalter, die Generationen von Kindern geprägt hat.[90] Von ihrem Ursprungsmedium haben sich Superman & Co. mittlerweile gelöst. Sie bevölkern nicht nur die Seiten von Comic-Heften, sondern sind auch ein integraler Bestandteil des zeitgenössischen Blockbuster-Kinos und anderer populärer Unterhaltungsformate. Ihre Erfolgsgeschichte bildet ein Kapitel der modernen Unterhaltungsindustrie, das mittlerweile recht bekannt ist und auch von den Feuilletons regelmäßig gewürdigt wird.

Weniger bekannt indes ist der Umstand, dass die Superheldinnen und Superhelden nicht nur die Grenzen zwischen den verschiedenen Medien passiert haben, sondern inzwischen immer häufiger auch in der echten Welt anzutreffen sind. In immer mehr Städten tauchen Menschen in Kostümen auf, die sich dem Kampf für das Gute verschrieben haben. In Form einer eigentümlichen Subkultur kehrt das Imaginäre hier buchstäblich in die Wirklichkeit zurück. Man bezeichnet dieses Phänomen als das der *Real Life Superheroes*.[91] Ein Real Life Superhero ist jemand, der sich irgendwann dazu entschließt, im realen Leben ein, nun ja, Superheld zu sein. Da gibt es zum Beispiel *Knight Owl* aus der Gegend von Portland, Oregon, die rotmaskierte *Nyx* aus New York City, *Mr. Extreme* in San Diego und die auf paranormale Phänomene spezialisierte *Ragensi* in Los Angeles.[92] In Irland ist *Captain Ozone* unterwegs, *Superbarrio* in Mexiko-Stadt und *Laserskater* in Helsinki.[93] Es ist nicht ganz einfach, jemanden, der so etwas macht, nicht für einen Spinner zu halten. Gleichwohl bilden diese ›Spinner‹ mittlerweile ein weltweites Netzwerk mit Hunderten von Mitgliedern.[94]

Die Einsatzgebiete und das Maß des existenziellen Engagements fallen dabei sehr unterschiedlich aus. Für einige ist das Dasein als Real Life Superhero in erster Linie ein Hobby, dem sie feierabends und am Wochenende nachgehen. Der Kampf für das Gute nimmt hier überwiegend die Form caritativer Gemeindearbeit an: Man verteilt Essen an Bedürftige und Kleidung an Obdachlose, schenkt ihnen ein Ohr, hilft alten Menschen über die Straße. Andere hingegen verstehen ihre Mission durchaus als Auftrag zur direkten Bekämpfung des Verbrechens. Mit Megaphonen bewaffnet vertreiben sie Drogendealer aus öffentlichen Parks, patrouillieren nachts in dunklen Gassen, üben sich in Kampfsport. Die staatlichen Gesetzeshüter sind davon in der Regel wenig begeistert. Hin und wieder kommt es vor, dass ein Real Life Superhero zu weit geht und selbst mit dem Gesetz in Konflikt gerät.[95]

Es gibt Real Life Superheroes, die ihre Sache so ernst nehmen, dass sie ihre gesamte Existenz bestimmt. Weit davon entfernt, bloß ein origineller Zeitvertreib zu sein, absorbiert die von ihnen geschaffene Kunstfigur ihr gesamtes Dasein. Einer von ihnen ist *Master Legend* aus Orlando, Florida. In einer Dokumentation erzählt Master Legend, wie er zu dem wurde, der er heute ist.[96] Wie Jerry Siegel und Joe Shuster, die Erfinder von Superman, wurde auch Master Legend (dessen ziviler Name bezeichnenderweise nicht zu ermitteln ist) in der Schule immer wieder von älteren Jugendlichen verprügelt und malträtiert. Eines Tages, so berichtet Master Legend, habe er dann den Entschluss gefasst, sich das nicht länger bieten zu lassen. Unter dem Schutz einer Maske zahlte er es den Rüpeln heim. Dies, so Master Legend, sei der entscheidende Wendepunkt in seinem Leben gewesen. Am Ursprung seiner Transformation in einen Superhelden stand also eine Serie von realen Verletzungen und der daraus erwachsene Wunsch nach Vergeltung. Folgt man den Schilderungen des charismatischen Helden aus Florida, so bildete die Umkehr des Richtungsvektors von Handeln und Erleiden den Auftakt zu einer Veränderung, die er selbst als gelungene Form der Selbstermächtigung begreift, als einen Weg, sich aus dem Opferdasein zu befreien und zugleich ein besserer Mensch zu werden. »There is a good world out there«, so Master Legend, »and it's waiting to be restored. That's what I'm all about.«[97]

2016 wurde Master Legend fünfzig Jahre alt. Auf den Straßen ist er nicht mehr so viel unterwegs wie früher. Dafür hat er mittlerweile eine eigene Radiosendung (»*DONT* [*sic*] *BE A VICTIM!!! Listen to Master Legend!*«), zu hören im Internet unter *www.themasterlegendshow.com.*[98] Am Charakter seiner Mission hat sich gleichwohl nichts geändert. Unter der Rubrik »persönliche Interessen« gibt Master Legend auf seiner Facebook-Seite an, »crime fighting, super heroes, metaphysics, helping those in need, exposing and destroying evil«.[99]

Wenn eine Rachephantasie auf halbem Wege in die Irrealisierung steckenbleibt: Martin Walsers Tod eines Kritikers *und Thomas Steinfelds* Der Sturm

Für gewöhnlich tragen Rachephantasien den Charakter des Geheimen. Schließlich erscheint die imaginierte Rache nur demjenigen, der sie sich ausmalt. Geteilt werden derartige Phantasien allenfalls im Kreis der engsten Vertrauten, unter dem Mantel der Diskretion und Verschwiegenheit. Manchmal indes geschieht es, dass jemand sich dazu entschließt, diesen Mantel abzulegen oder zumindest ein wenig zu lüften, um die von ihm gehegten Rachephantasien mehr oder weniger unverhohlen in die Öffentlichkeit zu tragen. Für literarisch Versierte bietet sich dafür die Form des Schlüsselromans an. Das Spiel mit dieser Gattung ist jedoch nicht ohne Risiko. Wer sich dabei verkalkuliert, läuft leicht Gefahr, dass der Rachewunsch gleichsam auf halbem Wege in die Irrealisierung steckenbleibt und seinem Urheber zurück auf die Füße fällt. Der deutsche Literaturbetrieb hat zwei Fälle hervorgebracht, in denen genau dies auf ziemlich spektakuläre Weise geschehen ist. Die Rede ist zum einen von Martin Walsers Roman *Tod eines Kritikers* und zum anderen von Thomas Steinfelds Krimi *Der Sturm*.[100]

Als 2002 Martin Walsers *Tod eines Kritikers* veröffentlicht wurde, gehörte er längst zu den Größen der literarischen Bundesrepublik. Was Walser für die Literatur war, war Marcel Reich-Ranicki für die Literaturkritik. Er gab den Ton an. Walser und Reich-Ranicki verband eine innige Feindschaft, die von wechselseitigen Animositäten und kaum verhohlener Abneigung geprägt war. Zu den Austragungsorten ihrer Fehde zählte unter anderem das *Literarische Quartett*, eine Literatursendung im Zweiten Deutschen Fernsehen, die Reich-Ranicki von 1988 bis 2001 leitete. Über Walsers literarisches Werk hatte sich Reich-Ranicki in seiner Sendung überwiegend abschätzig geäußert. Der berühmte Schriftsteller fühlte sich von dem berühmten Kritiker gegängelt. »In unserem Verhältnis«, gab Walser 1998 zu Protokoll, »ist er der Täter, und ich bin das Opfer.«[101] Was macht nun das ›Opfer‹ Martin Walser? Er schreibt einen Roman, in dem er einen Starkritiker auftreten lässt, der zwar nicht Reich-Ranickis Namen, aber ganz unverkennbar seine Züge trägt. Und diesen Kritiker lässt er von einem deutschen Schriftsteller töten. Dass sich am Ende des Romans herausstellt, dass der Kritiker gar nicht wirklich tot ist, sondern seinen Tod nur inszeniert hat, um sich mit einer Geliebten zu amüsieren, macht die Sache nicht unbedingt besser. Die Veröffentlichung von *Tod eines Kritikers* wird ein handfester Skandal. Die *Frankfurter Allgemeine Zeitung* lehnt es ab, einen Vorabdruck des Romans zu bringen. Frank Schirrmacher, der damalige Herausgeber, rechtfertigt diese Entscheidung in einem offenen Brief an Walser, der am 29. Mai 2002 in der *FAZ* abgedruckt wird.[102] Schirrmacher findet darin deutliche Worte: »Ihr Roman ist eine Exekution. Eine Abrechnung – lassen wir das Versteckspiel mit den fiktiven Namen gleich von Anfang an beiseite! – mit Marcel Reich-Ranicki.« Das Buch sei ein »Dokument des Hasses«, heißt es weiter, nichts anderes als eine »Mordphantasie«, die von antisemitischen Ressentiments durchtränkt sei. Schirrmacher wirft Walser vor, sich mit dem Roman »eine Art mechanisches Theater« gebaut zu haben, »in dem es möglich ist, den Mord auszukosten, ohne ihn selbst zu begehen«. Der Großteil des deutschsprachigen Feuilletons, darunter auch viele langjährige Weggefährten Walsers, schließt sich dieser Lesart an.

Kurioserweise sollte Frank Schirrmacher, mit dessen offenem Brief die Debatte um Walsers *Tod eines Kritikers* ihren Anfang nahm, exakt zehn Jahre später selbst zum Gegenstand eines ins Medium der Literatur verlagerten Rachemords werden. Zunächst beginnt alles ganz harmlos: 2012 kündigt der S. Fischer Verlag einen neuen Krimi an. Der Titel: *Der Sturm*, der vermeintliche Autor: ein Schwede namens Per Johansson. Richard Kämmerlings, Literaturkritiker der *Welt*, ist der erste, dem auffällt, dass die Person, die in dem Krimi zu Beginn in einer Scheune tot aufgefunden wird (beziehungsweise dasjenige, was von dieser Person noch übrig ist, nachdem sie mit einer Schaufel erschlagen und von Dachsen angefressen wurde), eine erstaunliche Ähnlichkeit mit Frank Schirrmacher aufweist.[103] Überhaupt ist der Kriminalroman, wie Kämmerlings überzeugend herausarbeitet, auf eine geradezu obsessive Weise auf die Person Schirrmachers bezogen (der im Roman freilich unter einem anderen Namen firmiert). Das scheint dann doch arg merkwürdig. Wie kommt ein schwedischer Krimiautor dazu, sich so intensiv mit dem Herausgeber einer deutschen Tageszeitung zu befassen?

Kämmerlings begibt sich auf eine detektivische Spurensuche. Anders als vom Verlag behauptet, ist *Der Sturm* niemals in Schweden erschienen. Wie sich herausstellt, gibt es keinen schwedischen Autor namens Per Johansson. Und auch die angebliche Übersetzerin namens Alexandra Grafenstein ist frei erfunden. Tatsächlich handelt es sich bei Per Johansson, wie der Verlag auch relativ rasch eingesteht, um ein Pseudonym, hinter dem sich ein Autorenduo verbirgt. Einer der beiden Verfasser ist der Kulturjournalist Thomas Steinfeld.

Steinfeld und Schirrmacher sind Rivalen und alte Bekannte. Jener hatte lange bei der *Frankfurter Allgemeinen Zeitung* gearbeitet, mit Schirrmacher als Chef, ehe er das Haus 2001 im Streit verließ, um als leitender Redakteur in das Feuilleton der *Süddeutschen Zeitung* zu wechseln. Die Ergebnisse seiner Detektivarbeit veröffentlicht Kämmerlings in einem Artikel, der den Titel »Vergeltung – Der grausige Tod eines Großjournalisten« trägt. »Alles deutet darauf hin«, heißt es darin,

> dass der Feuilleton-Chef einer großen überregionalen Tageszeitung sich eine komplette Deckidentität inklusive getürkten Autorenfotos erfindet, um seinen Ex-Chef und Blattmacher-Rivalen unter dem Mantel der Fiktion eines grausigen Todes sterben zu lassen und dessen publizistisches Schaffen durch den Dreck zu ziehen.[104]

Und weiter: »Härter als in diesem Schlüsselroman hat öffentlich noch niemand Schirrmacher angegriffen, jedenfalls niemand auf Augenhöhe: Ein Denkmalsturz im Schafspelz des harmlosen Krimis. Ein Unterhaltungsroman als Racheakt.« Das Inkognito, das sich Steinfeld für seine Rache gewählt hat, ist nicht von langer Dauer. Wieder hat das deutsche Feuilleton einen Skandal, noch dazu einen, der eine direkte Verbindung zu Martin Walsers *Tod eines Kritikers* aufweist. In der öffentlichen Kontroverse um Walsers Buch hatte sich Steinfeld seinerzeit gegen Schirrmacher positioniert. Steinfeld warf Schirrmacher vor, mit seinem offenen Brief an Walser den »publizistischen Erstschlag« erfunden zu haben. Zehn Jahre später stellt Kämmerlings fest: »Jetzt wird eine Schirrmacher in vielen Details ähnelnde Figur selbst in einem Roman umgebracht, und man muss sagen: Da hat jemand den publizistischen Racheakt erfunden.«[105] Schwerer noch als der eigentliche Mord wiegt die Tatsache, dass Schirrmachers imaginäres Pendant in Steinfelds *Sturm* in einer Weise dargestellt wird, die seiner charakterlichen Integrität ein denkbar schlechtes Zeugnis ausstellt. Ebenso wie Martin Walser zehn Jahre zuvor, so stritt auch Steinfeld vehement ab, dass es ihm mit diesem Buch darum gegangen sei, alte Rechnungen zu begleichen. *Der Sturm* selbst spricht jedoch eine andere Sprache: »Genau das ist der Kern dieses Romans. Hier glaubt jemand, seine Ehre zu verteidigen, mit einem doppelten Mord: einem fiktiven Schaufelhieb und einem realen Rufmord.«[106]

Einbruch der Dunkelheit: 9/11 und der Amoklauf von Aurora

Die Phänomene, mit denen wir uns bisher beschäftigt haben, haben vor allem die produktive Seite des Imaginären hervortreten lassen. Das Imaginäre hat jedoch auch eine Nachtseite, eine wahnhafte und destruktive, deren dunkler Schatten sich manchmal wie ein Alptraum über die Wirklichkeit legt. Sie kann einen Horror erzeugen, der ganz real ist, die meisten Menschen jedoch wiederum in Form von medial vermittelten Bildern erreicht. Zu den vielen Dingen, die über die Terroranschläge vom 11. September 2001 gesagt und geschrieben wurden, zählt die Feststellung, dass 9/11 nicht nur in politischer Hinsicht eine Zäsur und Zeitenwende markiert, sondern auch und vor allem in medialer.[107] Die Bilder der einstürzenden Türme des *World Trade Centers* erreichten viele Menschen rund um den Globus in Echtzeit. »Von all diesen Vorgängen«, schrieb Jean Baudrillard bereits kurze Zeit nach den Anschlägen, »behalten wir vor allem das Erlebnis der Bilder, sie sind jetzt, ob wir es wollen oder nicht, unsere Urszene.«[108] Die Fassungslosigkeit und das ungläubige Staunen in den Gesichtern der Menschen, die in den Straßen stehenblieben, um durch ein Schaufenster hindurch auf die Scheibe eines Fernsehers zu starren, in dem live aus den USA berichtet wurde, rührten nicht zuletzt daher, dass die Bilder, die sie sahen, ihnen wie die unheilvolle Wiederholung von etwas vorkommen mussten, das sie bereits unzählige Male im Fernsehen und Kino gesehen hatten; nur eben mit dem Unterschied, dass die Bilder diesmal keine Fiktion waren, kein Action- oder Katastrophenfilm, sondern Ausdruck von etwas, das *wirklich* passierte. Gerade von dem, was real war, ging mit einem Mal ein merkwürdiger Irrealitätseffekt aus. »Als die Ereignisse von New York die Weltlage radikalisierten, haben sie zugleich die Beziehung zwischen Bild und Wirklichkeit radikalisiert.«[109] Die Gleichzeitigkeit von Bild und Ereignis, der Umstand, dass dasjenige, was die Menschen sahen, den Index des Realen trug, kam wie eine »Schreckensprämie« zu den

Nachrichtenbildern hinzu: »Nicht die Gewalt des Realen war zuerst da, gefolgt vom Gruseleffekt des Bildes, sondern das Bild war zuerst da, gefolgt vom Gruseleffekt des Realen. Gleichsam eine zusätzliche Fiktion, eine Fiktion, welche die Fiktion übertrifft.«[110] Fast hätte man meinen können, das Reale und das Imaginäre seien an diesem Tag in einen Wettstreit eingetreten, in dem sie sich im Hinblick auf das Unvorstellbare gegenseitig zu übertrumpfen suchten.[111] Die Kulturkritik hat im Zusammenhang mit 9/11 von einer Rückkehr des Realen gesprochen. Baudrillard hält diese Vorstellung für trügerisch. »Wenn dies der Fall zu sein scheint«, so Baudrillard, »dann nur deshalb, weil die Realität die Energie der Fiktion absorbiert hat und selbst zur Fiktion geworden ist. Man könnte beinahe sagen, dass die Realität auf die Fiktion, dass das Reale auf das Bild eifersüchtig ist ...«[112]

Der merkwürdige Schwindel, der einen bei diesem Gedanken ergreift, die zunehmende Schwierigkeit, das Verhältnis zwischen Bild und Wirklichkeit klar zu fassen, die schiefe Ebene, auf die Begriffe wie Wahrheit und Fiktion geraten sind, und nicht zuletzt die unheilvolle Allianz zwischen dem massenmedialen Imaginären und der Realpräsenz des Terrors – all das sind Kennzeichen, die sich mit der historischen Signatur des nun nicht mehr ganz so jungen 21. Jahrhunderts mittlerweile fest verbunden haben. Immer häufiger, so scheint es, kommt es zu Vorfällen, bei denen sich das Reale und das Imaginäre auf verstörende Weise übereinanderlegen und die Grenze zwischen beiden unter dem Eindruck der Gewalt kollabiert. Von einem dieser Vorfälle soll im Folgenden die Rede sein.[113] Er verbindet sich mit dem Namen der Stadt Aurora im US-Bundesstaat Colorado.

20. Juli 2012, kurz vor Mitternacht. Das *Century Movie Theatre*, eines jener typischen Multiplex-Kinos, wie sie in fast allen amerikanischen Einkaufszentren zu finden sind, ist brechend voll. Hunderte Fans sind gekommen, um die Premiere des neuen Batman-Films zu sehen. *The Dark Knight Rises* bildet den lang erwarteten Abschluss der Batman-Trilogie von Christopher Nolan. Die Säle, in denen der Film gezeigt wird, sind alle bis auf den letzten Platz ausverkauft. James Holmes, ein junger Mann von 24 Jahren, der an der *University of Colorado* als Doktorand der Neurowissenschaften eingeschrieben ist, hat sich ein Ticket für Saal neun gekauft. Um 24:00

Uhr beginnt die Vorführung. Während der Film läuft, verlässt Holmes den Saal. Vor dem Kino legt er eine Gasmaske an, eine kugelsichere Weste und weitere Schutzausrüstung. »Seine pechschwarze Verkleidung, die kugelsichere Weste, der martialische Kampfhelm, selbst die dunkle Gasmaske passen an diesem Abend irgendwie ins Bild: Hunderte der Kinobesucher [...] hatten sich für dieses Kult-Event verkleidet.«[114] Als Holmes um 00:37 Uhr durch einen Notausgang in den Kinosaal zurückkehrt, trägt er ein halbautomatisches Sturmgewehr bei sich, eine Pistole und eine Schrotflinte. Er schleudert etwas zu Boden, das Augenzeugen später »als eine Art Kanister« beschreiben werden.[115] Ein Zischen ist zu hören, Gas tritt aus. Dann eröffnet Holmes das Feuer. Im selben Moment fallen Schüsse auf der Leinwand. Viele Zuschauer glauben zunächst, dass es sich um einen Spezialeffekt aus dem Film handelt. »Wir haben erst mal ein paar Sekunden lang weitergeschaut«, erinnert sich später eine Frau.[116] Rauchschwaden im Film. Rauchschwaden im Saal. Schreie sind zu hören. Menschen werfen sich in Angst auf den Boden. Mit dem beißenden Rauch breitet sich Panik aus. Der Film läuft weiter. Holmes, so erinnert sich ein anderer Zeuge, sei »langsam die Treppe heraufgekommen [...], völlig ruhig hat er sich die Leute ausgesucht, auf die er zielte«. Zwölf Menschen werden von Holmes in dieser Nacht getötet, siebzig weitere zum Teil schwer verletzt. Um 00:40 Uhr trifft die erste Polizeistreife vor dem Kino ein. Die Menschen, die den Polizisten in Panik aus dem Gebäude entgegengelaufen kommen, berichten von einem schwarz gekleideten, maskierten Mann, der im Kino um sich schieße. Die Beamten umstellen das Gebäude. Wenige Minuten später nehmen sie Holmes auf einem Parkplatz fest. Seine Haare sind grell gefärbt. Den Beamten gegenüber gibt er an, er sei der Joker, einer der Bösewichte aus dem Batman-Universum. Um 2:00 Uhr morgens stürmen Sicherheitskräfte das acht Kilometer entfernte Appartement von Holmes. Bei seiner Verhaftung hatte er angegeben, dass in seiner Wohnung Sprengstoff sei. Die Konstruktion der Sprengfallen, die die Bombenexperten vor Ort finden, ist so ausgeklügelt, dass es Tage dauern wird, bis die Wohnung komplett geräumt ist.

Als am nächsten Morgen die Sonne aufgeht, weiß bereits die gesamte Welt von dem, was in Aurora passiert ist. In den USA war die

Berichterstattung noch schneller. Der Stürmung von Holmes' Appartement, berichtet Christian Wernicke am darauffolgenden Tag für die *Süddeutsche Zeitung* aus Washington, habe »die halbe Nation« zugesehen – live, weil ein Kamerateam von einem Hubschrauber aus die Polizeiaktion gefilmt hat.[117]

5. Figurationen des Zorns: von Achilles zu Batman

Vorbemerkungen

Jede Zeit erfindet sich ihre eigenen Helden. Und zu allen Zeiten sind unter diesen immer auch Rächerinnen und Rächer gewesen. Sie stellen einen eigenen Typus, eine Subkategorie des Heroischen dar. Dieser Umstand ist für sich genommen bereits recht bemerkenswert, wenn man sich vor Augen hält, wie sehr sich die kulturelle Bedeutung der Rache und ihre moralische Bewertung im Laufe der Geschichte verändert haben. Die moderne Delegitimierung der Rache hat der Faszination, die von Rachegeschichten ausgeht, jedenfalls keinen Abbruch getan. Dieser Umstand prädisponiert Racheerzählungen für eine komparatistische Analyse. Denn im Grunde funktionieren alle Rachegeschichten nach demselben Grundmuster; was sich im Laufe der Zeit jedoch ändert, sind die Bilder und Figuren, mit denen die imaginierte Rache verbunden wird. In anderen Worten: Jede Epoche träumt ihren eigenen Traum von der Rache.

Das heißt aber auch, dass sich an der Gestalt, die den rächenden Heldinnen und Helden gegeben wird, ein Stück weit ablesen lässt, wie zu einer bestimmten Zeit über Rache nachgedacht und auf welche Weise sie zum Gegenstand einer ästhetischen Thematisierung gemacht wird. Jede Rachegeschichte, wie künstlerisch anspruchslos sie auch immer daherkommen mag, lässt sich zugleich als Geschichte der Problematisierung der Rache lesen. Gerade den populären Erzählungen kommt in dieser Hinsicht eine besondere Aussagekraft zu. In ihnen spiegelt sich der jeweilige Zeitgeist besonders deutlich. Von dieser Prämisse ausgehend, möchte ich im Folgenden einen genaueren Blick auf vier besonders bekannte Vertreter des rächenden Heldentypus werfen: *Achilles, Odysseus, den Grafen von Monte Christo und Batman.*

Weshalb ist meine Wahl ausgerechnet auf diese vier Figuren gefallen und nicht auf andere? Warum nicht Medea, deren Rache uns viel über die gesellschaftliche Rolle der Frauen überhaupt verrät? Warum nicht Kiddo (alias Black Mamba alias The Bride) aus *Kill Bill*, Kapitän Ahab oder Jiya, die Heldin der pakistanischen Zeichentrickserie *Burka Avenger*, die ihre zivile Identität als Lehrerin unter einer schwarzen Burka verbirgt, um mit Stiften und Büchern bewaffnet gegen islamische Fundamentalisten zu kämpfen, die der weiblichen Jugend den Zugang zur Bildung vorenthalten? Alle diese Figuren böten genügend Stoff, um jeweils in eigenen Abhandlungen untersucht zu werden. Der Grund, weshalb ich mich trotzdem für die vier genannten Rächer entschieden habe, besteht darin, dass sie in ihrer historischen Abfolge eine *exemplarische Konstellation* bilden. Zusammen betrachtet und in eine Reihe gestellt, können sie uns etwas sehr Grundsätzliches darüber beibringen, wie sich der Status der Rache im Laufe der abendländischen Geschichte verändert hat. Exemplarisch deshalb, weil anhand dieser Helden ebenjene Entwicklung der *Verdunkelung* und *Abspaltung* handgreiflich wird, die ich in der Exposition als die charakteristischen Momente des modernen Umgangs mit der Rache beschrieben habe. Das Ende der vorliegenden Studie führt uns also erneut an ihren Ausgangspunkt zurück. Die dort anhand des theoretischen Diskurses herausgearbeitete ideen- und mentalitätsgeschichtliche Entwicklung findet in der Konstellation dieser vier Helden eine präzise figurative Entsprechung. Dem Unterschied zwischen Achilles und Batman entspricht der Unterschied zwischen Tag und Nacht, Sichtbarkeit und Dunkelheit, einer Rache, die sich offen zeigt, und einer Rache, die sich verbirgt und nicht anders als maskiert in Erscheinung tritt. Der Blick auf Achilles, Odysseus, den Grafen von Monte Christo und Batman fügt der Verdunkelungsthese jedoch noch einen weiteren Aspekt hinzu. Er betrifft den *Zusammenhang zwischen der Rache und der Identität des rächenden Subjekts*, oder, anders gesagt, die Wechselwirkungen zwischen der erzählten Handlung und der personalen Identität des Handlungsträgers (der Erzählfigur). Anders als Batman oder der Graf von Monte Christo musste Achilles noch keine Maske tragen oder einen anderen Namen annehmen, um seine Rache zu vollziehen. Wie wir sehen werden, hängen die Frage nach der Sichtbarkeit der Rache und die Frage nach dem Identitätsregime des rächenden Helden eng zusammen: Der Moment, in dem das Selbst des rächenden Helden brüchig zu werden beginnt, an Konsistenz verliert und in mehrere Identitäten aufsplittert, fällt zusammen mit dem Moment, in dem die Rache ihren lange Zeit für fraglos gehaltenen Pakt mit dem Tageslicht aufkündigt und sich einen neuen Verbündeten in der Dunkelheit sucht. Die Dissoziation des Subjekts der Rache erzählt also zugleich die Geschichte ihrer Verdunkelung.

So lässt sich der Bogen zusammenfassen, der im Folgenden zwischen zwei der größten Helden der antiken Welt, Achilles und Odysseus, und zwei der größten Helden der modernen Welt, Batman und dem Grafen von Monte Christo, geschlagen werden soll. Während Achilles und Batman die Endpunkte dieser Entwicklung markieren, kommt Odysseus und dem Grafen von Monte Christo in dieser Reihe vor allem die Bedeutung von Übergangsfiguren zu. Daher werde ich zunächst mit Achilles und Batman beginnen und dann erst zu Odysseus und dem Grafen von Monte Christo übergehen.

Der Zorn des Achilles

Denn das Schöne ist nichts als des Schrecklichen Anfang, den wir noch grade ertragen, und wir bewundern es so, weil es gelassen verschmäht, uns zu zerstören.
Rainer Maria Rilke, aus der ersten *Duineser Elegie*[118]

Daher sind auch Recht und Gerechtigkeit etwas Schönes,
nicht minder, sich lieber an den Feinden rächen und sich nicht
mit ihnen versöhnen; denn es ist nicht nur Recht,
Gleiches mit Gleichem zu vergelten
(was aber Recht ist, das ist schön), sondern auch
die Sache des Tapferen ist es, sich nicht überwältigen zu lassen.
Aristoteles, *Rhetorik*[119]

Homers *Ilias* handelt bekanntermaßen von dem sagenumwobenen Krieg um Troja, ausgefochten zwischen den Trojanern und der griechischen Allianz der Achaier. Unter den zahlreichen Helden, die auf beiden Seiten an diesem Krieg teilnehmen, nimmt der halbgöttliche Achilles eine herausragende Stellung ein. Mehr noch als Achilles ist es jedoch sein Zorn, der im Mittelpunkt dieser Dichtung steht. Vom ersten Vers an lässt der Dichter keinen Zweifel darüber aufkommen, welcher Affekt die Tonlage für die kommenden vierundzwanzig Gesänge vorgibt:

> Den Zorn singe, Göttin, des Peleus-Sohns Achilleus,
> Den verderblichen, der zehntausend Schmerzen
> über die Achaier brachte
> Und viele kraftvolle Seelen dem Hades vorwarf
> Von Helden, sie selbst aber zur Beute schuf den Hunden
> Und den Vögeln zum Mahl …[120]

Der Zorn des Achilles bildet die erzählerische Klammer, die das Epos zusammenhält. Die in der *Ilias* erzählte Handlung umfasst einen Zeitraum von 51 Tagen. Sie setzt ein, als die Belagerung Trojas bereits zehn Jahre andauert. Das Epos beginnt damit, dass Achilles, den Fähigkeiten nach der erste unter den griechischen Kämpfern, und Agamemnon, der Oberbefehlshaber über die griechischen Truppenverbände, während einer öffentlichen Versammlung heftig aneinandergeraten. Der Streit erreicht seinen Höhepunkt, als Agamemnon vor den Augen der versammelten Krieger Achilles eine schwere Ehrverletzung zufügt. Durch die symbolische Herabsetzung will Agamemnon sicherstellen, dass in Zukunft weder Achilles noch ein anderer es wagt, sich mit ihm auf eine Stufe zu stellen.[121] Achilles gerät darüber so sehr in Zorn, dass er schon drauf und dran ist, sein Schwert zu ziehen und auf den Oberbefehlshaber einzuschlagen, im letzten Moment aber von der Göttin Pallas Athene am Schopf gepackt und zurückgehalten wird. Nachdem Athene Achilles versichert, dass ihm im Streit mit Agamemnon noch Genugtuung geschehen werde, stößt er widerwillig sein Schwert in die Scheide zurück. Die Szene endet damit, dass Achilles die Versammlung im

Zorn verlässt und sich auf sein Schiff zurückzieht, nachdem er unter Eid erklärt hat, fortan nicht mehr an den Kämpfen teilzunehmen. Sollen die Achaier doch zusehen, wie es ihnen auf dem Schlachtfeld ohne den besten ihrer Kämpfer ergeht; Agamemnon jedenfalls, so prophezeit es Achilles, werde seine Hybris noch teuer zu stehen kommen. Dies ist der Inhalt der Worte, mit denen sich Achilles vor seinem Abgang an den Oberbefehlshaber wendet:

> Wahrlich! einst wird nach Achilleus eine Sehnsucht kommen
> den Söhnen der Achaier
> Allen insgesamt, und dann wirst du ihnen, so bekümmert du bist,
> Nicht helfen können, wenn viele unter Hektor,
> dem männermordenden,
> Sterbend fallen; du aber wirst im Innern den Mut zerfleischen
> Im Zorn, daß du den Besten der Achaier für nichts geehrt hast![122]

Und genau so kommt es dann auch. Während die Schlacht um Troja mit wechselnden Vorteilen hin und her wogt, hält Achilles sich abseits. Das Auftauchen und Verschwinden des Helden markiert zugleich die großen Abschnitte der Erzählung. Bis zum 19. Gesang muss sich der Leser gedulden, ehe Achilles wieder zu den Waffen greift. Nicht die von Agamemnon angebotenen Versöhnungsgeschenke sind es, die ihn wieder aus seinem Zelt hervorlocken, sondern der Tod seines geliebten Freundes Patroklos. Unfähig mitanzusehen, wie immer mehr seiner Kampfgenossen unter den Hieben der Trojaner zusammensinken, hatte Patroklos Achilles um Erlaubnis gebeten, wieder am Kampf teilnehmen zu dürfen, um den zunehmend in Bedrängnis geratenen Griechen auf dem Schlachtfeld beizustehen. Achilles hatte ihm diese Bitte gewährt und ihm außerdem seinen Helm und seine Rüstung überlassen. Mit dieser angetan, gelingt es Patroklos, die Trojaner bis zu den Stadtmauern zurückzudrängen. Dann wendet sich sein Glück. Patroklos wird im Kampf von dem trojanischen Prinzen Hektor getötet, woraufhin ein erbitterter Kampf um Patroklos' Rüstung und Leichnam entbrennt. Von alledem bekommt Achilles, der nach wie vor unversöhnt in seinem Zelt ausharrt, nichts mit.

Erst als ihn die Nachricht vom Tod seines Freundes erreicht, tritt Achilles wieder aus seinem Zelt heraus. Der 18. Gesang der *Ilias*, der von diesem Augenblick erzählt, enthält eine eindrucksvolle Lektion über die Kraft der *Sichtbarkeit*. Sie bildet das Strukturprinzip, das sowohl den Raum als auch die Zeit der *Ilias* gliedert. Um den Kampf zu entscheiden, den die Griechen und die Trojaner um Patroklos' Leichnam führen, muss Achilles weder seine Rüstung anlegen noch das Schlachtfeld betreten. Es genügt, dass er sich *zeigt*, um die Trojaner in Angst und Schrecken zu versetzen.[123] »[S]o wie du bist«, hatte ihm zuvor die Göttin Iris geraten, »geh zum Graben und zeige dich den Troern: Vielleicht, daß sie, in Furcht vor dir, ablassen vom Kampf.«[124] Achilles folgt diesem Rat. Er tritt an den Graben, abgesondert von allen anderen, und macht brüllend auf sich aufmerksam. Athene verstärkt Achilles' Präsenz zusätzlich, indem sie von seinem Haupt einen hellen Lichtschein ausgehen lässt.[125] Von dem Moment seiner Rückkehr an wird Achilles' Erscheinung immer wieder in Begriffen des Glanzes, des Strahlens und des Lichts beschrieben; die Metaphorik ist stellar.[126] Achilles stellt damit das gewohnte Verhältnis von Terror und Sichtbarkeit auf den Kopf. In der Regel fürchten wir uns vor dem, was wir nicht richtig sehen können, was im Dunkeln bleibt, undeutlich und drohend. Achilles hingegen erzeugt *Schrecken durch Sichtbarkeit*. Die Grausamkeit, mit der Achilles wenig später seine Rache an Hektor vollziehen wird, gründet nicht zuletzt in der Überdeutlichkeit, mit der sie zur Schau gestellt wird. Achilles' Rache ist ein Exzess an Sichtbarkeit. An ihr scheint sich zu bewahrheiten, was die Empiristen späterer Jahrhunderte für die Grundlage aller Erkenntnis halten werden: *esse est percipi*.

Nachdem Achilles durch seine bloße Erscheinung dafür gesorgt hat, dass Patroklos' Leichnam nicht den Trojanern in die Hände fällt, drängt es ihn danach, sich wieder in den Kampf zu werfen. Sein gesamter Zorn richtet sich nun gegen Hektor. Der Moment, in dem Achilles von Patroklos' Tod erfährt und daraufhin wieder in die Sphäre der Sichtbarkeit eintritt, bildet den entscheidenden Wendepunkt: vorbei die fruchtlosen Tage des Ausharrens und der Passivität, vorbei die richtungslose Unbestimmtheit und Zurückhaltung seines Zorns – der Held hat sich wieder mit seinem Affekt vereinigt. Es kann keine Rede davon sein, dass Achilles' Rache den Charakter des Besinnungslosen trägt. Im Gegenteil, in seiner Rache kommt Achilles ganz zu sich. Er besinnt sich auf das, was er am besten kann: kämpfen, töten und siegen.

Der 22. Gesang der *Ilias* schildert, wie Achilles und Hektor direkt vor den Mauern der Stadt zum finalen Kampf aufeinandertreffen. Der Ausdruck ›coram publico‹ gewinnt hier seine volle Bedeutung. Achilles vollzieht seine Rache unter den Bedingungen maximaler Sichtbarkeit. Das gesamte Setting der *Ilias* scheint darauf angelegt, diese Sichtbarkeit zu gewährleisten: die flache Ebene, der schaulustige Himmel, die gleißende Sonne, die Höhe der Stadtmauern. Vor seinem Tod wird Hektor von Achilles dreimal um die gesamte Stadt herumgejagt, ganz so, als ob es darum ginge sicherzustellen, dass wirklich alle mit eigenen Augen sehen, was da gerade im Begriff ist zu geschehen. Öffentlich ist nicht nur die Tötung, sondern auch die anschließende Schändung von Hektors Leichnam. Anders als in der Moderne, in der sich die Rache überwiegend inkognito vollzieht, wird sie in der *Ilias* noch durchweg als Unverborgenheit figuriert.

Halten wir fest: Achilles muss sich nicht maskieren oder einen anderen Namen annehmen, um seine Rache zu üben. Im Gegenteil, man könnte sagen, dass er zu keinem anderen Zeitpunkt so sehr er selbst, so sehr auf der Höhe seines Namens ist, wie in dem Moment, in dem er sich entschließt, sein Zelt zu verlassen, um sich, wiedervereinigt mit seinem Zorn, in den Kampf gegen Hektor zu werfen. Zu keinem Zeitpunkt gibt Achilles vor, ein anderer zu sein als der, der er ist. Seine Identität wird durch die Rache, die er an Hektor vollzieht, nicht infrage gestellt, sondern bestätigt. Sie bleibt so massiv und bruchlos wie der helle Marmor, aus dem die alten Griechen ihre Tempel fertigten. Da ist kein Riss, kein Schatten, der sich zwischen den Handelnden und seine Handlung legen würde. Zwischen der Identität des Helden und seinen Taten besteht eine vollkommene Kongruenz. Niemals ist ein Held strahlender, niemals eine Rache sichtbarer gewesen als die des Achilles.

Batmans Maske

Batman: It's not what I am underneath
but what I do *that defines me.*
Aus dem Film *Batman Begins*[127]

Während Achilles das solare Element des Heroischen verkörpert, inkarniert sich in Batman dessen lunare Rückseite. Bereits in seinem Geburtsjahr 1939 stellt ihn eine Bildlegende wie folgt vor: »unheimliche Gestalt der Nacht – Nemesis des Verbrechens – das ist der Batman«.[128] Batmans Element ist die Dunkelheit, sein Aktionsraum die Nacht. Dies macht schon die graphische Umsetzung der Figur deutlich. Ebenso wie die Verbrecher, die er jagt, sehen auch die Leserinnen oder Zuschauer von Batman häufig kaum mehr als einen schattenhaften Umriss, einen schwarzen Schemen, dessen lichtlose Substanz sich allein aus dem Dunkel seiner Umgebung zu nähren scheint.

Erfunden wurde Batman von dem US-amerikanischen Zeichner Bob Kane. Kane versah den von ihm geschaffenen Helden mit einer Besonderheit, durch die er sich bis heute von den meisten anderen Comic-Superhelden unterscheidet: Batman verfügt über keine übernatürlichen Kräfte. In seinem Kampf gegen das Böse verlässt er sich allein auf seinen detektivischen Spürsinn, seine mühsam antrainierten Kampfkünste und seine überlegene technologische Ausrüstung. Während Superman der erste Comic-Superheld überhaupt war, kommt Batman das Verdienst zu, der erste Superheld gewesen zu sein, der sich seiner Natur und Anlage nach nicht grundsätzlich von seiner Leserschaft unterscheidet. Batman ist ein Mensch wie jeder andere; er wurde nicht als Superheld geboren, er hat sich selbst dazu gemacht (wir werden später noch genauer auf seine Entstehungsgeschichte zu sprechen kommen).

Bekanntlich verfügt Batman über eine Doppelidentität: So wie Batman die Nacht gehört, so gehört der Tag seinem Alter Ego Bruce Wayne, dem wohlhabendsten Sohn der Stadt (diese hört auf den Namen Gotham City und ist eine düstere Mischung aus den neogotischen Hochhausschluchten New Yorks und dem Wetter Londons).

Das Merkmal der Doppelidentität findet sich nicht nur bei Batman, sondern auch bei vielen anderen Comic-Superhelden, etwa Superman (alias Clark Kent) oder Spider-Man (alias Peter Parker). Anders als bei diesen, steht die Doppelidentität bei Batman jedoch in einem direkten Verhältnis zu dem Motiv der Rache. Seit Bruce Wayne als Kind mitansehen musste, wie ein Straßenräuber seine Eltern erschoss, wird er angetrieben von dem Wunsch nach Vergeltung. Erst dieser Wunsch setzt die Verwandlung in Gang, an deren Ende das dunkle Fledermauskostüm und die bekannte Maske stehen. Tatsächlich ist es diese Maske, in der sich das ganze Geheimnis der Figur zusammenzieht. Was hat es mit Batmans Maske auf sich? Wie ist es um das Identitätsregime dieser Figur bestellt? Wer ist hier das eigentliche Ich und wer Alter Ego, Batman oder Bruce Wayne?

Eine klare Antwort auf diese Fragen findet sich in einem Film von Quentin Tarantino, seiner zweiteiligen Rache-Saga *Kill Bill.*[129] Am Ende von *Kill Bill* kommt es zu einer denkwürdigen und zu Recht berühmt gewordenen Szene. Der finale Akt ist bereits in vollem Gange, der Rachefeldzug der Titelheldin seinem Abschluss nahe und die Liste der zu Tötenden bis auf einen allerletzten Namen – Bill! – abgehakt, als ebendieser den großen Showdown noch einmal unterbricht, sich mit unnachahmlicher Lässigkeit einen Tequila einschenkt, um daraufhin seelenruhig zu einem langen Monolog anzusetzen, in dem er über seine Vorliebe für Comics doziert:

> As you know, I'm quite keen on comic books. Especially the ones about superheroes. I find the whole mythology surrounding superheroes fascinating. Take my favorite superhero, Superman. Not a great comic book, not particularly well-drawn, but the mythology. The mythology is not only great, it's unique... Now, a staple of the superhero mythology is, there's the superhero and there's the alter ego. Batman is actually Bruce Wayne, Spider-Man is actually Peter Parker. When that character wakes up in the morning, he's Peter Parker. He has to put on a costume to become Spider-Man. And it is in that characteristic Superman stands alone. Superman didn't become Superman. Superman was born Superman. When Superman wakes up in the morning, he's Superman. His alter ego is Clark Kent. His

> outfit with the big red »S«, that's the blanket he was wrapped in as a baby when the Kents found him. Those are his clothes. What Kent wears – the glasses, the business suit – that's the costume. That's the costume Superman wears to blend in with us.[130]

Bill begründet die Wahl seines Lieblingshelden damit, dass Superman bereits als Superheld geboren wurde. Das ist seine wahre Identität. Sein Alter Ego Clark Kent hingegen dient nur als Tarnung. Bei Batman und Spider-Man verhält es sich Bill zufolge jedoch andersherum: Wenn Spider-Man morgens aufwacht und in den Spiegel schaut, dann sieht er nicht Spider-Man, sondern Peter Parker. Dasselbe gilt für Bruce Wayne; Batmans Maske und der tiefschwarze Umhang sind für ihn bloß Verkleidung.

Ebendiese Einschätzung möchte ich im Folgenden infrage stellen. Gewiss lässt sich nicht bestreiten, dass Superman bereits als Superheld geboren wurde, während Bruce Wayne erst zu Batman werden musste. Dieser Umstand rechtfertigt jedoch nicht die ontologische Hierarchisierung, die Bill mit der Aussage »Batman is actually Bruce Wayne« vornimmt. In Wahrheit verhält es sich umgekehrt: Batman ist das eigentliche Ich, die Identität als Bruce Wayne bloß Tarnung. In Bills Aussage drückt sich eine Position aus, die auf einer oberflächlichen und allzu simplen Auffassung der Maske beruht. Bill unterschätzt die transformative Kraft der Maske.[131] Weit davon entfernt, bloß irgendein Ding zu sein, das man sich überstreift oder vors Gesicht hält, ohne dass es einen verändern würde, wirkt die Maske vielmehr auf ihren Träger zurück. Sie bringt zum Ausdruck, dass eine *Verwandlung* stattgefunden hat. Wie Elias Canetti herausgestellt hat, besteht der Sinn der Maske darin, den Endzustand einer Verwandlung zu fixieren.[132] Wenn Bruce Wayne die Batman-Maske aufsetzt, dann bleibt er nicht dieselbe Person, die er vorher war. Er *wird* zu Batman – im Vollsinn dieses Wortes. Batmans Präsenz schließt die Anwesenheit von Bruce Wayne aus. Zu behaupten, Bruce Wayne sei das eigentliche Ich, das durch das Überstreifen der Maske lediglich in eine andere Rolle schlüpft, würde bedeuten, die Eigenheiten dieser Doppelidentität zu verkennen.

Wenn Batman Maske und Kostüm ablegt, dann ist es nicht mehr Batman, den man sieht, sondern ein anderer. Die Maske verbirgt nicht Batmans wahres Gesicht – sie *zeigt* es. Dasselbe gilt für seinen Anzug. Der nachtschwarze, enganliegende Ganzkörperdress umschließt Batmans Körper nicht nur wie eine Haut, sondern er *ist* seine Haut. So wie die Maske mit dem Antlitz, so ist der Anzug mit dem Körper identisch. In zahlreichen Geschichten gibt es diesen typischen Moment, in dem Batman schwer verwundet am Boden liegt, bewusstlos und scheinbar besiegt, und sein böser Gegenspieler sich daranmacht, ihm die Maske vom Gesicht zu reißen. Dieser Moment – zu dem es dank einer glücklichen Peripetie in der Regel dann doch nicht kommt – steht sinnbildlich für die Niederlage des Helden. Sie ist gleichbedeutend mit seinem Verschwinden. In dem Moment, in dem Batman die Maske entrissen wird und diese ihr Geheimnis preisgibt, hört er auf, der Held zu sein, der er ist. Er wird ein anderer: Bruce Wayne. Die Verwandlung ist aufgehoben. *Bruce Wayne?!* Der Bösewicht kann es kaum fassen. Seine ungläubige Überraschung findet ihren Widerhall in den Gesichtern der Zuschauer. Ihr Schock rührt nun freilich nicht daher, dass diese Information für sie neu wäre, sondern er erklärt sich daraus, dass das gewaltsame Herunterreißen der Maske den Tod des Helden anzeigt. Denn ohne seine Maske kann Batman nicht sein. Die Behauptung, dass Batman in Wahrheit Bruce Wayne sei, seine Identität also nur eine ontologisch zweitrangige und geborgte, lässt sich vor diesem Hintergrund kaum aufrechterhalten.

Das Verhältnis zwischen dem Superhelden und seinem Alter Ego stellt sich also wesentlich komplizierter dar als von Bill in seinem Monolog insinuiert. Vor allem die jüngeren Bearbeitungen der Batmanfigur – etwa seit Mitte der 1980er Jahre – stützen die Lesart, dass die eigentliche Person nicht in Bruce Wayne zu finden ist, sondern in Batman. Sehr deutlich wird dies in *Batman Begins* von 2005, dem ersten Teil der Batman-Trilogie von Christopher Nolan.[133] Das playboyhafte Gebaren, das Bruce Wayne dort an den Tag legt, seine übertriebene Liederlichkeit im Umgang mit Alkohol, teuren Sportwagen und schönen Frauen ist lediglich eine Tarnung, die dazu dient, von den nächtlichen Aktivitäten des dunklen Ritters abzulenken. Bruce Wayne wird für Batman zu einer Tarnidentität, einer Rolle, die er tagsüber einnimmt, um in seiner wahren Identität nicht erkannt zu werden.[134]

Besonders evident wird dies in der epiloghaften Schlussszene des Films, in der Bruce Wayne auf seine Jugendliebe Rachel trifft. Der böse Gegenspieler des Helden ist besiegt, sein Komplott zur Vernichtung Gotham Citys abgewendet, und die Frage ist, ob es nicht nur für die Stadt, sondern auch für Bruce und Rachel, die sich von Kindesbeinen an kennen, ein Happy End als Liebespaar geben kann – so zumindest will es die romantische Spannungslinie, die in der Szene aufgebaut wird. Wirklich spannend ist diese Szene aber nur für diejenigen Zuschauer, die sich zufällig in einen Batman-Film verirrt haben. Diejenigen, die mit der Anlage der Figur und ihrem delikaten Liebesleben hinreichend vertraut sind, wissen, dass es auf diese Frage nur eine mögliche Antwort geben kann: natürlich nicht. Im Laufe der Filmhandlung hat sich Batman durch eine Anspielung Rachel gegenüber als Bruce Wayne zu erkennen gegeben. Rachel weiß also um das Geheimnis der Maske. In dem abschließenden Dialog zwischen den beiden äußert sich Bruce Wayne nun dahingehend, dass dieses Geheimnis ihrer Verbindung nicht notwendig im Wege zu stehen braucht, da Batman »lediglich ein Symbol« sei. Aber Rachel weiß offenkundig besser, wie es tatsächlich um den Seelenhaushalt des dunklen Helden bestellt ist:

> **Bruce:** Batman is just a symbol, Rachel.
> **Rachel:** No, this [*berührt bei diesen Worten zärtlich das Gesicht von Bruce*] is your mask. Your real face is the one that criminals now fear. The man I loved, the man who vanished, he never came back at all. But maybe he's still out there somewhere. Maybe someday, when Gotham no longer needs Batman ... I'll see him again.

Zu diesem Wiedersehen wird es freilich nie kommen; und zwar nicht allein aus dem Grund, dass der erhoffte Tag, an dem Gotham City Batmans Hilfe nicht mehr nötig hat, naturgemäß niemals eintreten wird, sondern vor allem deshalb, weil derjenige Bruce Wayne, auf dessen Rückkehr sich Rachels Hoffnungen richten, längst aufgehört hat zu existieren. Der Mann, der an seine Stelle getreten ist, hört zwar immer noch auf denselben Namen, ist tatsächlich jedoch nur noch ein Schatten seines alten Selbst. Der ›alte‹ Bruce Wayne, das heißt der Junge, den Rachel einst kannte, hat sich spätestens in dem Moment endgültig verabschiedet, als er sich, einer merkwürdigen Eingebung folgend, zum ersten Mal eine Maske überzog und den Entschluss fasste, seinem Drang nach Vergeltung fortan in Gestalt einer Fledermaus nachzugehen. Von Batman führt kein Weg zu diesem alten Ich zurück. Die Doppelidentität Bruce Wayne/Batman muss folglich als der Effekt einer tiefgreifenden *Spaltung* verstanden werden. Wie ist es zu dieser Spaltung gekommen? Und was genau drückt sich in ihr aus? Zeit also, einen genaueren Blick darauf zu werfen, wie Batman zu dem wurde, der er ist.

Batmans Origin Story (vom Verschwinden der Rache)

Wie von jedem Mythos gibt es auch von Batmans Entstehungsgeschichte verschiedene Varianten. Sie alle gehen jedoch auf dieselbe Vorlage zurück. Zum ersten Mal erzählt wurde Batmans *Origin Story* (so der Fachausdruck in Comic-Kreisen) von seinem Schöpfer Bob Kane. *Die Legende von Batman – Wer er ist und wie er entstand!* wurde 1940, rund ein Jahr nach Batmans erstem Auftritt, in *Detective Comics #33* veröffentlicht.[135] Die Geschichte beginnt mit einem Rückblick, der uns in die Kindheit von Bruce Wayne zurückführt: »Eines Nachts vor fünfzehn Jahren gingen Thomas Wayne, seine Frau und sein Sohn [Bruce] vom Kino nach Hause …« Was danach geschah, ist den meisten bekannt: Ein Straßenräuber lauert der Wayne-Familie in einer dunklen Gasse auf, abgesehen hat er es auf die Perlenkette der Mutter, es kommt zu einem Handgemenge, ein Schuss fällt, dann ein zweiter. »Die Augen des Jungen weiten sich vor Entsetzen und Schock, als er des Anblicks gewahr wird« – beide Eltern sind tot, erschossen vor seinen eigenen Augen. Einige Tage später fasst der junge Bruce Wayne, nunmehr Vollwaise und Erbe eines Milliardenvermögens, einen folgenschweren Entschluss. Das nächste

Panel zeigt ihn nachts in seinem Bett liegen, schwach beleuchtet vom Schein einer einzigen Kerze, wie er in gebetsartiger Haltung »beim Geist [s]einer Eltern« den Eid leistet, »ihren Tod zu rächen und für den Rest [s]eines Lebens Verbrechen zu bekämpfen!«. Mit diesem Schwur beginnt die Verwandlung. In den folgenden Jahren bereitet sich Bruce Wayne mithilfe des Reichtums seiner Familie auf seine Aufgabe vor. Unermüdlich trainiert er Körper und Geist, studiert die Wissenschaften und geht, wie es in einer späteren Fassung heißt, bei den größten »Kämpfern, Kriminologen und Detektiven der Welt«[136] in die Lehre. Was ihm am Ende dieser Lehr- und Wanderjahre allerdings noch fehlt, ist eine Verkleidung. Während Bruce Wayne abermals nachts vor dem Kamin sitzt und darüber nachsinnt, welche Maske am ehesten dazu angetan ist, »Furcht und Terror« in die Herzen der Kriminellen zu jagen, fliegt eine Fledermaus zum Fenster hinein. Et voilà: »Und so entstand diese unheimliche Nachtgestalt … der dunkle Rächer Batman!« Mit diesen Worten endet auch schon Kanes Geschichte, die allen späteren Versionen der Entstehungsgeschichte als Grundlage dienen sollte.

Was können wir von dieser Ursprungserzählung lernen? Halten wir zunächst das Offensichtliche fest: Am Anfang von Batmans Entstehung steht Bruce Waynes Entschluss, den Tod seiner Eltern zu rächen. Die nachfolgende Umkehr des Richtungsvektors von Handeln und Erleiden wird nicht nur als Selbstermächtigung figuriert, sondern zu einer regelrechten Selbsttransformation gesteigert. Batmans Identität beruht auf einer umfassenden Geste der Veräußerlichung. Sie ist das Ergebnis einer Abspaltung, an deren Anfang ein denkbar traumatisches Erlebnis steht, der gewaltsame Tod der Eltern. Die dunklen Energien, die auf Vergeltung drängen, werden aus dem Subjekt ausgelagert und bekommen in Batman ihre eigene Form. Wenn diese Form eines ausdrückt, dann Festigkeit: Festigkeit des Willens, Festigkeit des Körpers.

Das Paradox besteht nun darin, dass in dem Maße, in dem diese Form fest wird und zur ›zweiten Natur‹ gerinnt, *die Rache selbst verschwindet*. Ebendieses Paradox ist das eigentliche Geheimnis, das Batmans Maske hütet. In Kanes Ursprungserzählung erhält die Maske eine rein funktionale Erklärung: Sie hat die Funktion, die

Verbrecher in Angst und Schrecken zu versetzen, sie soll ein Symbol sein für den Terror, der jenen droht, die sich nicht an die Gesetze halten. Daneben gibt es jedoch noch einen wesentlich banaleren Grund dafür, weshalb Bruce Wayne die Maske aufsetzt: Er will schlichtweg nicht erkannt werden. Dieser Grund ist so naheliegend, dass man leicht die Pointe übersieht, die sich daraus ergibt. Denn wie kann sich Bruce Wayne rächen, wenn er sich maskiert und überhaupt nicht als Bruce Wayne zu erkennen gibt?

Schließlich gehört zur Rache wesentlich dazu, dass derjenige, an dem sie vollzogen wird, weiß, *wer* sich an ihm rächt und vor allem *wofür*. Achilles, Odysseus, ja selbst der Graf von Monte Christo – sie alle geben sich ihren Widersachern früher oder später in ihrer wahren Identität zu erkennen. Man könnte dieses Sich-zu-erkennen-geben als die ›pädagogische‹ Funktion der Rache bezeichnen. Der Racheakt zielt nicht nur darauf ab, ein erlittenes Unrecht auszugleichen, er soll der Widersacherin zugleich etwas zu verstehen geben, ihr eine Lektion erteilen. Die Ganoven, die Batman zur Strecke bringt, verstehen in der Regel jedoch überhaupt nichts. Noch ehe sie sich versehen, liegen sie bereits am Boden, und der dunkle Ritter ist schon wieder wortlos in die Nacht entschwunden. Bezeichnenderweise richten sich die Aktivitäten von Batman ja auch gar nicht darauf, den Straßenräuber ausfindig zu machen, der für den Tod der Eltern von Bruce Wayne verantwortlich ist. Er bekämpft das Verbrechen als solches. Die Kluft zwischen dem Superhelden und seinem Alter Ego ist so tief, dass sie letzten Endes die Rache selbst zum Verschwinden bringt. Zwischen dem, was Batman Nacht für Nacht *tut*, und dem, was Bruce Wayne als Kind in jener dunklen Gasse *erlitten* hat, besteht kein handlungslogischer Zusammenhang. Anstatt sich zu rächen, wird Batman zu einem erweiterten Arm der Polizei, deren Vertreter in Gotham City sich nicht unbedingt als besonders gerechtigkeitsliebend hervortun und größtenteils selbst auf den Lohnlisten der Gangsterbosse stehen. Batman übernimmt die Aufgabe, für diejenigen Ideale zu kämpfen, die Gothams korrupte Gesetzeshüter längst aufgegeben haben. Dietmar Dath hat dies folgendermaßen formuliert:

> Wo der dunkle Ritter auftritt, ist die Moderne schon schiefgegangen, nämlich das Vertrauen darauf verschwunden, daß so etwas wie ein Gesellschaftsvertrag, schriftliche und für alle verbindliche strafrechtliche Bestimmungen, Gewaltenteilung und aus alledem folgende sogenannte Rechtssicherheit möglich sind. Batman verhängt den Ausnahmezustand nicht; er verkörpert ihn.[137]

Mit dem Streben nach persönlicher Vergeltung hat all dies aber nichts mehr zu tun. Der Fehler, wenn man so will, liegt bereits in dem Wortlaut des Eids begründet, den der junge Bruce Wayne damals in seinem Bett geleistet hat: »Ich schwöre beim Geist meiner Eltern, ihren Tod zu rächen und für den Rest meines Lebens Verbrechen zu bekämpfen!«[138] Zwei Dinge werden hier im selben Satz zusammengefasst, die durchaus nicht identisch sind. Es ist nicht dasselbe, ob man schwört, den Tod seiner Eltern zu rächen, ober ob man schwört, sein Leben lang das Verbrechen zu bekämpfen. Hätte der Wortlaut des Schwurs stattdessen gelautet: »Ich schwöre beim Geist meiner Eltern, ihren Tod zu rächen, *indem* ich für den Rest meines Lebens das Verbrechen bekämpfe!«,[139] würde das die spätere Sachlage zwar eher treffen, wäre dafür aber logisch falsch. Und tatsächlich offenbart sich hierin ein folgenschwerer Fehler in der Logik von Batmans Handeln: Er verwechselt das Teil mit dem Ganzen. Weil *ein* Krimineller ihm seine Eltern genommen hat, müssen *alle* Kriminellen dafür büßen. Es ist dieselbe Logik, die auch dem Terrorismus zugrunde liegt. Die Terroranschläge auf Paris vom 13. November 2015, bei denen 130 Menschen ermordet und mehr als 350 verletzt wurden, wurden in dem Bekennerschreiben des sogenannten Islamischen Staats unter anderem mit den Luftangriffen begründet, die die französische Regierung gegen Stellungen des IS im Irak und in Syrien fliegen ließ.[140] Was hatten die Menschen, die in Paris ermordet wurden, unter anderem bei einem Rockkonzert und einem Fußballspiel, mit diesen Luftschlägen jedoch zu tun? Die Ziele, die die Urheber der Terroranschläge von Paris verfolgten, sind gewiss nicht dieselben wie diejenigen Batmans, ihre Logik ist jedoch die gleiche. Anstatt die Schuld für ein tatsächlich oder vermeintlich erlittenes Unrecht einem individuellen Handlungsträger oder einer genau umgrenzten Gruppe von Handlungsträgern zuzuschreiben, wird ein Kollektiv als Ganzes moralisch dafür verantwortlich gemacht. Was dem IS der verkommene Westen ist, das sind Batman die Verbrecher.

Wollte man gelten lassen, dass Batman ein Rächer ist, so müsste man eingestehen, dass dieser unter einem massiven Wiederholungszwang leidet. Unfähig in seine alte Identität zurückzufinden, also gleichermaßen Handelnder *und* Erleidender zu sein, hat er sich selbst dazu verurteilt, jede Nacht aufs Neue loszuziehen, wieder und wieder, ohne dabei jemals das Verlangen stillen zu können, das ihn selbst erst ins Leben rief. Die finstere Entschlossenheit, mit der Batman dem Schwur von Bruce Wayne die Treue hält, wird dadurch zugleich zu dessen Verrat. Denn die Rache kann zwar Handlung werden und manchmal auch Schicksal, aber niemals ein Beruf wie jeder andere. Wenn man so will, ist das das eigentliche Problem an Batmans Rache. In Batman ist die Rache so sehr veräußerlicht, so sehr professionalisiert und eigene Form geworden, dass sie aufhört, Rache zu sein.

Odysseus

Kehren wir mit einem großen Sprung aus den düsteren Hochhausschluchten Gotham Citys noch einmal auf die sonnenbeschienene Ebene von Troja zurück. Hektor ist besiegt; Troja gefallen. Die *Odyssee*, das zweite homerische Epos, berichtet von den Abenteuern, die Odysseus, der König von Ithaka, nach dem Ende des Trojanischen Krieges auf seiner Heimreise zu bestehen hat.[141] Zehn Jahre hat der Kampf um Troja gedauert, zehn weitere Jahre irrt Odysseus mit seinen Gefährten auf See umher, ehe es ihm schließlich gelingt, nach Ithaka zurückzukehren. Während seiner langen Abwesenheit haben sich zahlreiche Freier in seinem Zuhause eingerichtet, die sich sowohl Odysseus' Sohn Telemachos als auch seiner Frau Penelope gegenüber alles anders als respektvoll verhalten. Ohne jeden Anstand stellen sie Penelope nach und suchen ihr einzureden, dass Odysseus längst tot sei, damit sie endlich einen der ihren heiratet.

So wie die *Ilias* als das große Epos des Krieges gilt, so gilt die *Odyssee* als das große Epos der Heimkehr. Dem Zorn des Achilles wird regelmäßig der Listenreichtum des »göttlichen Dulders« Odysseus gegenübergestellt. Diese binäre Zuschreibung hat dazu geführt, dass häufig verkannt wird, in welchem Maße auch Homers zweites Epos von dem Motiv der Rache bestimmt wird. Tatsächlich spielt das Verlangen nach Rache in der *Odyssee* eine nicht minder große Rolle als in der *Ilias*. Zunächst kann Odysseus' Irrfahrt selbst als das Ergebnis einer Rache angesehen werden. Weil Odysseus seinen Sohn, den Zyklopen Polyphem, geblendet hat, tobt der Meeresgott Poseidon an ihm seine Rache aus, indem er immer wieder dafür sorgt, dass Odysseus von seinem Kurs abkommt.[142] Bestimmend ist das Motiv der Rache auch für die sogenannte Telemachie, die einen Seitenstrang der Haupthandlung bildet. Sie erzählt davon, wie Odysseus' Sohn Telemachos das seinem Vater angetane Unrecht auszugleichen sucht. Am deutlichsten aber tritt die Bedeutung der Rache hervor, als Odysseus schließlich in seiner Heimat anlangt. Die *Odyssee* wechselt hier komplett ihre Tonart. Aus dem Epos von der schwierigen Heimkehr wird, wie der Althistoriker Hans-Joachim Gehrke festhält,

> ein Epos von der Rache an den Freiern, die Odysseus' Frau in Bedrängnis gebracht, seinem Sohn nachgestellt und sein Hab und Gut fast verzehrt und vertrunken hatten. Lange und vorsichtig wird diese Rache, die zugleich ein Kampf um die Macht in Ithaka ist, vorbereitet. Die ganze zweite Hälfte der Odyssee gilt diesem Thema. Und als sie vollzogen ist, hat der Leser das erlösende Gefühl, daß endlich das Ziel erreicht ist. Der göttliche Dulder Odysseus badet förmlich im Blut seiner Widersacher.[143]

Dieser Gewaltzusammenhang bringt es mit sich, dass sich die Geschichte der Heimkehr unentwirrbar mit der Geschichte einer Rache verquickt. Odysseus' Rückkehr mündet ein in ein Gemetzel von unbarmherziger Grausamkeit. Am Ende, so stellt Ricœur fest, wird »[e]in Gatte wiedererkannt, aber im gleichen Zug wird die uneingeschränkte Macht eines Herrschers wiederhergestellt«.[144] Tatsächlich sind es also vier Fäden, die in der zweiten Hälfte der *Odyssee* zusammengesponnen werden: die Geschichte von der Heimkehr, die Geschichte vom Wiedererkennen, die Geschichte von Odysseus' Rache und die Geschichte von der Wiederherstellung seiner bedrohten Herrschaft.

Im Hinblick auf die beiden zentralen Achsen unserer Untersuchung – die Frage nach der Identität des Rächers und die Frage nach der Sichtbarkeit der Rache – nimmt Odysseus in der Reihe der vier betrachteten Helden eine Zwischenstellung ein. Odysseus' Identität ist noch ähnlich stabil und fest in sich gefügt wie die des Achilles. Allerdings besitzen die Gefahren, denen er sich auf seiner Heimreise ausgesetzt sieht, gegenüber denen der *Ilias* bereits eine andere Signatur: Sie zielen unmittelbar auf die Auflösung der Identität des Helden. Denn nicht nur Sturmwinde und mythische Ungeheuer sind es, die ihn an seiner Weiterreise hindern, sondern vor allem die Drohung des Vergessens. Immer wieder läuft Odysseus Gefahr, das eigentliche Ziel seiner Reise – die Heimkehr zur geliebten Gattin und seinem Sohn Telemachos – aus dem Sinn zu verlieren.[145] Die Abenteuer, die Odysseus auf seiner Reise zu bestehen hat, sind, wie Horkheimer und Adorno geschrieben haben, »allesamt gefahrvolle Lockungen, die das Selbst aus der Bahn seiner Logik herausziehen«.[146] Dieses Selbst markiert den Punkt, an dem der Versuch der Verunmöglichung seiner Heimkehr angreift. Die Irrfahrt gerät damit nicht nur im physischen, sondern auch in einem identitätslogischen Sinn zu einem Kampf um Selbstbehauptung.

Anders als Achilles macht Odysseus bereits von den *Künsten der Verstellung* Gebrauch; sie sind Teil der List, für die er so gerühmt wird. Als Odysseus endlich wieder den Boden seiner Heimat unter den Füßen hat, gibt er sich nicht in seiner wahren Identität zu erkennen, sondern tritt in der Gestalt eines Bettlers auf. Diese Verkleidung ist nicht Ausdruck einer wesensmäßigen Veränderung, sondern hat einen durch und durch instrumentellen Charakter. Sie ermöglicht es Odysseus, seine Rache in aller Ruhe vorzubereiten, ohne von den Freiern erkannt zu werden. Achilles hatte seine Rache unter den Bedingungen maximaler Sichtbarkeit ins Werk gesetzt, Odysseus hingegen bereitet seine Rache im Geheimen vor, verborgen vor den

Augen der Öffentlichkeit. Dem eigentlichen Akt der Rache geht eine lange Phase rationaler Planung und Berechnung voraus.

Während der Vorbereitungsphase erfährt der als Bettler verkleidete Odysseus vonseiten der übermütigen Freier zahlreiche Beleidigungen. Odysseus reagiert darauf, wie man es von einem homerischen Helden nicht anders erwarten würde: Er wird zornig.[147] Entscheidend ist jedoch, dass er seinen Zorn jedes Mal unterdrückt und zurückhält. Diese Zurückhaltung dient nicht dazu, den Affekt zum Verschwinden zu bringen. Im Gegenteil, es geht darum, den Zorn zu konservieren und in tiefgekühlter Form für später zu speichern. Im 17. Gesang schildert Homer, wie sich Odysseus in seiner Verkleidung unter die Freier mischt, die gerade beim Mahl zusammensitzen. Ziel ist es, sie einer moralischen Prüfung zu unterziehen, herauszufinden, wer von ihnen vor allem den Tod verdient hat. Als der schlimmste von allen erweist sich Antinoos. Nicht nur lehnt er es ab, dem vermeintlichen Bettler etwas von seinen Speisen abzugeben, wie es die Sitte gebietet, sondern er beschimpft ihn auch noch und droht ihm Schläge an:

> Dabei warf er [Antinoos] mit dem Schemel nach ihm und traf ihn an der rechten Schulter, dicht beim Genick. Odysseus mühte sich, fest auf den Beinen zu bleiben, was ihm auch gelang. Wortlos schüttelte er den Kopf, war aber in Wirklichkeit maßlos erbost und sann auf Rache.[148]

Dieselbe Reaktion findet sich auch bei Odysseus' Sohn: »Telemachos war tieftraurig, daß sein Vater getroffen worden war, unterdrückte jedoch seinen Schmerz und schüttelte nur den Kopf. Im Herzen aber verlangte er nach Vergeltung.«[149] Wie sein Gebrauch der Verstellungskünste hat auch Odysseus' Umgang mit dem Zorn eindeutig einen instrumentellen Charakter. Der Zorn wird nicht auf der Stelle ›sinnlos‹ verschwendet, sondern ›vernünftig‹ angelegt, um später, wenn der vorausgeplante Augenblick gekommen ist, umso grausamer hervorzubrechen.[150] Die Herrschaft über die Affekte, das Vermögen, sie zu regieren und für bestimmte Zwecke dienstbar zu machen, erscheint in der *Odyssee* nicht nur als Voraussetzung der

Herrschaft über das Selbst, sondern ebenso als Voraussetzung für die Wiederherstellung der politischen Herrschaft, die der heimgekehrte Odysseus für sich beansprucht.

Odysseus selbst hält die Fähigkeit, seine wahren Absichten und Gefühle im Verborgenen zu halten, für ein herausragendes Merkmal seiner Person. Nachdem er sich seinem Sohn Telemachos gegenüber zu erkennen gegeben und ihn in seine Pläne eingeweiht hat, schwört er ihn auf die Geheimhaltung ein: »Bist du wirklich der Meine und aus meinem Blut, so kannst du auch schweigen! Lasse keinen, wer immer es sei, vernehmen, daß Odysseus bereits zu Hause ist!«[151] Wie der Vater so geht auch der Sohn daraufhin an alles, was er tut, »mit kühler Berechnung«[152] heran. Dieses Versteckspiel endet erst im letzten Moment. Als der Zeitpunkt der Rache gekommen ist, wirft Odysseus die Lumpen ab und gibt sich seinen Feinden in seiner wahren Gestalt zu erkennen. Dies ist zugleich der Moment, in dem sein Zorn in Worten und Taten offen herausbricht. Während er sich zornerfüllt im Saal umblickt, ruft er den dort versammelten Freiern zu:

> Ihr Hunde! Habt ihr gedacht, ich käme nicht mehr aus dem Land der Troer zurück? Habt ihr deshalb mein Hab und Gut verpraßt, unsere Weiber vergewaltigt und meiner Gattin nachgestellt? Weder habt ihr die Götter im hohen Himmel noch euch selbst geachtet. Ihr habt den letzten Rest von Anstand verloren! Nun werdet ihr noch in dieser Stunde alle sterben müssen.[153]

So still und heimlich Odysseus seine Rache vorbereitet hat, so laut und deutlich wird sie schließlich ins Werk gesetzt: »Schwertschläge mischten sich mit dem Krachen von Knochen, dem Angstgeschrei der Gehetzten und dem Gestöhn der Sterbenden.«[154] In seiner Rache ist Odysseus erbarmungslos. Die Heimkehr des Helden mündet in ein Strafgericht von selbst für homerische Verhältnisse außergewöhnlicher Grausamkeit.

In der *Odyssee* ist das Verhältnis zur Sichtbarkeit bereits komplexer als in der *Ilias*. Als es schließlich zur Rache kommt, legt Odysseus seine Verkleidung zwar ab, so dass ihn alle in seiner wahren Identität erkennen können; der Ort der Rache hat sich jedoch gewandelt. Sie findet nicht mehr wie noch in der *Ilias* unter freiem Himmel statt, sondern in einem geschlossenen Raum, dem Festsaal des Hauses. Odysseus selbst hat diesen Ort zum Schauplatz seiner Rache auserkoren. Zugleich trägt er Sorge dafür, dass keiner der Freier aus dem Saal hinauskann.[155] Zum einen will er damit sicherstellen, dass die Schar der Freier von außen keine unerwartete Unterstützung erhält. Zum anderen fürchtet er die Konsequenzen, die daraus erwachsen könnten, wenn Außenstehende das von ihm verübte Blutbad sähen.[156] Der Kreis der Sichtbarkeit hat sich in der *Odyssee* zusammengezogen: Die Rache ist *nach innen* verlagert; die genaueren Umstände der von Odysseus verübten Vergeltung werden der politischen Öffentlichkeit von Ithaka gegenüber zur Verschlusssache erklärt. Die von Odysseus angeordneten Maßnahmen zur Geheimhaltung können indes nicht verhindern, dass die Angehörigen und Gefolgsleute der Freier von dem Massaker erfahren und nun ihrerseits auf Rache sinnen. Am Ende bedarf es einer qua olympischer Intervention erwirkten Amnesie, um ein weiteres Blutvergießen zu verhindern und die soziale Ordnung in Ithaka zu sichern. »Da Odysseus nun den Sieg über die Freier errungen hat«, so rät Zeus seiner Tochter Athene,

> sollte das Bündnis zwischen dem Herrn und dem Volk von Ithaka erneuert werden. Odysseus herrsche wieder als Fürst auf Ithaka. Dem Volk sollten wir die Erinnerung an den Verlust seiner Söhne und Brüder nehmen, damit künftig kein Gedanke an Rache die Sinne trübt. Einträchtig wie zuvor sollte man wieder im Lande zusammenleben, damit Friede und Wohlstand wachsen![157]

Der Graf von Monte Christo

Würde man heute eine Umfrage dazu durchführen, was die Leute mit dem Namen Monte Christo verbinden, so wären vermutlich nicht wenige darunter, die eher auf die kubanische Zigarre als auf den gleichnamigen Helden des von Alexandre Dumas geschriebenen Romans[158] verweisen würden. Tatsächlich liegen beide Assoziationen gar nicht so weit voneinander entfernt: Die ›Montecristo‹

(so die korrekte Schreibweise der Zigarre) trägt diesen Namen, weil Dumas' *Graf von Monte Christo* das erklärte Lieblingsbuch von Fidel Castro war.[159] Man mag in diesem Umstand einen diskreten Hinweis auf die etwaige Gestrigkeit dieser Rachegeschichte erkennen – wofür im Übrigen auch das zweifelhafte Prädikat ›Weltliteratur‹ spricht, mit dem *Der Graf von Monte Christo* in literaturwissenschaftlichen Zusammenhängen regelmäßig versehen wird, gibt dieses doch ein fast untrügliches Indiz dafür ab, dass es nicht mehr für nötig gehalten wird, das Buch heute noch zu lesen.

Ganz anders verhielt es sich jedoch in den Jahren, als *Der Graf von Monte Christo* erstmals publiziert wurde. Sein Erscheinen in der Mitte des 19. Jahrhunderts fällt in jene Zeit, als das französische Bürgertum sich anschickte, die kulturelle Ordnung des Ancien Régime endgültig zu verabschieden. Die Geschichte des mysteriösen Grafen stellt eines der frühesten Erzeugnisse der bürgerlichen Massenkultur dar. Um die Bedeutung dieses Romans richtig einzuschätzen, tut man gut daran, sich eine Vorstellung zu machen von dem ungeheuren Erfolg, der dem *Grafen von Monte Christo* seinerzeit beschieden war:

> Vom August 1844 bis zum Januar 1846 entrollte sich vor den Augen eines verzauberten und unersättlichen Publikums die größte Rachefabel der Weltliteratur, ein Erzählwerk in Form eines Feuilletonromans von einhundertfünfzig Folgen des *Journal des débats*, das sich in der Buchfassung von 1846 über mehr als eintausendfünfhundert Seiten erstreckte. Was Hegel zufolge im modernen »Weltzustand« nicht mehr möglich ist: der Auftritt eines Helden, dessen Lauf durch die Welt *per se* das Epos ergibt – hier lag es in der evidentesten Weise noch einmal vor, wenn auch in der künstlerisch wenig respektablen Gestalt des Unterhaltungsromans. Die Massenkultur machte möglich, was der Hochkultur längst verboten war – eine moderne *Ilias*, deren Held, ein junger Seemann aus Marseille, der von Neidern und Karrieristen denunzierte Edmond Dantès, vierzehn Jahre unschuldig in den vom Meer umspülten Felsenverliesen des Château d'If verbrachte, um nach seiner Befreiung ausschließlich für die Erfüllung seiner feierlichen Racheschwüre zu leben.[160]

Wie der Titel bereits andeutet, versteht der Held dieses Romans sein Rachewerk nicht bloß als persönliche Abrechnung, sondern als messianische Mission. Als Werkzeug der göttlichen Gerechtigkeit kommt ihm die Aufgabe zu, dafür zu sorgen, dass die Guten belohnt werden und die Schlechten ihre gerechte Strafe erhalten. Peter Sloterdijk hat die Bedeutung dieses Umstands deutlich herausgestellt:

> Als Meister der Massenunterhaltung war der Romancier zu der Einsicht gelangt, daß nichts die Phantasie des großen Publikums so heftig anspricht wie die profanierte Heilsgeschichte. [...] Aus dem Zorn Gottes sollte die menschliche Rache werden – und aus dem Warten auf die jenseitige Vergeltung eine diesseitige Praxis, hinreichend kühl, um mit Umsicht ans Ziel zu gelangen, doch auch heiß genug, um von der Forderung nach Gerechtigkeit nicht im mindesten abzulassen. [...] Aus dieser Sicht verkörpert Edmond Dantès die Weltseele der Bürgerzeit. Ihm ist in klarer und einfacher Evidenz gegeben, wonach die politischen Weltveränderer von damals erst noch suchen mußten. Er ist der Mensch, der seinen Kampf gefunden hat. Sein *modus vivendi* ist das Durchdrungensein von einer Motivation, die jede Mehrdeutigkeit vertilgt.[161]

Das eigentlich Bahnbrechende der von Dumas erzählten Rachegeschichte ist jedoch woanders zu suchen. Was den Grafen von Monte Christo zu einem veritablen Ahnherrn der modernen Form des rächenden Heldentypus macht, ist nicht das messianische Moment, sondern vielmehr der Umstand, dass hier zum ersten Mal ein Rächer die Bühne betrat, der sich zum Zwecke der Rache eine *doppelte Identität* zulegt. Nicht Edmond Dantès ist es, der nach Jahrzehnten der Abwesenheit als Rächer zurückkehrt, sondern sein Alter Ego, der geheimnisvolle Graf von Monte Christo. Im *Grafen von Monte Christo* feierte das Motiv der Doppelidentität des rächenden Helden seinen Durchbruch. Erstmals in der Geschichte der erzählten Rache bekamen es die Leserinnen und Leser mit einem Protagonisten zu tun, dessen Identität sich vervielfältigt und auflöst: Aus dem braven Edmond Dantès wird der mysteriöse Graf von Monte Christo, der seinerseits in verschiedenen Verkleidungen und unter wechselnden

Namen auftritt: als exzentrischer englischer Lord, der auf den sprechenden Namen Wilmore hört, als sizilianischer Geistlicher namens Abbé Busoni und als (dem Orientalismus seiner Zeit geschuldeten) Sindbad der Seefahrer. »Die Undurchsichtigkeit seiner neuen Rolle erlaubt es dem Rächer, als eine Form von Schatten zu erscheinen, das Menschliche zu verstecken oder sogar zu überwinden und als personifiziertes Schicksal zu erscheinen.«[162] In der Reihe der vier in diesem Abschnitt nebeneinandergestellten Rächer ist der Graf von Monte Christo zudem der erste, der sich gezwungen sieht, ein intimeres Verhältnis mit der Dunkelheit zu unterhalten. Neben seinem wiederholt als »vampirhaft« beschriebenen Äußeren[163] und der Tatsache, dass sein Refugium in einer Höhle besteht, spricht dafür unter anderem auch der bemerkenswerte Umstand, dass Edmond Dantès während seiner Gefangenschaft gelernt hat, im Dunkeln zu sehen.[164]

Die Aufspaltung der Identität des rächenden Subjekts ist im *Grafen von Monte Christo* allerdings bei Weitem nicht so radikal, wie es rund hundert Jahre später bei Batman der Fall sein wird. Der Wechsel der Identitäten, in denen der Held dieses Romans auftritt, bewahrt vielmehr den Charakter eines karnevalesken Spiels. In diesem Spiel erweist sich der Protagonist gleich in zweifacher Hinsicht als Meister. Zum einen ist er ein meisterhafter Schauspieler, dem es gelingt, jede seiner Rollen glaubwürdig zu verkörpern; zum anderen droht ihm zu keinem Zeitpunkt ernsthaft die Kontrolle über die von ihm dirigierten Identitäten zu entgleiten. Welche der Figuren – der Graf von Monte Christo, Lord Wilmore, Abbé Busoni, Sindbad – wann und vor wem in Erscheinung tritt, folgt einer sorgfältig vorausbedachten Choreographie, die ganz im Dienst der übergeordneten Rachemission steht. Was den Umgang mit den Künsten der Verstellung betrifft, ähnelt Edmond Dantès also eher dem listenreichen Odysseus als dem ›dunklen Ritter‹ Batman. Und wie Odysseus, so versäumt es auch der heimgekehrte Held im *Grafen von Monte Christo* nicht, sich seinen Feinden im entscheidenden Augenblick in seiner wahren Identität erkennen zu geben.[165]

Anstelle eines Rückblicks: Batmans Botschaft

Jede Stadt hat die Heldin, die sie verdient, heißt es im Comic-Universum. Wenn man diesen Satz auf historische und kulturelle Formationen überträgt, dann ließe sich sagen, dass von allen imaginären Rächerinnen und Rächern Batman derjenige ist, der am besten zu der Moderne passt. In Batmans Gestalt ist das Moment der Aussonderung der Rache so weit getrieben, dass es zu einer regelrechten Spaltung führt. Die Doppelidentität des Helden wird damit zum Sinnbild ebenjener Ambivalenz und inneren Zerrissenheit, die den modernen Umgang mit der Rache mehr als alles andere charakterisiert. In Batman offenbart sich die Rückseite der sich selbst als aufgeklärt verstehenden Vernunft. Er verkörpert, was diese nicht als Teil ihrer selbst annehmen kann und daher verdrängt. Vor der Erfindung der Psychoanalyse wäre eine Figur wie Batman kaum denkbar gewesen. Für Gotham City ist Batman das, was die Rache für die Moderne als Ganzes ist: etwas, das man nicht akzeptieren, worauf man umgekehrt aber auch nicht verzichten kann, etwas, das man zugleich fürchtet und bewundert, idealisiert und verfolgt.

Batman ist ein Geschöpf der Nacht, ihm gehört die Dunkelheit, seinem Alter Ego Bruce Wayne der Tag. Seit Bruce als Kind mitansehen musste, wie seine Eltern auf offener Straße ermordet wurden, wird er angetrieben von dem Wunsch nach Vergeltung. Dieser Wunsch setzt eine Verwandlung in Gang, an deren Ende die ikonische Maske steht. Das ist Batmans Geburtsstunde. Die Identität des rächenden Subjekts hat sich damit aber dissoziiert. Die Realisierung seines Rachewunsches überlässt Bruce Wayne einem anderen, einer Figur, die seiner Imagination entspringt. Gerade darin erweist sich seine spezifische Modernität. Denn tun wir das im Grunde nicht alle? Die Rache auslagern und auf ein Anderes projizieren – das kulturell Andere der sogenannten Naturvölker und primitiven Gesellschaften, das historisch Andere eines vorgeblichen Naturzustands oder eben das Andere, das das Imaginäre in Bezug auf die Wirklichkeit darstellt? Erfinden wir nicht alle, wie Bruce Wayne, imaginäre Gestalten, denen wir es überlassen, an unserer statt Vergeltung zu üben?

Unter modernen Bedingungen ist die Rache nur noch um den Preis der inneren Spaltung zu haben. Die moderne Gesellschaft sieht keinen Lebensentwurf vor, in den sich ein Racheprojekt von Dumas'schen Ausmaß noch bruchlos einfügen ließe. Wer die ganz große Rache will, wer wie die imaginären Rächerinnen und Rächer bereit ist, für sein Vorhaben aufs Ganze zu gehen, dem bleibt das Ganzseinkönnen verwehrt. Marianne Bachmeier hat es versucht – und ist daran zerbrochen. Unmaskiert und unter ihrem eigenen Namen hat sie öffentlich den Mann erschossen, der für den Tod ihrer Tochter verantwortlich war. Als sie die Schüsse abfeuerte, war sie noch dieselbe: eine junge Mutter mit einem etwas krummen Lebenslauf. Noch während des Prozesses, in dem sie sich für ihre Tat zu verantworten hatte, wurde sie von den Medien jedoch zu einer Anderen gemacht: wahlweise Racheengel oder Rabenmutter, spaltet sich die öffentliche Meinung an Marianne Bachmeier bis heute.

Die Parabel von Batman lehrt uns, dass derjenige, dem als kleiner Junge etwas Schlimmes angetan wurde, und derjenige, der als erwachsener Mann Nacht für Nacht loszieht, um die Verbrecher das Fürchten zu lehren, nicht mehr in ein und derselben Identität zusammenfinden. Die Selbstermächtigung – das heißt die Transformation vom Erleidenden zum Handelnden – ist nur um den Preis der Selbstpreisgabe zu haben; von dem dunklen Rächer führt kein Weg mehr zu dem Opfer von einst zurück. Wenn zwischen dem, was war, und dem, was später kommen sollte, keine Verbindung mehr besteht, wenn da also ein Bruch ist zwischen Erleiden und Handeln, dann heißt das aber auch, dass Batman das Motiv für sein Handeln nicht mehr aus dem vergangenen Ereignis bezieht. Batmans Treiben ist ja auch überhaupt nicht darauf gerichtet, den Mörder seiner Eltern zu bestrafen. Sein Antrieb, der Zweck seines Handelns, ist nicht die persönliche Rache, sondern die Bekämpfung des Verbrechens als solches. Der Preis nimmt also die Form einer Aporie an: Wenn ich ein anderer werden muss, um meine Rache ausleben zu können, wenn ich gezwungen bin, einen anderen Namen und eine andere Identität anzunehmen, dann verliert die Rache ihren Bezug zu dem, was sie überhaupt erst ins Leben rief. Sie wird grundlos. In den Augen der anderen ist der Rächer kein Rächer mehr, sondern nur noch jemand, der seine Affekte nicht unter Kontrolle hat. Die Rache hört auf, eine zweite Tat zu sein. Sie ist keine Replik mehr, die auf ein vergangenes Unrecht antwortet, sondern nur noch ein blindes Ausrufezeichen, dessen Sinn keiner versteht, weil der Satz davor gelöscht wurde.

Die Macher von Batman haben sich über diese Aporie dadurch hinweggeholfen, dass sie ihn kurzerhand zu einem Kämpfer für das Gute und die Gerechtigkeit erklärt haben. Im Imaginären, vor allem im manichäisch strukturierten Superhelden-Universum, mag dieser Kniff funktionieren. In der Wirklichkeit indes stellt sich die Sache meist komplizierter dar.

Epilog
Zur Frage der moralischen Beurteilung

Gesetzt den Fall, Sie haben nie einen Menschen umgebracht: wie erklären Sie es sich, daß es dazu nie gekommen ist?
Max Frisch[1]

Die Analysen in dieser Arbeit zielten darauf ab zu erhellen, was es mit der Rache in der modernen Gegenwartskultur auf sich hat. Diese Aufgabe hat es nötig gemacht, von voreiligen Bewertungen und normativen Urteilen abzusehen. Um zu verstehen, welchen Ort die Rache im kulturellen Gewebe der Moderne einnimmt, musste sie von dem negativen Vorzeichen befreit werden, mit dem sie das philosophische Denken seit der Aufklärung versehen hat. Die Frage nach der moralischen Beurteilung der Rache ist daher in den vorangegangenen Analysen absichtlich ausgeklammert worden. Sie wurde zwar an der einen oder anderen Stelle gestreift, hat jedoch zu keinem Zeitpunkt im Zentrum unserer Überlegungen gestanden. Die Analyse eines Gegenstandes – das gilt für die Rache nicht weniger als für jedes andere Thema – und seine normative Bewertung dürfen nicht unkontrolliert ineinanderfließen. Ehe man ein Urteil über etwas fällt, sollte man sich darum bemühen, das, worüber es zu urteilen gilt, so gut wie möglich zu studieren.

Die moderne Philosophie hat sich im Allgemeinen wenig mit der Rache befasst, und dort, wo sie es getan hat, ist sie diesem Grundsatz nur selten gefolgt. Die Selbstverständlichkeit, mit der die Rache in philosophischen Publikationen dem Recht apriorisch entgegengesetzt wird, als ob das schon immer so gewesen sei und auch gar nicht anders sein könne, verrät nicht nur eine Blindheit für die subtileren und wenig aufsehenerregenden Formen der Rache, die inkognito unseren eigenen Alltag durchziehen, sondern auch eine mangelnde Kenntnis der sozialen Funktion, die die Rache in Gesellschaften des genealogischen Typs besitzt, denjenigen Gesellschaften also, die anders als unsere eigene nicht über eine politische Zentralinstanz verfügen. In diesen Gesellschaften – ich habe diesen Punkt oft betont – ist die Rache eine Form des Rechts, und nicht ihr Gegenteil. Wie die Untersuchungen gezeigt haben, ist es falsch zu glauben, dass die Rache unweigerlich mit Gewalt und Blutvergießen einhergeht, dass sie dem Recht notwendig äußerlich gegenübersteht und dass sie gar nicht anders kann, als über das rechte Maß hinauszuschießen. Diese drei Annahmen treffen nur für eine bestimmte Form der Rache zu, die wilde und rechtlose Rache, aber nicht für die Rache als Ganzes. Anders als es die modernen Staatsphilosophien behaupten, ist die unkontrollierte Rache auch nicht dasjenige, was der Herrschaft des staatlichen Rechts vorausgeht, sondern etwas, das durch die Etablierung des staatlichen Gewaltmonopols überhaupt erst hervorgebracht wird. Die Vehemenz, mit der sich die zeitgenössische Philosophie dagegen verwehrt, diesen Erkenntnissen, die ethnologisch und sozialwissenschaftlich hinreichend belegt sind, angemessen Rechnung zu tragen oder sie überhaupt nur zur Kenntnis zu nehmen, gewinnt vor diesem Hintergrund den Charakter eines blinden Abwehrreflexes. Diese Reaktion scheint selbst eher affektiv getrieben, als sich rationalen Überlegungen zu verdanken. Unbesehen wird dasjenige, was man für die Wirklichkeit der Rache hält, auf das historisch oder kulturell Andere projiziert. Das übertrieben gewaltmäßige Bild, das wir uns davon machen, wie es bei den ›Primitiven‹ mit der Rache zugeht, verrät folglich weitaus mehr über die Komplexionen unserer eigenen affektiven Verfasstheit als darüber, was in den sogenannten traditionellen Gesellschaften tatsächlich der Fall ist.

»Der Philosoph«, heißt es bei Wittgenstein, »behandelt eine Frage; wie eine Krankheit.«[2] Das heißt aber auch, man muss die Möglichkeit in Betracht ziehen, selbst Träger dieser Krankheit zu sein. In anderen Worten, wir können die Frage nach der moralischen Beurteilung der Rache nicht stellen, ohne uns zugleich zu fragen, was das alles mit *uns* zu tun hat und wo *wir* in dieser Geschichte stehen. Es gibt keinen neutralen Standpunkt, von dem aus sich jene

Frage beantworten ließe. Viel zu lange hat sich die westliche Philosophie angemaßt, ihre Urteile im Namen einer universellen Vernunft fällen zu können, die sich über die partikulare Bedingtheit ihrer eigenen Position hinwegtäuscht. Dadurch verändert sich aber auch die Frage und gerät zugleich zu einer Form der Selbstbefragung, in der sich die philosophische Tätigkeit der therapeutischen annähert: Wie halten wir es mit der Rache? Wie gehen wir um mit dem Zorn, unserem eigenen und dem der anderen? Welche Haltung beziehen wir gegenüber dem Unrecht in der Welt? Wie weit wären wir bereit zu gehen für die Menschen, die wir lieben?

Festhalten lässt sich zunächst das Folgende: Stellt man die Frage nach der moralischen Beurteilung der Rache in einer so simplen Form wie »Ist Rache nun gut oder schlecht, moralisch gerechtfertigt oder nicht?«, so lässt sie sich nicht adäquat beantworten. In dieser Form ist die Frage viel zu allgemein und daher schlecht gestellt. In Bezug auf Gesellschaften des genealogischen Typs lässt sie sich nicht in derselben Weise beantworten wie in Bezug auf politisch zentralisierte Gesellschaften. Wie so oft kommt es auch hier darauf an, den kulturellen, historischen, sozialen und politischen Kontext zu beachten. Das anzuerkennen hat nichts mit Relativismus zu tun, sondern richtet sich schlicht gegen die Anmaßung, die Rechtssysteme anderer Kulturen und Gesellschaften allein nach der Maßgabe derjenigen Normen und Wertvorstellungen zu beurteilen, die das moderne westliche Rechtssystem hervorgebracht hat. Die Forderung, den jeweiligen Kontext zu berücksichtigen, reicht indes noch weiter. Denn selbst wenn man die Frage einengt und ausschließlich auf die Gruppe der genealogischen Gesellschaften oder auf die der politischen Gesellschaften bezieht, so bleibt sie immer noch sehr schematisch. Die Rache tritt in einer Vielzahl von Formen auf, die es unmöglich macht, sie einer allgemeinen normativen Bewertung zu unterziehen. Um ein moralisches Urteil über die Rache fällen zu können, muss man sich vielmehr an das Besondere halten und die genaueren Umstände und den Kontext der infrage stehenden Tat in jedem einzelnen Fall genau prüfen. Dass die Rache in genealogischen Gesellschaften ein anerkanntes Rechtsverfahren darstellt, garantiert keineswegs, dass es dort auch immer gerecht zugeht. Dasselbe gilt für Gesellschaften mit einer politischen Zentralgewalt: Sowenig man davon ausgehen kann, dass jedes von einem staatlichen Gericht verhängte Urteil allein schon deshalb gerecht ist, weil es von einem staatlichen Gericht verhängt wurde, so wenig kann man voraussetzen, dass jeder Racheakt in einer staatlich verfassten Gesellschaft zwangsläufig eine Ungerechtigkeit darstellt.

Wichtig ist zudem, zwischen dem *Wunsch* nach Rache und den *Handlungen* zu unterscheiden, die möglicherweise aus diesem Wunsch entspringen. Der Wunsch nach Rache gehört der Ordnung des Begehrens an. Sie kann nicht nach denselben Kriterien beurteilt werden wie die Ordnung des Handelns. Wenn eine Person, der ein schwerwiegendes Unrecht zugefügt wurde, anschließend davon träumt oder sich danach sehnt, es der Urheberin dieses Unrechts heimzuzahlen, so sehe ich nicht, was daran moralisch tadelnswert wäre. Es gibt so etwas wie eine Unschuld der Imagination, und es gibt auch – woran Autoren wie Jean Améry[3] gemahnt haben – ein Recht auf Unversöhnlichkeit. Gewiss wäre es wünschenswert, wenn das Verlangen nach Rache der Bereitschaft zur Vergebung weicht. So bewundernswert die Geste der Vergebung, so wie sie sich etwa im christlichen Gebot der Feindesliebe ausspricht, sein mag, so schnell stößt sie in der Realität allerdings an ihre Grenzen.[4] Wenn es nicht bloß um diejenigen Vergehen geht, die Hannah Arendt als »alltägliche Vorkommnisse«[5] bezeichnet hat, sondern um böswillige Handlungen, die im vollen Bewusstsein ihrer Böswilligkeit begangen wurden, so bezweifle ich, dass den Opfern derartiger Handlungen mit dem Hinweis geholfen ist, es sei besser zu vergeben, als nach Vergeltung zu trachten.[6] Dass der Akt der Vergebung moralisch lobenswert ist, macht den Wunsch nach Vergeltung nicht notwendigerweise moralisch tadelnswert. Es gibt Umstände, unter denen dieser Wunsch ebenso nachvollziehbar wie moralisch gerechtfertigt sein kann. Diese Position wird auch von Nico Frijda und Charles Griswold vertreten. In seinem Aufsatz »The Nature and Ethics of Vengeful Anger« hat Griswold präzise die Bedingungen ausgearbeitet, unter denen das Verlangen nach Rache als gerechtfertigt gelten kann: »[T]he alleged wrong must be really such, the target of revenge must in fact be the offender, the revenge must be proportional to the offense, the offender must deserve punishment, and the revenge must not be the instrument of sadism or cruelty.«[7] Ähnlich, wenn auch weniger differenziert, heißt es bei Frijda: »When the offense is real and unacceptable, desire for revenge is acceptable. Society would do well to recognize this, and should find ways to deal with desire for revenge beyond denying and condemning its existence.«[8] Die große Frage lautet, wie solche Wege im Konkreten aussehen können.[9] Denn so wichtig es ist, den Bann zu brechen, den das moderne Denken über die Rache verhängt hat, so wichtig ist es auch, nicht ins umgekehrte Extrem zu verfallen und die Rache zu verherrlichen. Daraus, dass der Wunsch nach Rache unter bestimmten Umständen moralisch gerechtfertigt sein kann, folgt nicht, dass auch alle Handlungen gerechtfertigt sind, die diesem Wunsch entspringen.[10] Hier gilt es, klar zwischen der Rache als *Wunsch* und der Rache als *Handlung* zu unterscheiden.

Während die Rache als Wunsch eine gewisse Unschuld bewahrt, die der Ordnung des Imaginären entlehnt ist, setzt sie sich als Handlung unvermeidlich dem Urteil der Mitmenschen aus, sobald sie in das Netz der zwischenmenschlichen Angelegenheiten eintritt. Doch auch hier gilt es, eine wichtige Unterscheidung zu beachten, nämlich zwischen der Beurteilung einer Handlung als *unmoralisch* und der Beurteilung einer Handlung als *ungerecht*. In unserer Alltagsmoral neigen wir dazu, Gerechtigkeit und Moral umstandslos miteinander zu identifizieren. Wenn eine Handlung gerecht ist, dann gehen wir auch davon aus, dass sie gut ist (und umgekehrt). Die Betrachtung der Rache lehrt uns nun aber, dass sich die Dinge nicht immer so einfach verhalten. Es gibt Racheakte, die sich unter moralischen Gesichtspunkten verurteilen lassen, ohne dass man zugleich auch sagen könnte, sie seinen ungerecht. Folgendes Gedankenexperiment: Im Sommer 2011 ermordete der Rechtsterrorist Anders Behring Breivik in Oslo und auf der norwegischen Insel Utøya 77 Menschen. Die meisten Opfer waren Jugendliche, die sich auf Utøya in einem Feriencamp befanden. 2012 wurde Breivik verurteilt und sitzt seitdem in Haft. Angenommen, wir würden morgen früh in der Zeitung lesen, dass auf Breivik ein Mordanschlag verübt wurde, begangen von der Mutter oder dem Vater eines der Jugendlichen, die Breivik auf Utøya erschossen hat. Wäre durch die Tötung Breiviks irgendetwas von dem unbezifferbaren Leid, das er über unzählige Menschen gebracht hat, wiedergutgemacht? Man darf daran zweifeln. Lässt es sich moralisch rechtfertigen, aus Rache jemanden zu töten, der selbst so viele Menschen auf dem Gewissen hat? Einige werden diese Frage verneinen, andere sie bejahen. Für beide Positionen lassen sich gute Gründe finden. Aber ließe sich der fiktive Rachemord an Breivik angesichts der Verbrechen, die er selbst begangen hat, auch als *ungerecht* verurteilen? Das scheint mir überaus fraglich.

Wie dieses Gedankenexperiment zeigt, gibt es Fälle und Situationen, in denen die kompromisslose Verurteilung von Gewalt, die eine dezidiert *moralische* Haltung ist, unweigerlich mit der Idee der Gerechtigkeit in Konflikt gerät. Eines der Argumente, das regelmäßig gegen die Rache vorgebracht wird, lautet, sie bringe bloß noch mehr Leid in die Welt.[11] Ich bezweifle nicht, dass dieser Einwand in vielen Fällen gerechtfertigt ist. Was man dabei jedoch nicht übersehen sollte, ist der Umstand, dass dasselbe auch für jede staatlich verhängte Strafe gilt. Die Fokussierung auf Strafzwecke wie Prävention und Resozialisierung täuscht leicht darüber hinweg, dass auch staatlich verhängte Strafen für die Verurteilten ein Übel darstellen, das mit Leid einhergeht. Eine Strafe, die nicht als leidvoll empfunden wird, würde den Charakter der Strafe verlieren. Dass ein Verbrechen wie dasjenige Breiviks nicht ungesühnt bleiben kann, wird niemand ernsthaft bestreiten. So wie die empfangene Gabe danach verlangt, durch eine entsprechende Gegengabe erwidert zu werden, so verlangt das begangene Unrecht nach einer angemessenen Bestrafung. Die Idee der Gerechtigkeit fordert etwas von uns, das unvereinbar ist mit der moralischen Maxime, der zufolge jede Form der Gewalt – einschließlich der strafenden – unter allen Umständen zu vermeiden sei. Die Notwendigkeit, Schlechtes mit Schlechtem zu vergelten, markiert den Punkt, an dem sich zwischen dem Gerechten und dem Guten ein Riss abzeichnet und beide auseinandertreten. Wer Gerechtigkeit will, kommt nicht umhin, in bestimmten Situationen das Übel der Bestrafung in Kauf zu nehmen. Das bedeutet aber auch in Kauf zu nehmen, dass zu dem bereits geschehenen Leid weiteres Leid hinzutritt.

Etwas von diesem Riss durchzieht auch die Geschichte von Chaim Miller, einem jüdischen Überlebenden der Shoah, der 1921 in Wien geboren wurde. Eine gewisse Bekanntheit erlangte Miller durch den dokumentarischen Porträtfilm *Killing Nazis*, der im Mai 2013 erstausgestrahlt wurde.[12] Im Alter von siebzehn Jahren flieht Miller vor den einrückenden nationalsozialistischen Truppen nach Palästina, wo er sich der Jüdischen Brigade anschließt. Seine Eltern bleiben in Österreich und werden von den Nazis ermordet. Miller wird Teil eines Spezialkommandos. Kurz vor Kriegsende werden er und seine Kameraden zur Unterstützung der britischen Armee nach Italien entsendet. Der Krieg ist mittlerweile zu Ende, zahlreiche Nazis haben sich nach Österreich abgesetzt. Die jüdischen Soldaten hören Geschichten von dem, was passiert ist, und beschließen gemeinsam zu handeln. Dies ist der Beginn der Aktion »Nakam« (hebräisch für Rache):

> Nacht für Nacht überqueren Miller und seine Gruppe mit Lastwagen die Grenze, fahren mal nach Klagenfurt, mal nach Villach, klopfen bei den mutmaßlichen Nazi-Schergen, geben vor, sie zum Verhör mitzunehmen und entführen sie nach Italien. Dort schleppen die Soldaten ihre Häftlinge in einen Wald bei Malborghetto, halten in einer Hütte ›Gericht‹ und machen kurzen Prozess.[13]

Millers Gruppe war nicht die einzige, die solche geheimen Kommandoaktionen durchgeführt hat. Es gibt keine genauen Zahlen, aber man geht davon aus, dass in den ersten Monaten nach Kriegsende mehrere hundert SS- und Gestapo-Leute auf diese Weise getötet wurden. Oft, aber nicht immer, waren jüdische Soldaten daran beteiligt.

Am 16. April 2015 veröffentlichte die *Jüdische Allgemeine* ein Interview mit Miller.[14] Die Frage, ob er Reue oder ein Gefühl der Schuld empfinde, verneint Miller entschieden. »Es heißt immer«, so Miller, »Rache sei genauso schlimm wie das erlittene Unrecht. Das ist Quatsch. Mir hat sie geholfen.« Er sei nicht stolz auf das, was er getan habe. Hätte sich ihm die Gelegenheit geboten, hätte er jedoch noch mehr Nazis getötet:

> Diese Männer haben unfassbare Schuld auf sich geladen. Und unsere Informationen über die Nazis waren [...] zweifelsfrei richtig. Bis auf einen SS-Mann haben alle ihre Taten gestanden. Den haben wir dann

> auch gleich laufen lassen. Ich habe getan, was ich hatte tun müssen. Das bin ich meinen jüdischen Brüdern und Schwestern schuldig gewesen, die von den Nazis ausgelöscht wurden.

Man kann unmoralisch finden, was Miller und seine Kameraden getan haben, aber kann man auch sagen, dass es ungerecht war? Nehmen wir einmal an, die jüdischen Soldaten hätten die NS-Verbrecher nicht getötet, sondern sich stattdessen darauf beschränkt, sie festzunehmen und einem regulären Gericht zu überantworten. Möglicherweise wären die Urteilssprüche ähnlich ausgefallen wie derjenige gegen Hermine Braunsteiner[15] – »Selektion mit Mord an 80 Menschen, Beihilfe zum Mord an 102 Menschen (»Kinderaktion«) und Selektion mit gemeinschaftlichem Mord an 1000 Menschen« – und die Schuldigen zu lebenslangen Freiheitsstrafen verurteilt worden. Gewiss wäre dies eine Form der Bestrafung, die mit unseren moralischen Grundsätzen eher vereinbar ist, aber wäre damit auch den Forderungen der Gerechtigkeit eher Genüge getan? Müssen wir nicht vielmehr den Gedanken akzeptieren, dass die Gerechtigkeit selbst eine dunkle Seite hat, eine, die wir nur mit Widerwillen akzeptieren können und durch die sie auf unauflösliche oder, wie Walter Benjamin sagen würde, »schicksalhafte« Weise mit der Gewalt verknüpft bleibt?[16]

Nimmt man diese Fragen ernst, scheint es kaum möglich, die Rache und das Recht weiterhin so zu betrachten, als ob sie vollkommen heterogener Abkunft wären. Ihre Stimmen nehmen sich zwar unterschiedlich aus, aber es ist derselbe Ruf nach Gerechtigkeit, der sich in ihnen artikuliert. »Laws«, schreibt Susan Jacoby, »are designed not to weed out the impulse toward revenge but to contain it in a manner consistent with the maintenance of an orderly and humane society.«[17] Anstatt die Rache zu verdrängen und zum schlechthin Anderen zu erklären, täte die Moderne folglich gut daran, sich klar zu machen, in welchem Maße ihr eigenes Fühlen und Handeln von rächerischen Affekten bestimmt wird und welchen Raum diese Affekte nicht nur in ihrer Imagination, sondern auch in ihren Institutionen einnehmen. Eine wirklich aufgeklärte Gesellschaft wäre eine, die ihren eigenen Zorn nicht mehr zu fürchten braucht.

Danksagung

Danke zu sagen, gehört vielleicht zu den schönsten Formen, jemandem etwas zu vergelten – zumal in einem Buch, zu dessen zentralen Themen es gehört, dass die Rache einer Logik folgt, die uns nicht nur dazu auffordert, Schlechtes mit Schlechtem zu erwidern, sondern auch Gutes mit Gutem. Das vorliegende Buch ist aus einem Promotionsprojekt hervorgegangen, dessen Anfänge mittlerweile über zehn Jahre zurückliegen. So lang der Weg von den ersten Überlegungen bis zu dem nun vorliegenden Ergebnis war, so groß ist meine Dankbarkeit gegenüber den Menschen, die mir dabei geholfen haben, ihn zu gehen.

Das sind an erster Stelle Hilge Landweer und Jan Slaby von der Freien Universität Berlin, die meine Promotion betreut haben. Ihrem Rat und freundlichem Zuspruch, ihrem Vertrauen und nicht zuletzt ihrer Geduld verdankt diese Arbeit mehr, als sich in diesen Zeilen sagen ließe.

Mein Dank gilt auch dem Exzellenzcluster »Languages of Emotion«, das meine Promotion vier Jahre lang mit einem Stipendium unterstützt hat, sowie den Verantwortlichen beim Sonderforschungsbereich »Affective Societies«, die sehr großzügig darin waren, mir die zur Überarbeitung des Manuskripts erforderliche Zeit freizuräumen.

Den regelmäßigen Teilnehmerinnen und Teilnehmern der Forschungskolloquien von Hilge Landweer und Jan Slaby, in denen ich meine Überlegungen wiederholt zur Diskussion stellen durfte, bin ich dankbar für Kritik und wertvolle Hinweise. Ebenso Svenja Flaßpöhler für ihre Neugier, ihren Rat und viele gute Gespräche.

Danken möchte ich auch Alexander Löwen für das mit großer Sorgfalt und Umsicht durchgeführte Lektorat.

Diese Aufzählung wäre unvollständig, wenn ich nicht die Menschen nennen würde, von denen ich mich getragen wusste in der Zeit, die diese Arbeit in Anspruch genommen hat. Hierfür danken möchte ich Erik und Carlo, meiner Mutter, Lotte und Peter sowie Johanna Breidenbach, die mir zudem eine unschätzbare Hilfe war, als es darum ging, die Dissertation vor der Abgabe Korrektur zu lesen.

Der größte Dank aber gilt Sarah. Der Anteil, den sie an der Entstehung dieses Textes hatte, und das Glück, das das Zusammenleben mit ihr bedeutet, entziehen sich jeder Berechenbarkeit. Ihr ist dieses Buch gewidmet.

Fabian Bernhardt
Berlin, im April 2021

Anmerkungen

Exposition
Über einen blinden Fleck der Moderne

1 Friedrich Nietzsche, *Also sprach Zarathustra. Ein Buch für alle und keinen*, Stuttgart 1994, S. 95 (Zweiter Teil, Abs. »Von den Tugendhaften«).

2 Ich werde im Folgenden nicht immer beide grammatischen Formen nennen, sondern in loser Folge zwischen den Genera hin- und herwechseln.

3 Vgl. hierzu als Überblick Peter Probst, Gerhard Sprenger, Art. »Rache«, in: *Historisches Wörterbuch der Philosophie*, hrsg. von Joachim Ritter und Karlfried Gründer, Darmstadt 1992, Bd. 8, Sp. 1–6.

4 Ausnahmen finden sich fast ausschließlich im US-amerikanischen Raum; vgl. hierzu unter anderem Peter A. French, *The Virtues of Vengeance*, Kansas 2001; Trudy Govier, *Forgiveness and Revenge*, London/New York 2002; Jon Elster, »Norms of Revenge«, in: *Ethics* 100,4 (Juli 1990), S. 862–885; Charles Griswold, »The Nature and Ethics of Vengeful Anger«, in: James E. Fleming (Hg.), *Passions and Emotions*, New York 2013, S. 77–124; Brian Rosebury, »Respect for Just Revenge«, in: *Philosophy and Phenomenological Research* LXXVII,2 (September 2008), S. 451–471; Robert C. Solomon, »Justice v. Vengeance. On Law and the Satisfaction of Emotion«, in: Susan Bandes (Hg.), *The Passions of Law*, New York 1999, S. 123–148; Elizabeth Wolgast, »Getting Even«, in: James B. Brady, Newton Garver (Hg.), *Justice, Law and Violence*, Philadelphia 1991, S. 117–133.

5 Spinoza beispielsweise behandelt die Rache im Kontext seiner *Ethik*, Hegel in den *Grundlinien der Philosophie des Rechts*, bei Hobbes steht die Reflexion auf die Rache in einem staatsphilosophischen Rahmen. Vgl. Baruch de Spinoza, *Ethik in geometrischer Ordnung dargestellt*, in: ders., *Sämtliche Werke*, Bd. 2, zweisprachige Ausgabe, neu übersetzt und hrsg. von Wolfgang Bartuschat, Hamburg 1999, Teil III, Lehrsatz 40, Anm. II, Lehrsatz 41, Anm. I, Teil IV, Lehrsatz 37, Anm. II; Georg Wilhelm Friedrich Hegel, *Grundlinien*

der Philosophie des Rechts, in: ders., *Gesammelte Werke* (GW), Bd. 14,1, hrsg. von Klaus Grotsch und Elisabeth Weisser-Lohmann, Hamburg 2009, §§ 102–104; Thomas Hobbes, *Leviathan*, übersetzt von Jutta Schlösser, hrsg. von Hermann Klenner, Hamburg 1996.

6 Vgl. Platon, *Gorgias*, zweisprachige Ausgabe, übersetzt und hrsg. von Michael Erler, Stuttgart 2011, 473a.

7 Die Rache (*timoria*) spielt eine zentrale Rolle in der Bestimmung des Zorns, die Aristoteles in der *Rhetorik* entwickelt (vgl. insbes. *Rhetorik* II 2, 1378a 31–33); in der *Nikomachischen Ethik* verurteilt Aristoteles nicht nur das Übermaß an Zorn, sondern ebenso dessen Mangel. So heißt es im 11. Kapitel des IV. Buchs: »Der Mangel, mag er nun *Zornlosigkeit* oder sonst was immer sein, erfährt Tadel. Denn, die nicht zürnen, worüber sie sollen, und nicht wie sie sollen, noch wann, noch wem sie sollen, scheinen töricht zu sein. Man meint ja, ein solcher Mensch habe keine Empfindung und könne nicht gekränkt werden und sei wehrlos, da er nicht zornig werde. Sich aber Schimpf gefallen zu lassen und seine Angehörigen nicht dagegen zu schützen, verrät knechtischen Sinn.« (1126a 3–8; Übersetzung von Eugen Rolfes, bearb. von Günther Bien)

8 Thomas von Aquin unterscheidet zwischen unerlaubter und lobenswerter Rache: »Nach Vergeltung streben, um dem zu Bestrafenden etwas Böses anzutun, ist unerlaubt. Jedoch Vergeltung auszuüben, um die Laster zu bekämpfen und das Gut der Gerechtigkeit zu erhalten, ist lobenswert.« (Thomas von Aquin, *Summa Theologica = Die deutsche Thomas-Ausgabe*, vollständige, ungekürzte zweisprachige Ausgabe, übersetzt und kommentiert von Dominikanern und Benediktinern Deutschlands und Österreichs, Bd. 22 [= Buch 2, Teil 2, Fragen 151–170. Masshaltung], Graz/Wien/Köln 1993, q.158 a.1 ad3.)

9 Die Rede von traditionellen Gesellschaften läuft leicht Gefahr, missverstanden zu werden. Daher ziehe ich es vor, in dieser Arbeit eher von ›nicht-staatlichen‹ oder ›genealogischen‹ Gesellschaften zu sprechen. Auch wenn die derart bezeichneten Gesellschaften in sich keine homogene Gruppe bilden, gibt es zwei Merkmale, die sie in der Regel teilen. Das *erste Merkmal* besteht darin, dass die Art der gesellschaftlichen Beziehungen und sozialen Positionen in ihnen im Wesentlichen durch die jeweiligen Verwandtschaftssysteme definiert werden – wobei es wichtig ist, Verwandtschaft nicht im Sinne von ›Blutsverwandtschaft‹ zu verstehen. Verwandtschaft, so

lehrt uns die Ethnologie, ist in erster Linie ein *soziales* Phänomen und kein biologisches. Daher die Bezeichnung als genealogische Gesellschaften. Das *zweite Merkmal* besteht in dem Nichtvorhandensein einer übergeordneten politischen Zentralgewalt, wie sie etwa der moderne Staat oder die antike Polis darstellen, einer Struktur also, die als souveräne Instanz *über* den genealogischen Einheiten auftaucht. Daher die Bezeichnung als nicht-staatliche Gesellschaften, um die eigentlich korrekte, aber etwas umständliche Bezeichnung ›Gesellschaften ohne politische Zentralinstanz‹ zu vermeiden. Die Ethnologie bezeichnet Gesellschaften dieses Typs häufig auch als ›segmentäre‹ oder ›akephale‹ Gesellschaften (diese Bezeichnungen tauchen teilweise auch in der von mir zitierten Literatur auf). Einen guten Leitfaden dafür, wie man sich die entsprechenden Gesellschaften vorstellen kann, findet sich in dem folgenden Aufsatz des Sozialwissenschaftlers Axel T. Paul, »Die Rache und das Rätsel der Gabe«, in: *Leviathan. Berliner Zeitschrift für Sozialwissenschaft* 33,4 (Dezember 2005), S. 240–256, hier S. 243.

10 Marcel Hénaff, *Der Preis der Wahrheit. Gabe, Geld und Philosophie*, übersetzt von Eva Moldenhauer, Frankfurt a. M. 2009, S. 331; Hervorhebung F. B.

11 Peter Sloterdijk, *Zorn und Zeit. Politisch-psychologischer Versuch*, Frankfurt a. M. 2006, S. 80.

12 Ebd., S. 81.

13 Vgl. Andrea Noble, Meredith Somers, »Osama Bin Laden's Death Sparks Celebrations in D.C., N.Y.C.«, in: *The Washington Times*, http://www.washingtontimes.com/news/2011/may/2/osama-bin-ladens-death-sparks-celebration-dc/, erstellt am 02.05.2011, Zugriff am 22.03.2021.

14 USA/Deutschland 2009.

15 Vgl. hierzu auch Walter Burkert, *Vergeltung‹ zwischen Ethologie und Ethik. Reflexe und Reflexionen in Texten und Mythologien des Altertums*, München 1994, S. 8.

16 Maria-Sibylla Lotter, *Scham, Schuld, Verantwortung. Über die kulturellen Grundlagen der Moral*, Berlin 2012, S. 26.

17 Für den deutschsprachigen Raum grundlegend sind hier die Arbeiten von Maria-Sibylla Lotter und Iris Därmann; vgl. Iris Därmann, *Fremde Monde der Vernunft. Die ethnologische Provokation der Philosophie*, München 2005; Lotter, *Scham, Schuld, Verantwortung*.

18 Die strikte dualistische Entgegensetzung von Rationalität und Emotionalität gilt in der interdisziplinären Emotionsforschung bereits seit geraumer Zeit als überholt. In der Rechtswissenschaft (und insbesondere im hochgradig kanonisierten Strafrechtsdiskurs), die von einem starken Rationalismus dominiert wird und auf klare Unterscheidungen drängt, ist diese Einsicht jedoch noch weit davon entfernt, sich auf breiter Front durchzusetzen; vgl. hierzu unter anderem Tatjana Hörnle, »Expressive Straftheorien«, in: Thomas Hilgers, Gertrud Koch, Christoph Möllers, Sabine Müller-Mall (Hg.), *Affekt & Urteil*, Paderborn 2015, S. 143–158.

19 Paul Ricœur, *Die Fehlbarkeit des Menschen. Phänomenologie der Schuld I*, übersetzt von Maria Otto, Freiburg/München 1971, S. 21.

20 Diejenigen Untersuchungen, die sich für die vorliegende Arbeit als besonders gewinnbringend erwiesen haben, stammen mit Ausnahme von Peter Sloterdijks *Zorn und Zeit* alle aus anderen Disziplinen als der Philosophie. Besonders erwähnenswert sind hier die der Rache gewidmeten Texte der Althistoriker Walter Burkert und Hans-Joachim Gehrke, die Monographie *Wild Justice* der New Yorker Journalistin Susan Jacoby, der von den beiden Sozialwissenschaftlern Günther Schlee und Bertram Turner herausgegebene Sammelband *Vergeltung* sowie die der Rache gewidmeten Passagen in Marcel Hénaffs Buch *Der Preis der Wahrheit*, das an der Grenze zwischen Philosophie und Kulturanthropologie situiert ist. Das umfassendste Projekt zur Erforschung der Rache ist das vierbändige, von dem französischen Rechtsanthropologen Raymond Verdier herausgegebene Werk *La vengeance*, das sich der Rache aus historischer, philosophischer und ethnologischer Perspektive zuwendet. Vgl. Sloterdijk, *Zorn und Zeit*; Burkert, *›Vergeltung‹ zwischen Ethologie und Ethik*; Hans-Joachim Gehrke, »Die Griechen und die Rache. Ein Versuch in historischer Psychologie«, in: *Saeculum* 38 (1987), S. 121–149; Susan Jacoby, *Wild Justice. The Evolution of Revenge*, New York 1983; Günther Schlee, Bertram Turner (Hg.), *Vergeltung. Eine interdisziplinäre Betrachtung der Rechtfertigung und Regulation von Gewalt*, Frankfurt a. M. 2008; Hénaff, *Der Preis der Wahrheit*, S. 312–371; Raymond Verdier (Hg.), *La vengeance. Études d'ethnologie, d'histoire et de philosophie*, 4 Bde, Bd. 1: *Vengeance et pouvoir dans quelques sociétés extra-occidentales*; Bd. 2: *Vengeance et pouvoir dans quelques sociétés extra-occidentales*; Bd. 3: *Vengeance, pouvoirs et idéolo-*

gies dans quelques civilisations de l'antiquité; Bd. 4: *La vengeance dans la pensée occidentale*; Paris 1980, 1980, 1984, 1984.

21 Probst/Sprenger, Art. »Rache«, in: *Historisches Wörterbuch der Philosophie*, Bd. 8, Sp. 1–6, hier Sp. 1.

22 Vgl. Bärbel Beinhauer-Köhler, Erich Zenger, Stefan Volkmann, Art. »Rache«, in: *Religion in Geschichte und Gegenwart. Handwörterbuch für Theologie und Religionswissenschaft*, vierte, völlig neu bearbeitete Auflage, hrsg. von Hans Dieter Betz, Don S. Browning, Bernd Janowski und Eberhard Jüngel, Tübingen 2004, Bd. 7, Sp. 11–13, hier Sp. 11.

23 Vgl. Burkert, *›Vergeltung‹ zwischen Ethologie und Ethik*, S. 15–18; Bernadette Descharmes, *Rächer und Gerächte. Konzeptionen, Praktiken und Loyalitäten der Rache im Spiegel der attischen Tragödie*, Göttingen 2013, u. a. S. 14; Gehrke, »Die Griechen und die Rache«, S. 129–130. Um welche Ausdrücke es sich dabei im Einzelnen handelt, stelle ich weiter unten ausführlich dar; siehe unten Exposition, 5. Abschnitt, Unterabschnitt »Das Wortfeld im Altgriechischen«.

24 Vgl. Art. »rächen«, in: Wolfgang Pfeifer u. a., *Etymologisches Wörterbuch des Deutschen (1993), digitalisierte und von Wolfgang Pfeifer überarbeitete Version im Digitalen Wörterbuch der deutschen Sprache*, https://www.dwds.de/wb/rächen, Zugriff am 22.03.2021.

25 Vgl. Michel Foucault, *Wahnsinn und Gesellschaft. Eine Geschichte des Wahns im Zeitalter der Vernunft*, übersetzt von Ulrich Köppen, Frankfurt a. M. 1973.

26 Francis Bacon, *The Essays*, hrsg. und kommentiert von Richard Whately, sechste, durchgesehene und erweiterte Auflage, London 1864, S. 59.

27 Ebd.

28 Günther Schlee, Bertram Turner, »Einleitung: Wirkungskontexte des Vergeltungsprinzips in der Konfliktregulierung«, in: dies. (Hg.), *Vergeltung. Eine interdisziplinäre Betrachtung der Rechtfertigung und Regulation von Gewalt*, Frankfurt a. M. 2008, S. 7–47, hier S. 12.

29 Wenn ich in diesem Abschnitt von Staat spreche, dann ist damit der Staat im modernen Sinne gemeint. Dieser definiert sich im Wesentlichen durch die folgenden Eigenschaften: »(1) There is a population which reproduces itself and whose members are socially related. (2) There is territory. (3) There is a single government, which: (a) is a distinct body of rule, supported by a judicial, admi-

nistrative and military machine; (b) is the ultimate prescriber and enforcer of law for all those within his jurisdiction; (c) claims exclusive control of the use of force within the territory and has preponderant control of its use; (d) claims authority for its existence and actions and is generally accepted as authoritative. (4) The state is legally and politically independent from other states, and recognized by other states as an independent or sovereign state.« (Peter P. Nicholson, Art. »State, the«, in: *Routledge Encyclopedia of Philosophy*, hrsg. von Edward Craig, London/New York 1998, Bd. 9, S. 120–123, hier S. 120)

30 Christoph Menke, *Recht und Gewalt*, Berlin 2012, S. 26.

31 Vgl. DWDS-Wortverlaufskurve für »Selbstjustiz«, erstellt durch das *Digitale Wörterbuch der deutschen Sprache*, https://www.dwds.de/r/plot?view=1&norm=date%2Bclass&smooth=spline&genres=0&grand=1&slice=10&prune=0&window=3&wbase=0&logavg=0&logscale=0&xrange=1600%3A2016&q1=Selbstjustiz, Zugriff am 22.03.2021.

32 Vgl. Hénaff, *Der Preis der Wahrheit*, S. 331.

33 Vgl. Jean-François Lyotard, *Das postmoderne Wissen. Ein Bericht*, übersetzt von Otto Pfersmann, hrsg. von Peter Engelmann, Wien 1994.

34 Thomas Hobbes, *Leviathan*, übersetzt von Jutta Schlösser, hrsg. von Hermann Klenner, Hamburg 1996.

35 Vgl. ebd., S. 104.

36 Ebd., S. 105.

37 Ebd., S. 145.

38 Vgl. Reinhart Koselleck, »›Erfahrungsraum‹ und ›Erwartungshorizont‹ – zwei historische Kategorien«, in: ders., *Vergangene Zukunft. Zur Semantik geschichtlicher Zeiten*, Frankfurt a. M. 1989, S. 349–375; Joachim Ritter, »Subjektivität und industrielle Gesellschaft (1961)«, in: ders., *Metaphysik und Politik. Studien zu Aristoteles und Hegel*, Frankfurt a. M. 2003, S. 357–376.

39 Vgl. Jean-Jacques Rousseau, *Abhandlung über den Ursprung und die Grundlagen der Ungleichheit unter den Menschen* (1755), in: ders., *Schriften zur Kulturkritik*, zweisprachige Ausgabe, übersetzt und hrsg. von Kurt Weigand, Hamburg 1995.

40 Vgl. Holm Bräuer, Art. »Naturzustand«, in: *Handwörterbuch Philosophie*, hrsg. von Wulff D. Rehfus, Göttingen 2003, S. 485–486, hier S. 485 f.

41 Schlee/Turner, »Einleitung: Wirkungskontexte des Vergeltungsprinzips«, S. 12; Hervorhebung F. B.

42 Christoph Menke, *Recht und Gewalt*, Berlin 2012, S. 105.

43 »[H]eutzutage weiß *jeder*«, heißt es bei Rudolf von Jhering bereits 1872, »daß die fromme Urzeit die [...] Züge der Rohheit, Grausamkeit, Unmenschlichkeit, Verschlagenheit und Tücke an sich trug« (Rudolf von Jhering, *Der Kampf um's Recht*, hrsg. von Felix Ermacora, Frankfurt a. M./Berlin 1992, S. 72).

44 Hobbes, *Leviathan*, S. 106.

45 Émile Benveniste, *Indoeuropäische Institutionen. Wortschatz, Geschichte, Funktionen*, übersetzt von Wolfram Bayer, Dieter Hornig und Kathrina Menke, hrsg. von Stefan Zimmer, Frankfurt a. M./New York 1993, S. 369.

46 Art. »Naturzustand«, in: Rudolf Eisler, *Wörterbuch der philosophischen Begriffe*, Berlin 1904, Bd. 1, S. 724.

47 Vgl. Sylvia Wynter, »Unsettling the Coloniality of Being/Power/Truth/Freedom, Towards the Human, After Man, Its Overrepresentation – An Argument«, in: *The New Centennial Review* 3,3 (September 2003), S. 257–337; Wolfgang Reinhard, *Die Unterwerfung der Welt. Globalgeschichte der europäischen Expansion 1415–2015*, München 2016.

48 Claude Lévi-Strauss, »Die weibliche Sexualität und der Ursprung der Gesellschaft«, in: ders., *Wir sind alle Kannibalen*, übersetzt von Eva Moldenhauer, Berlin 2014, S. 187–197, hier S. 188; vgl. hierzu außerdem den im selben Band veröffentlichten Aufsatz »Gibt es nur eine Art der Entwicklung?«, S. 51–69.

49 Vgl. (exemplarisch am Beispiel der indigenen Völker Amazoniens) Wolfgang Müller, *Die Indianer Amazoniens. Völker und Kulturen im Regenwald*, München 1995, S. 16–20 (= Abs. »Die Indianer im Spiegel des Abendlandes«); auf S. 17 etwa heißt es: »Die Parität der Stereotypen – einerseits der ungeschlachte, bestialische Wilde, andererseits das unverdorbene Naturkind – durchzieht als roter Faden den literarischen Zuschnitt früher Amerikaerlebnisse und deren qualifizierende Aufarbeitung durch Daheimgebliebene.«

50 Schlee/Turner, »Einleitung: Wirkungskontexte des Vergeltungsprinzips«, S. 13.

51 Ebd.

52 Jacoby, *Wild Justice*, S. 17.

53 Vgl. ebd., S. 19.

54 Vgl. William Shakespeare, *Hamlet. Prinz von Dänemark*, übersetzt von August Wilhelm Schlegel, hrsg. von Dietrich Klose, Stuttgart 2001.

55 Vgl. hierzu auch Schlee/Turner, »Einleitung: Wirkungskontexte des Vergeltungsprinzips«, S. 15.

56 Hénaff, *Der Preis der Wahrheit*, S. 331.

57 Vgl. dazu unter anderem Karl Härter, »Strafen mit und neben der Zentralgewalt: Pluralität und Verstaatlichung des Strafens in der frühen Neuzeit«, in: Günther Schlee, Bertram Turner (Hg.), *Vergeltung. Eine interdisziplinäre Betrachtung der Rechtfertigung und Regulation von Gewalt*, Frankfurt a. M. 2008, S. 105–126.

58 Aischylos, *Die Orestie. Agamemnon. Die Totenspende. Die Eumeniden*, übersetzt von Emil Staiger, Stuttgart 1987.

59 Sloterdijk, *Zorn und Zeit*, S. 82. Vgl. zu dem in den *Eumeniden* figurierten Übergang von der rächenden Gerechtigkeit zur schiedsrichterlichen Gerechtigkeit auch Hénaff, *Der Preis der Wahrheit*, S. 346; Christian Meier, »Aischylos' Eumeniden und das Aufkommen des Politischen«, in: ders., *Die Entstehung des Politischen bei den Griechen*, Frankfurt a. M. 1980, S. 144–246; Menke, *Recht und Gewalt*, S. 20–25.

60 Meier, »Aischylos' Eumeniden und das Aufkommen des Politischen«, S. 159.

61 Vgl. Christian Meier, *Die Entstehung des Politischen bei den Griechen*, Frankfurt a. M. 1980.

62 Siehe unten II. Teil, insbes. Abschnitte 3–5.

63 Vgl. Hénaff, *Der Preis der Wahrheit*, S. 330–348.

64 Chantal Mouffe (im Gespräch mit Nils Markwardt), »Konsens ist das Ende der Politik«, übersetzt von Michael Ebmeyer, in: *Philosophie Magazin* 5/2015 (August/September), S. 68–73, hier S. 70.

65 Seneca, *De Ira / Über die Wut*, zweisprachige Ausgabe, übersetzt und hrsg. von Jula Wildberger, Stuttgart 2007, S. 201 (III, 13,1).

66 Moritz Petz, Amélie Jackowski, *Der Dachs hat heute schlechte Laune!*, Zürich 2014.

67 Ohne Autor, »Jordanien schwört Rache. IS verbrennt jordanischen Piloten bei lebendigem Leib«, in: *Focus*, http://www.focus.de/politik/ausland/konflikte-dschihadisten-jordanischer-pilot-bei-lebendigem-leib-verbrannt_id_4450859.html, erstellt am 03.02.2015, Zugriff am 22.03.2021.

68 Günther Classen, »Neue Eskalation im Rocker-Krieg. Türkische Hells Angels kündigen Rachefeldzug an«, in: *Express*, https://www.express.de/duesseldorf/neue-eskalation-im-rocker-krieg-tuerkische-hells-angels-kuendigen-rachefeldzug-an-1007158, erstellt am 05.04.2015, Zugriff am 22.03.2021.

69 Karin Hendrich, »Mordversuch aus Rache? Clan-Mitglied nach Schüssen auf Auto vor Gericht«, in: *Bild.de*, https://www.bild.de/regional/berlin/berlin-aktuell/er-feuerte-angeblich-aus-rache-aufs-falsche-auto-berliner-nach-schuessen-auf-aut-63793684.bild.html#fromWall, erstellt am 07.08.2019, Zugriff am 22.03.2021.

70 Vgl. Art. »inkognito«, bereitgestellt durch das *Digitale Wörterbuch der deutschen Sprache*, https://www.dwds.de/wb/inkognito, Zugriff am 22.03.2021.

71 Jacoby, *Wild Justice*, S. 1.

72 Vgl. ebd., S. 24. Die folgende Darstellung stützt sich außerdem auf Douglas Martin, »A Nazi Past, a Queens Home Life, an Overlooked Death«, in: *The New York Times*, http://www.nytimes.com/2005/12/02/world/europe/a-nazi-past-a-queens-home-life-an-overlooked-death.html, erstellt am 02.12.2005, Zugriff am 22.03.2021.

73 Jacoby, *Wild Justice*, S. 2.

74 Ebd.

75 Ebd., S. 3.

76 Vgl. hierzu unter anderem Terry Maroney, »The Persistent Cultural Script of Judicial Dispassion«, in: *California Law Review* 99 (2011), S. 629–681; Fabian Bernhardt, Hilge Landweer, »Sphären der Verletzlichkeit. Recht und Emotion«, in: dies. (Hg.), *Recht und Emotion II. Sphären der Verletzlichkeit*, Freiburg/München 2017, S. 13–43.

77 Gisela Friedrichsen, Gerichtsreporterin beim *Spiegel*, kommentierte den Auftakt des NSU-Prozesses mit Worten, die in eine ähnliche Richtung weisen. So heißt es in dem Kommentar etwa: »Die Bundesanwaltschaft hat nüchtern, knapp und präzise Stellung genommen, anders als die Nebenklagevertreter. Deren emotionale Begleitmusik unterschritt das Niveau einer an der Sache orientierten Auseinandersetzung.« Und weiter: »[I]n einem Strafverfahren geht es nicht vornehmlich um die Befindlichkeiten der Opfer, sondern um Feststellungen zur Schuldfrage und deren Bewertung.« Der Sache nach mögen Friedrichsens Äußerungen zwar

nicht falsch sein; wenn man sich jedoch die Tragweite der infrage stehenden Verbrechen sowie das Ausmaß des damit zusammenhängenden staatlichen Versagens vor Augen hält, erscheint der Ton der zitierten Aussagen gleichwohl relativ unangemessen; vgl. Gisela Friedrichsen, »Aus dem Lot«, in: *Der Spiegel* 20/2013 (13.05.2013), S. 35.

78 Vgl. Wiesenthal, *Recht, nicht Rache. Erinnerungen*, Frankfurt a. M./Berlin 1988, S. 180–204.

79 Ohne Autor, »Beispiele wichtiger Fälle: Hermine Braunsteiner«, bereitgestellt durch das *Simon Wiesenthal Archiv*, https://web.archive.org/web/20181004063314/http://www.simon-wiesenthal-archiv.at/02_dokuzentrum/02_faelle/05_braunsteiner.html, Zugriff am 22.03.2021.

80 Wiesenthal, *Recht, nicht Rache.*

81 Ebd., S. 13.

82 Jacoby, *Wild Justice*, S. 4.

83 Schlee/Turner, »Einleitung: Wirkungskontexte des Vergeltungsprinzips«, S. 18 f.

84 Hans-Jörg Albrecht, »Strafrecht und Strafe: Belastung oder Entlastung?«, in: Günther Schlee, Bertram Turner (Hg.), *Vergeltung. Eine interdisziplinäre Betrachtung der Rechtfertigung und Regulation von Gewalt*, Frankfurt a. M. 2008, S. 127–148, hier S. 139.

85 Ludwig Wittgenstein, *Philosophische Untersuchungen*, Frankfurt a. M. 2003, S. 78 (§104).

86 Max Horkheimer, Theodor W. Adorno, *Dialektik der Aufklärung. Philosophische Fragmente*, Frankfurt a. M. 2009.

87 Siehe ausführlicher dazu III. Teil, 5. Abschnitt, Unterabschnitt »Odysseus«.

88 Horkheimer/Adorno, *Dialektik der Aufklärung*, S. 3.

89 Hénaff, *Der Preis der Wahrheit*, S. 336.

90 Vgl. ebd.

91 Johannes F. Lehmann, *Im Abgrund der Wut. Zur Kultur- und Literaturgeschichte des Zorns*, Freiburg im Breisgau u. a. 2012, S. 259.

92 Nietzsche, *Zur Genealogie der Moral*, S. 71 (Zweite Abhandlung, Abs. 13).

93 Vgl. Wittgenstein, *Philosophische Untersuchungen.*

94 Maier, *Rache ist eine Speise, die man kalt genießt*, Wiesbaden 2010, S. 8.

95 Lehmann, *Im Abgrund der Wut*, S. 259.

96 Michel Foucault, *Überwachen und Strafen. Die Geburt des Gefängnisses*, übersetzt von Walter Seitter, Frankfurt a. M. 1976, S. 24.

97 Ebd., S. 64.

98 Ebd., S. 93.

99 Vgl. ebd., S. 94.

100 Lehmann, *Im Abgrund der Wut*, S. 264.

101 Ebd., S. 263.

102 Ebd.

103 Vgl. hierzu auch Walter Benjamin, »Zur Kritik der Gewalt«, in: ders., *Gesammelte Schriften*, Bd. II,1: Aufsätze, Essays, Vorträge, hrsg. von Rolf Tiedemann und Hermann Schweppenhäuser, Frankfurt a. M. 1977, S. 179–203.

104 Die Historikerin Bernadette Descharmes hat sich die Mühe gemacht, die altgriechische Tragödiendichtung daraufhin durchzusehen, welche Ausdrücke im semantischen Feld der Rache auftauchen (ihr Quellenkorpus setzt sich aus den Werken von Aischylos, Sophokles und Euripides zusammen). Im lexikalischen Teil ihrer Arbeit identifiziert sie knapp zwanzig Ausdrücke, die sie zu fünf Gruppen anordnet. Die erste Gruppe ist mit »Geben und Nehmen« betitelt, zu ihr gehören die Ausdrücke *dike* und *dikaios*, *poine*, *apoina*, *tinein*, *anti-*, *geras*, *charis*, *amoibe*, *allantein*; die zweite Gruppe »Ehre und Rache« ist dem Ausdruck *timoria* vorbehalten; die dritte Gruppe »Schützen und Helfen« umfasst *aregein* und *arogos*, *amyntor* und *amynein*, *meletor* und *soter*; zur vierten Gruppe »Schädigen und Züchtigen« gehören *zemia* und *kolasis*, zur fünften Gruppe, die unter der Überschrift »Verfolgen und Vollstrecken« steht, gehören *prattein* und *meterchesthai*; vgl. Descharmes, *Rächer und Gerächte*, S. 35–64.

105 Die folgende Darstellung stützt sich primär auf die Arbeiten des Altphilologen Walter Burkert; vgl. Burkert, *›Vergeltung‹ zwischen Ethologie und Ethik*, insbes. S. 15–20; Walter Burkert, Art. »Strafe«, I. Teil A: *Griechische und römische Antike*, in: *Historisches Wörterbuch der Philosophie*, hrsg. von Joachim Ritter und Karlfried Gründer, Darmstadt 1998, Bd. 10, Sp. 208–216.

106 Vgl. Burkert, *›Vergeltung‹ zwischen Ethologie und Ethik*, S. 15; Burkert, Art. »Strafe«, in: *Historisches Wörterbuch der Philosophie*, Bd. 10, Sp. 208.

107 Burkert, Art. »Strafe«, in: *Historisches Wörterbuch der Philosophie*, Bd. 10, Sp. 208.

108 Vgl. Burkert, ›*Vergeltung*‹ *zwischen Ethologie und Ethik*, S. 15.

109 Burkert, Art. »Strafe«, in: *Historisches Wörterbuch der Philosophie*, Bd. 10, Sp. 209.

110 Burkert, ›*Vergeltung*‹ *zwischen Ethologie und Ethik*, S. 15 f.

111 Ebd., S. 16.

112 Vgl. hierzu Christian Meier, *Die Entstehung des Politischen bei den Griechen*, Frankfurt a. M. 1980.

113 Burkert, Art. »Strafe«, in: *Historisches Wörterbuch der Philosophie*, Bd. 10, Sp. 209.

114 Vgl. ebd. sowie Burkert, ›*Vergeltung*‹ *zwischen Ethologie und Ethik*, S. 17 f.

115 Burkert, ›*Vergeltung*‹ *zwischen Ethologie und Ethik*, S. 17.

116 Ebd., S. 18.

117 Vgl. Hilge Landweer, *Scham und Macht. Phänomenologische Untersuchungen zur Sozialität eines Gefühls*, Tübingen 1999, S. 28–31.

118 Siehe hierzu unten II. Teil, 7. Abschnitt, Unterabschnitt »Das Fragment des Anaximander: Kosmisches Gleichgewicht und Gegenseitigkeit«.

119 Vgl. hierzu Albert Camus, Arthur Koestler, Ernst Müller-Meiningen jr., Friedrich Nowakowski, *Die Rache ist mein. Theorie und Praxis der Todesstrafe*, Stuttgart 1961; Richard J. Evans, *Rituale der Vergeltung. Die Todesstrafe in der deutschen Geschichte 1532–1987*, übersetzt von Holger Fliessbach, Berlin 2001 sowie Jacoby, *Wild Justice*, S. 6; dort heißt es: »Many opponents of the death penalty […] attack executions on the ground that they constitute ›legalized revenge‹ – as if the very word ›revenge‹ offered sufficient evidence of the barbarism of taking a human life. The word ›retribution‹ would not serve the polemical purpose here, just as ›revenge‹ does not suit those who try to construct elaborate theoretical justifications for capital punishment. The death penalty is certainly a form of legalized vengeance […] but so is any lesser punishment if a crime is unlikely to be repeated.«

120 Vgl. hier und im Folgenden: Art. »Rache«, in: *Duden online*, https://www.duden.de/node/683296/revisions/1381399/view, Zugriff am 22.03.2021; Art. »Vergeltung«, in: *Duden online*, https://www.duden.de/node/683303/revisions/1349439/view, Zugriff am 22.03.2021.

121 Art. »Strafe«, in: *Duden online*, https://www.duden.de/node/728103/revisions/1331315/view, Zugriff am 22.03.2021.

122 Vgl. ebd.

123 Art. »Rache«, in: Johann Heinrich Zedler, *Grosses vollständiges Universal-Lexicon aller Wissenschaften und Künste*, 64 Bde. und 4 Supplementbände, Leipzig/Halle 1731–1754, zweiter vollständiger photomechanischer Nachdruck durch die Akademische Druck- und Verlagsanstalt, Graz 1996, Bd. 30 (1741), Sp. 482–485, hier Sp. 482.

124 Art. »Rächer«, in: *Deutsches Wörterbuch von Jacob und Wilhelm Grimm*, hrsg. von der Deutschen Akademie der Wissenschaften zu Berlin in Zusammenarbeit mit der Akademie der Wissenschaften zu Göttingen, 16 Bde. in 32 Teilbänden, Leipzig 1854–1961, Quellenverzeichnis Leipzig 1971, Bd. 14, Sp. 27.

125 Vgl. Art. »Rache«, in: *Deutsches Wörterbuch von Jacob und Wilhelm Grimm*, Bd. 14, Sp. 14–17.

126 Vgl. *Deutsches Wörterbuch von Jacob und Wilhelm Grimm*, Bd. 14, Sp. 13–32.

127 Art. »Rache«, in: *Brockhaus Enzyklopädie in 30 Bänden*, 21., völlig neu bearbeitete Ausgabe, Leipzig/Mannheim 2006, Bd. 22, S. 421.

128 Vgl. auch Schlee/Turner, »Einleitung: Wirkungskontexte des Vergeltungsprinzips«, S. 18.

129 Vgl. Art. »Rache«, in: Wolfgang Pfeifer u. a., *Etymologisches Wörterbuch des Deutschen (1993), digitalisierte und von Wolfgang Pfeifer überarbeitete Version im Digitalen Wörterbuch der deutschen Sprache,* https://www.dwds.de/wb/Rache, Zugriff am 22.03.2021.

130 Vgl. Klaus Koch, »Gibt es ein Vergeltungsdogma im Alten Testament?«, in: ders., *Gesammelte Aufsätze*, Bd. 1: Spuren des hebräischen Denkens. Beiträge zur alttestamentlichen Theologie, hrsg. von Bernd Janowski und Martin Krause, Neukirchen-Vluyn 1991, S. 65–103; Rainer Neu, Bernd Janowski, Reinhard von Bendemann, Stefan Volkmann, Johanna Buß, Art. »Vergeltung«, in: *Religion in Geschichte und Gegenwart. Handwörterbuch für Theologie und Religionswissenschaft*, vierte, völlig neu bearbeitete Auflage, hrsg. von Hans Dieter Betz, Don S. Browning, Bernd Janowski und Eberhard Jüngel, Tübingen 2005, Bd. 8, Sp. 997–1006.

131 Burkert, *›Vergeltung‹ zwischen Ethologie und Ethik*, S. 20.

132 Vgl. Benveniste, *Indoeuropäische Institutionen*, S. 58.

133 Ebd., S. 60.

134 Vgl. ebd., S. 53–100 (= Band I, Erstes Buch: Die Ökonomie, Zweiter Abschnitt: Geben und Nehmen).

135 Vgl. ebd., S. 58–60.

136 Ebd., S. 61.

137 Ebd.

138 Siehe unten II. Teil, 4. Abschnitt.

139 Ebd., S. 7 f.

140 Vgl. Art. »vergelten«, in: *Deutsches Wörterbuch von Jacob und Wilhelm Grimm*, Bd. 12, I. Abteilung, Sp. 407–410.

141 Schlee/Turner, »Einleitung: Wirkungskontexte des Vergeltungsprinzips«, S. 8.

142 Probst/Sprenger, Art. »Rache«, in: *Historisches Wörterbuch der Philosophie*, Bd. 8, Sp. 16, hier Sp. 1.

Erster Teil
Analityk der Rache: Handeln und Erleiden

1 Homer, *Ilias*, übersetzt von Wolfgang Schadewaldt, Frankfurt a. M./Leipzig 1975.

2 Homer, *Ilias*, 1. Gesang, Vers 1 (Übersetzung von Wolfgang Schadewaldt).

3 Hans-Joachim Gehrke, »Die Griechen und die Rache. Ein Versuch in historischer Psychologie«, in: *Saeculum* 38 (1987), S. 121–149, hier S. 139.

4 Im Internet finden sich zahlreiche Berichte über Marianne Bachmeier. Die nachfolgenden Angaben beziehen sich auf folgende Quellen: Irene Altenmüller, *Marianne Bachmeiers Rache*, http://www.ndr.de/kultur/geschichte/chronologie/Die-Rache-der-Marianne-Bachmeier,mariannebachmeier101.html, erstellt am 06.03.2016, Zugriff am 22.03.2021, sowie die TV-Dokumentation *Die Rache der Marianne Bachmeier* (BRD 2006, Regie: Michael Gramberg).

5 Gehrke, »Die Griechen und die Rache«, S. 143.

6 Ebd, S. 140.

7 Paul Ricœur, *Zeit und Erzählung, Band I: Zeit und historische Erzählung*, übersetzt von Rainer Rochlitz, Paderborn 1988, S. 92.

8 Im Grunde braucht man bloß einen Namen oder ein Subjekt hinzuzufügen, und schon hat man alles, was es für eine Geschichte

braucht. Wenn ein Film einen Titel trägt wie *Die Rache der Schönheitskönigin* (Originaltitel: *Beauty's Revenge*, USA 1995, Regie: William A. Graham) oder *Revenge of the Nerds* (USA 1984, Regie: Jeff Kanew), dann kann man sich allein anhand des Titels bereits eine recht gute Vorstellung davon machen, worum es in der jeweiligen Geschichte wahrscheinlich geht.

9 In der Forschung wird zwar regelmäßig darauf hingewiesen, dass das Thema der Rache in der Literatur und den darstellenden Künsten einen breiten Niederschlag findet, diesem Hinweis wird jedoch kaum systematisch Rechnung getragen. Exemplarisch dafür folgendes Zitat von Bertram Turner und Günther Schlee: »Es versteht sich von selbst, dass ein solches Thema [Vergeltung] mit dem entsprechenden dramatischen Potenzial in ausgiebigster Art und Weise in den Künsten gewürdigt wurde, in bildlicher Darstellung, Musik und Literatur. Hier kann nicht genauer darauf eingegangen werden, auch wenn sich aus der künstlerischen Verarbeitung des Themas einige Rückschlüsse auf Vorstellungswelten und soziale Praktiken gewinnen lassen.« (Günther Schlee, Bertram Turner, »Einleitung: Wirkungskontexte des Vergeltungsprinzips in der Konfliktregulierung«, in: dies. (Hg.), *Vergeltung. Eine interdisziplinäre Betrachtung der Rechtfertigung und Regulation von Gewalt*, Frankfurt a. M. 2008, S. 7–47, hier S. 16)

10 Vgl. Ricœur, *Zeit und Erzählung, Bd. I*, insbes. S. 87–135.

11 Dem, was alltagssprachlich oder vor Gericht ein ›Fall‹ genannt wird, liegt tatsächlich immer eine Erzählung zugrunde. Diese Einsicht bildet den Grundgedanken, von dem aus Wilhelm Schapp, der zugleich Philosoph und Jurist war, seine »Philosophie der Geschichten« entwickelt hat. In seiner Tätigkeit als Rechtsanwalt »ging ihm auf, daß die Gegebenheits- und Präsentationsweise rechtserheblicher ›Fälle‹ stets Geschichten sind, passierte und dann erzählte Geschichten, und daß überdies, in Anklage und Verteidigung oder zum bloßen Zwecke ihrer Identifizierung, auch Personen über Geschichten vorgestellt werden«, schreibt Hermann Lübbe im Vorwort zu Schapps Hauptwerk *In Geschichten verstrickt* (Hermann Lübbe, »Vorwort«, in: Wilhelm Schapp, *In Geschichten verstrickt. Zum Sein von Mensch und Ding*, Frankfurt a. M. 2004, S. V–VII, hier S. VII).

12 Peter Sloterdijk, *Zorn und Zeit. Politisch-psychologischer Versuch*, Frankfurt a. M. 2006, S. 97.

13 Vgl. dazu auch Martin Baisch, Evamaria Freienhofer, Eva Lieberich, »Einleitung«, in: dies. (Hg.), *Rache – Zorn – Neid. Zur Faszination negativer Emotionen in der Kultur und Literatur des Mittelalters*, Göttingen 2014, S. 9–25, hier S. 21.

14 Friedrich Nietzsche, *Zur Genealogie der Moral. Eine Streitschrift*, Stuttgart 2000, S. 47.

15 Ebd., S. 50.

16 Der Althistoriker Christian Meier entwirft in seiner Schrift *Das Gebot zu vergessen und die Unabweisbarkeit des Erinnerns. Vom öffentlichen Umgang mit schlimmer Vergangenheit* (München 2010) die Grundlinien für eine Geschichte der Amnestie; vgl. zur Amnestie ferner aus literaturwissenschaftlicher Sicht Harald Weinrich, *Lethe. Kunst und Kritik des Vergessens*, München 1997, S. 216–244, sowie aus philosophischer Sicht Paul Ricœur, *Gedächtnis, Geschichte, Vergessen*, übersetzt von Hans-Dieter Gondek, Heinz Jatho und Markus Sedlaczek, München 2004, S. 690–696.

17 Zit. n. Meier, *Das Gebot zu vergessen*, S. 9.

18 Vgl. hierzu auch Svenja Flaßpöhler, *Verzeihen. Vom Umgang mit Schuld*, München 2016, S. 162 f.

19 Vgl. hierzu auch Charles Griswold, »The Nature and Ethics of Vengeful Anger«, in: James E. Fleming (Hg.), *Passions and Emotions*, New York 2013, S. 77–124, S. 85–86: »The currency in which this abundant payback is supposed to be transmitted is, let us underline, pain or suffering. V-anger [vengeful anger] aims to inflict pain for pain, or suffering for suffering, or death for death.«

20 Gehrke, »Die Griechen und die Rache«, S. 123.

21 Ein gutes Beispiel dafür sind die Diskussionen, die im Mai 2011 nach der Tötung des Terroristenführers Osama bin Laden durch US-amerikanische Spezialkräfte geführt wurden. Sie entzündeten sich insbesondere an der Formulierung des damaligen Präsidenten Barack Obama, dass mit dieser Aktion »der Gerechtigkeit Genüge getan« worden sei, wobei sich Obama mit diesen Worten explizit an die Familien der Opfer von 9/11 richtete (»*on nights like this one, we can say to those families who have lost loved ones to Al Qaeda's terror, justice has been done*«). Während die Legitimität der Tötung Bin Ladens für viele völlig außer Zweifel stand, ist sie von anderen scharf kritisiert worden. Dabei nahmen beide Lager für ihre Position jeweils als zentrales Argument in Anspruch,

dass es sich bei dieser Tat um einen Akt der Rache beziehungsweise Vergeltung handele. Vgl. dazu Marcel Hénaff, »Terror und Rache. Politische Gewalt, Gegenseitigkeit, Gerechtigkeit«, übersetzt von Markus Sedlaczek, in: *Lettre International* 94 (Herbst 2011), S. 11–23.

22 Christoph Menke, *Recht und Gewalt*, Berlin 2012, S. 16.

23 Die Unterscheidung zwischen direkten und indirekten Verletzungen ist nicht gradueller Natur; sie impliziert keine Aussage darüber, *wie sehr* etwas weh tut. Indem Klaus Grabowski ihrer Tochter das Leben nahm, hat er Marianne Bachmeier an einem Punkt getroffen, an dem sie vermutlich verletzlicher war als an allen anderen. Dasselbe gilt für Hektor und Achilles. Die tiefe Trauer und der Zorn, mit dem Achilles auf Patroklos' Tod reagiert, zeigen, dass es nicht notwendig die Ferse oder irgendeine andere Stelle des Körpers ist, an denen sich ein Mensch – und sei er selbst halbgöttlichen Ursprungs – am verwundbarsten zeigt. Wie sehr man durch eine bestimmte Handlung verletzt und in Mitleidenschaft gezogen wird, ist nicht primär eine Frage der Physis, sondern eine der Affektion. Ich werde im nächsten Abschnitt auf diesen Zusammenhang zurückkommen.

24 Katharina Maier, *Rache ist eine Speise, die man kalt genießt*, Wiesbaden 2010, S. 9.

25 Emotionstheoretisch entspricht die Unterscheidung zwischen den beiden Fragen »An wem?« und »Wofür?« der Unterscheidung zwischen dem, was Hermann Schmitz jeweils als »Verdichtungsbereich« und »Verankerungspunkt« des Zorns bezeichnet; vgl. Hermann Schmitz, *Der unerschöpfliche Gegenstand. Grundzüge der Philosophie*, Bonn 1990, S. 302: »Verdichtungsbereich des Zorns ist der Mensch oder Gegenstand, auf den man zornig ist, Verankerungspunkt der Sachverhalt, über den man zornig ist.«

26 Ricœur, *Gedächtnis, Geschichte, Vergessen*, S. 703.

27 Ebd.

28 Vgl. Bernhard Waldenfels, »Aporien der Gewalt«, in: Mihran Dabag, Antje Kapust, Bernhard Waldenfels (Hg.), *Gewalt. Strukturen, Formen, Repräsentationen*, München 2000, S. 9–24, hier S. 13.

29 Vgl. Herman Melville, *Moby-Dick; oder: Der Wal*, übersetzt von Friedhelm Rathjen, Frankfurt a. M. 2009.

30 Vgl. Euripides, *Medea*, übersetzt und hrsg. von Paul Dräger, Stuttgart 2011.

31 Vgl. Alexandre Dumas, *Der Graf von Monte Christo*, übersetzt von Meinhard Hasenbein, Frankfurt a. M./Leipzig 1998.

32 Vgl. Jean Starobinski, *Aktion und Reaktion. Leben und Abenteuer eines Begriffspaars*, übersetzt von Horst Günther, Frankfurt a. M. 2003.

33 Ebd., S. 20.

34 Vgl. ebd., S. 14.

35 Dieser Katalog lehnt sich eng an Paul Ricœurs »Phänomenologie des fähigen Menschen« an, wobei die Übereinstimmungen weniger inhaltlicher Natur sind, sondern vor allem in der Art der Herangehensweise liegen. Ricœur hat seinen Ansatz in verschiedenen Werken entwickelt; für eine relativ bündige Zusammenfassung vgl. Paul Ricœur, *Wege der Anerkennung. Erkennen, Wiedererkennen, Anerkanntsein*, übersetzt von Ulrike Bokelmann und Barbara Heber-Schärer, Frankfurt a. M. 2006, S. 120–144.

36 Catherine Malabou, *Ontology of the Accident. An Essay on Destructive Plasticity*, aus dem Französischen ins Englische übersetzt von Carolyn Shread, Cambridge 2012, S. 22.

37 Bennett Helm, »Emotions as Evaluative Feelings«, in: *Emotion Review* 1 (2009), S. 248–255, hier S. 249.

38 Jean Améry, *Jenseits von Schuld und Sühne. Bewältigungsversuche eines Überwältigten*, Stuttgart 2008, S. 56.

39 Paul Ricœur, »Annäherungen an die Person (1990)«, in: ders., *Vom Text zur Person. Hermeneutische Aufsätze (1970–1999)*, übersetzt und hrsg. von Peter Welsen, Hamburg 2005, S. 227–249, hier S. 243.

40 Vgl. dazu auch Elias Canetti, *Masse und Macht*, Frankfurt a. M. 2006, S. 267.

41 Vgl. Homer, *Ilias*, 16. Gesang, Verse 827–842 (Tod des Patroklos); 22. Gesang, Verse 326–354 (Tod des Hektor).

42 Ähnlich auch der Emotionspsychologe Nico Frijda: »When someone willfully harms another, he or she manifestly has the power to do so, and the other lacks the power to prevent it or do likewise. There is power inequality. The offender has or had power over you, and you are or were powerless. The offender was able to do with you as he or she willed, handle you, walk over you, use you for his or her purposes. He or she is the actor, you are the object; he or she was the master, you were the slave. [...] Power inequality is effectively diminished or annulled by revenge. One is

no longer the inferior one, the one to whom things can be done. [...] Through revenge one gets even in power.« (Nico Frijda, »The Lex Talionis. On Vengeance«, in: Stephanie van Goozen, Nanne van de Poll, Joseph Sergeant (Hg.), *Emotions. Essays on Emotion Theory*, Hillsdale (New Jersey) 1994, S. 263–289, hier S. 275)

43 Das nachfolgende Beispiel ist angelehnt an ein Beispiel, das Jan Philipp Reemtsma verwendet, um die von ihm getroffene Unterscheidung zwischen erlaubter, verbotener und gebotener Gewalt zu veranschaulichen; vgl. Jan Philip Reemtsma, *Vertrauen und Gewalt. Versuch über eine besondere Konstellation der Moderne*, München 2009, S. 189–195.

44 Vgl. Ludgera Vogt, Arnold Zingerle, »Zur Aktualität des Themas Ehre und zu seinem Stellenwert in der Theorie«, in: dies. (Hg.), *Ehre. Archaische Momente in der Moderne*, Frankfurt a. M. 1994, S. 934.

45 Für Hans Blumenberg gehört es gar »zu den erstaunlichsten anthropologischen Konstanten, daß der Mensch ein Wesen ist, welches beleidigt werden kann. Er kann betroffen werden, ohne daß seine Physis betroffen ist. Es ist die Kehrseite der *actio per distans* [...]: man kann verwundet werden noch durch das Symbol.« (Hans Blumenberg: *Beschreibung des Menschen*, aus dem Nachlass hrsg. von Manfred Sommer, Frankfurt a. M. 2006, S. 634)

46 Elaine Scarry, *Der Körper im Schmerz. Die Chiffren der Verletzlichkeit und die Erfindung der Kultur*, übersetzt von Michael Bischoff, Frankfurt a. M. 1992, S. 79.

47 Christoph Demmerling, Hilge Landweer, *Philosophie der Gefühle. Von Achtung bis Zorn*, Stuttgart/Weimar 2007, S. 299.

48 Aristoteles, *Rhetorik* II 2, 1379a 10 (Übersetzung von Gernot Krapinger).

49 Ebd. II 2, 1378a 31–33 (Übersetzung von Gernot Krapinger).

50 Den antreibenden Charakter des Schmerzes betont auch Nico Frijda: »The direct motor of vengeful desire is pain: the pain of insult or harm or loss, of having been slighted, of having been subjected to another person's power or will, or of humiliation.« (Frijda, »The Lex Talionis«, S. 279)

51 Waldenfels, »Aporien der Gewalt«, S. 13.

52 Vgl. Arthur Schnitzler, *Leutnant Gustl*, Frankfurt a. M. 2001.

53 Canetti, *Masse und Macht*, S. 268.

54 Améry, *Jenseits von Schuld und Sühne*, S. 56.

55 Aurel Kolnai, »Versuch über den Haß«, in: ders., *Ekel, Hochmut, Haß. Zur Phänomenologie feindlicher Gefühle*, Frankfurt a. M. 2007, S. 100–142, hier S. 133.

56 Ich werde diese Überlegungen im nächsten Abschnitt (»Die unendliche Kränkbarkeit des menschlichen Herzens«) genauer explizieren.

57 Eine ausführlichere Darlegung dieser Überlegung findet sich in Fabian Bernhardt, Hilge Landweer, »Sphären der Verletzlichkeit. Recht und Emotion«, in: dies. (Hg.), *Recht und Emotion II. Sphären der Verletzlichkeit*, Freiburg/München 2017, S. 13–43.

58 Martha Nussbaum, »Equity and Mercy«, in: dies., *Sex & Social Justice*, Oxford 1999, S. 154–183, hier S. 157; Hervorhebung F. B.

59 Max Scheler, *Der Formalismus in der Ethik und die materiale Wertethik. Neuer Versuch der Grundlegung eines ethischen Personalismus*, Bern 1954, S. 263.

60 Niklas Luhmann, *Die Gesellschaft der Gesellschaft*, Frankfurt a. M. 1997, S. 381.

61 Fjodor M. Dostojewski, *Schuld und Sühne*, übersetzt von Hermann Röhl, Frankfurt a. M./Leipzig 2007, S. 410.

62 Franz Kafka, *Briefe 1900–1912* (Kritische Ausgabe), hrsg. von Hans-Gerd Koch, Frankfurt a. M. 1999, S. 28.

63 Ludwig Wittgenstein, *Philosophische Untersuchungen*, Frankfurt a. M. 2003, S. 147.

64 Elaine Scarry, *Der Körper im Schmerz. Die Chiffren der Verletzlichkeit und die Erfindung der Kultur*, übersetzt von Michael Bischoff, Frankfurt a. M. 1992, S. 12.

65 Ebd.

66 Vgl. Jean Nabert, *Essai sur le mal*, Paris 1970, S. 21–61.

67 Experimente haben gezeigt haben, dass dies bereits für die subjektive Wahrnehmung von körperlichen Schmerzen gilt; vgl. Joachim Bauer, *Schmerzgrenze. Vom Ursprung alltäglicher und globaler Gewalt*, München 2011, S. 68.

68 Vgl. hierzu auch Judith Butler, *Frames of War. When Is Life Grievable?*, London/New York 2009; Miranda Fricker, *Epistemic Injustice. Power and the Ethics of Knowing*, Oxford/New York 2007.

69 Vgl. Michael J. Sandel, *Gerechtigkeit. Wie wir das Richtige tun*, übersetzt von Helmut Reuter, Berlin 2013, S. 18–21.

70 Ebd., S. 19.

71 Ebd., S. 18.

72 Ebd., S. 19.

73 Miranda Fricker analysiert dies ausführlich anhand der Etablierung des Konzepts der sexuellen Belästigung (*sexual harassment*); vgl. Fricker, *Epistemic Injustice*, S. 147–175.

74 Vgl. Michael Baurmann, Wolfram Schädler, *Das Opfer nach der Straftat – seine Erwartungen und Perspektiven. Eine Befragung von Betroffenen zu Opferschutz und Opferunterstützung sowie ein Bericht über vergleichbare Untersuchungen*, BKA-Forschungsreihe, Bd. 22, Wiesbaden 1999.

75 Rudolf Steinmetz, *Ethnologische Studien zur ersten Entwicklung der Strafe. Nebst einer psychologischen Abhandlung über Grausamkeit und Rachsucht*, Bd. I, Leiden/Leipzig 1894.

76 Ebd., S. 300.

77 Vgl. Heinz Kohut, *Narzißmus. Eine Theorie der psychoanalytischen Behandlung narzißtischer Persönlichkeitsstörungen*, übersetzt von Lutz Rosenkötter, Frankfurt a. M. 1995.

78 Nicolette Krebitz (im Gespräch mit Svenja Flaßpöhler), »Die Packende«, in: *Philosophie Magazin* 3/2016 (April/Mai), S. 98.

79 Vgl. *Irréversible* (Frankreich 2002, Regie: Gaspar Noé), *The Revenant* (USA 2015, Regie: Alejandro González Iñárritu), *Dead Man's Shoes* (GB 2004, Regie: Shane Meadows), *Sympathy for Mr. Vengeance* (Originaltitel: *Boksuneun naui geot*, Südkorea 2002, Regie: Chan-Wook Park).

80 Ich gebrauche den Ausdruck Familie hier der Einfachheit halber als Oberbegriff für eine Reihe sozialethnologischer Termini wie Clan, Sippe, Lineage etc.

81 Vgl. Marcel Mauss, »Die Religion und die Ursprünge des Strafrechts nach einem kürzlich erschienenen Buch (1896)«, in: ders., *Schriften zur Religionssoziologie*, übersetzt von Eva Moldenhauer und Henning Ritter, hrsg. von Stephan Moebius u. a., Berlin 2012, S. 36–90, hier S. 74: »Jeder Schaden, der dem Clan von außen zugefügt wird, zieht eine Reaktion nach sich; was im Innern geschieht, das Unrecht, das der Clan sich selbst antut […], ruft keinerlei Bewegung hervor. Daher konnte R. Smith den arabischen *hay* definieren und sagen: ›Eine Gruppe von Verwandten ist eine Gruppe, in der es keine Blutrache gibt.‹« Für weitere Belege und eine ausführlichere Darstellung dieser Zusammenhänge siehe unten II. Teil, 4. Abschnitt, insbes. Unterabschnitt »Typologie der Konfliktformen: Strafe, Rache, Krieg«.

82 Mauss, »Die Religion und die Ursprünge des Strafrechts«, S. 78.
83 Ebd., S. 76.
84 Ebd., S. 69.
85 Ebd.
86 Ebd., S. 70; Hervorhebung F. B.
87 Ebd., S. 76.
88 Robert C. Solomon, »Justice v. Vengeance. On Law and the Satisfaction of Emotion«, in: Susan A. Bandes (Hg.), *The Passions of Law*, New York/London 1999, S. 123–148, hier S. 130.
89 Aristoteles, *Poetik*, 1450b 26 (Übersetzung von Manfred Fuhrmann).
90 Menke, *Recht und Gewalt*, S. 49.
91 Vgl. Sloterdijk, *Zorn und Zeit*, S. 80.
92 Wir werden später darauf zurückkommen; vgl. III. Teil, 5. Abschnitt.
93 Exemplarisch dazu die Definition von Davidson, Scherer und Goldsmith im einflussreichen *Handbook of Affective Sciences*: »Emotion refers to *a relatively brief episode* of coordinated brain, autonomic and behavioral changes that facilitate a response to an external or internal event of significance for the organism.« (Richard J. Davidson, Klaus R. Scherer, H. Hill Goldsmith, »Introduction«, in: dies. (Hg.), *Handbook of Affective Sciences*, Oxford 2003, S. XIII–XVII, hier S. XIII; Hervorhebung F. B.)
94 Vgl. Art. »Zorn«, in: *Deutsches Wörterbuch von Jacob und Wilhelm Grimm*, Bd. 32, Sp. 93.
95 Sloterdijk, *Zorn und Zeit*, S. 90.
96 Ebd., S. 89.
97 Vgl. ebd., S. 95–96.
98 Vgl. ebd., S. 96.
99 Ebd.
100 Vgl. ebd., S. 96–99.
101 Ebd., S. 93.
102 Ebd., S. 97.
103 Ebd., S. 98 f.
104 Vgl. ebd., S. 99–103.
105 Ebd., S. 101.
106 Ebd., S. 96.
107 Ebd.
108 Seneca, *De Ira / Über die Wut*, zweisprachige Ausgabe, übersetzt und hrsg. von Jula Wildberger, Stuttgart 2007, S. 8.

109 Ebd., S. 7f.

110 Hermann Schmitz, *Der Rechtsraum. Praktische Philosophie* (= *System der Philosophie*, Bd. III, Teil 3), Bonn 1983, S. 28.

111 Ebd., S. 31.

112 Ebd.

113 Schlee/Turner, »Einleitung: Wirkungskontexte des Vergeltungsprinzips«, S. 18; Hervorhebung F. B. Vgl. hierzu auch Schmitz, *Der Rechtsraum*, S. 401.

114 Im deutschen *Strafgesetzbuch* wird dies in den Paragraphen 20 und 21 behandelt; vgl. *Strafgesetzbuch* (StGB), online verfügbar unter www.gesetze-im-internet.de/stgb/, laufend aktualisiert, Zugriff am 22.03.2021.

115 Schmitz, *Der Rechtsraum*, S. 28.

116 Vgl. Art. »Ohnmacht«, bereitgestellt durch das *Digitale Wörterbuch der deutschen Sprache*, https://www.dwds.de/wb/Ohnmacht, Zugriff am 22.03.2021.

Zweiter Teil
Kulturtheorie der Rache: Rache und Gabe

1 Cornelius Castoriadis, *Gesellschaft als imaginäre Institution. Entwurf einer politischen Philosophie*, übersetzt von Horst Brühmann, Frankfurt a. M. 1984, S. 204.

2 Marcel Hénaff, *Der Preis der Wahrheit. Gabe, Geld und Philosophie*, übersetzt von Eva Moldenhauer, Frankfurt a. M. 2009, S. 39.

3 David Graeber, *Schulden*, übersetzt von Ursel Schäfer, Hans Freundl und Stephan Gebauer, Stuttgart 2012, S. 20.

4 Robert C. Solomon, »Justice v. Vengeance. On Law and the Satisfaction of Emotion«, in: Susan A. Bandes (Hg.), *The Passions of Law*, New York/London 1999, S. 123–148, hier S. 132.

5 Vgl. Hénaff, *Der Preis der Wahrheit*, Zweiter Teil.

6 Ebd., S. 319.

7 Anders als häufig angenommen, handelt es sich bei der Formel »Auge und Auge, Zahn um Zahn« gerade nicht um eine Verherrlichung der brutalen Rache, sondern um eine Rechtsvorschrift, deren Funktion gerade darin besteht, die Gewalt zu regulieren und zu begrenzen. »Das scheinbar so grausame Prinzip, das die Bibel hier ausspricht«, so Emmanuel Levinas, »trachtet lediglich nach Gerechtigkeit.« (Emmanuel Levinas, »Das Gesetz der Wieder-

vergeltung«, in: ders., *Verletzlichkeit und Frieden. Schriften über die Politik und das Politische*, übersetzt und hrsg. von Pascal Delhom und Alfred Hirsch, Zürich/Berlin 2007, S. 173–176, hier S. 174.) Vgl. zur biblischen Talion auch Günther Schlee, Bertram Turner (Hg.), *Vergeltung. Eine interdisziplinäre Betrachtung der Rechtfertigung und Regulation von Gewalt*, Frankfurt a. M. 2008, S. 10–11; Elmar Klinger, Art. »Revenge and Retribution«, in: *The Encyclopedia of Religion*, hrsg. von Mircea Eliade, 15 Bde. und ein Indexband, New York 1987, Bd. 12, S. 362–368; Rainer Neu, Bernd Janowski, Reinhard v. Bendemann, Stefan Volkmann, Johanna Buß, Art. »Vergeltung«, in: *Religion in Geschichte und Gegenwart. Handwörterbuch für Theologie und Religionswissenschaft*, vierte, völlig neu bearbeitete Auflage, hrsg. von Hans Dieter Betz, Don S. Browning, Bernd Janowski und Eberhard Jüngel, Tübingen 2005, Bd. 8, Sp. 997–1006.

8 Sämtliche Bibelzitate folgen der Elberfelder Übersetzung, revidierte Fassung, Wuppertal 2001.

9 Siehe oben Exposition, 5. Abschnitt, Unterabschnitt »Zur Etymologie der Vergeltung«.

10 Vgl. Émile Benveniste, *Indoeuropäische Institutionen. Wortschatz, Geschichte, Funktionen*, übersetzt von Wolfram Bayer, Dieter Hornig und Katharina Menke, hrsg. von Stefan Zimmer, Frankfurt a. M./New York 1993, S. 59–61; Graeber, *Schulden*, S. 65.

11 Paul Ricœur, *Wege der Anerkennung. Erkennen, Wiedererkennen, Anerkanntsein*, übersetzt von Ulrike Bokelmann und Barbara Heber-Schärer, Frankfurt a. M. 2006, S. 140.

12 Vgl. Art. »payback«, in: *PONS Online-Wörterbuch Premium Deutsch-Englisch*.

13 Graeber, *Schulden*, S. 67.

14 Für Belege und weitere Informationen siehe Exposition, 5. Abschnitt, Unterabschnitt »Das Wortfeld im Altgriechischen«.

15 Graeber, *Schulden*, S. 68.

16 Michel Foucault, *Überwachen und Strafen. Die Geburt des Gefängnisses*, übersetzt von Walter Seitter, Frankfurt a. M. 1976, S. 297; Hervorhebung F. B.

17 Hénaff, *Der Preis der Wahrheit*, S. 315.

18 Ebd.

19 Vgl. Maria-Sibylla Lotter, »Schuld ohne Vorwerfbarkeit. Warum der moralische Schuldbegriff auf viele Schuldphänomene nicht passt«,

in: Hilge Landweer, Dirk Koppelberg (Hg.), *Recht und Emotion I. Verkannte Zusammenhänge*, Freiburg/München 2016, S. 136–161.

20 Thomas Macho, »Bonds: Fesseln der Zeit. Einleitung«, in: ders. (Hg.), *Bonds. Schuld, Schulden und andere Verbindlichkeiten*, München 2014, S. 11–26, hier S. 17.

21 Vgl. hierzu auch Thomas Machos luzide Bemerkungen, die auf eine Analyse »historische[r] Schuldtransformationsprozesse« abzielen, ebd., S. 19–20.

22 Peter Sloterdijk, *Zorn und Zeit. Politisch-psychologischer Versuch*, Frankfurt a. M. 2006, S. 51.

23 Vgl. hier und im Folgenden: Art. »vergelten«, in: *Deutsches Wörterbuch von Jacob und Wilhelm Grimm*, Bd. 12, I. Abteilung, Sp. 407–410.

24 Vgl. Hénaff, *Der Preis der Wahrheit*, S. 505–508; auf S. 505 f. heißt es: »Das Geld ist nicht der Ausdruck der besonderen Dinge als solcher, sondern ihres Tauschwerts. Als *allgemeines Äquivalent* ist es in der Lage, alle Besonderheiten zu neutralisieren. Dies ist im übrigen seine Haupttugend; deshalb existiert es überhaupt. Die Tätigkeit, die ermöglichte, es sich zu verschaffen, ist ihm nicht anzusehen. [...] [D]as Geld als solches weist nicht die geringste Spur seiner Herkunft noch der Art seines Erwerbs auf. Und dieselbe Summe kann wiederum gegen Güter und Dienstleistungen jeglicher Art eingetauscht werden [...]. Kurzum, das Geld läßt sich in beiden Richtungen übersetzen: Es kann jede Tätigkeit und jedes Gut bezeichnen oder erwerben.«

25 Ebd., S. 318.

26 Friedrich Nietzsche, *Zur Genealogie der Moral. Eine Streitschrift*, Stuttgart 2000, S. 52.

27 Ebd.

28 Ebd., S. 60 f.

29 Ebd., S. 61.

30 Vgl. Hénaff, *Der Preis der Wahrheit*, S. 315.

31 Nietzsche, *Zur Genealogie der Moral*, S. 61.

32 Hénaff, *Der Preis der Wahrheit*, S. 318 f.

33 Nietzsches Schrift wurde zuerst 1887 veröffentlicht, der erste Lehrstuhl für Ethnologie in Deutschland wurde 1920 eingerichtet, Marcel Mauss' *Essai sur le don* erschien erstmals 1923/24.

34 Man kommt nicht umhin festzustellen, dass der ›unzeitgemäße‹ Nietzsche im Hinblick auf diese Fragestellungen ein Kind seiner

Zeit bleibt; vgl. hierzu etwa auch die irritierende Passage in der *Genealogie der Moral*, in der Nietzsche seine Vermutung, dass die Menschen früher über eine geringere Schmerzempfindlichkeit verfügten, auf ein Argument wie das folgende stützt: »wenigstens wird ein Arzt so schließen dürfen, der Neger (diese als Repräsentanten des vorgeschichtlichen Menschen genommen –) bei schweren inneren Entzündungsfällen behandelt hat, welche auch den bestorganisirten Europäer fast zur Verzweiflung bringen; – bei Negern thun sie dies nicht.« (S. 58)

35 Vgl. hierzu auch Michael J. Sandel, *What Money Can't Buy. The Moral Limits of Markets*, London 2012.

36 Vgl. Hénaff, *Der Preis der Wahrheit*, S. 319.

37 Ebd.

38 Benveniste, *Indoeuropäische Institutionen*, S. 66. Ist man erst einmal hinreichend für diese Zusammenhänge sensibilisiert, lassen sich fast überall Spuren dieser Vermischung vorfinden. So etwa in Hobbes' *Leviathan*. Die Vertragsbeziehung stellt das genaue Gegenteil der symbolischen Gabenbeziehung dar. Demungeachtet zeigt sich die Beziehung des Vertrags selbst bei einem so wichtigen Vertragstheoretiker wie Thomas Hobbes von dem Vokabular der Gabe durchsetzt. Im Kapitel XIV des *Leviathan* listet Hobbes die »ausdrücklichen Zeichen« auf, an denen ein Vertrag zu erkennen ist. Und diese Zeichen erkennt Hobbes ausgerechnet in sprachlichen Formeln wie »*ich gebe*, *ich gewähre*, *ich habe gegeben*, *ich habe gewährt* [...] oder [...] *ich werde geben*, *ich werde gewähren*« (vgl. Thomas Hobbes, *Leviathan*, übersetzt von Jutta Schlösser, hrsg. von Hermann Klenner, Hamburg 1996, S. 112).

39 Richard J. Evans, *Rituale der Vergeltung. Die Todesstrafe in der deutschen Geschichte 1532–1987*, übersetzt von Holger Fliessbach, Berlin 2001, S. 13 f.

40 Siehe oben I. Teil, 4. Abschnitt.

41 Marcel Mauss, *Die Gabe. Form und Funktion des Austauschs in archaischen Gesellschaften*, übersetzt von Eva Moldenhauer, Frankfurt a. M. 1990.

42 Iris Därmann, *Theorien der Gabe. Zur Einführung*, Hamburg 2010, S. 9.

43 Die wissenschaftliche Literatur zur Gabe ist mittlerweile beträchtlich; als Orientierung sei hier verwiesen auf die kulturwissenschaftlich orientierte Einführung von Därmann, *Theorien der Gabe* (mit

Kapiteln zu Mauss, Bataille, Lévi-Strauss, Derrida und Serres); aus sozialwissenschaftlicher Perspektive Frank Adloff, Steffen Mau, »Zur Theorie der Gabe und Reziprozität«, in: dies. (Hg.), *Vom Geben und Nehmen. Zur Soziologie der Reziprozität*, Frankfurt a. M. 2005, S. 957 (in diesem Einleitungstext finden sich Erläuterungen unter anderem zu Mauss, Lévi-Strauss, Sahlins, Durkheim, Bourdieu und Derrida; der Band versammelt zudem Auszüge aus soziologischen Primärtexten zur Gabe von Simmel, Gouldner, Peter M. Blau, Bourdieu und Alain Caillé); aus philosophischer Perspektive Marcel Hénaff, *Die Gabe der Philosophen. Gegenseitigkeit neu denken*, übersetzt von Eva Moldenhauer, Bielefeld 2014 (mit Kapiteln zu Derrida, Lévinas, Marion, Ricœur, Lefort und Descombes).

44 Vgl. Hénaff, *Der Preis der Wahrheit*, S. 180.

45 Mauss, *Die Gabe*, S. 175 f.

46 Ich denke hier etwa an Maurice Halbwachs, wie Mauss ebenfalls Schüler von Durkheim, und seine bahnbrechenden Schriften über das kollektive Gedächtnis; vgl. Maurice Halbwachs, *Das kollektive Gedächtnis*, Frankfurt a. M. 1991.

47 Diese Einschätzung teilt auch Därmann, die Mauss' Gabenessay bescheinigt, »zu den wohl bekanntesten und am wenigsten gelesenen Klassikern der Soziologie« zu gehören; vgl. Därmann, *Theorien der Gabe*, S. 12.

48 Vgl. Adloff/Mau, »Zur Theorie der Gabe und Reziprozität«, S. 12.

49 Vgl. Jacques Derrida, *Falschgeld. Zeit geben 1*, übersetzt von Andreas Knop und Michael Wetzel, München 1993.

50 Derrida, *Falschgeld. Zeit geben 1*, S. 22.

51 Vgl. für eine ausführlichere Kritik der Gabentheorie von Derrida Därmann, *Theorien der Gabe*, S. 101–133; Hénaff, *Die Gabe der Philosophen*, S. 27–50; Adloff/Mau, »Zur Theorie der Gabe und Reziprozität«, S. 39–40.

52 Vgl. auch Därmann, *Theorien der Gabe*, S. 12.

53 Vgl. dazu auch Axel Honneth, der mit Blick auf die Wirkungsgeschichte des Mauss-Essays von einem »kaum zu durchdringenden Dickicht von Rezeptionslinien« spricht (Axel Honneth, »Vom Gabentausch zur sozialen Anerkennung. Unstimmigkeiten in der Sozialtheorie von Marcel Hénaff«, in: *WestEnd. Neue Zeitschrift für Sozialforschung* 7,1 (2010), S. 99–110, hier S. 100).

54 Es ist unwahrscheinlich, davon auszugehen, dass Mauss diesen Zusammenhang zwar erkannt, es aber nicht für nötig befunden

hat, ihn eigens zu thematisieren. Bezogen auf *Die Gabe* ließe sich eventuell noch argumentieren, dass Mauss' Fokus schlicht auf anderen Zusammenhängen lag; nicht jedoch bezogen auf »Die Religion und die Ursprünge des Strafrechts«, einen Text, in dem das Thema der Rache in den genealogischen Gesellschaften eine zentrale Rolle spielt; vgl. Marcel Mauss, »Die Religion und die Ursprünge des Strafrechts nach einem kürzlich erschienenen Buch (1896)«, in: ders., *Schriften zur Religionssoziologie*, übersetzt von Eva Moldenhauer und Henning Ritter, hrsg. von Stephan Moebius u.a., Berlin 2012, S. 36–90.

55 Vgl. Mauss, *Die Gabe*, S. 15–17; in der deutschen Fassung wird das *Hávámal* nach der Übersetzung von H. Gering (Leipzig/Wien 1892) zitiert.

56 Die erste Zahl bezeichnet die Strophe, die zweite den Vers (nach der von Mauss angegebenen Zählung).

57 Ebd., S. 17.

58 Ebd., S. 18.

59 Ebd., S. 17.

60 Vgl. ebd., S. 22.

61 Vgl. etwa ebd., S. 17, 22, 24–25, 90–91, 164, 176–177.

62 Vgl. Hénaff, *Der Preis der Wahrheit*, S. 185–187.

63 Mauss, *Die Gabe*, S. 177.

64 Ebd., S. 21.

65 Ebd., S. 24; Hervorhebung F. B.

66 Ebd., S. 55.

67 Hénaff, *Der Preis der Wahrheit*, S. 186.

68 Ebd., S. 199.

69 Mauss, *Die Gabe*, S. 19.

70 Ebd., S. 25.

71 Marcel Hénaff nennt »die Ausdrucksformen der Höflichkeit [...] eines der letzten Refugien der rituellen Gabenbeziehungen« (Hénaff, *Der Preis der Wahrheit*, S. 527).

72 Hans Joas, *Die Sakralität der Person. Eine neue Genealogie der Menschenrechte*, Berlin 2011, S. 233.

73 Hénaff, *Der Preis der Wahrheit*, S. 187.

74 Art. »geben«, bereitgestellt durch das *Digitale Wörterbuch der deutschen Sprache*, https://www.dwds.de/wb/geben, Zugriff am 22.03.2021.

75 Vgl. Derrida, *Falschgeld. Zeit geben 1*.

76 Mauss, *Die Gabe*, S. 36.
77 Ebd., S. 39.
78 Ebd., S. 37.
79 Diese Feststellung bezieht sich auf den gesamten *Essai*. Mauss selbst gibt zu: »Leider wissen wir nur sehr wenig über die Sanktion« (*Die Gabe*, S. 64). Zur Frage der Sanktion finden sich über den Text verstreut immer wieder einzelne Bemerkungen (vgl. u. a. S. 28, 65, 93, 99–101), die sich jedoch zu keinem kohärenten Bild zusammenfügen.
80 Mauss, *Die Gabe*, S. 18.
81 Ebd., S. 22.
82 Ebd., S. 54.
83 Bronislaw Malinowski, *Argonauts of the Western Pacific. An Accout of Native Enterprise and Adventure in the Archipelagoes of Melanesian New Guinea*, London 1972.
84 Vgl. Mauss, *Die Gabe*, S. 58–59; außerdem Hénaff, *Der Preis der Wahrheit*, S. 182.
85 Vgl. Mauss, *Die Gabe*, S. 64.
86 Ebd., S. 55.
87 Ebd., S. 70.
88 Ebd., S. 81.
89 Ebd., S. 56.
90 Ebd.
91 Ebd., S. 56 f.
92 Vgl. Aristoteles, *Nikomachische Ethik*, IV. Buch, Kap. 7–8.
93 Mauss, *Die Gabe*, S. 55.
94 Vgl. ebd.
95 Ebd., S. 55 f.
96 Ebd., S. 60. Dass es beim Schenken mehr auf das Schöne ankommt als auf das Nützliche, mehr auf das Überflüssige als auf das Notwendige, gilt auch in unserer Gesellschaft. Nicht das ›nackte‹ Leben, sondern das ›gute‹ Leben ist es, worauf die Praxis des Schenkens abzielt.
97 Vgl. Mauss, *Die Gabe*, S. 64.
98 Ebd., S. 56.
99 Ebd., S. 67.
100 Ebd., S. 68.
101 Därmann, *Theorien der Gabe*, S. 25.
102 Mauss, *Die Gabe*, S. 77.

103 Ebd.
104 Därmann, *Theorien der Gabe*, S. 49.
105 Mauss, *Die Gabe*, S. 79.
106 Ebd.
107 Ebd.
108 Vgl. ebd.
109 Ebd.
110 Ebd., S. 81.
111 Ebd., S. 87.
112 Ebd., S. 81.
113 Ebd., S. 84 f.
114 Vgl. ebd., S. 92, Anm. 151.
115 Ebd., S. 86 f.
116 Vgl. ebd., S. 84–95.
117 Ebd., S. 92.
118 Ebd., S. 93 f.
119 Vgl. ebd., S. 101.
120 Ebd., S. 88.
121 Ebd., S. 101.
122 Eine gute Zusammenfassung der in jüngeren ethnologischen Arbeiten (von Marie Mauzé und Helen Codere) aufgeworfenen Kritik an dem Bild, das Boas vom Potlatsch und den Kwakiutl zeichnet, findet sich bei Iris Därmann, *Theorien der Gabe*, S. 54–63.
123 Vgl. ebd., S. 54–55.
124 Mauss, *Die Gabe*, S. 18.
125 Ebd., S. 103.
126 Ebd.
127 Ebd., S. 108.
128 Ebd., S. 61.
129 Ebd., S. 33.
130 Ebd., S. 35.
131 Ebd.
132 Vgl. u. a. ebd., S. 120.
133 Ebd., S. 52.
134 Ebd., S. 39.
135 Därmann, *Theorien der Gabe*, S. 21.
136 Hénaff, *Der Preis der Wahrheit*, S. 196.
137 Mauss, *Die Gabe*, S. 31.
138 Ebd., S. 118.

139 Vgl. ebd., S. 31–36; die folgende Darstellung orientiert sich zudem an den entsprechenden Stellen in Hénaffs *Der Preis der Wahrheit*, S. 191–196.

140 Vgl. Mauss, *Die Gabe*, S. 32, Anm. 26.

141 Ebd., S. 32 f.

142 Ebd., S. 34.

143 Ebd.

144 Ebd., S. 53.

145 Vgl. Hénaff, *Der Preis der Wahrheit*, S. 195.

146 Mauss, *Die Gabe*, S. 114 f.

147 Vgl. Axel T. Paul, »Die Rache und das Rätsel der Gabe«, in: *Leviathan. Berliner Zeitschrift für Sozialwissenschaft* 33,4 (Dezember 2005), S. 240–256, S. 252, sowie unten II. Teil, 4. Abschnitt.

148 Wolfgang Eßbach, »Gabe und Rache. Zur Anthropologie der Gegenseitigkeit«, in: Gerburg Treusch-Dieter, Dietmar Kamper, Bernd Ternes (Hg.), *Schuld*, Tübingen 1999, S. 11–20, hier S. 13.

149 Wolfgang Müller, *Die Indianer Amazoniens. Völker und Kulturen im Regenwald*, München 1995, S. 180.

150 Paul, »Die Rache und das Rätsel der Gabe«, S. 250.

151 In einem späteren Werk, der 2012 im französischen Original und 2014 in deutscher Übersetzung erschienenen Monographie *Die Gabe der Philosophen. Gegenseitigkeit neu denken* (Bielefeld 2014), hat Hénaff seine zentralen gabentheoretischen Einsichten neu gebündelt und in eine analytischere Form gebracht. Während *Der Preis der Wahrheit* in Stil und Anlage eher kulturwissenschaftlich daherkommt, geht es Hénaff in *Die Gabe der Philosophen* explizit darum, seine eigene Position in eine kritische Auseinandersetzung mit konkurrierenden philosophischen Gabetheorien zu bringen. Neben diesen beiden großen Monographien hat Hénaff zudem eine Reihe von Aufsätzen verfasst, in denen er bestimmte Aspekte und Themen aus *Der Preis der Wahrheit* aufgreift und weiterentwickelt; vgl. Marcel Hénaff, »Die Welt des Handels, die Welt der Gabe. Wahrheit und Anerkennung«, in: *WestEnd. Neue Zeitschrift für Sozialforschung* 7,1 (2010), S. 81–90; »Die pervertierte Gabe. Tugend, Heuchelei und Nihilismus – Zu einer Anthropologie der Korruption« in: *Lettre International* 93 (Sommer 2011), S. 54–56; »Terror und Rache. Politische Gewalt, Gegenseitigkeit, Gerechtigkeit – zehn Jahre danach«, in: *Lettre International* 94 (Herbst 2011), S. 11–23; »Menschen und Schulden. Flucht in die

Zukunft, Realitätsvergessenheit und Zivilisationskrise«, in: *Lettre International* 96 (Frühjahr 2012), S. 7–13; »Die immateriellen Güter. Über Nichtgreifbares und Unschätzbares – Der Markt und das Preislose«, in: *Lettre International* 100 (Frühjahr 2013), S. 123–127; »Kosmische Schuld, symbolische Schuld, finanzielle Schuld. Paradigmen des Gleichgewichts und der Zeit«, in: Thomas Macho (Hg.), *Bonds. Schuld, Schulden und andere Verbindlichkeiten*, München 2014, S. 33–53.

152 Vgl. Hénaff, *Der Preis der Wahrheit*, S. 12–40; Hénaff kommt im weiteren Verlauf des Buches an strategisch wichtigen Stellen immer wieder auf das antike Beispiel dieser Weigerung zurück.

153 Vgl. etwa die folgende Äußerung aus Platons *Apologie des Sokrates*: »Und es ist nicht so, daß ich, wenn ich dafür bezahlt werde, meine Gespräche führe, sonst aber nicht; vielmehr bin ich in gleicher Weise bei Reich und Arm bereit, mich fragen zu lassen, und wenn jemand will, dann kann er auch antworten und hören, was ich dazu sage.« (33a-b; Übersetzung von Manfred Fuhrmann) Die Frage der Bezahlung bildete bekanntlich einen der zentralen Streitpunkte in der Auseinandersetzung zwischen der Philosophie und der Sophistik; vgl. dazu exemplarisch David L. Blank, »Socratics versus Sophists on Payment for Teaching«, in: *Classical Antiquity* 4,1 (April 1985), S. 1–49.

154 Hénaff verweist als Beleg u. a. auf Seneca (*De Beneficiis*, I, 8, 1–2), Xenophon (*Oikonomikos*, II, 8) und Diogenes Laertius (*Leben und Meinungen berühmter Philosophen*, II, 24–25); vgl. *Der Preis der Wahrheit*, S. 157 sowie generell zu Sokrates die Abschnitte »Der unbestechliche Weise und der Wert des Wahren« (S. 12–17), »Der Preis der Wahrheit« (S. 17–24) sowie »Sokrates, der uneigennützige Lehrer« (S. 81–94).

155 Vgl. Hénaff, *Der Preis der Wahrheit*, u. a. S. 24–26, 152, 162–165.

156 Hénaff, *Der Preis der Wahrheit*, S. 167.

157 Diese Kernthese durchzieht, in unterschiedlichen Variationen und Formulierungen, sowohl *Der Preis der Wahrheit* als auch *Die Gabe der Philosophen*; am ausführlichsten entwickelt wird sie im 4. Kapitel von *Der Preis der Wahrheit* (»Das Rätsel der zeremoniellen gegenseitigen Gabe«, S. 166–240); für eine bündigere Darstellung vgl. das 2. Kapitel von *Die Gabe der Philosophen* (»Vorschläge I. Die zeremonielle Gabe: Bündnis und Anerkennung«, S. 51–77, darin insbes. S. 56–58).

158 Hénaff, *Der Preis der Wahrheit*, S. 36.
159 Vgl. ebd., u. a. S. 33–35, 170–177, 411–430.
160 Vgl. ebd., S. 176.
161 Ebd., S. 36 f.
162 Vgl. Graeber, *Schulden*, S. 27–48 (= 2. Kapitel »Der Mythos vom Tauschhandel«).
163 Ebd., S. 29.
164 Ebd., S. 28; vgl. auch S. 35: »Seit Jahrhunderten suchen Forscher mittlerweile nach diesem sagenhaften Land des Tauschhandels – alle ohne Erfolg. [...] Stattdessen fanden sie eine unendliche Vielfalt wirtschaftlicher Systeme. Aber bis heute konnte niemand eine Weltgegend identifizieren, wo der gewöhnliche wirtschaftliche Austausch zwischen Nachbarn in der Form stattfand: ›Ich gebe dir 20 Hühner für diese Kuh‹.«
165 Vgl. hierzu Hénaff, *Die Gabe der Philosophen*, S. 57.
166 Hénaff, *Der Preis der Wahrheit*, S. 37.
167 Eine analoge Unterscheidung findet sich auch in vielen anderen Regionen der Welt. So schreibt Philippe Descola über den Gabentausch der Achuar, einer im Grenzgebiet zwischen Ecuador und Peru lebenden indigenen Gruppe Amazoniens: »Sie [die Achuar] machen einen klaren Unterschied zwischen solchen Dingen, die kein Handelsgegenstand sein können, weil sie gleichsam zur Person gehören [...], und den Dingen, die in ihrem Wert objektivierbar, da unabhängig von den sie besitzenden Personen sind und die infolgedessen durch ein beliebiges Äquivalent mit denselben Eigenschaften ersetzt werden können. Dies trifft auf alle Güter zu, welche die Indianer untereinander tauschen [...]. Manches von der ersten Kategorie kann gegen Gleichartiges getauscht werden, ohne daß dabei strikte Reziprozität gewahrt sein müßte, da sich bei Dingen, die von den gebenden Personen nicht zu trennen sind, jede Quantifizierung verbietet.« (Philippe Descola, *Leben und Sterben in Amazonien. Bei den Jívaro-Indianern*, übersetzt von Grete Osterwald, Stuttgart 1996, S. 86 f.)
168 Vgl. hierzu Michael J. Sandel, *What Money Can't Buy*. In der Frage des Unbezahlbaren ergänzen sich die Analysen von Sandel und Hénaff in bemerkenswerter Weise, was insofern erstaunlich ist, als beide Autoren in unterschiedlichen Denktraditionen stehen, die sonst kaum Berührungspunkte aufweisen.
169 Hénaff, *Der Preis der Wahrheit*, S. 35.

170 Ebd., S. 177–178.

171 Hénaff expliziert diesen Zusammenhang unter anderem anhand einer Interpretation von Senecas Abhandlung *De Beneficiis* (in *Der Preis der Wahrheit*, S. 393–409); im Lob der bedingungslosen Gabe, das Seneca anstimmt, erkennt Hénaff das Zeichen einer Krise, in die die alten Formen der Gegenseitigkeit geraten sind, und den Ausdruck einer generellen Abwendung von der rituellen Gabe: »Der Fall Senecas ist in der Tat [...] überraschend: Keiner in der alten Welt hat das Lob der Gabe so weit getrieben, keiner hat ihre Notwendigkeit so intensiv begriffen. Aber kein Text zeugt auch besser als *De Beneficiis* davon, wie sehr die Logik der traditionellen Gabe in Vergessenheit geraten ist.« (S. 395)

172 Hénaff, *Der Preis der Wahrheit*, S. 168.

173 Ebd., S. 179.

174 Hénaff, *Die Gabe der Philosophen*, S. 58.

175 Hénaff, *Der Preis der Wahrheit*, S. 204 u. a.

176 Ebd., S. 200.

177 Mauss, *Die Gabe*, S. 180.

178 Ebd., S. 181.

179 Vgl. Hannah Arendt, *Vita activa oder Vom tätigen Leben*, München 2008, S. 17.

180 Hénaff, *Der Preis der Wahrheit*, S. 201.

181 Ebd., S. 202; vgl. auch Hénaff, *Die Gabe der Philosophen*, S. 63–65, wo Hénaff erneut auf diese Episode zu sprechen kommt.

182 Hénaff, *Der Preis der Wahrheit*, S. 205.

183 Ebd., S. 169.

184 Ebd., S. 204.

185 Hénaff, *Die Gabe der Philosophen*, S. 65.

186 Hénaff, *Der Preis der Wahrheit*, S. 320.

187 Ebd., S. 320 f.

188 Vgl. ebd., S. 320–326.

189 Ebd., S. 321.

190 Ebd., S. 324.

191 Marcel Mauss, »Die Religion und die Ursprünge des Strafrechts«, S. 43 u. 53; die beiden Zitate geben nicht unbedingt Mauss' eigene Ansicht wieder, sondern sind Teil seiner Darstellung der Thesen, die Steinmetz in den *Ethnologischen Studien zur ersten Entwicklung der Strafe* vorbringt (siehe hierzu auch oben I. Teil, 4. Abschnitt, Unterabschnitt »Implikationen«).

192 Paul, »Die Rache und das Rätsel der Gabe«, S. 243 f.
193 Ich übernehme diese Terminologie von Marcel Hénaff; vgl. *Der Preis der Wahrheit*, S. 330 ff.
194 Hénaff, *Der Preis der Wahrheit*, S. 331.
195 Hénaff spricht alternativ auch von »zeremonieller Rache« oder schlicht vom »Rachesystem«; vgl. ebd., u. a. S. 350 u. 487.
196 Vgl. Bertram Turner, »Recht auf Vergeltung? Soziale Konfigurationen und die prägende Macht der Gewaltoption«, in: Bertram Turner, Günther Schlee (Hg.), *Vergeltung. Eine interdisziplinäre Betrachtung der Rechtfertigung und Regulation von Gewalt*, Frankfurt a. M. 2008, S. 69–103, S. 71: »Der bestehende terminologische Wirrwarr zeugt von einer unbestreitbaren Konfusion über den Gegenstand.« Den Grund dieser Konfusion erkennt Turner darin, dass hinter Begriffen wie Blutrache, Fehde, Vendetta usw. »weniger aus der Empirie abgeleitete Modelle als in die Theorie transferierte Ideologien« (ebd.) stehen.
197 Paul, »Die Rache und das Rätsel der Gabe«, S. 245.
198 Ebd., S. 244 f.
199 Ebd., S. 245.
200 Vgl. ebd., S. 246 f.
201 Schlee/Turner, »Einleitung: Wirkungskontexte des Vergeltungsprinzips«, S. 17.
202 Vgl. ebd., S. 22.
203 Ebd. S. 11; Hervorhebung F. B.
204 Turner, »Recht auf Vergeltung?«, S. 71.
205 Vgl. Schlee/Turner, »Einleitung: Wirkungskontexte des Vergeltungsprinzips«, S. 17.
206 Ebd., S. 15 f.
207 Ebd., S. 22; Hervorhebung F. B.
208 Ebd., S. 24.
209 Paul, »Die Rache und das Rätsel der Gabe«, S. 252.
210 Ebd.
211 Ebd.
212 Wie wir später sehen werden (siehe unten II. Teil, 7. Abschnitt), besteht in dieser Hinsicht zwischen dem System der rächenden Gerechtigkeit und dem System der schiedsrichterlichen Gerechtigkeit kein wesentlicher Unterschied: Auch dieses ist auf die Vorstellung eines wiederherzustellenden Gleichgewichts bezogen, auch wenn diese Vorstellung in den zeitgenössischen Straftheorien

nicht mehr explizit vorkommt und von anderen Kalkülen verdeckt wird.

213 Hénaff, *Der Preis der Wahrheit*, S. 313.

214 Paul, »Die Rache und das Rätsel der Gabe«, S. 252.

215 Ebd., S. 251 f.

216 Vgl. Raymond Verdier, »Le système vindicatoire. Esquisse théorique«, in: ders. (Hg.), *La vengeance*, Bd. 1, S. 11–42.

217 Vgl. Hénaff, *Der Preis der Wahrheit*, S. 332–336; Hénaff selbst spricht von einer »Typologie der Sanktionsformen« (S. 332); im Hinblick auf die Strafe und die Rache leuchtet diese Bezeichnung ein; nicht jedoch im Hinblick auf den Krieg. Daher ziehe ich es vor, anstatt von Sanktionsformen von Konfliktformen zu sprechen.

218 Hénaff, *Der Preis der Wahrheit*, S. 333; Hervorhebung F. B.

219 Ebd.

220 Ebd.; Hervorhebung F. B.

221 Paul, »Die Rache und das Rätsel der Gabe«, S. 251.

222 Vgl. Hénaff, *Der Preis der Wahrheit*, S. 333; vgl. auch Paul, »Die Rache und das Rätsel der Gabe«, S. 246.

223 Verdier, »Le système vindicatoire«, S. 21; Übersetzung zit. n. Hénaff, *Der Preis der Wahrheit*, S. 333; Hervorhebung F. B.

224 Hénaff, *Der Preis der Wahrheit*, S. 335.

225 Ebd., S. 334; vgl. hierzu auch Paul, »Die Rache und das Rätsel der Gabe«, S. 247.

226 Hénaff, *Der Preis der Wahrheit*, S. 334 f.

227 Verdier, »Le système vindicatoire«, S. 25; Übersetzung zit. n. Hénaff, *Der Preis der Wahrheit*, S. 334.

228 Lotter, *Scham, Schuld, Verantwortung. Über die kulturellen Grundlagen der Moral*, Berlin 2012, S. 284.

229 Schlee/Turner, »Einleitung: Wirkungskontexte des Vergeltungsprinzips«, S. 25.

230 Vgl. Günther Schlee, Bertram Turner, »Rache, Wiedergutmachung und Strafe: Ein Überblick«, in: dies. (Hg.), *Vergeltung. Eine interdisziplinäre Betrachtung der Rechtfertigung und Regulation von Gewalt*, Frankfurt a. M. 2008, S. 49–67, für das Beispiel S. 49–54.

231 Ebd., S. 50.

232 Ebd., S. 50, Anm. 4.

233 Ebd., S. 51.

234 Ebd., S. 52.

235 Vgl. Lotter, *Scham, Schuld, Verantwortung*, S. 230; Paul, »Die Rache und das Rätsel der Gabe«, S. 245.

236 Schlee/Turner, »Rache, Wiedergutmachung und Strafe«, S. 51.

237 Hénaff, *Der Preis der Wahrheit*, S. 350.

238 Ebd., S. 24.

239 Ebd., S. 50.

240 Schlee/Turner, »Rache, Wiedergutmachung und Strafe«, S. 51. Soweit bekannt, wurde am Ende tatsächlich eine Entschädigungssumme bezahlt, deren Höhe deutlich unter dem vorgeschlagenen Betrag von 10 000 Dollar lag (in den Quellen ist mal von 3000, mal von 5000 Dollar die Rede).

241 Vgl. Graeber, *Schulden*, S. 138–151; Graeber stützt seine Überlegungen maßgeblich auf Philippe Rospabé, *La dette de vie: aux origines de la monnaie sauvage*, Paris 1995.

242 Graeber, *Schulden*, S. 140.

243 Ebd., S. 141.

244 Als Beispiele verweist Graeber unter anderem auf die Nuer, die Tiv und die Irokesen. Hénaff, der ebenfalls auf die Homologie von ›Blutpreis‹ und ›Brautpreis‹ zu sprechen kommt, verweist auf die Jivaro, eine indigene Gesellschaft Amazoniens; vgl. Hénaff, *Der Preis der Wahrheit*, S. 335, Anm. 31.

245 Verdier, »Le système vindicatoire«, S. 28; Übersetzung zit. n. Hénaff, *Der Preis der Wahrheit*, S. 336.

246 Graeber, *Schulden*, S. 142.

247 Vgl. ebd., S. 143.

248 Vgl. Hénaff, *Der Preis der Wahrheit*, S. 336; vgl. auch S. 335, Anm. 31: »Die Äquivalenz zwischen den Racheverpflichtungen und denen der Heiratsallianz ist derart, daß die beiden Logiken austauschbar sind.«

249 Schlee/Turner, »Rache, Wiedergutmachung und Strafe«, S. 52.

250 Vgl. ebd. Von einem derartigen Fall berichtet auch Graeber; vgl. *Schulden*, S. 143 f. Aus europäischer Sicht erscheinen diese Verfahren einigermaßen befremdlich, wie Schlee und Turner zu Recht anmerken: »In solchen Fällen wird der ganze Kontrast zwischen unserem Umgang mit dem gewaltsamen Tod und dem an anderen Orten und zu anderen Zeiten deutlich. Man stelle sich einen Europäer vor, dessen Sohn, der ihn versorgt hat, tot ist. Dafür wird ihm der Mörder seines Sohnes übereignet und lebt hinfort bei ihm an Sohnes statt. Wie anders ist die europäische Realität! Viele Op-

fer von Gewaltverbrechen oder deren Angehörige wollen mit den Tätern am liebsten nichts zu tun haben, schon gar nicht ohne Polizeischutz. Der Täter-Opfer-Ausgleich, wie er neuerdings wieder zaghaft praktiziert wird, ist die Reaktion auf eine jahrhundertelange Entwicklung des Rechts, die Täter und Opfer voneinander entkoppelt hat. Das Recht auf und die Pflicht zur Strafverfolgung hat bei uns der Staat. Das überlebende Opfer oder die Angehörigen eines Getöteten sind allenfalls Nebenkläger.« (Schlee/Turner, »Rache, Wiedergutmachung und Strafe«, S. 52)

251 Hénaff, *Der Preis der Wahrheit*, S. 340.

252 Ebd., S. 340 f.; Hervorhebung F. B.

253 Vgl. ebd., S. 341.

254 Ebd.

255 Vgl. Christoph Menke, *Recht und Gewalt*, Berlin 2012, S. 13.

256 Hénaff, *Der Preis der Wahrheit*, S. 341 f.

257 Vgl. hierzu Marcel Hénaffs Ausführungen über die Funktion des Königs in der altindischen Überlieferung, so wie sie in dem *Mahabharata* zum Ausdruck kommt (*Der Preis der Wahrheit*, S. 337–339).

258 Hénaff, *Der Preis der Wahrheit*, S. 369.

259 Vgl. Paul, »Die Rache und das Rätsel der Gabe«, S. 254 sowie Bärbel Beinhauer-Köhler, Erich Zenger, Stefan Volkmann: Art. »Rache«, in: *Religion in Geschichte und Gegenwart. Handwörterbuch für Theologie und Religionswissenschaft*, vierte, völlig neu bearbeitete Auflage, hrsg. von Hans Dieter Betz, Don S. Browning, Bernd Janowski und Eberhard Jüngel, Tübingen 2004, Bd. 7, Sp. 11–13, hier Sp. 11.

260 Hénaff, *Der Preis der Wahrheit*, S. 339 f.

261 Ebd., S. 347.

262 Schlee/Turner, »Rache, Wiedergutmachung und Strafe«, S. 53.

263 Menke, *Recht und Gewalt*, S. 25; Hervorhebung F. B.

264 Ebd., S. 24.

265 Ebd., S. 27 f.

266 Ricœur, *Gedächtnis, Geschichte, Vergessen*, S. 496 f.

267 Schlee/Turner, »Einleitung: Wirkungskontexte des Vergeltungsprinzips«, S. 25.

268 Die nachfolgende Darstellung der beiden Gesellschaften lehnt sich an die entsprechenden Ausführungen von Marcel Hénaff in *Der Preis der Wahrheit* an, vgl. ebd., S. 343–347. Hénaff stützt sich seinerseits

auf die folgenden ethnographischen Quellen: für die Gamo Jacques Bureau, »Une société sans vengeance: le cas des Gamo d'Éthiopie«, in: Raymond Verdier (Hg.), *La vengeance. Études d'ethnologie, d'histoire et de philosophie*, Bd. 1, Paris 1980, S. 213–224; Marc Abélès, *Le lieu du politique*, Paris 1983; für die Nuer Edward E. Evans-Pritchard, *The Nuer. A Description of the Modes of Livelihood and Political Institutions of A Nilotic People*, Oxford 1940.

269 Hénaff, *Der Preis der Wahrheit*, S. 343 f.

270 Marcel Hénaff, »Menschen und Schulden. Flucht in die Zukunft, Realitätsvergessenheit und Zivilisationskrise«, in: *Lettre International* 96 (Frühjahr 2012), S. 7–13, hier S. 8–9.

271 Vgl. Edward E. Evans-Pritchard, *The Nuer: A Description of the Modes of Livelihood and Political Institutions of A Nilotic People*, Oxford 1940.

272 Evans-Pritchard, *The Nuer*, S. 26.

273 Hénaff, *Der Preis der Wahrheit*, S. 350.

274 Vgl. Paul, »Die Rache und das Rätsel der Gabe«, S. 253.

275 Ebd..

276 Siehe oben I. Teil, 1. Abschnitt.

277 Paul, »Die Rache und das Rätsel der Gabe«, S. 253.

278 Rudolf von Jhering, *Der Kampf um's Recht*, hrsg. von Felix Ermacora, Frankfurt a. M./Berlin 1992, S. 121.

279 Çiğdem Akyol, »Friedensrichter, die Bestrafung verhindern«, in *Zeit Online*, http://www.zeit.de/gesellschaft/zeitgeschehen/2012-05/friedensrichter-islam-justiz/komplettansicht, erstellt am 02.05.2012, Zugriff am 22.03.2021.

280 Ebd.

281 Vgl. Joachim Wagner, *Richter ohne Gesetz. Islamische Paralleljustiz gefährdet unseren Rechtsstaat*, Berlin 2011.

282 Vgl. hierzu auch den Beginn des Artikels von Alke Wierth, »Muslime. Grusel-Islam im Parlament«, in: *taz.de*, http://www.taz.de/!5092638/, erstellt am 31.05.2012, Zugriff am 22.03.2021: »Blutrache, Stammesfehden, archaische Gesetze, die in muslimischen Parallelgesellschaften zur Anwendung kommen: Die Themen, mit denen sich der Integrationsausschuss des Abgeordnetenhauses am Donnerstag beschäftigte, boten alles, womit sich der Deutsche gern gruselt. Der Anlass: das 2011 erschienene Buch ›Richter ohne Gesetz. Islamische Paralleljustiz gefährdet unseren Rechtsstaat‹ des früheren ARD-Journalisten Joachim Wagner.«

283 Zit. n. Çiğdem Akyol, »Friedensrichter, die Bestrafung verhindern«, in *Zeit Online*.

284 Zit. n. Alke Wierth, »Muslime. Grusel-Islam im Parlament«, in: *taz.de*.

285 Vgl. Heinrich von Kleist, *Michael Kohlhaas. Aus einer alten Chronik*, Stuttgart 2003. Geschrieben hat Kleist diesen Text zwischen 1808 und 1810.

286 Ebd., S. 3.

287 Ebd., S. 23 f.

288 Paul Michael Lützeler, »Nachwort«, in: Heinrich von Kleist, *Michael Kohlhaas. Aus einer alten Chronik*, Stuttgart 2003, S. 127–135, hier S. 129.

289 Seneca, *Briefe an Lucilius*, 115, 10; zit. n. Hénaff, *Der Preis der Wahrheit*, S. 11.

290 Hobbes, *Leviathan*, S. 72.

291 Wolfgang Herrndorf, *Sand*, Reinbek (bei Hamburg) 2013, S. 269.

292 Immanuel Kant, *Grundlegung zur Metaphysik der Sitten*, hrsg. von Bernd Kraft und Dieter Schönecker, Hamburg 1999, S. 61.

293 Vgl. Joas, *Die Sakralität der Person*.

294 Graeber, *Schulden*, S. 141.

295 Vgl. Hénaff, *Der Preis der Wahrheit*, u. a. S. 319, sowie generell zu dieser Thematik Sandel, *What Money Can't Buy*.

296 Kenneth Feinberg (im Gespräch mit Marcus Rohwetter), »Der kalte Tröster«, in: *Die Zeit*, 19. Juli 2012, S. 28. Die nachfolgende Darstellung stützt sich auf dieses Interview, eine Reihe von Online-Beiträgen aus den US-amerikanischen Medien sowie zwei Bücher, die Feinberg selbst verfasst hat; vgl. Kenneth Feinberg, *What Is Life Worth? The Unprecedented Effort to Compensate the Victims of 9/11*, New York 2005; Kenneth Feinberg, *Who Gets What. Fair Compensation after Tragedy and Financial Upheaval*, New York 2012.

297 Feinberg (im Gespräch mit Marcus Rohwetter), »Der kalte Tröster«, S. 28.

298 Frances Romero, »Compensation Czar Kenneth Feinberg«, in: *Time*, http://content.time.com/time/nation/article/0,8599,1903547,00.
html, erstellt am 23.10.2009, Zugriff am 22.03.2021.

299 Elizabeth Chuck, »Meet Kenneth Feinberg: The Man Who Puts a Price on Pain«, in: *NBC News*, https://web.archive.org/web/2015

0618020159/http://usnews.nbcnews.com/_news/2013/05/14/18107596-meet-kenneth-feinberg-the-man-who-puts-a-price-on-pain, erstellt am 14.05.2013, Zugriff am 22.03.2021.

300 Vgl. Feinberg (im Gespräch mit Marcus Rohwetter), »Der kalte Tröster«, S. 28. Sämtliche Angaben und Zahlen in diesem Abschnitt, die sich auf das Entschädigungsprogramm der BP beziehen, sind nach diesem Interview zitiert.

301 Feinberg (im Gespräch mit Marcus Rohwetter), »Der kalte Tröster«, S. 28.

302 Die Zahlen schwanken, unter anderem deshalb, weil von vielen Toten im *World Trade Center* keine körperlichen Überreste gefunden werden konnten.

303 Vgl. Feinberg, *What Is Life Worth?*, S. XV.

304 Kenneth Feinberg, »The September 11th Victim Compensation Fund of 2001: Policy and Precedent«, in: *New York Law School Review*, Vol. 56, 2011/12, S. 1115–1118, hier S. 1118.

305 Vgl. Feinberg, *What Is Life Worth?*, S. XVI: »My budget was unlimited; the payouts would be determined only by my personal judgement and experience.«

306 Feinberg, *Who Gets What*, S. XV.

307 Vgl. Feinberg, *What Is Life Worth?*, S. 195–196.

308 Feinberg (im Gespräch mit Marcus Rohwetter), »Der kalte Tröster«, S. 28.

309 Wir befinden uns hier zugleich in großer Nähe zu dem, was Levinas mit der Idee der »Unendlichkeit« verbindet; vgl. Emmanuel Levinas, *Totalität und Unendlichkeit. Versuch über die Exteriorität*, übersetzt von Wolfgang Nikolaus Krewani, Freiburg/München 1987.

310 Feinberg (im Gespräch mit Marcus Rohwetter), »Der kalte Tröster«, S. 28.

311 Vgl. Ohne Autor, »Person of the Week: Kenneth Feinberg«, in: *ABC News*, http://abcnews.go.com/WNT/PersonOfWeek/story?id=131842, erstellt am 19.12.2003, Zugriff am 22.03.2021 (»It's a brutal, sort of cold, thing to do«, sagt Feinberg hier über seine Tätigkeit).

312 Feinberg (im Gespräch mit Marcus Rohwetter), »Der kalte Tröster«, S. 28.

313 Alle Zitate ebd.

314 Lee Michael Katz, »What I've Learned: Kenneth Feinberg«, in:

Washingtonian, https://www.washingtonian.com/2008/03/01/what-ive-learned-kenneth-feinberg/, erstellt am 01.03.2008, Zugriff am 22.03.2021.

315 Ohne Autor, »Person of the Week: Kenneth Feinberg«, in: *ABC News*.

316 Vgl. Kenneth Feinberg, *What Is Life Worth? The Unprecedented Effort to Compensate the Victims of 9/11*, New York 2005; Kenneth Feinberg, *Who Gets What. Fair Compensation after Tragedy and Financial Upheaval*, New York 2012. Der thematische Fokus der beiden Bücher ist verschieden; in dem ersten geht es ausschließlich um den September 11th Victim Compensation Fund, während Feinberg im zweiten anhand mehrerer Fälle einen allgemeineren Einblick in seine Arbeit vermittelt.

317 Dies hat bereits die Analyse des Begriffsfeldes Rache, Strafe, Vergeltung ergeben; siehe oben Exposition, 5. Abschnitt.

318 Hénaff, *Der Preis der Wahrheit*, S. 348.

319 Vgl. Verdier, »Le système vindicatoire«, S. 18 f. Meine Darstellung des Lebenskapitals orientiert sich an den entsprechenden Ausführungen Hénaffs; vgl. *Der Preis der Wahrheit*, S. 348–350.

320 Vgl. Verdier, »Le système vindicatoire«, S. 19.

321 Die Begriffskombination »Blut und Ehre« war ein zentrales Schlagwort der NS-Ideologie, das vor allem in der Hitlerjugend Verbreitung fand; die Verwendung dieser Parole ist in Deutschland strafbar.

322 Verdier, »Le système vindicatoire«, S. 19; Übersetzung zit. n. Hénaff, *Der Preis der Wahrheit*, S. 349.

323 Hénaff, *Der Preis der Wahrheit*, S. 349.

324 Vgl. Paul, »Die Rache und das Rätsel der Gabe«, S. 251.

325 Vgl. ebd.

326 Vgl. hierzu auch Canetti, *Masse und Macht*, insbesondere seine Idee der Berührungsfurcht.

327 Mit den Unterschieden und Gemeinsamkeiten zwischen symbolischen und physischen Verletzungen befasse ich mich ausführlicher in Fabian Bernhardt, »Der eigene Schmerz und der Schmerz der anderen. Versuch über die epistemische Dimension der Verletzlichkeit«, in: *Hermeneutische Blätter* 1/2017, S. 7–22.

328 Siehe hierzu die Analysen im I. Teil, Abschnitte 2 und 3.

329 Hénaff, *Der Preis der Wahrheit*, S. 349 f.

330 Ebd., S. 350.

331 Susan Jacoby, *Wild Justice. The Evolution of Revenge*, New York 1983, S. 291.

332 Solomon, »Justice v. Vengeance«, S. 140 f.

333 Hénaff, *Der Preis der Wahrheit*, S. 351.

334 Ebd., S. 351 f.

335 Vgl. für die nachfolgenden Angaben Wilhelm Capelle, *Die Vorsokratiker. Die Fragmente und Quellenberichte*, übersetzt und eingeleitet von Wilhelm Capelle, Stuttgart 1968, S. 72–75; Geoffrey S. Kirk, John E. Raven, Malcolm Schofield, *Die vorsokratischen Philosophen. Einführung, Texte und Kommentare*, übersetzt von Karlheinz Hülser, Stuttgart/Weimar 2001, S. 109–128.

336 Vgl. Capelle, *Die Vorsokratiker*, S. 73.

337 Vgl. ebd., S. 74.

338 Vgl. ebd, S. 73.

339 Vgl. ebd, S. 75.

340 Ebd., S. 81–82.

341 Vgl. Kirk/Raven/Schofield, *Die vorsokratischen Philosophen*, S. 131.

342 Hénaff, *Der Preis der Wahrheit*, S. 354.

343 Ebd.

344 Vgl. hierzu auch Kirk/Raven/Schofield, *Die vorsokratischen Philosophen*, S. 131.

345 Die erste Auffassung entspricht derjenigen Marcel Hénaffs, die zweite wird unter anderem von Werner Jaeger vertreten; vgl. Hénaff, *Der Preis der Wahrheit*, S. 354 f.; Werner Jaeger, *Paideia. Die Formung des griechischen Menschen*, Bd. 1, Berlin 1933, S. 217 f.

346 Vgl. Hénaff, *Der Preis der Wahrheit*, S. 354.

347 Ebd., S. 357; vgl. auch Hénaff, »Menschen und Schulden«, S. 7.

348 Vgl. Johannes Kepler, *Weltharmonik*, übersetzt und eingeleitet von Max Caspar, Darmstadt 1967.

349 In seiner *Theorie des Romans* hat Lukács die antike Kosmosvorstellung in eindrucksvollen Worten beschworen. »Selig sind die Zeiten«, so heißt es gleich zu Beginn seiner Untersuchung, »für die der Sternenhimmel die Landkarte der gangbaren und zu gehenden Wege ist und deren Wege das Licht der Sterne erhellt. Alles ist neu für sie und dennoch vertraut, abenteuerlich und dennoch Besitz. Die Welt ist weit und doch wie das eigene Haus, denn das Feuer, das in der Seele brennt, ist von derselben Wesensart wie die Sterne;

sie scheiden sich scharf, die Welt und das Ich, das Licht und das Feuer, und werden doch niemals einander für immer fremd; denn Feuer ist die Seele eines jeden Lichts und in Licht kleidet sich ein jedes Feuer. So wird alles Tun der Seele sinnvoll und rund in dieser Zweiheit; vollendet in dem Sinn und vollendet für die Sinne; rund, weil die Seele in sich ruht während des Handelns; rund, weil ihre Tat sich von ihr ablöst und selbstgeworden einen eigenen Mittelpunkt findet und einen geschlossenen Umkreis um sich zieht.« (Georg Lukács, *Die Theorie des Romans. Ein geschichtsphilosophischer Versuch über die Formen der großen Epik*, München 2000, S. 21)

350 Vgl. Susan Neiman, *Das Böse denken. Eine andere Geschichte der Philosophie*, übersetzt von Christiana Goldmann, Frankfurt a. M. 2004, S. 113.

351 Ebd.

352 Ebd., S. 113 f.

353 Neiman stützt diese Schlussfolgerung ebenfalls auf Kant. Wie sie deutlich macht, handelt es sich dabei um eine von der Vernunft geforderte Anstrengung des Glaubens und keine Frage des Wissens: »Moralisches Handeln hat für Kant nur ein Ziel: eine Welt zu verwirklichen, in der Glück und Tugend durchgängig miteinander verbunden sind. Jedesmal, wenn wir richtig handeln, bringen wir die Welt diesem Ideal ein Stückchen näher. Das Wissen, daß wir oft versagen, und die Welt unseren Anstrengungen nicht entgegenkommt, mag uns in solche Verzweiflung stürzen, daß nur der Glaube uns daraus retten kann. Nach Kants Auffassung müssen wir glauben, daß all unsere Anstrengungen, rechtschaffen zu sein, von einem Wesen gekrönt werden, das – anders als wir – die natürliche Welt beherrscht. Daß ein solches Wesen existiert, läßt sich nicht beweisen, aber nur dieses Wesen könnte für das von der Vernunft verlangte, durchgängige Band zwischen Glück und Tugend sorgen. Die Vernunft braucht diesen Glauben, um an ihren Verpflichtungen festzuhalten [...]. [...] Wie sonst könnten wir einem Leben ins Gesicht sehen, das uns zunehmend zeigt, wie selten sich die von der Vernunft verlangten Verbindungen von Tugend und Glück in der Welt manifestieren.« (Ebd., S. 114 f.)

354 In seinem Aufsatz »Justice v. Vengeance« hat Robert C. Solomon das Talionsprinzip (das heißt den Rechtsgrundsatz, Gleiches mit Gleichem zu vergelten) mit einem Argument verteidigt, das dem-

jenigen Neimans insofern ähnelt, als auch Solomon auf der Differenz zwischen deskriptiven Aussagen (*So läuft es in Wirklichkeit aber nicht*) und präskriptiven Aussagen (*So sollte es aber besser laufen*) beharrt. In der Idee, dass zwischen Strafe und Verbrechen ein Verhältnis der Entsprechung bestehen sollte, erkennt Solomon zugleich das Herzstück der Rache *und* des staatlichen Strafrechts. Wie Solomon ausführt, ist dieser Gedanke häufig mit dem Argument kritisiert worden, dass er in der Theorie zwar sinnvoll erscheint, in der Praxis jedoch unmöglich umzusetzen ist. Was zum Beispiel, wenn ein Zweiäugiger einem Einäugigen ein Auge aussticht? Mit der Formel »Auge um Auge« ist es dann nicht weit her (vgl. S. 138). Gegen diese Kritik hält Solomon fest, dass das Talionsprinzip nicht als eine konkrete Handlungsanweisung aufzufassen sei, sondern als ein handlungsleitendes *Ideal*. Auch wenn es praktisch nicht möglich sei, ein exaktes Entsprechungsverhältnis zwischen Verbrechen und Strafe herzustellen, sei das Prinzip als Maxime gleichwohl unverzichtbar: »What the ›like for like‹ formula gives us is a demand for reasonableness, a demand for ›measure‹ and fairness. [...] It does not have analytic precision. Even if there were no convincing instances of equivalence, the formula is nevertheless profound and important.« (S. 138)

355 Immanuel Kant, *Versuch den Begriff der negativen Größen in die Weltweisheit einzuführen*, hrsg. von Michael Holzinger, Berlin 2013, S. 16.

356 Vgl. auch Hénaff, *Die Gabe der Philosophen*, S. 68.

357 Im normalen französischen Sprachgebrauch wird diese Wendung vor allem reflexiv gebraucht: *se donner la mort* (dt. ›sich (selbst) den Tod geben, sich umbringen‹). Jacques Derrida hat eine seiner späten Schriften unter einen Titel gestellt, in dem er auf das Reflexivpronomen verzichtet: *Donner la mort* (Paris 1999); die Bedeutung verschiebt sich dadurch von dem Tod, den man *sich selbst* gibt, zu dem Tod, den man *dem anderen* gibt (im Sinne von *donner la mort à quelqu'un*).

358 Ein Echo dieser Vorstellung findet sich in der Umgangssprache, in der sich physische Gewalt häufig im semantischen Register der Gabe artikuliert: man *gibt* jemandem eine Kopfnuss, eine Ohrfeige, eins auf die Mütze etc.

359 Immanuel Kant, *Versuch den Begriff der negativen Größen in die Weltweisheit einzuführen*, hrsg. von Michael Holzinger, Berlin 2013.

360 Ebd., S. 6.
361 Ebd.
362 Vgl. ebd., S. 14.
363 *300* (USA 2006, Regie: Zack Snyder).
364 Kant, *Versuch den Begriff der negativen Größen in die Weltweisheit einzuführen*, S. 15.
365 Ebd.
366 Ebd.
367 Ebd., S. 16.
368 Ebd., S. 18.
369 Ebd., S. 16.
370 Ebd.
371 Im weiteren Verlauf der Abhandlung kommt Kant auf eine Reihe von Überlegungen zu sprechen, die es wert wären, genauer untersucht zu werden, da sie unmittelbar an die im vorigen Abschnitt angestellten Überlegungen zum Gleichgewicht der Welt anschließen. Wenn Kant etwa schreibt, »[*a*]*lle Realgründe des Universum, wenn man diejenige summiert welche einstimmig sein und die von einander abzieht die einander entgegengesetzt sein, geben ein Fazit, das dem Zero gleich ist*« (S. 27), dann hallt darin nicht nur ein fernes Echo des Fragments des Anaximander nach, sondern auch die – sowohl an den physikalischen Energieerhaltungssatz als auch an das ethnologische Konzept der Lebensschuld gemahnende – Vorstellung, dass die Welt ein homöostatisches Reservoir an Energien bildet, die es im Gleichgewicht zu halten gilt.
372 Vgl. Mauss, *Die Gabe*, u. a. S. 36.
373 Ebd., S. 35.
374 Hénaff, *Der Preis der Wahrheit*, u. a. S. 204.
375 Vgl. Arendt, *Vita activa*, S. 222–234 (= § 25, »Das Bezugsgewebe menschlicher Angelegenheiten und die in ihm dargestellten Geschichten«).
376 Vgl. ebd., S. 213–222 (= § 24, »Die Enthüllung der Person im Handeln und Sprechen«).
377 Ebd., S. 219; Hervorhebung F. B.
378 Mauss, *Die Gabe*, S. 35 f.
379 Vgl. Jean Améry, *Jenseits von Schuld und Sühne. Bewältigungsversuche eines Überwältigten*, Stuttgart 2008, S. 73.
380 Vgl. Silvia Dahlkamp, Özlem Gezer, Simone Kaiser, Christoph

Scheuermann, Antje Windmann, »Kollege Feind«, in: *Der Spiegel* 16/2012 (16.04.212), S. 57–64, hier S. 57.

381 Ebd.

382 Vgl. Gisela Schmidt, »Totschlag in Dettelbach: zehneinhalb Jahre Haft«, in: *Main-Post*, https://www.mainpost.de/regional/franken/Betrunkenheit-Haftstrafen-Landgerichte-Totschlag-Weingaertner;art1727,6657132, Zugriff am 22.03.2021.

383 Der Gedanke, dass Gabe und Geber, Person und Sache nicht voneinander zu trennen sind, findet ein überraschendes Echo an ganz anderer Stelle, und zwar in Rudolf von Jherings 1872 veröffentlichter Schrift *Der Kampf um's Recht*. Jhering vertritt darin die Position, dass es nicht nur im Strafrecht, sondern auch im Zivilrecht grundsätzlich um mehr gehe als bloß um materielle Interessen. »Als noch das Schwert den Streit um Mein und Dein entschied, als der Ritter des Mittelalters dem Gegner den Fehdebrief schickte, mochte auch der Unbeteiligte zu der Ahnung gedrängt werden, daß es sich bei diesem Kampf nicht bloß um den Wert der *Sache* handle, um Abwehr eines pekuniären Verlustes, sondern daß in der Sache die *Person* sich selber, ihr Recht und ihre Ehre einsetze und behaupte.« (S. 75) Auch hier sind Person und Sache koextensiv; »in seinem Eigentum verteidigt der Angegriffene sich selber, seine Persönlichkeit« (S. 81), heißt es an anderer Stelle, »das Eigentum ist nur die sachlich erweiterte Peripherie meiner Person« (S. 99). Man würde Jhering missverstehen, wenn man aus diesen Sätzen bloß eine leidenschaftliche Verteidigung des bürgerlichen Grundrechts auf Privateigentum herauslesen würde. Jherings Sichtweise ist nicht ökonomisch bestimmt, sondern im Gegenteil eine, die den Homo oeconomicus gerade in seine Schranken zu weisen sucht. Jhering kritisiert, dass der modernen Jurisprudenz der »einfache Gedanke, daß es sich bei einer Rechtsverletzung nicht bloß um den Geldwert, sondern um eine Genugtuung des verletzten Rechtsgefühls handelt, völlig abhanden gekommen ist. Ihr Maßstab ist ganz der des platten, öden Materialismus: das bloße Geldinteresse.« (S. 140) Demgegenüber erinnert Jhering daran, dass es in einem Rechtsstreit um Werte geht, die der Sphäre des ökonomischen Austauschs entzogen sind: »Nicht das nüchterne Geldinteresse ist es, das den Verletzten antreibt, den Prozeß zu erheben, sondern *der moralische Schmerz über das erlittene Unrecht*; nicht darum ist es ihm zu tun, bloß das

Objekt wiederzuerlangen [...] sondern darum, sein gutes Recht zur Geltung zu bringen. Eine innere Stimme sagt ihm, daß er nicht zurücktreten darf, daß es sich für ihn nicht um das wertlose Objekt, sondern um seine Persönlichkeit, seine Ehre, sein Rechtsgefühl, seine Selbstachtung handelt [...].« (S. 78 f.; Hervorhebung F. B.) Ehre, Respekt, Achtung – von dem, was beim zeremoniellen Gabentausch auf dem Spiel steht, sind die von Jhering genannten Werte so weit nicht entfernt.

384 Verdier, »Le système vindicatoire«, S. 14; Übersetzung zit. n. Hénaff, *Der Preis der Wahrheit*, S. 332.

Dritter Teil
Affektpoetik der Rache: Die Rache und das kulturelle Imaginäre

1 Paul Gauguin; zit. n. Katharina Maier, *Rache ist eine Speise, die man kalt genießt*, Wiesbaden 2010, Klappentext.

2 Terry Eagleton, *Figures of Dissent. Critical Essays on Fish, Spivak, Žižek and Others*, London/New York 2005, S. 45 (»The place where one can wreak vengeance on reality is known as art [...].«).

3 Robert C. Solomon, »Justice v. Vengeance. On Law and the Satisfaction of Emotion«, in: Susan A. Bandes (Hg.), *The Passions of Law*, New York/London 1999, S. 123–148, hier S. 129.

4 Vgl. Peter Sloterdijk, »Bilder der Gewalt – Gewalt der Bilder. Von der antiken Mythologie zur postmodernen Bilderindustrie«, in: Christa Maar, Hubert Burda (Hg.), *Iconic Turn. Die neue Macht der Bilder*, Köln 2004, S. 333–348, hier S. 337–338.

5 Peter Sloterdijk, *Zorn und Zeit. Politisch-psychologischer Versuch*, Frankfurt a. M. 2006, S. 78.

6 Sloterdijk, *Zorn und Zeit*, S. 80.

7 Ich werde diesen Punkt später noch ausführlicher behandeln; siehe unten III. Teil, 3. Abschnitt.

8 Maier, *Rache*, S. 8.

9 Vgl. Jean-Paul Sartre, *Das Imaginäre. Phänomenologische Psychologie der Einbildungskraft*, übersetzt von Hans Schöneberg, Reinbek (bei Hamburg) 1971.

10 Sartre, *Das Imaginäre*, S. 205.

11 Ebd.

12 Ebd.

13 Ebd., S. 206.

14 Ebd., S. 207.

15 Vgl. hierzu aus soziologischer Perspektive Peter Imbusch, *Moderne und Gewalt. Zivilisationstheoretische Perspektiven auf das 20. Jahrhundert*, Wiesbaden 2005; Jan Philipp Reemtsma, *Vertrauen und Gewalt. Versuch über eine besondere Konstellation der Moderne*, München 2009.

16 Die Zahl stammt von dem Risikoforscher Ortwin Renn; vgl. Ortwin Renn (im Gespräch mit Luisa Jacobs), »Wir fürchten uns vor den falschen Dingen«, in: *Zeit Online*, http://www.zeit.de/gesellschaft/2016-04/kottbusser-tor-kriminalitaet-risikoforscher, erstellt am 25.04.2016, Zugriff am 22.03.2021.

17 Sloterdijk, *Zorn und Zeit*, S. 83 f.

18 Vgl. Maier, *Rache*, S. 68.

19 Cornelius Castoriadis, *Gesellschaft als imaginäre Institution. Entwurf einer politischen Philosophie*, übersetzt von Horst Brühmann, Frankfurt a. M. 1984, S. 274.

20 Kendall Walton, *Mimesis as Make-Believe. On The Foundations of the Representational Arts*, Cambridge 1990, S. 19.

21 Die hier gebildete Reihe ließe sich freilich ergänzen; Gundel Mattenklott, die in einem kurzen Aufsatz den begriffsgeschichtlichen Spuren nachgeht, die das Imaginäre im französischen Denken hinterlassen hat, zählt neben Sartre auch Gaston Bachelard und dessen Schüler Gilbert Durand zu den theoretischen Wegbereitern; vgl. Gundel Mattenklott, »L'imaginaire / das Imaginäre. Eine Spurensuche zur Begriffsgeschichte«, in: *onlineZeitschrift Kunst Medien Bildung / zkmb* 2012, http://zkmb.de/limaginaire-das-imaginaere-eine-spurensuche-zur-begriffsgeschichte/, erstellt am 05.05.2012, Zugriff am 22.03.2021.

22 Vgl. Cornelius Castoriadis, *Gesellschaft als imaginäre Institution. Entwurf einer politischen Philosophie*, übersetzt von Horst Brühmann, Frankfurt a. M. 1984; Wolfgang Iser, *Das Fiktive und das Imaginäre. Perspektiven literarischer Anthropologie*, Frankfurt a. M. 1991; Jean-Paul Sartre, *Das Imaginäre. Phänomenologische Psychologie der Einbildungskraft*, übersetzt von Hans Schöneberg, Reinbek (bei Hamburg) 1971; Jacques Lacan, »Das Spiegelstadium als Gestalter der Funktion des Ichs«, in: ders., *Schriften, Bd. I. Vollständiger Text*, übersetzt von Hans-Dieter Gondek, Wien 2016, S. 109–117.

23 Vgl. Art. »Einbildungskraft«, in: *Deutsches Wörterbuch von Jacob und Wilhelm Grimm*, Bd. 3, Sp. 152–153; Johann Heinrich Trede, Karl Homann, Art. »Einbildungskraft«, in: *Historisches Wörterbuch der Philosophie*, hrsg. von Joachim Ritter und Karlfried Gründer, Darmstadt 1972, Bd. 2, Sp. 346–358; Jochen Schulte-Sasse, Art. »Einbildungskraft/Imagination«, in: *Ästhetische Grundbegriffe. Historisches Wörterbuch in sieben Bänden*, hrsg. von Karlheinz Barck, Stuttgart/Weimar 2001, Bd. 2, S. 88–120; Tamar Gendler, Art. »Imagination«, in: *The Stanford Encyclopedia of Philosophy* (Winter 2016 Edition), hrsg. von Edward N. Zalta, https://plato.stanford.edu/archives/win2016/entries/imagination/, erstellt am 14.03.2011, zuletzt überarbeitet am 05.12.2016, Zugriff am 22.03.2021.

24 Vgl. Rudolf Behrens, »Vorwort«, in: ders. (Hg.), *Ordnungen des Imaginären. Theorien der Imagination in funktionsgeschichtlicher Sicht*, Hamburg 2002, S. V-IX, hier S. V.

25 Vgl. Iser, *Das Fiktive und das Imaginäre*, S. 292; Mattenklott, »L'imaginaire / das Imaginäre. Eine Spurensuche zur Begriffsgeschichte«.

26 Vgl. Iser, *Das Fiktive und das Imaginäre*, S. 292.

27 Gaston Bachelard, *La Poétique de la rêverie*, Paris 1960, S. 7; zit. n. Starobinski, »Grundlinien für eine Geschichte des Begriffs der Einbildungskraft«, in: ders., *Psychoanalyse und Literatur*, übersetzt von Eckhart Rohloff, Frankfurt a. M. 1990, S. 3–23, hier S. 21.

28 Vgl. hierzu auch Behrens, »Vorwort«, S. V.

29 Paul Ricœur, »Was ist ein Text? (1970)«, in: ders., *Vom Text zur Person. Hermeneutische Aufsätze (1970–1999)*, übersetzt und hrsg. von Peter Welsen, Hamburg 2005, S. 79–108, hier S. 84.

30 Paul Ricœur, »Narrative Identität (1987)«, in: ders., *Vom Text zur Person. Hermeneutische Aufsätze (1970–1999)*, übersetzt und hrsg. von Peter Welsen, Hamburg 2005, S. 209–225, hier S. 219.

31 Jean Starobinski, »Grundlinien für eine Geschichte des Begriffs der Einbildungskraft«, in: ders., *Psychoanalyse und Literatur*, übersetzt von Eckhart Rohloff, Frankfurt a. M. 1990, S. 3–23.

32 Ebd., S. 22.

33 Ebd.

34 Ebd., S. 23.

35 Ebd., S. 3.

36 Ebd.

37 Ebd., S. 6.

38 Ebd., S. 3; Hervorhebung F. B.

39 Ebd., S. 4.

40 Ebd., S. 21.

41 Dieses rationale Moment der Rache wird häufig verkannt; dabei kann der ›kühl‹ vorausgeplante Racheakt geradezu als Inbegriff eines Handelns angesehen werden, das von einer instrumentellen Vernunft regiert wird. Robert C. Solomon hat diesen Aspekt deutlich hervorgehoben: »In anger and outrage, one may feel one's temperature rising, one's skin flashing, one's fists tightening and teeth gnashing, but vengeance is cool and calculating, devoid of the neurological fireworks that render these other emotions so often distracting and counterproductive. One displays a ›burst‹ of anger, but one plots his or her revenge. Vengeance [...] requires thinking, planning, and perspective.« (Solomon, »Justice v. Vengeance«, S. 130)

42 In der homerischen *Odyssee* und, mehr noch, in Dumas' *Grafen von Monte Christo* wird dieses Moment der umsichtigen Planung auf eine extreme Spitze getrieben; siehe hierzu unten III. Teil, 5. Abschnitt.

43 Starobinski, »Grundlinien für eine Geschichte des Begriffs der Einbildungskraft«, S. 18 f.

44 Vgl. Art. »imaginär«, in: Wolfgang Pfeifer u. a., *Etymologisches Wörterbuch des Deutschen* (1993), *digitalisierte und von Wolfgang Pfeifer überarbeitete Version im Digitalen Wörterbuch der deutschen Sprache*, https://www.dwds.de/wb/imaginär, Zugriff am 22.03.2021.

45 Vgl. Art. »imaginär«, in: *Duden online*, https://www.duden.de/node/651877/revisions/1616889/view, Zugriff am 22.03.2021.

46 Ebd.

47 Art. »imaginär«, bereitgestellt durch das *Digitale Wörterbuch der deutschen Sprache*, https://www.dwds.de/wb/imaginär, Zugriff am 22.03.2021.

48 Vgl. Platon, *Der Staat*, 10. Buch.

49 Castoriadis, *Gesellschaft als imaginäre Institution*, S. 217–218.

50 Iser, *Das Fiktive und das Imaginäre*, S. 18; Iser übernimmt diesen Ausdruck aus der Wissenssoziologie, wo er geprägt wurde, um »jene[n] Vorrat an Gewißheit« zu bezeichnen, »der so gesichert erscheint, daß er als selbstverständlich gelten darf« (ebd.).

51 Aurelius Augustinus, *Was ist Zeit? (Confessiones XI / Bekenntnisse 11)*, zweisprachige Ausgabe, übersetzt von Norbert Fischer, Hamburg 2009, S. 25.

52 Vgl. Georg Lukács, *Die Theorie des Romans. Ein geschichtsphilosophischer Versuch über die Formen der großen Epik*, München 2000.

53 Vgl. Trede/Homann, Art. »Einbildungskraft«, in: *Historisches Wörterbuch der Philosophie*, Bd. 2, Sp. 346–358; Gendler, Art. »Imagination«, in: *The Stanford Encyclopedia of Philosophy* (Winter 2016 Edition).

54 Starobinski, »Grundlinien für eine Geschichte des Begriffs der Einbildungskraft«, S. 8.

55 Nico Frijda, »The Lex Talionis. On Vengeance«, in: Stephanie van Goozen, Nanne van de Poll, Joseph Sergeant (Hg.), *Emotions. Essays on Emotion Theory*, Hillsdale (New Jersey) 1994, S. 263–289, hier S. 268.

56 Vgl. u. a. Christoph Demmerling, Hilge Landweer, *Philosophie der Gefühle. Von Achtung bis Zorn*, Stuttgart/Weimar 2007, S. 289.

57 Aristoteles, *Rhetorik* II 2, 1378a 31–33 (Übersetzung von Gernot Krapinger).

58 Ebd. II 2, 1378b 1–2.

59 Ebd. II 2, 1378b 9–11; Hervorhebung F. B.

60 Vgl. Aristoteles, *Poetik* 14, 1453b 10.

61 Vgl. ebd. 6, 1449b 24.

62 Starobinski, »Grundlinien für eine Geschichte des Begriffs der Einbildungskraft«, S. 18.

63 Sartre, *Das Imaginäre*, S. 205.

64 Aristoteles, *Rhetorik* II 2, 1378b 3–5 (Übersetzung von Gernot Krapinger).

65 Ebd. I 11, 1370b 14–15.

66 Siehe hierzu oben III. Teil, 2. Abschnitt.

67 Nico Frijda, »The Lex Talionis«, S. 264; Hervorhebung F. B.

68 Ebd., S. 285.

69 Vgl. ebd., S. 268.

70 Wie das Eigenleben gewisser fixer Ideen einen Menschen verändern und schließlich sogar zum Mörder werden lassen kann, hat Dostojewski anhand der Figur des Raskolnikow aus *Schuld und Sühne* präzise nachgezeichnet; vgl. Fjodor M. Dostojewski, *Schuld und Sühne*, übersetzt von Hermann Röhl, Frankfurt a. M./Leipzig 2007.

71 Jean-Paul Sartre, »Entwurf einer Theorie der Emotion«, in: ders., *Die Transzendenz des Ego*, Reinbek (bei Hamburg) 1964, S. 151–195, hier S. 168.

72 Vgl. Paul Ricœur, »Die erzählte Zeit (1984)«, in: ders., *Vom Text zur Person. Hermeneutische Aufsätze (1970–1999)*, übersetzt und hrsg. von Peter Welsen, Hamburg 2005, S. 183–207, hier S. 205.

73 Karl Marx, Friedrich Engels, *Werke*, Berlin (Ost) 1972, Bd. 30, S. 673; zit. n. Sloterdijk, *Zorn und Zeit*, S. 16.

74 Verfilmt wurde auch der sogenannte Fall Kalinka, in dessen Mittelpunkt ein vergewaltigtes und getötetes Mädchen steht, dessen leiblicher Vater, ein Franzose namens André Bamberski, alles daransetzte, den Täter hinter Gitter zu bringen, und dafür selbst ein Verbrechen beging. Der Film trägt den Titel *Im Namen meiner Tochter – Der Fall Kalinka* (Originaltitel: *Au nom de ma fille*, Frankreich 2016, Regie: Vincent Garenq); vgl. für eine bündige Darstellung des entsprechenden Falls Elisabeth Raether, »Selbstjustiz: Wem dient das Recht?«, in: *Zeit Online*, http://www.zeit.de/2014/21/bamberski-selbstjustiz-recht-gerechtigkeit/komplettansicht, erstellt am 24.05.2014, Zugriff am 22.03.2021. Ein weiteres Beispiel stellt der sogenannte Fluglotsenmord von Zürich dar. Am 1. Juli 2002 war eine aus Moskau kommende Passagiermaschine über dem Bodensee abgestürzt. Der aus Ossetien stammende Witali Kalojew hatte bei dieser durch menschliches Mitverschulden bedingten Katastrophe seine Frau und seine zwei Kinder verloren. Unfähig, diesen Verlust zu verwinden, hatte Kalojew den Fluglotsen, der in jener Nacht Dienst hatte, im Februar 2004 auf der Terrasse seines Hauses in Zürich durch zahlreiche Messerstiche getötet. Die Geschichte dieses Rachemords gelangte nicht nur auf die Bühne und als Hörspiel ins Radio, sondern wurde auch filmisch umgesetzt. 2009 erschien die deutsche TV-Produktion *Flug in die Nacht – Das Unglück von Überlingen* (Regie: Till Endemann); 2017 der Hollywood-Film *Vendetta: Alles was ihm blieb war Rache* (Originaltitel: *Aftermath*, Regie: Elliott Lester) mit keinem Geringeren als Arnold Schwarzenegger in der Hauptrolle.

75 Siehe oben I. Teil, 1. Abschnitt.

76 *Annas Mutter* (BRD 1984, Regie: Burkhard Driest) und *Der Fall Bachmeier – Keine Zeit für Tränen* (BRD 1984, Regie: Hark Bohm).

77 Vgl. für die folgende Darstellung Sloterdijk, *Zorn und Zeit*, S. 84 f. sowie den Art. »Phoolan Devi«, in: *Wikipedia. Die freie Enzy-*

klopädie, https://de.wikipedia.org/w/index.php?title=Phoolan_Devi&oldid=162485023, Bearbeitungsstand: 09.02.2017, 21:29 UTC, Zugriff am 22.03.2021.

78 *Bandit Queen* (Indien/GB 1994, Regie: Shekhar Kapur).

79 Sloterdijk, *Zorn und Zeit*, S. 85.

80 Sigmund Freud, »Neue Folge der Vorlesungen zur Einführung in die Psychoanalyse«, in: Bd. 1 der Studienausgabe, Frankfurt a. M. 1969, S. 588; zit. n. Starobinski, »Psychoanalyse und Literaturwissenschaft«, in: ders., *Psychoanalyse und Literatur*, übersetzt von Eckhart Rohloff. Frankfurt a. M. 1990, S. 83–109, hier S. 98.

81 Vgl. Jens Witte, »Mädchen sieht Zeichentrickfilm – und stürzt in den Tod«, in: *Spiegel Online*, http://www.spiegel.de/panorama/japan-maedchen-aus-osaka-sieht-zeichentrickfilm-und-stuerzt-in-den-tod-a-1086718.html, erstellt am 12.04.2016, Zugriff am 22.03.2021. Die vorliegende Darstellung stützt sich außerdem auf Berichte in *JAPANTODAY* (ohne Autor, »6-Year-Old Girl Falls to Death from 43rd Floor Balcony in Osaka«, in: *JAPANTODAY*, https://japantoday.com/category/national/6-year-old-girl-falls-to-death-from-43rd-floor-in-osaka, erstellt am 11.04.2016, Zugriff am 22.03.2021) sowie im britischen *Guardian* (Richard Smart, »Girl in Japan falls to her death after watching anime cartoon about children who could fly«, in: *The Guardian*, https://www.theguardian.com/world/2016/apr/12/girl-in-japan-falls-to-hear-death-after-watching-anime-about-children-who-could-fly, erstellt am 12.04.2016, Zugriff am 22.03.2021). Es wäre interessant zu wissen, welcher Zeichentrick es war, den das Mädchen vor seinem Tod gesehen hatte. Der Name der Sendung wurde jedoch nicht bekanntgegeben, da die Behörden fürchteten, es könne zu Nachahmungstaten kommen.

82 Vgl. Starobinski, »Psychoanalyse und Literaturwissenschaft«, in: ders., *Psychoanalyse und Literatur*, übersetzt von Eckhart Rohloff, Frankfurt a. M. 1990, S. 83–109.

83 Ebd., S. 99.

84 Vgl. ebd., S. 98.

85 Ebd., S. 98 f.; Hervorhebung F. B.

86 Vgl. Dietmar Dath, *Superhelden. 100 Seiten*, Stuttgart 2016, S. 28–31.

87 Diese Information stützt sich auf eine dreiteilige TV-Dokumentation, die die Geschichte und Entwicklung der Comic-Superhelden und ihr Verhältnis zur US-amerikanischen Kultur behandelt; vgl. *Superheroes: A Never-Ending Battle* (USA 2013, Regie: Michael Kantor).

88 Vgl. Julian Voloj, »Superman und andere Jidelach«, in: *Jüdische Allgemeine*, http://www.juedische-allgemeine.de/article/view/id/24508, erstellt am 28.01.2016, Zugriff am 22.03.2021; Andreas Platthaus, »Jüdische Zeichner – Comics als Kompensation« [Bericht über die Eröffnung der Comic-Ausstellung »Superman und Golem«, die vom 18.12.2008 bis zum 22.03.2009 im Jüdischen Museum in Frankfurt am Main gezeigt wurde], in: *Frankfurter Allgemeine Zeitung*, http://blogs.faz.net/comic/2008/12/18/j-252-dische-zeichner-comics-als-kompensation-11/, erstellt am 18.12.2008, Zugriff am 22.03.2021.

89 Vgl. *Superheroes: A Never-Ending Battle* (USA 2013, Regie: Michael Kantor).

90 Vgl. hierzu auch Dath, *Superhelden*, S. 1–11.

91 Es gibt eine Website und eine TV-Dokumentation, die gut geeignet sind, um sich mit dem Phänomen vertraut zu machen; vgl. http://reallifesuperheroes.com/ sowie *Superheroes* (USA 2011, Regie: Mike Barnett).

92 Vgl. http://reallifesuperheroes.com/, Zugriff am 22.03.2021.

93 Vgl. Danny Kringiel, »Echte Superhelden: Der Maskenmann von nebenan«, in: *Spiegel Online*, http://www.spiegel.de/einestages/real-life-superheroes-echte-superhelden-a-947635.html, erstellt am 10.07.2012, Zugriff am 22.03.2021.

94 Vgl. ebd.

95 Vgl. etwa den Fall von Phoenix Jones aus Seattle; ohne Autor, »Verkleideter Rächer verhaftet. Der gefallene Superheld von Seattle«, in: *Süddeutsche Zeitung*, http://www.sueddeutsche.de/panorama/verkleideter-raecher-verhaftet-der-gefallene-superheld-von-seattle-1.1159518, erstellt am 12.10.2011, Zugriff am 22.03.2021.

96 Vgl. *Superheroes* (USA 2011, Regie: Mike Barnett).

97 Vgl. Joshuah Bearman, »The Legend of Master Legend«, in: *Rolling Stone*, http://www.rollingstone.com/culture/news/the-legend-of-master-legend-20081217, erstellt am 17.12.2008, Zugriff am 22.03.2021.

98 Man wird von dieser Adresse automatisch weitergeleitet zu der folgenden: http://spookhunters.com/Radio/2017%20Radio%20Site/ML2017/main2017.html, Zugriff am 22.03.2021. Unter dieser Adresse findet sich auch eine Synopsis zu jeder Folge der *Master Legend Show*; hier ein Einblick in das Spektrum der darin behandelten Themen: »*Episode 3: Master Legend explains how*

he helped fight hurricane IRMA with his mighty sword!!! He also tells of some of the injustices he saw when it comes to shelters and who is truly welcome. PLUS we hear from two other REAL LIFE SUPERHEROES, FireWater & Tothian!« (Ebd.)

99 Vgl. https://de-de.facebook.com/pg/masterlegend727/about/?ref=page_internal, Zugriff am 22.03.2021.

100 Vgl. Martin Walser, *Tod eines Kritikers*, Frankfurt a. M. 2002; Per Johansson (Pseudonym für Thomas Steinfeld und Martin Winkler), *Der Sturm*, Frankfurt a. M. 2012.

101 Martin Walser (im Gespräch mit Willi Winkler), »Die Sprache verwaltet das Nichts. Ein Gespräch mit Martin Walser über Poesie, Politik und die Frage, wieviel Macht der Literaturbetrieb wirklich hat«, in: *Süddeutsche Zeitung*, 19. September 1998, S. 15.

102 Frank Schirrmacher, »Lieber Martin Walser, Ihr Buch werden wir nicht drucken«, in: *Frankfurter Allgemeine Zeitung*, 29. Mai 2002, S. 49 (der Volltext der Rede ist online frei verfügbar unter http://www.hagalil.com/antisemitismus/bgaa/walser-roman.htm, Zugriff am 22.03.2021).

103 Vgl. Richard Kämmerlings, »Vergeltung – Der grausige Tod eines Großjournalisten«, in: *Die Welt*, https://www.welt.de/kultur/literarischewelt/article108599900/Vergeltung-Der-grausige-Tod-eines-Grossjournalisten.html, erstellt am 14.08.2012, Zugriff am 22.03.2021.

104 Ebd.

105 Ebd.

106 Ebd.

107 Vgl. ausführlich dazu Anne Becker, *9/11 als Bildereignis. Zur visuellen Bewältigung des Anschlags*, Bielefeld 2013.

108 Jean Baudrillard, »Die Gewalt der Bilder. Hypothesen über den Terrorismus und das Attentat vom 11. September«, übersetzt von Michaela Ott, in: ders., *Der Geist des Terrorismus*, hrsg. von Peter Engelmann, Wien 2002, S. 65–78, hier S. 72.

109 Ebd.

110 Ebd., S. 74.

111 Vgl. ebd., S. 73.

112 Jean Baudrillard, »Der Geist des Terrorismus. Herausforderung des Systems durch die symbolische Gabe des Todes«, übersetzt von Markus Sedlaczek, in: ders., *Der Geist des Terrorismus*, hrsg. von Peter Engelmann, Wien 2002, S. 11–35, hier S. 30.

113 Der Amoklauf von Aurora ist im Internet gut dokumentiert. Die nachfolgende Darstellung stützt sich auf die folgenden Quellen: Christian Wernicke, »Amoklauf bei Premiere von ›Batman – The Dark Knight Rises‹. Der reale Horror«, in: *Süddeutsche Zeitung*, http://www.sueddeutsche.de/panorama/amoklauf-bei-premiere-von-the-dark-knight-rises-der-reale-horror-1.1418575, erstellt am 21.07.2012, Zugriff am 22.03.2021; ohne Autor, »Amoklauf bei ›Batman‹-Premiere. Chronik des Massakers von Aurora«, in: *Süddeutsche Zeitung*, http://www.sueddeutsche.de/panorama/amoklauf-bei-batman-premiere-chronik-des-massakers-von-aurora-1.1418632, erstellt am 21.07.2012, Zugriff am 22.03.2021; Iris Radisch, »Die Verantwortung der Bilder. Wie hängen der Batman-Film und das Attentat von Aurora zusammen?«, in: *Zeit Online*, http://www.zeit.de/2012/31/Film-Attentat-Gewaltakt/, erstellt am 21.07.2012, Zugriff am 22.03.2021.

114 Wernicke, »Amoklauf bei Premiere von ›Batman – The Dark Knight Rises‹«, in: *Süddeutsche Zeitung*.

115 Ebd.

116 Ebd.

117 Ebd.

118 Rainer Maria Rilke, *Die Gedichte*, Frankfurt a. M. 1998, S. 629.

119 Zit. n. Maier, *Rache*, S. 39.

120 Homer, *Ilias*, 1. Gesang, Verse 1–5 (Übersetzung von Wolfgang Schadewaldt).

121 Vgl. ebd., 1. Gesang, Verse 185–187.

122 Ebd., 1. Gesang, Verse 240–245.

123 Vgl. für die Episode insgesamt Homer: *Ilias*, 18. Gesang, Verse 198–229.

124 Homer, *Ilias,* 18. Gesang, Verse 198–199.

125 Ebd., 18. Gesang, Verse 205–214:

> Und um das Haupt legte ihm [= Achilleus] eine Wolke die Hehre unter den Göttinnen,
> Eine goldene, und ließ aus ihm brennen eine Flamme, hell leuchtend.
> Und wie wenn ein Rauch, aus einer Stadt aufsteigend, zum Äther gelangt,
> Fern von einer Insel her, die feindliche Männer umkämpfen;
> Und die messen sich den ganzen Tag in dem verhaßten Ares
> Von ihrer Stadt aus, jedoch mit untergehender Sonne

Flammen Feuerzeichen auf, dicht beieinander, und hoch aufschießend
Entsteht ein Lichtschein, für die Umwohnenden zu sehen,
Ob sie vielleicht mit Schiffen als Wehrer des Unheils kommen:
So gelangte vom Haupt des Achilleus ein Glanz zum Äther.

126 Vgl. ebd. unter anderem 18. Gesang, Vers 610; 19. Gesang, Verse 374–381, 398; 22. Gesang, Verse 26–32.

127 *Batman Begins* (USA 2005, Regie: Christopher Nolan).

128 Zit. n. Dietmar Dath, »Batman oder Ich bin der Ausnahmezustand«, in: Bob Kane, *Batman*, Klassiker der Comic-Literatur, Bd. 7, ausgewählt und hrsg. von der Frankfurter Allgemeinen Zeitung 2005, S. 3–10, hier S. 3.

129 Vgl. *Kill Bill: Vol. 1* (USA 2003, Regie: Quentin Tarantino); *Kill Bill: Vol. 2* (USA 2004, Regie: Quentin Tarantino).

130 *Kill Bill: Vol. 2* (USA 2004, Regie: Quentin Tarantino).

131 Vgl. hierzu die luziden Bemerkungen von Elias Canetti in *Masse und Macht*, S. 442–447.

132 Vgl. ebd., S. 444.

133 *Batman Begins* (USA 2005, Regie: Christopher Nolan).

134 Diese Einschätzung wird mittlerweile auch von Verlagsseite vertreten. So äußert sich Dan DiDio, bis 2020 Executive Editor bei DC Comics, in der Dokumentation *Batman Unmasked* (USA 2008, Regie: Steven Smith) wie folgt: »The reality is that the Batman persona is the true persona in our opinion – the way we handle the stories – and that Bruce Wayne is the mask.« Dieselbe Position vertritt auch der Comic-Experte Lars Banhold in seiner Monographie *Batman. Konstruktion eines Helden*, Bochum 2009, S. 23: »Die Figur [Batman] kehrt nicht am Ende des Abenteuers durch das Abnehmen der Maske zu seiner bürgerlichen Identität ›Bruce Wayne‹ zurück, sondern muss diese erst beim Verlassen der BatCave [...] wie eine neue Maske anlegen.«

135 Ein Wiederabdruck findet sich in der Anthologie, die die *Frankfurter Allgemeine Zeitung* in ihrer Reihe »Klassiker der Comic-Literatur« veröffentlicht hat; vgl. *Die Legende von Batman – Wer er ist, und wie er entstand!* (Autor: Bill Finger, Zeichner: Bob Kane, Übersetzung: Steve Kups), in: Bob Kane, *Batman*, Klassiker S. 19–20. Sofern nicht anders angegeben, beziehen sich alle folgenden Zitate auf diese Version.

136 Vgl. *Batman – Hush (Prolog)* (Autor: Jeph Loeb, Zeichner: Jim

Lee, Übersetzung: Steve Kups), in: Bob Kane, *Batman*, S. 109–110, hier S. 110.

137 Dath, »Batman oder Ich bin der Ausnahmezustand«, S. 8.

138 Kane, *Die Legende von Batman – Wer er ist, und wie er entstand!*, S. 20.

139 Dies wäre tatsächlich auch die korrektere Übersetzung, da es im Original heißt: »And I swear by the spirits of my parents to avenge their deaths *by* spending the rest of my life warring on all criminals.« (Hervorhebung F. B.)

140 Vgl. ohne Autor, »›Dies ist nur der Anfang‹ – das IS-Bekennerschreiben im Wortlaut«, in: *Stern.de*, http://www.stern.de/politik/ausland/nach-anschlaegen-von-paris--das-bekennerschreiben-des-is-im-wortlaut-6555432.html, erstellt am 14.11.2015, Zugriff am 22.03.2021.

141 Ich zitiere die *Odyssee* im Folgenden nach der Prosaübertragung von Karl Ferdinand Lempp, daher entfällt die Angabe des Verses; vgl. Homer, *Odyssee*, in Prosa übertragen von Karl Ferdinand Lempp, hrsg. von Michael Schroeder, Frankfurt a. M./Leipzig 2009.

142 Vgl. ebd., S. 14 (1. Gesang).

143 Gehrke, »Die Griechen und die Rache«, S. 139.

144 Paul Ricœur, *Wege der Anerkennung. Erkennen, Wiedererkennen, Anerkanntsein*, übersetzt von Ulrike Bokelmann und Barbara Heber-Schärer, Frankfurt a. M. 2006, S. 101.

145 Vgl. Harald Weinrich, *Lethe. Kunst und Kritik des Vergessens*, München 1997, S. 26–30.

146 Max Horkheimer, Theodor W. Adorno, *Dialektik der Aufklärung. Philosophische Fragmente*, Frankfurt a. M. 2009, S. 53.

147 Vgl. Homer, *Odyssee*, u. a. S. 311 (17. Gesang), 317 (18. Gesang), 354, 360, 364 (20. Gesang).

148 Ebd., S. 311 (17. Gesang).

149 Ebd., S. 312 (17. Gesang).

150 An einigen Stellen stellt die *Odyssee* einen direkten Zusammenhang her zwischen Odysseus' Rache und dem ungebührlichen Verhalten, das die Freier zuvor dem Bettler gegenüber an den Tag gelegt haben; vgl. etwa Homer, *Odyssee*, S. 391 (der Ausruf des Philoitios) (22. Gesang).

151 Ebd., S. 288 (16. Gesang).

152 Ebd., S. 362 (20. Gesang).

153 Ebd., S. 384 (22. Gesang).

154 Ebd., S. 392 (22. Gesang).
155 Ebd., S. 375 (21. Gesang).
156 Vgl. ebd., S. 380 (21. Gesang).
157 Ebd., S. 427 (24. Gesang).
158 Vgl. Alexandre Dumas, *Der Graf von Monte Christo*, übersetzt von Meinhard Hasenbein, Frankfurt a. M./Leipzig 1998.
159 Vgl. Sloterdijk, *Zorn und Zeit*, S. 281.
160 Ebd., S. 274 f.
161 Ebd., S. 275 f.
162 Banhold, *Batman*, S. 12.
163 Vgl. Dumas, *Der Graf von Monte Christo*, u. a. S. 337, 348, 385, 540.
164 Vgl. ebd., u. a. S. 362, 1152.
165 Vgl. ebd., S. 965 (gegenüber Mondego), 1130 (gegenüber Villefort), 1182 (gegenüber Danglars).

Epilog
Zur Frage der moralischen Beurteilung

1 Max Frisch, *Fragebogen*, erweitere Ausgabe, hrsg. von Tobias Amslinger und Thomas Strässle, Berlin 2019, S. 10.
2 Ludwig Wittgenstein, *Philosophische Untersuchungen*, Frankfurt a. M. 2003, S. 150.
3 Vgl. Jean Améry, *Jenseits von Schuld und Sühne. Bewältigungsversuche eines Überwältigten*, Stuttgart 2008.
4 Vgl. zu der Frage der Vergebung Fabian Bernhardt, *Zur Vergebung. Eine Reflexion im Ausgang von Paul Ricœur*, Berlin 2014; eine enge Verwandtschaft zwischen dem Gebot der Feindesliebe und der Idee der Vergebung macht Paul Ricœur aus in *Gedächtnis, Geschichte, Vergessen*, übersetzt von Hans-Dieter Gondek, Heinz Jatho und Markus Sedlaczek, München 2004, S. 738–740.
5 Hannah Arendt, *Vita activa oder Vom tätigen Leben*, München 2008, S. 306.
6 Die Vergebung folgt (wie die Liebe) einer Logik der Überfülle; die Vergeltung (wie die Gerechtigkeit) einer Logik der Äquivalenz und des Ausgleichs. Das Telos der Vergebung und das Telos der Gerechtigkeit sind grundverschieden; beide Ordnungen sollten dementsprechend auch nicht miteinander konfundiert werden. Vgl. Paul Ricœur, *Liebe und Gerechtigkeit / Amour et justice*,

zweisprachige Ausgabe, übersetzt von Matthias Raden, hrsg. von Oswald Bayer, Tübingen 1990.

7 Charles Griswold, »The Nature and Ethics of Vengeful Anger«, in: James E. Fleming (Hg.), *Passions and Emotions*, New York 2013, S. 77–124, hier S. 110.

8 Nico Frijda, »The Lex Talionis. On Vengeance«, in: Stephanie van Goozen, Nanne van de Poll, Joseph Sergeant (Hg.), *Emotions. Essays on Emotion Theory*, Hillsdale (New Jersey) 1994, S. 263–289, hier S. 286.

9 Vgl. hierzu auch Susan Bandes' differenzierte Kritik der *victim impact statements* in: »Victims, ›Closure‹ and the Sociology of Emotion«, in: *Law and Contemporary Problems* 72 (2009), S. 1–26.

10 Vgl. hierzu auch Griswold, »The Nature and Ethics of Vengeful Anger«, S. 109.

11 Vgl. etwa Trudy Govier: *Forgiveness and Revenge*, London/New York 2002.

12 Vgl. *Killing Nazis* (Deutschland 2013, Regie: Andreas Kuba).

13 Jacques Schuster, »Der wahre ›Inglourious Basterd‹ heißt Chaim Miller«, in: *Die Welt*, http://www.welt.de/kultur/medien/article116186515/Der-wahre-Inglourious-Basterd-heisst-Chaim-Miller.html, erstellt am 14.05.2013, Zugriff am 22.03.2021. Der Titel dieses Artikels ist angelehnt an den fiktiven Rachefilm *Inglourious Basterds* (USA/Deutschland 2009) von Quentin Tarantino; auch hier stoßen wir auf die Überblendung von Realem und Imaginärem.

14 Vgl. hier und im Folgenden Chaim Miller (im Gespräch mit Philipp Peyman Engel), »›*Ich bereue nicht einen Schuss*‹. Chaim Miller über sein Leben als Nazi-Jäger, Rache an SS-Männern und Schuldgefühle«, in: *Jüdische Allgemeine*, http://www.juedische-allgemeine.de/article/view/id/22030, erstellt am 16.04.2015, Zugriff am 22.03.2021.

15 Siehe oben, I. Teil, 3. Abschnitt, Unterabschnitt »Hermine Braunsteiner und Simon Wiesenthal«.

16 Vgl. Walter Benjamin, »Zur Kritik der Gewalt«, in: ders., *Gesammelte Schriften*, Bd. II,1: Aufsätze, Essays, Vorträge, hrsg. von Rolf Tiedemann und Hermann Schweppenhäuser, Frankfurt a. M. 1977, S. 179–203.

17 Susan Jacoby, *Wild Justice. The Evolution of Revenge*, New York 1983, S. 5.

Literaturverzeichnis

Ohne Autor, »6-Year-Old Girl Falls to Death from 43rd Floor Balcony in Osaka«, in: *JAPANTODAY*, https://japantoday.com/category/national/6-year-old-girl-falls-to-death-from-43rd-floor-in-osaka, erstellt am 11.04.2016, Zugriff am 22.03.2021.

Abélès, Marc, *Le lieu du politique*, Paris 1983.

Adloff, Frank; Mau, Steffen, »Zur Theorie der Gabe und Reziprozität«, in: dies. (Hg.), *Vom Geben und Nehmen. Zur Soziologie der Reziprozität*, Frankfurt a. M. 2005, S. 9–57.

Aischylos, *Die Orestie. Agamemnon. Die Totenspende. Die Eumeniden*, übersetzt von Emil Staiger, Stuttgart 1987.

Akyol, Çiğdem, »Friedensrichter, die Bestrafung verhindern«, in: *Zeit Online*, http://www.zeit.de/gesellschaft/zeitgeschehen/2012-05/friedensrichter-islam-justiz/komplettansicht, erstellt am 02.05.2012, Zugriff am 22.03.2021.

Albrecht, Hans-Jörg, »Strafrecht und Strafe: Belastung oder Entlastung?«, in: Günther Schlee, Bertram Turner (Hg.), *Vergeltung. Eine interdisziplinäre Betrachtung der Rechtfertigung und Regulation von Gewalt*, Frankfurt a. M. 2008, S. 127–148.

Altenmüller, Irene, *Marianne Bachmeiers Rache*, http://www.ndr.de/kultur/geschichte/chronologie/Die-Rache-der-Marianne-Bachmeier,mariannebachmeier101.html, erstellt am 06.03.2016, Zugriff am 22.03.2021.

Améry, Jean, *Jenseits von Schuld und Sühne. Bewältigungsversuche eines Überwältigten*, Stuttgart 2008.

Ohne Autor, »Amoklauf bei ›Batman‹-Premiere. Chronik des Massakers von Aurora«, in: *Süddeutsche Zeitung*, http://www.sueddeutsche.de/panorama/amoklauf-bei-batman-premiere-chronik-des-massakers-von-aurora-1.1418632, erstellt am 21.07.2012, Zugriff am 22.03.2021.

Aristoteles, *Nikomachische Ethik*, in: ders., *Philosophische Schriften*, Bd. 3, nach der Übersetzung von Eugen Rolfes bearb. von Günther Bien, Hamburg 1995.

– *Poetik*, zweisprachige Ausgabe, übersetzt und hrsg. von Manfred Fuhrmann, Stuttgart 1994.

– *Rhetorik*, übersetzt und hrsg. von Gernot Krapinger, Stuttgart 2007.

Arendt, Hannah, *Vita activa oder Vom tätigen Leben*, München 2008.

Augustinus, Aurelius, *Was ist Zeit? (Confessiones XI / Bekenntnisse 11)*, zweisprachige Ausgabe, übersetzt von Norbert Fischer, Hamburg 2009.

Baisch, Martin; Freienhofer, Evamaria; Lieberich, Eva, »Einleitung«, in: dies. (Hg.), *Rache – Zorn – Neid. Zur Faszination negativer Emotionen in der Kultur und Literatur des Mittelalters*, Göttingen 2014, S. 9–25.

Bandes, Susan, »Victims, ›Closure‹ and the Sociology of Emotion«, in: *Law and Contemporary Problems* 72 (2009), S. 1–26.

Banhold, Lars, *Batman. Konstruktion eines Helden*, Bochum 2009.

Baudrillard, Jean, »Der Geist des Terrorismus. Herausforderung des Systems durch die symbolische Gabe des Todes«, übersetzt von Markus Sedlaczek, in: ders., *Der Geist des Terrorismus*, hrsg. von Peter Engelmann, Wien 2002, S. 11–35.

– »Die Gewalt der Bilder. Hypothesen über den Terrorismus und das Attentat vom 11. September«, übersetzt von Michaela Ott, in: ders., *Der Geist des Terrorismus*, hrsg. von Peter Engelmann, Wien 2002, S. 65–78.

Bauer, Joachim, *Schmerzgrenze. Vom Ursprung alltäglicher und globaler Gewalt*, München 2011.

Baurmann, Michael; Schädler, Wolfram, *Das Opfer nach der Straftat – seine Erwartungen und Perspektiven. Eine Befragung von Betroffenen zu Opferschutz und Opferunterstützung sowie ein Bericht über vergleichbare Untersuchungen*, BKA-Forschungsreihe Bd. 22, Wiesbaden 1999.

Bearman, Joshuah, »The Legend of Master Legend«, in: *Rolling Stone*, http://www.rollingstone.com/culture/news/the-legend-of-master-legend-20081217, erstellt am 17.12.2008, Zugriff am 22.03.2021.

Becker, Anne, *9/11 als Bildereignis. Zur visuellen Bewältigung des Anschlags*, Bielefeld 2013.

Behrens, Rudolf, »Vorwort«, in: ders. (Hg.), *Ordnungen des Imaginären. Theorien der Imagination in funktionsgeschichtlicher Sicht*, Hamburg 2002, S. V–IX.

Beinhauer-Köhler, Bärbel; Zenger, Erich; Volkmann, Stefan, Art. »Rache«, in: *Religion in Geschichte und Gegenwart. Handwörterbuch für Theologie und Religionswissenschaft*, vierte, völlig neu bearbeitete Auflage, hrsg. von Hans Dieter Betz, Don S. Browning, Bernd Janowski und Eberhard Jüngel, Tübingen 2004, Bd. 7, Sp. 11–13.

Ohne Autor, »Beispiele wichtiger Fälle: Hermine Braunsteiner«, bereitgestellt durch das *Simon Wiesenthal Archiv*, https://web.archive.org/web/20181004063314/http://www.simon-wiesenthal-archiv.at/02_dokuzentrum/02_faelle/05_braunsteiner.html, Zugriff am 22.03.2021.

Benjamin, Walter, »Zur Kritik der Gewalt«, in: ders., *Gesammelte Schriften*, Bd. II,1: Aufsätze, Essays, Vorträge, hrsg. von Rolf Tiedemann und Hermann Schweppenhäuser, Frankfurt a. M. 1977, S. 179–203.

Benveniste, Émile, *Indoeuropäische Institutionen. Wortschatz, Geschichte, Funktionen*, übersetzt von Wolfram Bayer, Dieter Hornig und Katharina Menke, hrsg. von Stefan Zimmer, Frankfurt a. M. / New York 1993 [*Le vocabulaire des institutions indoeuropéens*, Bd. 1: Économie, parenté, societé; Bd. 2: Pouvoir, droit, religion, Paris 1969].

Bernhardt, Fabian, *Zur Vergebung. Eine Reflexion im Ausgang von Paul Ricœur*, Berlin 2014.

– »Der eigene Schmerz und der Schmerz der anderen. Versuch über die epistemische Dimension der Verletzlichkeit«, in: *Hermeneutische Blätter* 1/2017, S. 7–22.

– ; Landweer, Hilge, »Sphären der Verletzlichkeit. Recht und Emotion«, in: dies. (Hg.), *Recht und Emotion II. Sphären der Verletzlichkeit*, Freiburg/München 2017, S. 13–43.

Die Bibel, Elberfelder Übersetzung, revidierte Fassung, Wuppertal 2001.

Blank, David L., »Socratics versus Sophists on Payment for Teaching«, in: *Classical Antiquity* 4,1 (April 1985), S. 1–49.

Blumenberg, Hans, *Beschreibung des Menschen*, aus dem Nachlass hrsg. von Manfred Sommer, Frankfurt a. M. 2006.

Bräuer, Holm, Art. »Naturzustand«, in: *Handwörterbuch Philosophie*, hrsg. von Wulff D. Rehfus, Göttingen 2003, S. 485–486.

Bureau, Jacques, »Une société sans vengeance: le cas des Gamo d'Éthiopie«, in: Raymond Verdier (Hg.), *La vengeance. Études d'ethnologie, d'histoire et de philosophie*, Bd. 1, Paris 1980, S. 213–224.

Burkert, Walter, *›Vergeltung‹ zwischen Ethologie und Ethik. Reflexe und Reflexionen in Texten und Mythologien des Altertums*, München 1994.

– Art. »Strafe«, I. Teil A, *Griechische und römische Antike*, in: *Historisches Wörterbuch der Philosophie*, hrsg. von Joachim Ritter und Karlfried Gründer, Darmstadt 1998, Bd. 10, Sp. 208–216.

Butler, Judith, *Frames of War. When Is Life Grievable?*, London/New York 2009.

Camus, Albert; Koestler, Arthur; Müller-Meiningen jr., Ernst; Nowakowski, Friedrich, *Die Rache ist mein. Theorie und Praxis der Todesstrafe*, Stuttgart 1961.

Canetti, Elias, *Masse und Macht*, Frankfurt a. M. 2006.

Capelle, Wilhelm, *Die Vorsokratiker. Die Fragmente und Quellenberichte*, übersetzt und eingeleitet von Wilhelm Capelle, Stuttgart 1968.

Castoriadis, Cornelius, *Gesellschaft als imaginäre Institution. Entwurf einer politischen Philosophie*, übersetzt von Horst Brühmann, Frankfurt a. M. 1984 [*L'institution imaginaire de la société*, Paris 1975].

Chuck, Elizabeth, »Meet Kenneth Feinberg: The Man Who Puts a Price on Pain«, in: *NBC News*, https://web.archive.org/web/20150618020159/http://usnews.nbcnews.com/_news/2013/05/14/18107596-meet-kenneth-feinberg-the-man-who-puts-a-price-on-pain, erstellt am 14.05.2013, Zugriff am 22.03.2021.

Classen, Günther, »Neue Eskalation im Rocker-Krieg. Türkische Hells Angels kündigen Rachefeldzug an«, in: *Express*, https://www.express.de/duesseldorf/neue-eskalation-im-rocker-krieg-tuerkische-hells-angels-kuendigen-rachefeldzug-an-1007158, erstellt am 05.04.2015, Zugriff am 22.03.2021.

Dahlkamp, Silvia; Gezer, Özlem; Kaiser, Simone; Scheuermann, Christoph; Windmann, Antje, »Kollege Feind«, in: *Der Spiegel* 16/2012 (16.04.2012), S. 57–64.

Därmann, Iris, *Fremde Monde der Vernunft. Die ethnologische Provokation der Philosophie*, München 2005.

– *Theorien der Gabe. Zur Einführung*, Hamburg 2010.

Dath, Dietmar, »Batman oder Ich bin der Ausnahmezustand«, in: Bob Kane, *Batman*, Klassiker der Comic-Literatur, Bd. 7, ausgewählt und hrsg. von der Frankfurter Allgemeinen Zeitung 2005, S. 3–10.

– *Superhelden. 100 Seiten*, Stuttgart 2016, S. 28–31.

Davidson, Richard J.; Scherer, Klaus R.; Goldsmith, H. Hill, »Introduction«, in: dies. (Hg.), *Handbook of Affective Sciences*, Oxford 2003, S. XIII–XVII.

Demmerling, Christoph; Landweer, Hilge, *Philosophie der Gefühle. Von Achtung bis Zorn*, Stuttgart/Weimar 2007.

Derrida, Jacques, *Falschgeld. Zeit geben 1*, übersetzt von Andreas Knop und Michael Wetzel, München 1993 [*Donner le temps 1. La fausse monnaie*, Paris 1991].

– *Donner la mort*, Paris 1999.

Descharmes, Bernadette, *Rächer und Gerächte. Konzeptionen, Praktiken und Loyalitäten der Rache im Spiegel der attischen Tragödie*, Göttingen 2013.

Descola, Philippe, *Leben und Sterben in Amazonien. Bei den Jívaro-Indianern*, übersetzt von Grete Osterwald, Stuttgart 1996 [*Les lances du crépuscule. Relations Jivaros, Haute-Amazonie*, Paris 1993].

Ohne Autor, »›Dies ist nur der Anfang‹ – das IS-Bekennerschreiben im Wortlaut«, in: *Stern.de*, http://www.stern.de/politik/ausland/nach-anschlaegen-von-paris--das-bekennerschreiben-des-is-im-wortlaut-6555432.html, erstellt am 14.11.2015, Zugriff am 22.03.2021.

Dostojewski, Fjodor M., *Schuld und Sühne*, übersetzt von Hermann Röhl, Frankfurt a. M./Leipzig 2007.

Dumas, Alexandre, *Der Graf von Monte Christo*, übersetzt von Meinhard Hasenbein, Frankfurt a. M./Leipzig 1998.

Eagleton, Terry, *Figures of Dissent. Critical Essays on Fish, Spivak,* Žižek *and Others*, London/New York 2005.

Art. »Einbildungskraft«, in: *Deutsches Wörterbuch von Jacob und Wilhelm Grimm*, hrsg. von der Deutschen Akademie der Wissenschaften zu Berlin in Zusammenarbeit mit der Akademie der Wissenschaften zu Göttingen, 16 Bde. in 32 Teilbänden, Leipzig 1854 – 1961, Quellenverzeichnis Leipzig 1971, Bd. 3, Sp. 152–153.

Elster, Jon, »Norms of Revenge«, in: *Ethics* 100,4 (Juli 1990), S. 862–885.

Eßbach, Wolfgang, »Gabe und Rache. Zur Anthropologie der Gegenseitigkeit«, in: Gerburg Treusch-Dieter, Dietmar Kamper, Bernd Ternes (Hg.), *Schuld*, Tübingen 1999, S. 11–20.

Euripides, *Medea*, übersetzt und hrsg. von Paul Dräger, Stuttgart 2011.

Evans, Richard J., *Rituale der Vergeltung. Die Todesstrafe in der deutschen Geschichte 1532–1987*, übersetzt von Holger Fliessbach, Berlin 2001 [*Rituals of Retribution. Capital Punishment in Germany 1600–1987*, Oxford 1996].

Evans-Pritchard, Edward E., *The Nuer. A Description of the Modes of Livelihood and Political Institutions of A Nilotic People*, Oxford 1940.

Feinberg, Kenneth, *What Is Life Worth? The Unprecedented Effort to Compensate the Victims of 9/11*, New York 2005.

– »The September 11th Victim Compensation Fund of 2001: Policy and Precedent«, in: *New York Law School Review*, Vol. 56, 2011/12, S. 1115–1118.

– *Who Gets What. Fair Compensation after Tragedy and Financial Upheaval*, New York 2012.

– (im Gespräch mit Marcus Rohwetter), »Der kalte Tröster«, in: *Die Zeit*, 19. Juli 2012, S. 28.

Flaßpöhler, Svenja, *Verzeihen. Vom Umgang mit Schuld*, München 2016.

Foucault, Michel, *Wahnsinn und Gesellschaft. Eine Geschichte des Wahns im Zeitalter der Vernunft*, übersetzt von Ulrich Köppen, Frankfurt a. M. 1973 [*Histoire de la folie*, Paris 1961].

– *Überwachen und Strafen. Die Geburt des Gefängnisses*, übersetzt von Walter Seitter, Frankfurt a. M. 1976 [*Surveiller et punir. La naissance de la prison*, Paris 1975].

French, Peter, *The Virtues of Vengeance*, Kansas 2001.

Fricker, Miranda, *Epistemic Injustice. Power and the Ethics of Knowing*, Oxford/New York 2007.

Friedrichsen, Gisela, »Aus dem Lot«, in: *Der Spiegel* 20/2013 (13.05. 2013), S. 35.

Frijda, Nico, »The Lex Talionis. On Vengeance«, in: Stephanie van Goozen, Nanne van de Poll, Joseph Sergeant (Hg.), *Emotions. Essays on Emotion Theory*, Hillsdale (New Jersey) 1994, S. 263–289.

Frisch, Max, *Fragebogen*, erweiterte Ausgabe, hrsg. von Tobias Amslinger und Thomas Strässle, Berlin 2019.

Art. »geben«, bereitgestellt durch das *Digitale Wörterbuch der deutschen Sprache,* https://www.dwds.de/wb/geben, Zugriff am 22.03.2021.

Gehrke, Hans-Joachim, »Die Griechen und die Rache. Ein Versuch in historischer Psychologie«, in: *Saeculum* 38 (1987), S. 121–149.

Gendler, Tamar, Art. »Imagination«, in: *The Stanford Encyclopedia of Philosophy* (Winter 2016 Edition), hrsg. von Edward N. Zalta, https://plato.stanford.edu/archives/win2016/entries/imagination/, erstellt am 14.03.2011, zuletzt überarbeitet am 05.12.2016, Zugriff am 22.03.2021.

Govier, Trudy, *Forgiveness and Revenge*, London/New York 2002.

Graeber, David, *Schulden*, übersetzt von Ursel Schäfer, Hans Freundl und Stephan Gebauer, Stuttgart 2012 [*Debt. The first 5,000 Years*, New York 2011].

Griswold, Charles, »The Nature and Ethics of Vengeful Anger«, in: James E. Fleming (Hg.), *Passions and Emotions*, New York 2013, S. 77–124.

Halbwachs, Maurice, *Das kollektive Gedächtnis*, Frankfurt a. M. 1991 [*La mémoire collective*, Paris 1939].

Härter, Karl, »Strafen mit und neben der Zentralgewalt: Pluralität und Verstaatlichung des Strafens in der frühen Neuzeit«, in: Günther Schlee, Bertram Turner (Hg.), *Vergeltung. Eine interdisziplinäre Betrachtung der Rechtfertigung und Regulation von Gewalt*, Frankfurt a. M. 2008, S. 105–126.

Hegel, Georg Wilhelm Friedrich: *Grundlinien der Philosophie des Rechts*, in: ders., *Gesammelte Werke* (GW), Bd. 14,1, hrsg. von Klaus Grotsch und Elisabeth Weisser-Lohmann, Hamburg 2009.

Helm, Bennett, »Emotions as Evaluative Feelings«, in: *Emotion Review* 1 (2009), S. 248–255.

Hénaff, Marcel, *Der Preis der Wahrheit. Gabe, Geld und Philosophie*, übersetzt von Eva Moldenhauer, Frankfurt a. M. 2009 [*Le prix de la vérité. Le don, l'argent, la philosophie*, Paris 2002].

– »Die Welt des Handels, die Welt der Gabe. Wahrheit und Anerkennung«, in: *WestEnd. Neue Zeitschrift für Sozialforschung* 7,1 (2010), S. 81–90.

– »Die pervertierte Gabe. Tugend, Heuchelei und Nihilismus – Zu einer Anthropologie der Korruption« in: *Lettre International* 93 (Sommer 2011), S. 54–56.

– »Terror und Rache. Politische Gewalt, Gegenseitigkeit, Gerechtigkeit – zehn Jahre danach«, in: *Lettre International* 94 (Herbst 2011), S. 11–23.

– »Menschen und Schulden. Flucht in die Zukunft, Realitätsvergessenheit und Zivilisationskrise«, in: *Lettre International* 96 (Frühjahr 2012), S. 7–13.

– »Die immateriellen Güter. Über Nichtgreifbares und Unschätzbares – Der Markt und das Preislose«, in: *Lettre International* 100 (Frühjahr 2013), S. 123–127.

– *Die Gabe der Philosophen. Gegenseitigkeit neu denken*, übersetzt von Eva Moldenhauer, Bielefeld 2014 [*Le Don des philosophes. Repenser la réciprocité*, Paris 2012].

– »Kosmische Schuld, symbolische Schuld, finanzielle Schuld. Paradigmen des Gleichgewichts und der Zeit«, in: Thomas Macho (Hg.), *Bonds. Schuld, Schulden und andere Verbindlichkeiten*, München 2014, S. 33–53.

Hendrich, Karin, »Mordversuch aus Rache? Clan-Mitglied nach Schüssen auf Auto vor Gericht«, in: *Bild.de*, https://www.bild.de/regional/berlin/berlin-aktuell/er-feuerte-angeblich-aus-rache-aufs-falsche-auto-berliner-nach-schuessen-auf-aut-63793684.bild.html#fromWall, erstellt am 07.08.2019, Zugriff am 22.03.2021.

Herrndorf, Wolfgang, *Sand*, Reinbek (bei Hamburg) 2013.

Hirsch, Alfred, *Recht auf Gewalt? Spuren philosophischer Gewaltrechtfertigung nach Hobbes*, München 2004.

Hobbes, Thomas, *Leviathan*, übersetzt von Jutta Schlösser, hrsg. von Hermann Klenner, Hamburg 1996.

Homer, *Ilias*, übersetzt von Wolfgang Schadewaldt, Frankfurt a. M./Leipzig 1975.

– *Odyssee*, in Prosa übertragen von Karl Ferdinand Lempp, hrsg. von Michael Schroeder, Frankfurt a. M./Leipzig 2009.

Honneth, Axel, »Vom Gabentausch zur sozialen Anerkennung. Unstimmigkeiten in der Sozialtheorie von Marcel Hénaff«, in: *WestEnd. Neue Zeitschrift für Sozialforschung* 7,1 (2010), S. 99–110.

Horkheimer, Max; Adorno, Theodor W., *Dialektik der Aufklärung. Philosophische Fragmente*, Frankfurt a. M. 2009.

Hörnle, Tatjana, »Expressive Straftheorien«, in: Thomas Hilgers, Gertrud Koch, Christoph Möllers, Sabine Müller-Mall (Hg.), *Affekt & Urteil*, Paderborn 2015, S. 143–158.

Art. »imaginär«, in: *Duden online*, https://www.duden.de/node/651877/revisions/1616889/view, Zugriff am 22.03.2021.

Art. »imaginär«, bereitgestellt durch das *Digitale Wörterbuch der deutschen Sprache*, https://www.dwds.de/wb/imaginär, Zugriff am 22.03.2021.

Art. »imaginär«, in: Wolfgang Pfeifer u. a., *Etymologisches Wörterbuch des Deutschen (1993), digitalisierte und von Wolfgang Pfeifer überarbeitete Version im Digitalen Wörterbuch der deutschen Sprache,* https://www.dwds.de/wb/imaginär, Zugriff am 22.03.2021.

Imbusch, Peter, *Moderne und Gewalt. Zivilisationstheoretische Perspektiven auf das 20. Jahrhundert*, Wiesbaden 2005.

Art. »inkognito«, bereitgestellt durch das *Digitale Wörterbuch der deutschen Sprache*, https://www.dwds.de/wb/inkognito, Zugriff am 22.03.2021.

Iser, Wolfgang, *Das Fiktive und das Imaginäre. Perspektiven literarischer Anthropologie*, Frankfurt a. M. 1991.

Von Jhering, Rudolf, *Der Kampf um's Recht*, hrsg. von Felix Ermacora, Frankfurt a. M./Berlin 1992.

Jacoby, Susan, *Wild Justice. The Evolution of Revenge*, New York 1983.

Jaeger, Werner, *Paideia. Die Formung des griechischen Menschen*, Bd. 1, Berlin 1933.

Joas, Hans, *Die Sakralität der Person. Eine neue Genealogie der Menschenrechte*, Berlin 2011.

Johansson, Per (Pseudonym für Thomas Steinfeld und Martin Winkler): *Der Sturm*, Frankfurt a. M. 2012.

Ohne Autor, »Jordanien schwört Rache. IS verbrennt jordanischen Piloten bei lebendigem Leib«, in: *Focus*, http://www.focus.de/politik/ausland/konflikte-dschihadisten-jordanischer-pilot-bei-lebendigem-leib-verbrannt_id_4450859.html, erstellt am 03.02.2015, Zugriff am 22.03.2021.

Kafka, Franz, *Briefe 1900–1912* (Kritische Ausgabe), hrsg. von Hans-Gerd Koch, Frankfurt a. M. 1999.

Kämmerlings, Richard, »Vergeltung – Der grausige Tod eines Großjournalisten«, in: *Die Welt*, https://www.welt.de/kultur/literarische-welt/article108599900/Vergeltung-Der-grausige-Tod-eines-Gross-journalisten.html, erstellt am 14.08.2012, Zugriff am 22.03.2021.

Kant, Immanuel, *Grundlegung zur Metaphysik der Sitten*, hrsg. von Bernd Kraft und Dieter Schönecker, Hamburg 1999.

– *Versuch den Begriff der negativen Größen in die Weltweisheit einzuführen*, hrsg. von Michael Holzinger, Berlin 2013.

Katz, Lee Michael, »What I've Learned: Kenneth Feinberg«, in: *Washingtonian*, https://www.washingtonian.com/2008/03/01/what-ive-learned-kenneth-feinberg/, erstellt am 01.03.2008, Zugriff am 22.03.2021.

Kepler, Johannes, *Weltharmonik*, übersetzt und eingeleitet von Max Caspar, Darmstadt 1967.

Kirk, Geoffrey S.; Raven, John E.; Schofield, Malcolm, *Die vorsokratischen Philosophen. Einführung, Texte und Kommentare*, übersetzt von Karlheinz Hülser, Stuttgart/Weimar 2001.

Kleist, Heinrich von, *Michael Kohlhaas. Aus einer alten Chronik*, Stuttgart 2003.

Klinger, Elmar, Art. »Revenge and Retribution«, in: *The Encyclopedia of Religion*, hrsg. von Mircea Eliade, 15 Bde. und ein Indexband, New York 1987, Bd. 12, S. 362–368.

Koch, Klaus, »Gibt es ein Vergeltungsdogma im Alten Testament?«, in: ders., *Gesammelte Aufsätze*, Bd. 1: Spuren des hebräischen Denkens. Beiträge zur alttestamentlichen Theologie, hrsg. von Bernd Janowski und Martin Krause, Neukirchen-Vluyn 1991, S. 65–103.

Kohut, Heinz, *Narzißmus. Eine Theorie der psychoanalytischen Behandlung narzißtischer Persönlichkeitsstörungen*, übersetzt von Lutz Rosenkötter, Frankfurt a. M. 1995 [*The Analysis of the Self. A Systematic Approach to the Psychoanalytic Treatment of Narcissistic Personality Disorders*, New York 1971].

Kolnai, Aurel, »Versuch über den Haß«, in: ders., *Ekel, Hochmut, Haß. Zur Phänomenologie feindlicher Gefühle*, Frankfurt a. M. 2007, S. 100–142.

Koselleck, Reinhart, »›Erfahrungsraum‹ und ›Erwartungshorizont‹ – zwei historische Kategorien«, in: ders., *Vergangene Zukunft. Zur Semantik geschichtlicher Zeiten*, Frankfurt a. M. 1989, S. 349–375.

Krebitz, Nicolette (im Gespräch mit Svenja Flaßpöhler), »Die Packende«, in: *Philosophie Magazin* 3/2016 (April/Mai), S. 98.

Kringiel, Danny, »Echte Superhelden: Der Maskenmann von nebenan«, in: *Spiegel Online*, http://www.spiegel.de/einestages/real-life-superheroes-echte-superhelden-a-947635.html, erstellt am 10.07.2012, Zugriff am 22.03.2021.

Lacan, Jacques, »Das Spiegelstadium als Gestalter der Funktion des Ichs«, in: ders., *Schriften, Bd. I. Vollständiger Text*, übersetzt von Hans-Dieter Gondek, Wien 2016, S. 109–117.

Landweer, Hilge, *Scham und Macht. Phänomenologische Untersuchungen zur Sozialität eines Gefühls*, Tübingen 1999.

Lehmann, Johannes F., *Im Abgrund der Wut. Zur Kultur- und Literaturgeschichte des Zorns*, Freiburg im Breisgau u. a. 2012.

Levinas, Emmanuel, *Totalität und Unendlichkeit. Versuch über die Exteriorität*, übersetzt von Wolfgang Nikolaus Krewani, Freiburg/München 1987 [*Totalité et Infini: essai sur l'extériorité*, La Haye 1961].

– »Das Gesetz der Wiedervergeltung«, in: ders., *Verletzlichkeit und Frieden. Schriften über die Politik und das Politische*, übersetzt und hrsg. von Pascal Delhom und Alfred Hirsch, Zürich/Berlin 2007, S. 173–176.

Lévi-Strauss, Claude, »Die weibliche Sexualität und der Ursprung der Gesellschaft«, in: ders., *Wir sind alle Kannibalen*, übersetzt von Eva Moldenhauer, Berlin 2014, S. 187–197.

– »Gibt es nur eine Art der Entwicklung?«, in: ders., *Wir sind alle Kannibalen*, übersetzt von Eva Moldenhauer, Berlin 2014, S. 51–69.

Lotter, Maria-Sibylla: *Scham, Schuld, Verantwortung. Über die kulturellen Grundlagen der Moral*, Berlin 2012.

– »Schuld ohne Vorwerfbarkeit. Warum der moralische Schuldbegriff auf viele Schuldphänomene nicht passt«, in: Hilge Landweer, Dirk Koppelberg (Hg.), *Recht und Emotion I. Verkannte Zusammenhänge*, Freiburg/München 2016, S. 136–161.

Lübbe, Hermann, »Vorwort«, in: Wilhelm Schapp: *In Geschichten verstrickt. Zum Sein von Mensch und Ding*, Frankfurt a. M. 2004, S. V–VII.

Lützeler, Paul Michael, »Nachwort«, in: Heinrich von Kleist: *Michael Kohlhaas. Aus einer alten Chronik*, Stuttgart 2003, S. 127–135.

Luhmann, Niklas, *Die Gesellschaft der Gesellschaft*, Frankfurt a. M. 1997.

Lukács, Georg, *Die Theorie des Romans. Ein geschichtsphilosophischer Versuch über die Formen der großen Epik*, München 2000.

Lyotard, Jean-François, *Das postmoderne Wissen. Ein Bericht*, übersetzt von Otto Pfersmann, hrsg. von Peter Engelmann, Wien 1994 [*La condition postmoderne*, Paris 1979].

Macho, Thomas, »Bonds: Fesseln der Zeit. Einleitung«, in: ders. (Hg.), *Bonds. Schuld, Schulden und andere Verbindlichkeiten*, München 2014, S. 11–26.

Maier, Katharina, *Rache ist eine Speise, die man kalt genießt*, Wiesbaden 2010.

Malabou, Catherine, *Ontology of the Accident. An Essay on Destructive Plasticity*, aus dem Französischen ins Englische übersetzt von Carolyn Shread, Cambridge 2012.

Malinowski, Bronislaw, *Argonauts of the Western Pacific. An Account of Native Enterprise and Adventure in the Archipelagoes of Melanesian New Guinea*, London 1972.

Maroney, Terry, »The Persistent Cultural Script of Judicial Dispassion«, in: *California Law Review* 99 (2011), S. 629–681.

Martin, Douglas, »A Nazi Past, a Queens Home Life, an Overlooked Death«, in: *The New York Times*, http://www.nytimes.

com/2005/12/02/world/europe/a-nazi-past-a-queens-home-life-an-overlooked-death.html, erstellt am 02.12.2005, Zugriff am 22.03.2021.

Mattenklott, Gundel, »L'imaginaire / das Imaginäre. Eine Spurensuche zur Begriffsgeschichte«, in: *onlineZeitschrift Kunst Medien Bildung / zkmb* 2012, http://zkmb.de/limaginaire-das-imaginaere-eine-spurensuche-zur-begriffsgeschichte/, erstellt am 05.05.2012, Zugriff am 22.03.2021.

Mauss, Marcel, *Die Gabe. Form und Funktion des Austauschs in archaischen Gesellschaften*, übersetzt von Eva Moldenhauer, Frankfurt a. M. 1990.

– »Die Religion und die Ursprünge des Strafrechts nach einem kürzlich erschienenen Buch (1896)«, in: ders., *Schriften zur Religionssoziologie*, übersetzt von Eva Moldenhauer und Henning Ritter, hrsg. von Stephan Moebius u. a., Berlin 2012, S. 36–90.

Meier, Christian, *Die Entstehung des Politischen bei den Griechen*, Frankfurt a. M. 1980.

– »Aischylos' Eumeniden und das Aufkommen des Politischen«, in: ders., *Die Entstehung des Politischen bei den Griechen*, Frankfurt a. M. 1980, S. 144–246.

– *Das Gebot zu vergessen und die Unabweisbarkeit des Erinnerns. Vom öffentlichen Umgang mit schlimmer Vergangenheit*, München 2010.

Melville, Herman, *Moby-Dick; oder: Der Wal*, übersetzt von Friedhelm Rathjen, Frankfurt a. M. 2009 [*Moby-Dick or, the whale*, hrsg. von Luther Mansfield und Howard Vincent, New York 1962].

Menke, Christoph, *Recht und Gewalt*, Berlin 2012.

Miller, Chaim (im Gespräch mit Philipp Peyman Engel), »›*Ich bereue nicht einen Schuss*‹. Chaim Miller über sein Leben als Nazi-Jäger, Rache an SS-Männern und Schuldgefühle«, in: *Jüdische Allgemeine*, http://www.juedische-allgemeine.de/article/view/id/22030, erstellt am 16.04.2015, Zugriff am 22.03.2021.

Mouffe, Chantal (im Gespräch mit Nils Markwardt), »Konsens ist das Ende der Politik«, übersetzt von Michael Ebmayer, in: *Philosophie Magazin* 5/2015 (August/September), S. 68–73.

Müller, Wolfgang, *Die Indianer Amazoniens. Völker und Kulturen im Regenwald*, München 1995.

Nabert, Jean, *Essai sur le mal*, Paris 1970.

Art. »Naturzustand«, in: Rudolf Eisler, *Wörterbuch der philosophischen Begriffe*, Berlin 1904, Bd. 1, S. 724.

Neiman, Susan, *Das Böse denken. Eine andere Geschichte der Philosophie*, übersetzt von Christiana Goldmann, Frankfurt a. M. 2004 [*Evil in Modern Thought. An Alternative History of Philosophy*, Princeton 2002].

Neu, Rainer; Janowski, Bernd; v. Bendemann, Reinhard; Volkmann, Stefan; Buß, Johanna, Art. »Vergeltung«, in: *Religion in Geschichte und Gegenwart. Handwörterbuch für Theologie und Religionswissenschaft*, vierte, völlig neu bearbeitete Auflage, hrsg. von Hans Dieter Betz, Don S. Browning, Bernd Janowski und Eberhard Jüngel, Tübingen 2005, Bd. 8, Sp. 997–1006.

Nicholson, Peter P., Art. »State, the«, in: *Routledge Encyclopedia of Philosophy*, hrsg. von Edward Craig, London/New York 1998, Bd. 9, S. 120–123.

Nietzsche, Friedrich, *Also sprach Zarathustra. Ein Buch für alle und keinen*, Stuttgart 1994.

– *Zur Genealogie der Moral. Eine Streitschrift*, Stuttgart 2000.

Noble, Andrea; Somers, Meredith, »Osama Bin Laden's Death Sparks Celebrations in D.C., N.Y.C.«, in: *The Washington Times*, http://www.washingtontimes.com/news/2011/may/2/osama-bin-ladens-death-sparks-celebration-dc/, erstellt am 02.05.2011, Zugriff am 22.03.2021.

Nussbaum, Martha, »Equity and Mercy«, in: dies., *Sex & Social Justice*, Oxford 1999, S. 154–183.

Art. »Ohnmacht«, bereitgestellt durch das *Digitale Wörterbuch der deutschen Sprache*, https://www.dwds.de/wb/Ohnmacht, Zugriff am 22.03.2021.

Art. »payback«, in: *PONS Online-Wörterbuch Premium Deutsch-Englisch*.

Ohne Autor, »Person of the Week: Kenneth Feinberg«, in: *ABC News*, http://abcnews.go.com/WNT/PersonOfWeek/story?id=131842, erstellt am 19.12.2003, Zugriff am 22.03.2021.

Paul, Axel T., »Die Rache und das Rätsel der Gabe«, in: *Leviathan. Berliner Zeitschrift für Sozialwissenschaft* 33,4 (Dezember 2005), S. 240–256.

Petz, Moritz; Jackowski, Amélie, *Der Dachs hat heute schlechte Laune!*, Zürich 2014.

Art. »Phoolan Devi«, in: *Wikipedia. Die freie Enzyklopädie*, https://de.wikipedia.org/w/index.php?title=Phoolan_Devi&oldid=162485023, Bearbeitungsstand: 09.02.2017, 21:29 UTC, Zugriff am 22.03.2021.

Platon, *Gorgias*, zweisprachige Ausgabe, übersetzt und hrsg. von Michael Erler, Stuttgart 2011.
– *Apologie des Sokrates*, zweisprachige Ausgabe, übersetzt von Manfred Fuhrmann, Stuttgart 1987.
– *Der Staat*, zweisprachige Ausgabe, übersetzt von Rüdiger Rufener, hrsg. von Thomas Szlezák, Berlin/Boston 2011.
Platthaus, Andreas, »Jüdische Zeichner – Comics als Kompensation«, in: *Frankfurter Allgemeine Zeitung*, http://blogs.faz.net/comic/2008/12/18/j-252-dische-zeichner-comics-als-kompensation-11/, erstellt am 18.12.2008, Zugriff am 22.03.2021.
Probst, Peter; Sprenger, Gerhard, Art. »Rache«, in: *Historisches Wörterbuch der Philosophie*, hrsg. von Joachim Ritter und Karlfried Gründer, Darmstadt 1992, Bd. 8, Sp. 1–6.
Art. »Rache«, in: *Brockhaus Enzyklopädie in 30 Bänden*, 21., völlig neu bearbeitete Ausgabe, Leipzig/Mannheim 2006, Bd. 22, S. 421.
Art. »Rache«, in: *Duden online*, https://www.duden.de/node/683296/revisions/1381399/view, Zugriff am 22.03.2021.
Art. »Rache«, bereitgestellt durch das *Digitale Wörterbuch der deutschen Sprache,* https://www.dwds.de/wb/Rache, Zugriff am 22.03.2021.
Art. »Rache«, in: Wolfgang Pfeifer u. a., *Etymologisches Wörterbuch des Deutschen (1993), digitalisierte und von Wolfgang Pfeifer überarbeitete Version im Digitalen Wörterbuch der deutschen Sprache,* https://www.dwds.de/wb/Rache, Zugriff am 22.03.2021.
Art. »Rache«, in: Johann Heinrich Zedler, *Grosses vollständiges Universal-Lexicon aller Wissenschaften und Künste*, 64 Bde. und 4 Supplementbände, Leipzig/Halle 1731–1754, zweiter vollständiger photomechanischer Nachdruck durch die Akademische Druck- und Verlagsanstalt, Graz 1996, Bd. 30 (1741), Sp. 482–485.
Art. »Rache«, in: *Deutsches Wörterbuch von Jacob und Wilhelm Grimm*, hrsg. von der Deutschen Akademie der Wissenschaften zu Berlin in Zusammenarbeit mit der Akademie der Wissenschaften zu Göttingen, 16 Bde. in 32 Teilbänden, Leipzig 1854–1961, Quellenverzeichnis Leipzig 1971, Bd. 14, Sp. 14–17.
Radisch, Iris, »Die Verantwortung der Bilder. Wie hängen der Batman-Film und das Attentat von Aurora zusammen?«, in: *Zeit Online*, http://www.zeit.de/2012/31/Film-Attentat-Gewaltakt/, erstellt am 21.07.2012, Zugriff am 22.03.2021.
Art. »rächen«, in: *Duden online*, https://www.duden.de/node/683306/revisions/1604463/view, Zugriff am 22.03.2021.

Art. »rächen«, in: Wolfgang Pfeifer u. a., *Etymologisches Wörterbuch des Deutschen (1993), digitalisierte und von Wolfgang Pfeifer überarbeitete Version im Digitalen Wörterbuch der deutschen Sprache*, https://www.dwds.de/wb/rächen, Zugriff am 22.03.2021.

Art. »Rächer«, in: *Deutsches Wörterbuch von Jacob und Wilhelm Grimm*, hrsg. von der Deutschen Akademie der Wissenschaften zu Berlin in Zusammenarbeit mit der Akademie der Wissenschaften zu Göttingen, 16 Bde. in 32 Teilbänden, Leipzig 1854–1961, Quellenverzeichnis Leipzig 1971, Bd. 14, Sp. 27.

Raether, Elisabeth, »Selbstjustiz: Wem dient das Recht?«, in: *Zeit Online*, http://www.zeit.de/2014/21/bamberski-selbstjustiz-recht-gerechtigkeit/komplettansicht, erstellt am 24.05.2014, Zugriff am 22.03.2021.

Reemtsma, Jan Philipp, *Vertrauen und Gewalt. Versuch über eine besondere Konstellation der Moderne*, München 2009.

Reinhard, Wolfgang, *Die Unterwerfung der Welt. Globalgeschichte der europäischen Expansion 1415–2015*, München 2016.

Renn, Ortwin (im Gespräch mit Luisa Jacobs), »Wir fürchten uns vor den falschen Dingen«, in: *Zeit Online*, http://www.zeit.de/gesellschaft/2016-04/kottbusser-tor-kriminalitaet-risikoforscher, erstellt am 25.04.2016, Zugriff am 22.03.2021.

Ricœur, Paul, *Die Fehlbarkeit des Menschen. Phänomenologie der Schuld I*, übersetzt von Maria Otto, Freiburg/München 1971 [*Finitude et culpabilité I. L'homme faillible*, Paris 1960].

– *Zeit und Erzählung, Band I: Zeit und historische Erzählung*, übersetzt von Rainer Rochlitz, Paderborn 1988 [*Temps et récit*, Paris 1983].

– *Liebe und Gerechtigkeit / Amour et justice*, zweisprachige Ausgabe, übersetzt von Matthias Raden, hrsg. von Oswald Bayer, Tübingen 1990.

– *Gedächtnis, Geschichte, Vergessen*, übersetzt von Hans-Dieter Gondek, Heinz Jatho und Markus Sedlaczek, München 2004 [*La mémoire, l'histoire, l'oubli*, Paris 2000].

– »Was ist ein Text? (1970)«, in: ders., *Vom Text zur Person. Hermeneutische Aufsätze (1970–1999)*, übersetzt und hrsg. von Peter Welsen, Hamburg 2005, S. 79–108.

– »Die erzählte Zeit (1984)«, in: ders., *Vom Text zur Person. Hermeneutische Aufsätze (1970–1999)*, übersetzt und hrsg. von Peter Welsen, Hamburg 2005, S. 183–207.

– »Narrative Identität (1987)«, in: ders., *Vom Text zur Person. Hermeneutische Aufsätze (1970–1999)*, übersetzt und hrsg. von Peter Welsen, Hamburg 2005, S. 209–225.
– »Annäherungen an die Person (1990)«, in: ders., *Vom Text zur Person. Hermeneutische Aufsätze (1970–1999)*, übersetzt und hrsg. von Peter Welsen, Hamburg 2005, S. 227–249.
– *Wege der Anerkennung. Erkennen, Wiedererkennen, Anerkanntsein*, übersetzt von Ulrike Bokelmann und Barbara Heber-Schärer, Frankfurt a. M. 2006 [*Parcours de la reconnaissance: trois études*, Paris 2004].

Rilke, Rainer Maria, *Die Gedichte*, Frankfurt a. M. 1998.

Ritter, Joachim, »Subjektivität und industrielle Gesellschaft (1961)«, in: ders., *Metaphysik und Politik. Studien zu Aristoteles und Hegel*, Frankfurt a. M. 2003, S. 357–376.

Romero, Frances, »Compensation Czar Kenneth Feinberg«, in: *Time*, http://content.time.com/time/nation/article/0,8599,1903547,00.html, erstellt am 23.10.2009, Zugriff am 22.03.2021.

Rosebury, Brian, »Respect for Just Revenge«, in: *Philosophy and Phenomenological Research* LXXVII,2 (September 2008), S. 451–471.

Rospabé, Philippe, *La dette de vie: aux origines de la monnaie sauvage*, Paris 1995.

Rousseau, Jean Jacques, *Abhandlung über den Ursprung und die Grundlagen der Ungleichheit unter den Menschen* (1755), in: ders., *Schriften zur Kulturkritik*, zweisprachige Ausgabe, übersetzt und hrsg. von Kurt Weigand, Hamburg 1995.

Sandel, Michael J., *Gerechtigkeit. Wie wir das Richtige tun*, übersetzt von Helmut Reuter, Berlin 2013 [*Justice*, New York 2009].
– *What Money Can't Buy. The Moral Limits of Markets*, London 2012.

Sartre, Jean-Paul, »Entwurf einer Theorie der Emotion«, in: ders., *Die Transzendenz des Ego*, Reinbek (bei Hamburg) 1964, S. 151–195.
– *Das Imaginäre. Phänomenologische Psychologie der Einbildungskraft*, übersetzt von Hans Schöneberg, Reinbek (bei Hamburg) 1971 [*L'imaginaire. Psychologie phénoménologique de l'imagination*, Paris 1940].

Scarry, Elaine, *Der Körper im Schmerz. Die Chiffren der Verletzlichkeit und die Erfindung der Kultur*, übersetzt von Michael Bischoff, Frankfurt a. M. 1992 [*The Body in Pain. The Making and Unmaking of the World*, New York 1985].

Scheler, Max, *Der Formalismus in der Ethik und die materiale Wertethik. Neuer Versuch der Grundlegung eines ethischen Personalismus*, Bern 1954.

Schirrmacher, Frank, »Lieber Martin Walser, Ihr Buch werden wir nicht drucken«, in: *Frankfurter Allgemeine Zeitung*, 29. Mai 2002, S. 49.

Schlee, Günther; Turner, Bertram (Hg.), *Vergeltung. Eine interdisziplinäre Betrachtung der Rechtfertigung und Regulation von Gewalt*, Frankfurt a. M. 2008.

– ; Turner, Bertram, »Einleitung: Wirkungskontexte des Vergeltungsprinzips in der Konfliktregulierung«, in: dies. (Hg.), *Vergeltung. Eine interdisziplinäre Betrachtung der Rechtfertigung und Regulation von Gewalt*, Frankfurt a. M. 2008, S. 7–47.

– ; Turner, Bertram, »Rache, Wiedergutmachung und Strafe: Ein Überblick«, in: dies. (Hg.), *Vergeltung. Eine interdisziplinäre Betrachtung der Rechtfertigung und Regulation von Gewalt*, Frankfurt a. M. 2008, S. 49–67.

Schmidt, Gisela, »Totschlag in Dettelbach: zehneinhalb Jahre Haft«, in: *Main-Post*, https://www.mainpost.de/regional/franken/Betrunkenheit-Haftstrafen-Landgerichte-Totschlag-Weingaertner;art1727,6657132, Zugriff am 22.03.2021.

Schmitz, Hermann, *Der unerschöpfliche Gegenstand. Grundzüge der Philosophie*, Bonn 1990.

– *Der Rechtsraum. Praktische Philosophie* (= *System der Philosophie*, Bd. III, Teil 3), Bonn 1983.

Schnitzler, Arthur, *Leutnant Gustl*, Frankfurt a. M. 2001.

Schulte-Sasse, Jochen, Art. »Einbildungskraft/Imagination«, in: *Ästhetische Grundbegriffe. Historisches Wörterbuch in sieben Bänden*, hrsg. von Karlheinz Barck, Stuttgart/Weimar 2001, Bd. 2, S. 88–120.

Schuster, Jacques, »Der wahre ›Inglourious Basterd‹ heißt Chaim Miller«, in: *Die Welt*, http://www.welt.de/kultur/medien/article116186515/Der-wahre-Inglourious-Basterd-heisst-Chaim-Miller.html, erstellt am 14.05.2013, Zugriff am 22.03.2021.

Ohne Autor, »Selbstjustiz: Marianne Bachmeier – Die Rache einer Mutter«, in: *Süddeutsche Zeitung*, http://www.sueddeutsche.de/panorama/selbstjustiz-marianne-bachmeier-die-rache-einer-mutter-1.285988, erstellt am 17.05.2010, Zugriff am 22.03.2021.

Seneca, *De Ira / Über die Wut*, zweisprachige Ausgabe, übersetzt und hrsg. von Jula Wildberger, Stuttgart 2007.

Shakespeare, William, *Hamlet. Prinz von Dänemark*, übersetzt von August Wilhelm Schlegel, hrsg. von Dietrich Klose, Stuttgart 2001.

Sloterdijk, Peter, »Bilder der Gewalt – Gewalt der Bilder. Von der antiken Mythologie zur postmodernen Bilderindustrie«, in: Christa Maar, Hubert Burda (Hg.), *Iconic Turn. Die neue Macht der Bilder*, Köln 2004, S. 333–348.

– *Zorn und Zeit. Politisch-psychologischer Versuch*, Frankfurt a. M. 2006.

Smart, Richard, »Girl in Japan falls to her death after watching anime cartoon about children who could fly«, in: *The Guardian*, https://www.theguardian.com/world/2016/apr/12/girl-in-japan-falls-to-hear-death-after-watching-anime-about-children-who-could-fly, erstellt am 12.04.2016, Zugriff am 22.03.2021.

Solomon, Robert C., »Justice v. Vengeance. On Law and the Satisfaction of Emotion«, in: Susan A. Bandes (Hg.), *The Passions of Law*, New York/London 1999, S. 123–148.

Spinoza, Baruch de, *Ethik in geometrischer Ordnung dargestellt*, in: ders., *Sämtliche Werke*, Bd. 2, zweisprachige Ausgabe, neu übersetzt und hrsg. von Wolfgang Bartuschat, Hamburg 1999.

Starobinski, Jean, *Psychoanalyse und Literatur*, übersetzt von Eckhart Rohloff, Frankfurt a. M. 1990 [*L'œil vivant II. La relation critique*, Paris 1970].

– »Grundlinien für eine Geschichte des Begriffs der Einbildungskraft«, in: ders., *Psychoanalyse und Literatur*, übersetzt von Eckhart Rohloff, Frankfurt a. M. 1990, S. 3–23.

– »Psychoanalyse und Literaturwissenschaft«, in: ders., *Psychoanalyse und Literatur*, übersetzt von Eckhart Rohloff, Frankfurt a. M. 1990, S. 83–109.

– *Aktion und Reaktion. Leben und Abenteuer eines Begriffspaars*, übersetzt von Horst Günther, Frankfurt a. M. 2003 [*Action et réaction. Vie et aventures d'un couple*, Paris 1999].

Steinmetz, Rudolf, *Ethnologische Studien zur ersten Entwicklung der Strafe. Nebst einer psychologischen Abhandlung über Grausamkeit und Rachsucht*, Bd. I, Leipzig/Leiden 1894.

Art. »Strafe«, in: *Duden online*, https://www.duden.de/node/728103/revisions/1331315/view, Zugriff am 22.03.2021.

Strafgesetzbuch (StGB), online verfügbar unter www.gesetze-im-internet.de/stgb/, laufend aktualisiert, Zugriff am 22.03.2021.

Thomas von Aquin, *Summa Theologica = Die deutsche Thomas-Ausgabe*, vollständige, ungekürzte zweisprachige Ausgabe, übersetzt und kommentiert von Dominikanern und Benediktinern Deutschlands und Österreichs, Bd. 22 (= Buch 2, Teil 2, Fragen 151–170. Masshaltung), Graz/Wien/Köln 1993.

Trede, Johann Heinrich; Homann, Karl, Art. »Einbildungskraft«, in: *Historisches Wörterbuch der Philosophie*, hrsg. von Joachim Ritter und Karlfried Gründer, Darmstadt 1972, Bd. 2, Sp. 346–358.

Turner, Bertram, »Recht auf Vergeltung? Soziale Konfigurationen und die prägende Macht der Gewaltoption«, in: Bertram Turner, Günther Schlee (Hg.), *Vergeltung. Eine interdisziplinäre Betrachtung der Rechtfertigung und Regulation von Gewalt*, Frankfurt a. M. 2008, S. 69–103.

Verdier, Raymond (Hg.), *La vengeance. Études d'ethnologie, d'histoire et de philosophie*, 4 Bde. Bd. 1: *Vengeance et pouvoir dans quelques sociétés extra-occidentales*; Bd. 2: *Vengeance et pouvoir dans quelques sociétés extra-occidentales*; Bd. 3: *Vengeance, pouvoirs et idéologies dans quelques civilisations de l'antiquité*; Bd. 4: *La vengeance dans la pensée occidentale*; Paris 1980, 1980, 1984, 1984.

– »Le système vindicatoire. Esquisse théorique«, in: ders. (Hg.), *La vengeance*, Bd. 1, S. 11–42.

Art. »vergelten«, in: *Deutsches Wörterbuch von Jacob und Wilhelm Grimm*, hrsg. von der Deutschen Akademie der Wissenschaften zu Berlin in Zusammenarbeit mit der Akademie der Wissenschaften zu Göttingen, 16 Bde. in 32 Teilbänden, Leipzig 1854–1961, Quellenverzeichnis Leipzig 1971, Bd. 12, I. Abteilung, Sp. 407–410.

Art. »Vergeltung«, in: *Duden online*, https://www.duden.de/node/683303/revisions/1349439/view, Zugriff am 22.03.2021.

Ohne Autor, »Verkleideter Rächer verhaftet. Der gefallene Superheld von Seattle«, in: *Süddeutsche Zeitung*, http://www.sueddeutsche.de/panorama/verkleideter-raecher-verhaftet-der-gefallene-superheld-von-seattle-1.1159518, erstellt am 12.10.2011, Zugriff am 22.03.2021.

Vogt, Ludgera; Zingerle, Arnold, »Zur Aktualität des Themas Ehre und zu seinem Stellenwert in der Theorie«, in: dies. (Hg.), *Ehre. Archaische Momente in der Moderne*, Frankfurt a. M. 1994, S. 9–34.

Voloj, Julian, »Superman und andere Jidelach«, in: *Jüdische Allgemeine*, http://www.juedische-allgemeine.de/article/view/id/24508, erstellt am 28.01.2016, Zugriff am 22.03.2021.

Wagner, Joachim, *Richter ohne Gesetz. Islamische Paralleljustiz gefährdet unseren Rechtsstaat*, Berlin 2011.

Waldenfels, Bernhard, »Aporien der Gewalt«, in: Mihran Dabag, Antje Kapust, Bernhard Waldenfels (Hg.), *Gewalt. Strukturen, Formen, Repräsentationen*, München 2000, S. 9–24.

Walser, Martin (im Gespräch mit Willi Winkler), »Die Sprache verwaltet das Nichts. Ein Gespräch mit Martin Walser über Poesie, Politik und die Frage, wieviel Macht der Literaturbetrieb wirklich hat«, in: *Süddeutsche Zeitung*, 19. September 1998, S. 15.

– *Tod eines Kritikers*, Frankfurt a. M. 2002.

Walton, Kendall, *Mimesis as Make-Believe. On The Foundations of the Representational Arts*, Cambridge 1990.

Weinrich, Harald, *Lethe. Kunst und Kritik des Vergessens*, München 1997.

Wernicke, Christian, »Amoklauf bei Premiere von ›Batman – The Dark Knight Rises‹. Der reale Horror«, in: *Süddeutsche Zeitung*, http://www.sueddeutsche.de/panorama/amoklauf-bei-premiere-von-the-dark-knight-rises-der-reale-horror-1.1418575, erstellt am 21.07.2012, Zugriff am 22.03.2021.

Wierth, Alke, »Muslime. Grusel-Islam im Parlament«, in: *taz.de*, http://www.taz.de/!5092638/, erstellt am 31.05.2012, Zugriff am 22.03.2021.

Wiesenthal, Simon, *Recht, nicht Rache. Erinnerungen*, Frankfurt a. M./Berlin 1988.

Witte, Jens, »Mädchen sieht Zeichentrickfilm – und stürzt in den Tod«, in: *Spiegel Online*, http://www.spiegel.de/panorama/japan-maedchen-aus-osaka-sieht-zeichentrickfilm-und-stuerzt-in-den-tod-a-1086718.html, erstellt am 12.04.2016, Zugriff am 22.03.2021.

Wittgenstein, Ludwig, *Philosophische Untersuchungen*, Frankfurt a. M. 2003.

Wolgast, Elizabeth, »Getting Even«, in: James B. Brady, Newton Garver (Hg.), *Justice, Law and Violence*, Philadelphia 1991, S. 117–133.

Wynter, Sylvia, »Unsettling the Coloniality of Being/Power/Truth/Freedom: Towards the Human, After Man, Its Overrepresentation – An Argument«, in: *The New Centennial Review* 3,3 (September 2003), S. 257–337.

Art. »Zorn«, in: *Deutsches Wörterbuch von Jacob und Wilhelm Grimm*, hrsg. von der Deutschen Akademie der Wissenschaften zu Berlin in Zusammenarbeit mit der Akademie der Wissenschaften zu

Göttingen, 16 Bde. in 32 Teilbänden, Leipzig 1854–1961, Quellenverzeichnis Leipzig 1971, Bd. 32, Sp. 93.

Filme:

300 (USA 2006, Regie: Zack Snyder).
Annas Mutter (BRD 1984, Regie: Burkhard Driest).
Bandit Queen (Indien/GB 1994, Regie: Shekhar Kapur).
Batman Begins (USA 2005, Regie: Christopher Nolan).
Batman Unmasked (USA 2008, Regie: Steven Smith).
Dead Man's Shoes (GB 2004, Regie: Shane Meadows).
Der Fall Bachmeier – Keine Zeit für Tränen (BRD 1984, Regie: Hark Bohm).
Die Rache der Marianne Bachmeier (BRD 2006, Regie: Michael Gramberg).
Die Rache der Schönheitskönigin (*Beauty's Revenge*, USA 1995, Regie: William A. Graham).
Flug in die Nacht – Das Unglück von Überlingen (BRD 2009, Regie: Till Endemann).
Im Namen meiner Tocher – Der Fall Kalinka (*Au nom de ma fille*, Frankreich 2016, Regie: Vincent Garenq).
Inglourious Basterds (USA/Deutschland 2009, Regie: Quentin Tarantino).
Irréversible (Frankreich 2002, Regie: Gaspar Noé).
Kill Bill: Vol. 1 (USA 2003, Regie: Quentin Tarantino).
Kill Bill: Vol. 2 (USA 2004, Regie: Quentin Tarantino).
Killing Nazis (Deutschland 2013, Regie: Andreas Kuba).
Revenge of the Nerds (USA 1984, Regie: Jeff Kanew).
Superheroes: A Never-Ending Battle (USA 2013, Regie: Michael Kantor).
Superheroes (USA 2011, Regie: Mike Barnett).
Sympathy for Mr. Vengeance (*Boksuneun naui geot*, Südkorea 2002, Regie: Chan-Wook Park).
The Dark Knight (USA 2008, Regie: Christopher Nolan).
The Revenant (USA 2015, Regie: Alejandro González Iñárritu).
Vendetta: Alles was ihm blieb war Rache (*Aftermath*, USA 2017, Regie: Elliott Lester).

Comics:

Die Legende von Batman – Wer er ist, und wie er entstand! (Autor: Bill Finger, Zeichner: Bob Kane, Übersetzung: Steve Kups), in: Bob Kane: *Batman*, Klassiker der Comic-Literatur, Bd. 7, ausgewählt und hrsg. von der Frankfurter Allgemeinen Zeitung 2005, S. 19–20.

Batman – Hush (Prolog) (Autor: Jeph Loeb, Zeichner: Jim Lee, Übersetzung: Steve Kups), in: Bob Kane: *Batman*, Klassiker der Comic-Literatur, Bd. 7, ausgewählt und hrsg. von der Frankfurter Allgemeinen Zeitung 2005, S. 109–110.

Erste Auflage Berlin 2021
MSB Matthes & Seitz Berlin Verlagsgesellschaft mbH
Göhrener Straße 7, 10437 Berlin
info@matthes-seitz-berlin.de

Umschlaggestaltung: Dirk Lebahn, Berlin
Satz: Monika Grucza-Nápoles, Berlin
Druck und Bindung: GGP Media GmbH, Pößneck
ISBN 978-3-95757-866-2
www.matthes-seitz-berlin.de